南孔圣地
衢州有礼 运动柯城
QUZHOU KECHENG
一座最有礼的城市

柯城年鉴

KECHENG YEARBOOK

2023

衢州市柯城区地方志编纂委员会
衢州市柯城区档案馆 编

方志出版社
Publishing House of Local Records

图书在版编目（CIP）数据

柯城年鉴. 2023 / 衢州市柯城区地方志编纂委员会，衢州市柯城区档案馆编. —北京 ：方志出版社，2023.12
ISBN 978-7-5144-6035-3

Ⅰ. ①柯… Ⅱ. ①衢… ②衢… Ⅲ. ①区(城市)－衢州－2023－年鉴 Ⅳ. ①Z525.54

中国国家版本馆 CIP 数据核字(2023)第 253102 号

责任编辑：王娜
责任校对：张玉霞
责任印制：梅中英
出 版 者：方志出版社
地　　址：北京市朝阳区潘家园东里 9 号（国家方志馆 4 层）
邮　　编：100021
网　　址：http://www.zgfzcb.cn
发　　行：方志出版社图书营销中心（010-67110500）
印　　刷：浙江江山鑫华印刷有限公司
开　　本：889 毫米×1194 毫米　1/16
印　　张：25
字　　数：741 千字
版　　次：2023 年 12 月第 1 版
印　　次：2023 年 12 月第 1 次印刷
定　　价：230.00 元

衢州市柯城区地方志编纂委员会

《柯城年鉴》编辑部

各单位审稿人名单

（排名不分先后）

卫萌萌　马　晴　王成刚　王　芳　王建洪　王梦琳　王　晨　王　磊[1]

王　磊[2]　方　放　方建军　方　星　方　俊　方益新　邓克刚　叶云飞

叶光辉　叶　君　叶　蕾　朱卫江　朱　钦　朱俊宏　任卫星　华红霞

刘　悦　孙涵斐　李仁寿　李　莉　李晓飞　李晓雯　李碧华　吴　竞

吴　越　余龙富　余柏英　邹丹成　应志辉　汪根富　张建生　张　超

陆慧成　陈俭龙　陈　莹　邵文超　林文生　罗　君　季潇潇　周立军

周冰冰　周　宇　周志伟　周建忠　周　尉　郑向怡　郑建国　郑桂珍

郑晓颖　郑　骏　郑银环　郑敏宏　郑燕萍　胡金堂　胡建华　贵媛婷

侯剑峰　洪　平　祝志芳　祝　现　姚　萌　骆江涛　秦之猛　柴　赟

钱慧卿　徐诚瑞　徐俊飞　徐敏芳　徐　斌　翁胜强　戚中卫　戚淋燕

盛　誉　葛永宁　葛浏强　韩　译　傅莹莹　曾小东　曾晓璐　雷　磊

廖小丰

---

①白云街道　②新新街道

编辑说明

一、《柯城年鉴》是由中共衢州市柯城区委、衢州市柯城区人民政府主办，衢州市柯城区地方志编纂委员会、衢州市柯城区档案馆承编的年度资料性文献。全书记述柯城区行政区域内自然、政治、经济、文化、社会等方面内容，为各级领导决策和管理提供信息，为社会各界人士了解、研究、宣传柯城提供服务。

二、《柯城年鉴（2023）》（以下简称本年鉴）以马克思列宁主义、毛泽东思想、邓小平理论、“三个代表”重要思想、科学发展观、习近平新时代中国特色社会主义思想为指导，坚持辩证唯物主义和历史唯物主义的立场、观点和方法，客观、全面、系统地记录本区域内2022年1月1日至12月31日各项事业发展的基本情况和重大事件。为确保资料的完整性，有少量上溯或下延的内容。

三、本年鉴框架由卷首、百科、卷尾三部分组成，卷首、卷尾采用综合体，百科采用条目体。设类目、分目、条目三个层次，条目为主要信息载体。卷首设各单位审稿人名单、彩页、地图、目录、特载、专记、大事记、区情概览。卷尾设附录，录入2022年柯城区国民经济和社会发展统计公报，柯城区机构单位及负责人名录，区委、区政府部分文件选目，荣誉录等资料。

四、本年鉴采用现代语体文记述，用第三人称，引文仍用原文人称。以文字记述为主，辅以图片、表格。全书采用的数据，凡涉及全区性的，以区统计数据为准；未列入统计部门统计的数据，以职能部门提供为准。数字用法、标点符号用法分别采用国家标准《出版物上数字用法》（GB/T 15835—2011）、《标点符号用法》（GB/T 15834—2011）；计量单位采用国家技术监督局1993年12月发布的《量和单位》系列国家标准，农田、土地面积仍保留“亩”为单位。数据有小数点的，除特殊情况外，全书已做统一改正。本年鉴中提及的省、市、区分别指浙江省、衢州市、柯城区。

五、本年鉴文字资料由各承编单位提供，署作者名。卷首照片署拍摄者名或提供单位名，文中插图由撰稿单位或柯城传媒集团提供。

美丽柯城

2022年，整治后的航埠镇河东堤风貌（区水利局 供图）

3月9日，全域土地整治后的风貌（区府办 供图）

9月13日，万田乡坞石村村头节点打造（邵怡婉　摄）

2022年，灵鹫山旅游度假区风貌（柯城传媒　供图）

2022年，市区礼贤未来社区风貌（区住建局 供图）

2022年，姜家山乡三山村风貌（姜家山乡 供图）

2022年，沟溪乡余东村风貌（区水利局 供图）

2022年，九华乡庙源溪风貌（柯城传媒 供图）

2022年，石梁镇麻蓬村风貌（区水利局 供图）

重点聚焦

1月23日，中国人民政治协商会议第五届衢州市柯城区委员会第一次会议开幕（葛继锐　摄）

1月24日，衢州市柯城区第十届人民代表大会第一次会议开幕（许军　摄）

5月31日，全区警示教育大会暨2022年区委党校开学典礼（区委党校 供图）

8月18日，中共衢州市柯城区委九届二次全体（扩大）会议召开（姜渝晨 摄）

基础建设

①

②

③

④

① 1月7日，衢州市柯城区优抚医院挂牌仪式在柯城区人民医院举行（区退役军人事务局 供图）

② 4月25日，全区建设平安柯城工作会议暨“除险保安”工作推进会召开（区委政法委 供图）

③ 5月19日，衢州市档案馆新馆（二期）暨柯城区档案馆新馆建设工程开工仪式举行（区档案馆 供图）

④ 4月22日，城北片区宫宝宿舍地块国有土地上房屋征收指挥部（区府办 供图）

① 6月9日，区政协专题议政性常委会会议——“请你来协商·灵鹫山国家级旅游度假区创建”举办（葛继锐 摄）

② 6月1日，柯城区召开高耗低效企业整治动员大会（来源“柯城发布”）

③ 7月7日，柯城区老年（老干部）大学挂牌（区委老干部局 供图）

④ 7月9日， 石室乡进士馆开馆（区府办 供图）

2022年，杭金衢改扩建二期新增的柯城互通（区府办 供图）

11月4日，柯城区残疾人帮扶性就业基地揭牌仪式在黄家街道“残疾人之家”举行（区残联 供图）

① 12月26日，柯城区寺桥水库导流洞顺利贯通（区水利局 供图）
② 2022年，柯城区营商大楼（柯城区政务服务中心）新貌（区营商办 供图）
③ 2022年，柯城区森林汽车穿越小道提升工程俯瞰图（区文旅发展公司 供图）

基层服务

① 11月18日，检察官进校园开展“珍爱生命、远离毒品“法治宣传（区检察院 供图）

② 9月29日，市领导到九华乡看望百岁老人郑春福（前中）（区民政局 供图）

③ 6月10日，“民生议事堂·柯城议项”——打造二十四节气核心景区项目协商活动举行（方心怡 摄）

④ 3月4日，区退役军人事务局给解放军功臣严曙光、杨勇送立功喜报（吴支玮 摄）

3月5日，全国第59个“学雷锋纪念日”，柯城区人民医院医生到荷花街道松园社区为群众提供义诊服务（柯城传媒 供图）

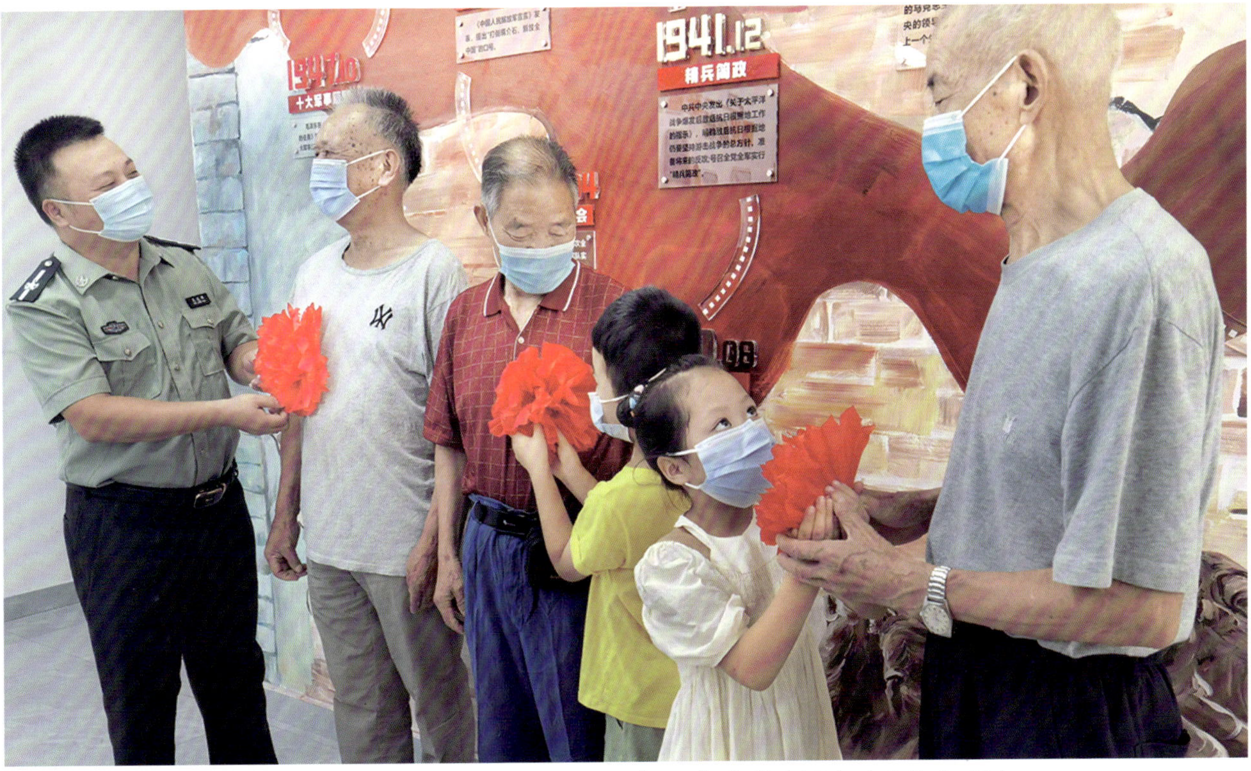

8月1日，衢化街道滨三村社区举办情暖老兵“八一”集体生日会（吴铁鸣 摄）

①

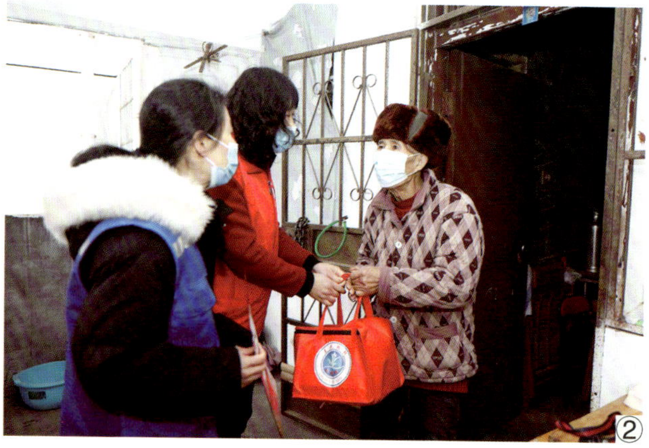
②

① 9月，由公安民警带队，府山派出所辖区单位、场所保安组成的“流动保安巡逻队”在水亭街上开展巡逻（徐祎颖 摄）

② 2023年春节前夕，兰花热线工作室联合兴华苑小区党支部为辖区65周岁以上的老年群体送温暖（卢颖 摄）

③ 9月22日，柯山消防大队承办全省消防救援队伍浙西战区化工灾害事故跨区域实战拉动演练（方柳凯 摄）

③

2月14日，“红船”共产党员服务队到白云街道幸福社区参加社区服务（朱华芳 摄）

1月17日，区市场监管局工作人员到辖区各商超开展节前进口冷链食品检查（楼郁馨 摄）

文教旅体

1月4日，香榭幼儿园举办新年庙会（卢颖 摄）

2月11日，新新街道金桂社区开展“巧手助力冬奥 泥彩塑冰墩墩”未成年人活动（章俐 摄）

2月15日，柯山消防大队在航埠小学举行“火焰蓝”携手“红领巾”一起向未来活动（方柳凯 摄）

2月16日，春季开学报到时，柯城区昌和幼儿园学生与柯山公安分局值守民警互行作揖礼问好（傅建国　摄）

2月23日，府山街道府山社区与尼山小学开展“守好红色根脉，传承红色基因”——“五老”宣讲进校园活动（钱蕾璇　摄）

9月16日，2022“南孔圣地 · 崇贤有礼”开蒙礼活动在衢州孔庙主会场举行（来源：《衢州日报》）

10月1日，柯城消防大队举行升旗仪式庆祝国庆节（柯城消防大队 供图）

①

②

① 6月13日，柯城区中小学“一校一品”武术项目校际联赛在航埠镇中心小学举行（吴铁鸣 摄）

② 7月，九三学社柯城区基层委员会的“南孔文化志愿者团队”联合衢州市弘儒国学馆、衢州新华书店在全市发起衢州十万个家庭共读《论语》活动（胡江丰 摄）

③ 7月25—28日，衢州市青少年田径锦标赛上柯城健儿们的风采（区文旅体局 供图）

④ 7月2日，“衢州有礼”诗画风光带“艺起趣乡村”——柯城区首届未来乡村艺术季首场活动在航埠镇严村未来乡村举行（许军 摄）

③

④

①

②

③

① 10月13日，航埠小学“争做先锋队员”开幕仪式（区机关事务保障中心 供图）

② 11月11日，衢州市首届农民诗文化节暨宋韵文化主题活动在沟溪乡余西村举行（柯城传媒 供图）

③ 10月12日，九华乡上铺村举办首届水稻丰收节（区府办 供图）

④ 10月19日，柯城区“8090新时代理论”宣讲团成员在市区水亭街开起“理品铺子”，用知识竞答、引导朗读等形式宣传中共二十大精神（童争艳 摄）

④

11月12日，“全省文化和旅游消费季”启动仪式暨衢州文旅消费系列活动在市区水亭街区举行（区文旅体局 供图）

2022年，柯城区山海协作春风动力运动基地风貌（区文旅发展公司 供图）

开放开发

1月7日，柯城区举行“南孔圣柑”区域公用品牌发布会（区府办 供图）

7月1日，柯城区新招引项目集中签约仪式暨“双招双引”工作推进会举办（区委宣传部 供图）

6月2日，省劳模工匠志愿服务队走进衢州普星燃机热电有限公司为企业解决技术难题（吴莹霞 摄）

①

②

① 7月5日，柯城区妇联赴临平区妇联对接山海协作内容，两区妇联结对签约（区妇联 供图）

② 11月10日，衢州市东巨康光电科技有限公司手机和智能穿戴设备生产项目（衢州）在世界互联网大会·数字经济产业合作大会正式签约（来源：《今日柯城》）

③ 10月30日，万田乡上蒋村召开乡贤会（黄贤策 摄）

④ 8月23日，在全省共同富裕现代化基本单元建设工作现场会上，斗潭社区获评“浙江省未来社区”称号（区住建局 供图）

③

④

11月18日，浙江省农创客知识产权联盟在沟溪乡余东村揭牌（于澜 摄）

12月16日，南京市江宁区柯城商会成立大会暨一届一次会员大会召开（周丹 摄）

特载

专记

大事记

区情概览

中国共产党柯城区委员会

柯城区人民代表大会

柯城区人民政府

中国人民政治协商会议
柯城区委员会

中国共产党柯城区纪律检查委员会 柯城区监察委员会

民主党派

群 众 团 体

法　　治

军　事

经 济 管 理

农业·林业·水利

工　业

交通·电力·邮政·通信

商贸·服务业

金　融　业

城乡规划和建设管理

环境·资源·气象

教育·科技

文化·旅游·传媒·体育

卫生健康

社会生活

乡 镇（街 道）

附　录

勇担新使命　塑造新优势
在建设四省边际中心城市中走在前作表率

——在区委九届二次全体（扩大）会议上的报告

（2022年8月18日）

中共衢州市柯城区委书记 蒋国强

这次全会的主要任务是：高举习近平新时代中国特色社会主义思想伟大旗帜，深入学习贯彻省第十五次党代会、市第八次党代会和市委八届二次全会精神，全面落实区第九次党代会部署要求，回顾总结今年以来区委常委会的主要工作，审议通过《中共衢州市柯城区委关于深入学习贯彻省第十五次党代会精神在建设四省边际中心城市中走在前作表率的决定》，进一步动员全区上下勇担新使命、塑造新优势，努力在建设四省边际中心城市中走在前作表率，以优异成绩迎接党的二十大胜利召开！

下面，我代表区委常委会向全会作报告。

一、在学思践悟中牢记殷殷嘱托，切实增强在建设四省边际中心城市中走在前作表率的高度自觉

省第十五次党代会是我省迈入高水平全面建设社会主义现代化、高质量发展建设共同富裕示范区新征程中，召开的一次具有全局性、历史性、里程碑意义的重要会议。袁家军书记代表十四届省委所作的报告，全面总结了过去五年全省开启系统性变革、实现历史性跨越的生动实践，科学擘画了今后五年浙江奋进的宏伟蓝图，标注了浙江新的历史方位和奋斗坐标，充分体现了省委坚决拥护“两个确立”、做到“两个维护”的高度政治自觉，充分体现了省委精准把握浙江历史方位、时代使命、战略任务的过硬政治能力，充分体现了省委奋力推进中国特色社会主义共同富裕先行和省域现代化先行的强烈政治担当，是指引浙江迈向新征程、奋斗新时代、开创新未来的行动纲领。特别是报告中明确提出“支持衢州创新省际合作建设四省边际中心城市”，这是对衢州的精准把脉和强力支持，为衢州标注了在“两个先行”新征程中的战略方向和目标定位。市委八届二次全会认真贯彻落实省第十五次党代会精神，对建设四省边际中心城市进行了系统部署，明确了总体要求、奋斗目标、工作原则和具体路径，吹响了“在建设四省边际中心城市中争当‘两个先行’示范窗口”的号角。我们要深入学习省第十五次党代会和市委八届二次全会精神，找准工作切入点和突破口，努力在建设四省边际中心城市中走在前作表率。

1. 在建设四省边际中心城市中走在前作表率，是践行殷殷嘱托的政治自觉。习近平总书记在浙江工作期间，对衢州提出了“打造四省边际中心城市”等一系列重要嘱托，并要求我们“把眼光放得远一些，把目标定得高一些”、“建设一流、创造一流、达到一流”，具有很强的战略性、前瞻性、指导性和针对性，充分体现了习近平总书记卓越的战略眼光和对衢州的关心厚爱。我们要始终牢记习近平总书记寄予衢州的殷殷嘱托，加压奋进、实干争先，努力把笃行“两个维护”、奋进“两个先行”转化为建设四省边际中心城市的强大动力，坚定不移做“两个确立”忠诚拥护者、“两个维护”示范引领者，坚决做到“总书记有号令、党中央有部署、省市有要求，柯城率先见行动见实效”。

2. 在建设四省边际中心城市中走在前作表率，是奋进“两个先行”的具体行动。省第十五次党代会从浙江发展全局高度，提出了在高质量发展中奋力推进中国特色社会主义共同富裕先行和省域现代化先行的奋斗目标，充分展现了浙江为全国实现第二个百年奋斗目标先行探路的使命担当。我们要深刻领悟“两个先行”奋斗目标的内在逻辑、实践要求和重要意义，找准找实柯城在“两个先行”中的历史方位、奋斗坐标和实践路径，把“8个高地”“5大工作导向”“10个着力”落细落实到建设四省边际中心城市的每一项工作、每一个环节，持续放大创新制胜新优势，探索变革重塑新模式，落实防控风险新举措，构建共建共享新机制，展现唯实惟先新气象，争当山区26县跨越式高质量发展排头兵，以柯城“一域争先”为“两个先行”增色添彩。

3. 在建设四省边际中心城市中走在前作表率，是服务市区一体的责任担当。市第八次党代会紧紧围绕“四省边际中心城市”的战略定位，明确提出“到2035年全面确立四省边际中心城市地位”的奋斗目标。市委八届二次全会锚定建设四省边际中心城市战略定位，提出全力打造四省边际现代产业、人才科创、数字变革、开放开发、交通物流、全域旅游、文化文明、公共服务、社会治理、绿色生态等十个“桥头堡”，为我们做好当前和今后一个时期工作指明了方向、提供了遵循。作为衢州主城区，市区一体是柯城最大的实际，也是最大的优势；柯城是衢州发展变化的参与者、见证者，也是最大的受益者，理应在四省边际中心城市建设中先行一步、作出示范。我们要始终坚持市区一体，进一步融入融合、借势借力、担当作为、加快发展，以柯城的“走在前作表率”为四省边际中心城市建设蓄势赋能。

4. 在建设四省边际中心城市中走在前作表率，是加快追赶跨越的主动作为。区第九次党代会提出“释放新活力、提升首位度，争当山区26县跨越式高质量发展排头兵”的奋斗目标，与走在前作表率的要求本质上是一致的，都要求我们加快追赶跨越的步伐。我们要牢固树立“没有走在前列也是一种风险”和“不进则退、小进慢进也是退”的忧患意识，坚持高目标牵引、重塑性变革、体系化作战、全方位争先，引导全区各行各业、各条战线咬定“保三争二拼第一”目标，以“释放新活力、提升首位度”为总抓手，加快柯城追赶跨越步伐，以“柯城之进”提升浙江“两个先行”的成色，以“柯城之窗”展现衢州“示范窗口”的魅力。

二、在追赶跨越中打起主城担当，奋力打造走在前作表率的标志性成果

未来五年，是柯城抢抓机遇、厚积薄发、赶超跨越的五年。纵观今后五年，每年都非同寻常，大事多、要事多、喜事多，做好今后五年工作意义重大。在这样一个重要时点上，省委提出“两个先行”的宏伟蓝图，市委提出“在建设四省边际中心城市中争当‘两个先行’示范窗口”的战略目标，充分展现了省委、市委勇立潮头、勇担使命、勇往直前的大格局、大视野、大战略。柯城区作为山区26县的先锋队，四省边际中心城市建设的主力军，理应在省委、市委战略落地上走在前作表率。

总体要求：坚持以习近平新时代中国特色社会主义思想为指导，深入贯彻落实习近平总书记对衢州工作的重要指示精神，深刻认识“两个确立”决定性意义，忠实践行“八八战略”，坚决做到“两个维护”，坚持稳中求进工作总基调，完整准确全面贯彻新发展理念，以“释放新活力、提升首位度”为总抓手、总目标，以“创业创新创先、落实务实严实”为主旋律、主基调，对标对表十个“桥头堡”，加快塑造十大“新优势”，在建设四省边际中心城市中走在前作表率，奋力书写“两个先行”示范窗口的柯城篇章。

奋斗目标：对标省、市党代会和市委八届二次全会要求，到2026年的目标如下。

1.全面彰显城市能级的首位度。牢牢把握主城优势，主动打起主城担当，在城市功能、城市品质、城市管理、城市经济的全面提升上下功夫，打造空间舒适、功能完善、治理精细、业态繁荣的幸福家园。常住人口城镇化率突破80%，现代服务业增加值超500亿元，城市集聚力、辐射力、带动力、竞争力进一步增强。

2.全面彰显经济发展的首位度。加快构建现代化产业体系，推动运动休闲、轴承智能装备、光电等特色产业集聚发展取得重大成果，产业主平台能级全面提升，基本建成四省边际具有辐射力、吸引力、影响力的创新型中心城区，经济总量持续领跑山区26县，综合实力逐年跃升，力争地区生产总值突破800亿元，综合排名始终保持山区26县第一方阵。

3.全面彰显城乡融合的首位度。持续推进以村集体经济为核心的强村富民乡村集成改革，健全“两进两回”长效机制，不断拓宽“两山”转换通道，健全生态价值实现机制，村集体经营性收入50万元以上行政村达到60%，城乡居民收入倍差缩小到1.8以内。城乡空间形态、产业业态、环境生态、民生质态全面优化升级，城乡行政区划、村社体制进一步调整完善，人居环境华丽蝶变、公共服务更加均衡、人文素养显著提升。

4.全面彰显区域治理的首位度。全面构建以“七张问题清单”为牵引的党建统领整体智治格局，问题管控力指数、平安浙江指数、信访工作力指数保持全省领先。“红色根脉强基工程”深入推进，基层党组织全面进步、全面过硬。“大综合一体化”行政执法改革创出示范经验，城乡现代社区、基层智治系统建设走在全省前列，“邻礼通·三民工程”数字化应用发挥实战实效。防范化解重大风险体制机制不断完善，突发公共事件应急能力显著增强，建成更高水平平安柯城、法治柯城。

5.全面彰显“两勤两专”的首位度。以党建引领干部队伍系统性重塑，建立健全全面立体透视选拔任用干部的工作机制，形成“知事识人、序事辨材”的变革型干部队伍选育管爱体系。扎实开展“六治六提”“六比六晒”作风建设行动，全区上下比学赶超、争先进位的氛围更加浓厚。全面从严管党治党，一体推进“三不腐”建设，风清气正的政治生态持续巩固。

具体来讲，就是要加快塑造十大新优势。

1.聚焦工业强区，加快塑造产业发展新优势。坚持工业强区、产业为王，狠抓制造业高质量发展，为柯城跨越式高质量发展注入不竭动力。主要目标如下：航埠生态工业园规上工业总产值突破100亿元，规上工业亩均税收达30万元以上。一是抓平台建设、空间拓展。做优做强航埠工业主平台，加快推动园区规划布局和产业结构的合理调整，全面提升基础设施水平，持续提高园区承载力和主导产业集聚度，成为具有竞争力的区域特色产业平台。二是抓招大引强、延链强链。大力实施以“延链、补链、强链”为内涵的“铸链”工程，引进科技含量高、投资规模大、产出效益好的亿元项目60个以上，实际到位资金110亿元以上，形成具有区域影响力的轴承智能装备和光电产业集群。三是抓主体培育、提质增效。全力抓好培大育强，加大对企服务力度，培育产值20亿元以上企业1家，10亿元以上企业3家，亿元以上企业15家。聚力推进企业上市，完善企业上市扶持政策，实现上市企业3家以上。大力推进产业数字化、数字产业化，实现规上企业数字化改造全覆盖。加快推进绿色转型，落实“双碳”举措，规上工业万元增加值能耗下降15%以上。

2.聚焦创新驱动，加快塑造人才科技新优势。坚定不移推动重心向创新聚焦、要素向创新聚集、力量向创新聚合，让人才科技创新成为驱动柯城高质量跨越式发展的动力源。主要目标如下：重点企业技术创新能力全面提升，重点产业科技支撑体系初步形成，全社会R&D经费支出占GDP比重达到3%，高新技术产业增加值占工业增加值比重达60%以上，力争创成国家知识产权强县建设示范区、省级创新型城区。一是全力育强创新平台。积极融入G60科创走廊，全面参与四省边际科创走廊建设，深化对接浙大衢州“两院”、电子科大长三角研究院等科创平台，实现科创资源共建共享、融合互补。区校共建绿色健康（运动）创新研究院，加快打造万洋小微园科技企业孵化器、数字农业科创园孵化平台和柑橘产业创新服务综合体。二是全力壮大创新主体。健全科技型企业梯度培育机制，聚力实施新一轮高新技术企业和科技型中小企业“双倍增”行动，培育国家高新技术企业300家以上、省科技型中小企业800家以上。用好区级“大科创”政策，鼓励企业加强研发投入和科技攻关，推动高新技术企业研发机构实现全覆盖。支持金沃精工、泓芯半导体等企业组建创新联合体，积极承担国家和省、市级重大科技项目，每年争创省级企业研发机构1家以上。三是全力打造人才高地。深入实施“聚智柯城”人才工程，建立健全“不求所有、但求所用”的柔性引才新模式，引聚省C类以上领军人才20人以上，培育高技能人才5000人以上。加快产业研究院、院士工作站等创新平台建设，新建各类人才平台20家以上。深化推进大学生引聚倍增计划，积极探索校地、校企“订单式”培养模式，引聚大学生3万人以上。

3.聚焦一体推进，加快塑造

数字变革新优势。坚持以数字化改革为牵引，不断为高质量发展建设四省边际共同富裕先行示范区蓄势赋能。主要目标如下：全面构建与数字变革时代相适应的生产方式、生活方式、治理方式，基本形成全社会共享“数字红利”的良好氛围。一是全面深化数字化改革。按照一体融合推进全面深化改革、共同富裕示范区重大改革、数字化改革的要求，推动“162”体系与“141”体系整体贯通，全力构建整体智治、高效协同的党政机关运行体系，全面提升数字化改革实战实效能力。持续增强数字变革能力，发挥数字化改革的引领、撬动、赋能作用，整体推动柯城经济社会发展和治理能力的质量变革、效率变革、动力变革，推进经济社会深层次系统性制度性重塑。二是统筹推进“牵一发而动全身”重大改革。深化“县乡一体、条抓块统”改革，迭代升级“141”体系，切实破解基层治理的“老大难”问题。纵深推进“大综合一体化”行政执法改革，推动改革成效跃升为治理实效，全面提升执法效能。深化国资国企改革，提升国有资本效率、释放国有企业活力。加快推动城乡社区综合治理模式创新，探索打造新时代“三民工程”升级版。稳步推进乡镇、街道行政区划调整，统筹做好“乡改街”“村改居”工作。深化碳账户体系建设，实现由城市到农村、由“零废生活”到居民碳账户的双向扩面。三是持续打造最优营商环境。完善基层便民服务体系，推进政务服务“一网通办”向基层扩面延伸，实现基层高频事项就近办、快速办。扎实推进“服务+清障”双向行动，推进企业社区化网格化服务，加快构建智能化、一站化、链条化的全生命周期服务企业生态，营造亲商、重商、安商、兴商氛围。

4.聚焦融入融合，加快塑造开放开发新优势。全面融入“融杭联甬接沪+牵动皖闽赣”的东西双向大通道，加快形成区域开放开发、协同开发新格局。主要目标如下：更加全面深入融入长三角一体化、四省边际一体化发展，在飞地建设、产业承接、多领域协作等方面取得新突破，形成更多具有辨识度的融合发展标志性成果。一是山海协作融合发展。按照“全方位、多层次、宽领域、立体化”的要求，持续深化与结对地区镇街、部门、平台结对机制，借力产业飞地、科创飞地、消薄飞地和特色生态产业平台，相关产业合作项目累计到位资金60亿元，打造新时代山海协作融合发展新样板。二是四省边际协作发展。以一体化的思路和举措打破行政壁垒、提高政策协同，确保政务服务高频事项跨省通办清单达到180项。全面融入“联盟花园”建设，优先探索基础设施、公共服务、文化旅游、生态环保等重点领域一体化管理，推动产业、资源等要素向柯城高效集聚。三是融杭接沪借力发展。持续深化“融杭”“接沪”“联甬”创新体制机制和一体化融合路径，以产业链、创新链、价值链一体化布局为牵引，加强与长三角地区优势产业对接，基本形成全方位融入长三角一体化发展格局。持续深化柯城（上海）科创飞地建设、运营，打造“科研在上海、辐射在柯城”的“科创飞地2.0”模式，努力建成融入长三角一体化的创新创业驱动引擎。

5.聚焦引领辐射，加快塑造商贸物流新优势。充分发挥主城区位优势，全面融入全市外联内畅交通体系建设，打造四省边际商贸物流集聚地。主要目标如下：累计完成综合交通投资33.50亿元以上，全区社会消费品零售总额超320亿元，现代综合交通运输体系和物流枢纽体系基本形成，区域商贸物流辐射力、带动力、竞争力进一步增强。一是打造四省边际服务业高地。加快供应链数字贸易创新发展区建设，推进双西港、衢化、航埠等服务业新平台开发，营造整体产业氛围。支持电商产业加快发展，大力发展村播全产业链，持续打响村播品牌。推进夜间经济提标扩面，加速特色商业街及传统商圈改造提升，培育一批具有文化底蕴的特色街区。二是服务市级重大交通项目。主动融入交通先导“九网千亿工程”，积极配合推动杭衢、衢丽、衢黄等一批铁路建设，全力保障杭金衢高速改扩建二期、甬金衢上高速等重大公路项目建设。统筹推进常山江航运开发工程，有效衔接航埠卫星城规划建设，一体推进项目征迁、港区划定等工作，借势借力推动航埠加快发展。三是实施外联内畅工程。积极谋划公路、水运、轨道等综合交通运输发展规划，进一步打造柯城区干线公路框架，分区块加密农村路网。谋划实施320国道外移、221省道、航埠和石梁通勤公路、弈谷至石梁公路改建工程等项目建设，打造中心镇与中心城区“10分钟快速交通圈”。启动实施“城乡融合、智能畅行”“四好农村路”建设工程，全面提升农村公路服务水平。

6.聚焦“一县一策”，加快塑造文旅发展新优势。以灵鹫山旅游度假区为核心，加速构建全域旅游大格局，加快实现旅游发展现代化、供给品质化、品牌特色化、效益最大化。主要目标如下：全域旅游产业增加值达到60亿元，占GDP比重达7.50%以上，创成国家全域旅游示范区。一是加快灵鹫山旅游度假区建设。高标准编制灵鹫山旅游度假区概念性规划，加快推进灵鹫圣境、奥陶纪等支撑型项目建设，动态招引一批牵引型、引流型核心项目。加速推进度假区配套公共服务设施建设，全面提升度假区服务能力。办好灵鹫山“森系”品牌赛事，进一步提升灵鹫山旅游度假区的知名度、美誉度。二是加快构建全域旅游新格局。加快推进“衢州有礼”诗画风光带串珠成链，推动村庄、产业、田园片区式整体性开发建设。市区一体推动南孔古城和烂柯山片区开发建设。大力实施“百千万”工程，全区景区镇覆盖率达到77%，A级景区村覆盖率达到75%。大力发展“一乡千宿”，建成民宿集聚区2个，民宿集聚村10个，星级民宿200家以上。三是加快推进文旅一体融合。加强“两子”文化、余东农民画等文化遗产创造性转化、创新性发展，探索物质富裕和精神富有的贯通转化通道。深入实施“艺术点亮乡村”计划，建成戏曲之乡严村村、武侠文化麻蓬村等15个艺术村落。加快特色文旅品牌打造，持续擦亮立春文化、南孔文化等一批文化旅游“金名片”。

7.聚焦精神富有，加快塑造文化文明新优势。推进以精神富有为标志的文化发展模式，大力培育弘扬新时代衢州人文精神，努力在共同富裕中实现精神富有，在现代化先行中实现文化先行。主要目标如下：文化及相关特色产业增加值占GDP比重达到5%以上，文明有礼蔚然成风，精神生活丰沃充实，基本形成共建共享的公共文化服务体系、积极向上的核心价值体系、高质量发展的文化产业体系、活力开放的文化创新体系。一是大力推进党的创新理论大众化。深入实施铸魂溯源走心工程，深化落实“第一议题”、巡听旁听、重大决策前专题学习等制度，推动习近平新时代中国特色社会主义思想入脑入心。健全完善党的创新理论研究阐释传播体系，迭代升级“8090新时代理论”宣讲。持续深化舆论阵地建设，建强用好“融媒体”宣传矩阵，基本形成新型全媒体传播体系。二是广泛开展“浙江有礼·儒风柯城”

文明实践。深入开展“浙风十礼”系列活动，加快探索“浙江有礼·儒风柯城”文明实践新路径，争当“浙江有礼”排头兵。深化文明城市建设，加大文明村镇、文明单位、文明校园、文明家庭等“文明细胞”培育创建力度，积极选树一批“最美人物”。用好“红手印”志愿服务品牌，完善志愿服务关爱机制，打造“15分钟文明实践服务圈”。三是深入实施文化基因解码工程。全面摸清区域文化资源“家底”，创成省级立春文化传承生态保护区，扩大提升以人类“非遗”“九华立春祭”为代表的区域特色文化影响力。加大文化遗产保护力度，持续擦亮莹白瓷、西安高腔等文化遗产金名片。四是着力提升公共文化服务水平。纵深推进文化惠民和服务提质工程，加快打造“15分钟品质文化生活圈”，实现区、乡两级文化设施覆盖达标率100%。优化拓展南孔书屋、镇街综合文化站、农村文化礼堂等公共文化设施服务功能，提升城乡基层文化设施服务效能。加快区文化中心、中国乡村美术馆、区档案馆等标志性文化设施提档升级。

8.聚焦民生优享，加快塑造公共服务新优势。以促进全体人民的全面发展为核心目标，加强基础性、普惠性、兜底性民生保障建设，持续推动人的全生命周期公共服务优质共享。主要目标如下：到2026年，市区公共服务设施持续完善，基本公共体育设施实现全覆盖，城市公共服务水平持续提升，城乡公共服务均等化基本实现。一是紧盯“一老一小”。探索推行“居家社区+机构+智慧养老”新模式，每万名老人养老护理员配比达25人以上，斗潭未来社区创成全国示范性老年友好型社区。加大普惠性托育服务供给，每千人拥有3岁以下婴幼儿托位数达到4.8个，全力创建全省普惠托育基本公共服务先行试点区。二是聚焦教育医疗。持续推进“互联网+教育”建设，力争创成国家级信息化教学实验区。持续推进学前教育资源扩容提升，公办园在园幼儿覆盖面达到75%，全力创成全国学前教育普及普惠区。持续深化城乡义务教育资源整合和教育共同体建设，全力创成全国义务教育优质均衡发展区。深入实施公立医院“小综合、大专科”战略，高水平推进区级龙头医院建设，区人民医院成为四省边际肿瘤诊疗中心、晋级三级乙等综合医院，区中医院、区妇保院创成二级甲等专科医院。三是建好共富单元。统筹推进未来社区、未来乡村、城乡风貌样板区建设。落细落实城市发展十大专项行动，用五年时间实现中心城区未来社区全覆盖。拓宽多元参与乡村建设通道，滚动推进、连片打造，建成未来乡村15个，未来乡村连片发展实验区5个，每年争创1个“城市风貌样板区”和1个“县域风貌样板区”。四是加快“扩中”“提低”。全面实施针对九大群体激励计划，加快构建“橄榄型”社会结构，全体居民人均可支配收入确保达到全省平均水平的95%、力争持平。实施中等收入群体规模倍增行动计划，家庭可支配收入10万—50万元群体比例达到66%、20万—60万元群体比例达到33%。全面实施高质量就业专项行动，构建共同富裕高质量就业体系，实现城镇新增就业2万人次以上。

9.聚焦整体智治，加快塑造基层治理新优势。坚持党建统领基层治理，一体协同推进法治柯城、平安柯城建设，全面提升基层治理体系和治理能力现代化水平。主要目标如下：平安建设“一票否决”事项保持“零发生”，亿元生产总值生产安全事故死亡率下降45%以上，初信初访化解率达96%以上，群众安全感满意度保持在98%以上，平安区创建实现十二连冠，夺取平安金鼎。一是建强基层组织。抓实抓细“七张问题清单”，加快构建党建统领基层整体智治体系。统筹推进农村、城市、“两新”、机关事业单位等各领域党的建设，全力打造变革型基层组织，全面筑牢党在柯城的坚强执政根基。二是做实基层治理。持续放大“县乡一体、条抓块统”改革成果，建强区社会治理中心，做强基层智治系统，健全“平战”转换机制，推动基层治理能力整体跃升，打造践行全过程人民民主县域典范，加快形成更多具有柯城辨识度、全市影响力的基层治理标志性成果。创新发展新时代“枫桥经验”，完善矛盾纠纷多元预防调处化解综合机制，持续落实乡镇（街道）每旬接访、村（社）每周接访制度，全力创建全国信访工作示范区。三是深化法治建设。一体推进法治柯城、法治政府、法治社会建设，法治浙江建设综合满意度逐年上升。纵深推进“大综合一体化”行政执法改革，系统性塑造数字引领、高效协同的“金字塔型”行政执法体系，力争“在全市当标杆、在全省争前列”。四是狠抓除险保安。全面深化平安柯城建设，构建风险闭环管控大平安机制。深入开展第二轮安全生产综合治理三年行动，聚焦消防、道路交通、危险化学品、自建房、食品药品、生态环境等重点领域，深入推进“遏重大、降较大”“降警情、控发案”，努力实现全区从一时一域平安到全时全域平安，创成省级平安区。

10.聚焦“两山”转化，加快塑造绿色生态新优势。深入践行“绿水青山就是金山银山”理念，扎实推进人与自然和谐共生的现代化，努力厚植高质量发展的生态底色。主要目标如下：生态环境质量保持全国领先，力争创成国家级生态文明建设示范区，成为“诗画浙江”大花园最美核心区和国际花园城市的主门面、会客厅。一是持续擦亮绿色生态本底。统筹打好治水治气治土治废治塑“组合拳”，建立健全中央和省环保督查整改长效机制，持续提升生态环境治理能力。深入开展“五水共治”碧水行动，全面深化“河长制”工作，省控及以上地表水断面水质持续稳定在Ⅱ类以上。深化清新空气行动，强化源头治理，确保空气质量优良率稳定在95%以上。抓实乡村全域土地综合整治与生态修复2.0版，全力推动山水林田湖草整体保护、系统修复、综合治理。积极推进国土绿化，做深做实“林长制”，加快实施千万亩森林质量精准提升工程，拓展绿化彩化美化空间2.18万亩。二是持续拓宽“两山”转化通道。深化“两山平台”改革，全面盘活乡村土地、农房、山林等各类资源要素，打造一批共富综合体和强村公司，推动群众共建共享“两山”转化成果。实施“千村万元”林下经济增收帮扶工程，谋划实施国家储备林建设项目，借势借力发展森林旅游、森林康养产业。新增盘活闲置农房2500宗，承包地流转率达70%以上，打造“千村万元”示范村10个。三是持续推进全域环境整治。深化新时代美丽柯城建设，全面推进“美丽廊道”“美丽田园”“美丽庭院”“一米菜园”建设，创成省级新时代美丽乡村示范县，全力打造“千万工程”升级版的柯城样板。高标准编制“多规合一”实用性村庄规划，优化乡村布局，引导村庄分类发展、整治提升。深化农村垃圾、污水、厕所“三大革命”，健全农村环境长效管理机制。

三、在唯实惟先中推进变革重塑，充分展现走在前作表率的柯城风采

柯城今天发展的大好形势，是在一场场大战大考中拼出来的，是从一次次风雨洗礼中闯出来的。迈上“两个先行”新征程，全区上下务必始终保持落实、务实、严实的优良作风和奋进姿态，认清形势、把握优势、创造胜势，以更多的先人一步、快人一拍、胜人一筹，确保柯城在“两个先行”新征程中走在前作表率。

1.在大抓落实上更进一步。 落实是一切工作的生命线，是美好蓝图转化为生动实践的根本保障。要把大抓落实体现在绝对忠诚上。全区上下要将迎接二十大、学习二十大、宣传二十大、贯彻二十大作为首要政治任务，坚定拥护“两个确立”、坚决做到“两个维护”，将学习贯彻党的二十大精神与争先进位、先行示范具体实践结合起来，真正做到从本质上学深学透、行动上紧跟紧随、工作上落细落实，以各项工作的高分报表展现对党的绝对忠诚。要把大抓落实体现在勇争前列上。坚持高目标牵引、全方位争先，对标区委“保三争二拼第一”目标，拿出背水一战的劲头势头，敢同勇者比胆识、与快者比速度、和强者比位次，用各区块各部门的竞相发展，推动各项工作的出色出彩，撑起全区的争先进位。要把大抓落实体现在攻坚克难上。有多大担当才能干多大事业，全区上下要坚持发展有我、奋斗忘我、追求无我，舍我其谁地干、风雨兼程地干、加速奔跑地干，在担当作为中跑出加速度、啃下硬骨头、打赢攻坚战，为全市、全区发展大局作出更大贡献。

2.在求真务实上见行见效。 作风建设是走在前、作表率的重要基础，必须不断深化、持续加强。要把干事成事作为首要标准。这些年来，我们通过一场场重大征迁、重大专项的大战大考，充分凝聚起全区上下的干事合力，形成了赶超争先的良好势头。要保持这样的势头，就必须坚持“说干就干、干就干好、干就干成”，系统思维谋划工作、回路闭环推进工作、结果导向评价工作，以结果论英雄、以实绩用干部，真正让实干者实惠、吃苦者吃香、有为者有位。要把能力提升作为关键一招。加强干部教育培养，强化思想淬炼、政治历练、实践锻炼，把优秀的年轻干部放到重大攻坚主战场去蹲苗培养，在经风雨、见世面、壮筋骨中练就真才实学。建立常态化的学习机制，用好“周一夜学”等工作载体，不断提升各级干部对做好经济工作、改革工作、治理工作的规律性认识，干什么学什么、缺什么补什么，培养更多各个领域的行家里手。要把比学赶超作为行为导向。持续纵深推进“六治六提”“六比六晒”作风建设行动，用好区、乡、村三级“比晾晒”长效机制，充分发挥考核“指挥棒”作用，突出结果刚性运用。强化“十条军规”正反通报、“红黄牌”等制度效力，不断提升广大党员干部干事业的责任意识、挑重担的担当意识、守纪律的底线意识，让求真务实成为柯城干部的鲜明特质。

3.在纪律严实上持续发力。 心齐气顺、风清气正的政治生态来之不易，需要我们倍加珍惜、持续巩固。要严格履行主体责任。坚持党要管党、全面从严治党，扎实推进四责协同，持续加大压力传导，确保管党治党政治责任落到实处。迭代升级以“七张问题清单”为牵引的党建统领工作机制，不断提升政治判断力、政治领悟力、政治执行力。抓紧抓牢意识形态工作，坚决守牢舆论阵地，持续加强网络综合治理，确保意识形态领域绝对安全。要持续深化清廉柯城建设。坚持把纪律和规矩挺在前面，扎实推进各领域清廉单元建设，加强对权力运行的监督制约。锲而不舍督促落实中央八项规定精神，持续纠治“四风”，用好监督执纪“四种形态”，加强对重大项目攻坚、重大改革落地、重大专项推进等重点领域的监督检查，让铁的纪律成为推动各项工作落地落实的重要保障。要坚持“三不腐”一体推进。坚持反腐败无禁区、全覆盖、零容忍，常态化开展警示宣传教育，真正把惩治的震慑力、制度的约束力、教育的感染力有机统一起来，一体构建具有柯城特色的“三不腐”机制。统筹推进新一轮区委巡察工作，不断提升巡察工作实效。做细做实政治生态评估机制，及时发现和纠正政治生态建设过程中的苗头性、倾向性问题，持续巩固政治生态建设成果。

同志们，在建设四省边际中心城市中走在前作表率，争当“两个先行”示范窗口，每一位柯城人都是主人翁。区委将进一步发挥统揽全局、协调各方的作用，支持区人大围绕中心、服务大局，支持区政协团结各方、建言献策，推动完善大统战工作格局，充分发挥各群团组织作用，凝聚最广泛的共识、汇聚最强大的合力。要以完善“亲清恳谈会”机制为重点，进一步畅通企业家与党委政府的沟通交流渠道，优待遇、厚礼遇、创机遇，让每一个对柯城心有向往的人都有家的感觉。

同志们，奋斗成就梦想，实干开创未来。让我们更加紧密地团结在以习近平同志为核心的党中央周围，在省委、市委的坚强领导下，勇担使命、顽强拼搏，加速跨越、赶超争先，奋力开创柯城跨越式高质量发展新局面，努力为浙江奋进“两个先行”、衢州建设四省边际中心城市作出更大贡献，以优异成绩迎接党的二十大胜利召开！

政府工作报告

——在衢州市柯城区第十届人民代表大会第二次会议上

(2023年1月17日)

衢州市柯城区人民政府代区长 胡益峰

一、2022年工作回顾

2022年，我们高举习近平新时代中国特色社会主义思想伟大旗帜，全面贯彻党的十九大、十九届历次全会和二十大精神，认真落实“疫情要防住、经济要稳住、发展要安全”重要要求，在市委、市政府和区委的坚强领导下，在区人大、区政协的监督支持下，在全区广大干部群众的不懈努力下，有效应对需求收缩、供给冲击、预期转弱三重压力，统筹推进稳进提质、除险保安、塑造变革，经济运行回升向好，社会大局保持和谐稳定。地区生产总值增长6.10%，达到651.20亿元；一般公共预算收入增长10.70%；规上工业总产值增长18.70%；城乡居民收入分别增长5.80%和7.60%。高质量完成十方面民生实事。勇夺山区26县发展实绩考核第一名，创下历史最好成绩。全域土地综合整治、大力发展数字经济、推进未来社区建设等3项工作获省政府督查激励。获评国家生态文明建设示范区、省级全域旅游示范区、大花园建设示范县等荣誉。

一年来，我们全力以赴干项目、扩投资，发展后劲持续增强。

一是项目建设主动有为。健全完善重点项目全生命周期管理机制，落细落实“一项目一方案”，推动服务提效、建设提速，实现固定资产投资增长26.40%，5个投资结构性指标保持较快增长，制造业、高新技术产业投资增速领跑全市。寺桥水库、常山港航电枢纽等一批支撑性项目开工建设，杭金衢柯城互通、上下蒋安置小区等34个重点项目完工交付。七里至石梁公路等12个项目列入省重点建设项目计划。成功获得三季度全省投资“赛马”激励。

二是招商引资扎实有效。坚持“一把手”抓招商，强化驻点招商、以商招商、产业链招商，不断提升招商实效。全年引进亿元以上项目15个，其中鑫元电子、元森光电等总投资20亿元以上项目4个，到位资金15亿元。航电信息、中唯精工等一批项目实现当年签约、当年建设、当年投产。东巨康项目从谈判签约到落地投产仅用时100天，一个季度实现产值3亿元，创下招商项目落地新纪录。

三是要素保障精准有力。加力攻坚全域土地综合整治和“五未”土地盘活，新增垦造耕地4850亩，盘活处置低效用地573.30亩，完成低效用地再开发553.60亩。获批新增建设用地1910.50亩、林地定额1055亩。东巨康项目列入省引领性重大产业项目，获得建设用地指标奖励351亩。航埠K12学校列入山区

26县标志性工程，获得建设用地指标奖励77亩。争取乡村振兴综合试点等重大政策资金5.50亿元。获批并发行专项债券和一般债券27.10亿元。

一年来，我们全力以赴兴产业、优结构，转型升级步伐加快。

一是现代农业呈现新亮点。扎实推进“两非”整治，建成高标准农田6300亩，粮食总产量达到2.50万吨，同比增长6.50%。农业平台基本成型，数字农业科创园全面开工，科创服务中心、农事综合服务中心主体结顶，植物工厂建成投用。招引亿科种业、明辉科技等企业5家。鲟龙水产列入国家种业阵型企业名单。“南孔圣柑”区域公用品牌影响力持续提升，新增无核椪柑、鸡尾葡萄柚等优新柑橘种植面积1300余亩。“两山合作社”新增流转土地1.20万亩，共派发分红1400余万元。创新打造“红小播”“吴大姐”等共富工坊62个，带动集体增收1300余万元。

二是生态工业取得新突破。坚持主动服务、靠前服务，用心保障智造新城心无旁骛抓产业、快发展，有效保障吉利三电、晓星等10个10亿元以上项目签约落地，时代锂电项目提前3个月实现量产。全面推进航埠生态工业园区整合提升，高效完成刘山村、凤凰山区块征收，新增工业发展空间360亩。凤山路等9条配套道路完成改造，人才公寓开工建设。全域实施高耗低效企业整治，累计整治企业74家，盘活存量用地440余亩。全链增强主导产业，新落地轴承智造、光电产业链项目13个、投产项目5个。全区新增产值10亿元以上企业21家、5亿元企业14家。加快企业上市步伐，新增报会企业3家，中巨芯顺利过会。新增高新技术企业26家、省科技型中小企业204家。

三是现代服务业实现新发展。构建市区服务业协同发展新格局，助推智慧新城入选省级现代服务业创新发展区，颐高科技创业园获评省级创业孵化基地。全区培育月度新增规上服务业企业52家，规上服务业营收达到106.70亿元，增长19.40%。提升专业市场能级，森联汽车、红星时代广场签约落地，顺丰物流基地、数字经济中心、凯泰二期破土动工，融信商务中心、腾隆实达实等建成运营。引进融欣商务、勤鉴天下等总部型服务业项目5个，直播产业创业街产值达到13.30亿元，“它经济”产值超亿元。加快消费复苏，举办多轮多领域促消费活动，拉动消费10.30亿元。稳住外贸基本盘，实现出口总额163亿元，增长36.60%。

一年来，我们全力以赴优环境、强统筹，城乡风貌更加靓丽。

一是做优城市品质。深入实施城市发展十大专项行动，九华大道隧道、紫薇路隧道建成通车，双港大桥顺利顶推合龙。片区开发快速推进，落马桥、昌苑安置小区主体结顶，南一道东段、滨二路等建成通车。城市更新亮点纷呈，13个未来社区开工建设，斗潭、白云2个未来社区、南孔古城传统风貌样板区入选全省首批共同富裕现代化基本单元。回龙、新荷未来社区通过省级验收。主城征收再下一城，36天完成宫宝地块229户征收，有力实现签约、腾空、拆除“3个100%”。高铁新城、古城双修、礼贤未来社区等安置房顺利交付，3500余户安置户喜迁新居。高质量完成全国文明城市年度复评。

二是做靓乡村颜值。统筹推进未来乡村和诗画风光带建设，沟溪片区、麻蓬、妙源、严村4个省级未来乡村通过验收。建成美丽乡村示范乡镇1个，美丽宜居示范村3个、特色精品村4个。余东村获评全国乡村旅游重点村，石室乡列入美丽城镇省级样板。全面提升诗画风光带沿线整体风貌，创成“诗画南孔”新时代美丽乡村共同富裕省级示范带。入选全省深化“千万工程”

建设新时代美丽乡村工作优胜县。城乡交通更加便利，里前坞至余家山头等道路建成通车，新增“四好农村路”47公里。“五水共治”群众幸福感指数连续2年位居全省第一，成功捧回大禹鼎“银鼎”，获评省长江保护修复攻坚战突出贡献集体。高标准整改落实省委生态环境保护专项督察反馈问题。

三是做强全域旅游。聚焦“一县一策”运动休闲产业，大力推进旅游业“微改造、精提升”行动，景区村覆盖率达到73.30%，景区镇覆盖率达到66.70%。持续丰富乡村旅游业态，协众天仓岭等8家露营基地开放运营，成为市民休闲好去处。新增省级金宿1家、银宿3家、文化主题民宿1家，建成民宿集聚村2个。飞鸿神网谷二期、灵鹫圣境等项目全面开工，灵鹫山上山道路路基全线贯通。春风动力运动基地一期投入试运营。文旅产业融合试验区通过省级验收。

一年来，我们全力以赴抓改革、提效能，发展活力加速迸发。

一是数字化改革纵深推进。坚持以重大应用支撑重大改革，全力打造具有实战实效的特色应用场景。新增上线数字化应用12个，“邻礼通·三民工程”入选中国改革2022年度典型案例，提名省改革突破奖银奖。“零废生活”列入全省居民碳账户应用试点。数字政府建设高效推进，“e行在线”“药品安全在线”“帮农促富”等35个应用全面贯通。获评全省“浙农富裕”农房盘活数字化场景第一批“先行先试”推广单位，累计盘活农房518宗。

二是营商环境持续优化。坚持“第一时间、顶格优惠”，调整优化大科创、大文旅等政策体系，接续出台8方面39条稳经济政策，累计为企业减负5.30亿元，兑现各类惠企资金6.60亿元。打造高效务实政务服务环境，大力推进“网上好办”“跨省通办”，“一网通办率”达到98.60%。深入推进企业社区化网格化服务和营商环境清障行动，常态化开展“亲清直通车·政企恳谈会”，办结问题180余个。

三是重点领域改革多点突破。“大综合一体化”行政执法改革经验全省观摩学习。“1+5”行政执法体系实现全覆盖，下沉一线执法力量达75%以上。顺利完成国资改革三年行动收官战，国资资产总额达到265亿元，增长37%。“1+3+3”国资公司架构成型，成功发行公司债10亿元。建投公司、乡村振兴公司顺利通过2A信用评级。山海协作扎实推进，“产业飞地”正式投入运营，落地亿元以上项目3个。

一年来，我们全力以赴惠民生、保安全，社会大局和谐稳定。

一是疫情防控平稳有序。从严从紧抓好常态化疫情防控，坚决落实“七大机制”，加速“五快”循环，成功处置“3·13”“11·19”等疫情。因时因势优化疫情防控措施，调整防控指挥体系。全面提升医疗救助能力，定点医院、方舱医院、健康驿站等建成投用。强化物资和药品调度保障，免费发放防疫包14.10万份。加大疫苗接种力度。全力救治新冠病毒感染者，全区1334名医务人员不畏艰辛、勇毅坚守，构筑起最强最暖的“医靠”，推动疫情防控从“防传染”向“保健康、防重症”平稳转换。

二是公共事业蓬勃向上。优化教育资源布局，完成石梁珊塘等5所学校撤并整合，新华二小、城南初中等建成投用。新增通荷、九龙等公办幼儿园7所、学位2850个，全国学前教育普及普惠县通过省级初评。补齐医疗服务短板，区第二人民医院、公共卫生服务中心、人民医院门急诊大楼等项目快速推进，中医医院一期竣工交付。在省第十七届运动会中收获金牌24.70枚、奖牌56.60枚，金牌数、奖牌数位居全市第一。成功创建立春文化（柯城）传承生态保护区。

三是民生保障日益增进。聚焦“一老一小”，区社会福利院、航埠镇敬老院完成建设，“爱心卡”养老服务入选首批省级试点，斗潭社区获评全国示范性老年友好型社区。新增托育机构4家、托位483个，入选普惠托育基本公共服务省级试点。创新实施“智慧就业e站”，完成就业技能培训1.70万人次，新增城镇就业1.250万人，稳岗就业相关做法得到国务院副总理胡春华高度肯定。户籍人口基本养老保险、医疗保险参保率稳定在99%以上，“五类人群”健康保险实现全覆盖。深入开展农民饮用水安全保障专项治理。优化调整社区规模。落实13个“城中村”“飞地”属地管理责任。

四是平安建设不断深化。建立健全安全隐患整改销号闭环管理、约谈问责、挂牌督办等机制。排查整改风险隐患8316处，生产安全事故起数、死亡人数分别下降37.50%、50%，未发生较大及以上事故。成功处置“6·20”新中国成立以来的最大洪峰汛情。在全省率先投保公共水域“防溺水险”。常态化推进扫黑除恶斗争。严厉打击电信网络诈骗，案件数、案损额分别下降7%、12.90%。统筹打好开门接访、包案化解、依法处置“组合拳”，越级访批次、人次分别下降25.10%、34.80%。圆满完成党的二十大等重大活动期间维稳安保任务。

各位代表，过去一年，我们不断加强政府自身建设，坚持把学习好、宣传好、贯彻好党的二十大精神作为当前和今后一个时期的重大政治责任和首要政治任务，强化时时、处处、事事对标对表，坚定捍卫“两个确立”、坚决做到“两个维护”，切实将学习成果转化为挑大梁扛重责的实际成效。设立区政府常务会议“第一议题”制度，完善区政府专题夜学机制。自觉接受区人大及其常委会法律监督、工作监督和区政协民主监督，严格执行区人大及其常委会的各项决议、决定，203件人大代表议案建议、195件政协委员提案实现办结率、满意率100%。主动加强审计监督，推动山区26县高质量发展等审计反馈问题得到高效整改落实。高度重视法治政府建设，健全行政争议实质性化解机制，办结行政复议案件122件。

与此同时，国防教育、退役军人、民族宗教、咨询委、人防、外事侨务、档案、对台、保密、统计等工作取得新成效，工青妇、老龄、关心下一代、科协、文联、社科联、残疾人、慈善、红十字会等事业取得新进步。

各位代表！过去一年是极其特殊、极具挑战、极为不易的一年。面对多轮新冠疫情冲击，我们沉着应对、精准防控，全力以赴防输入、防反弹，经受住了疫情的严峻考验。面对超预期的经济下行压力，我们迎难而上、争先进位，凝心聚力抓调度、稳增长，保持了经济平稳发展。面对多重叠加的风险隐患，我们主动防范、积极化解，坚定不移防风险、保安全，守住了不发生区域性系统性风险的底线。过程步步艰辛，成绩来之不易。这是习近平新时代中国特色社会主义思想科学指引的结果，是市委、市政府和区委正确领导的结果，是区人大、区政协关心支持的结果，是全区人民勇毅前行、砥砺奋进的结果。在此，我代表区人民政府，向全区广大干部群众、区人大代表和政协委员，向各民主党派、人民团体，向驻柯城部队、武警官兵、公安干警和消防救援队伍，向所有关心、支持、参与柯城改革发展的社会各界人士，表示衷心的感谢，并致以崇高的敬意！

肯定成绩的同时，我们也清醒地认识到，我区经济社会发展和政府工作中还存在不少短板和问题，主要如下：加快跨越发展动力不足，城市经济还没有很好破题，运动休闲产业还有待进一步突破。城乡建设管理水平不高，发现问题、解决问题的合力尚未完全形成；城乡风貌与百姓期待还有差距。安全生产基础不牢，道路交通、消防、森林防灭火等领域还有不少潜在风险。政府系统拼抢意识不强，转变工作作风、提升行政效能还有空间，少数政府工作人员的担当精神和执行力还有差距。对此，我们将采取针对性措施，切实加以解决。

二、2023年目标任务和重点工作

2023年是全面贯彻落实党的二十大精神的开局之年，也是实施“十四五”规划承前启后的关键一年。当前，世界百年未有之大变局加速演进，我国发展进入战略机遇和风险挑战并存、不确定难预料因素增多的时期。就柯城而言，既面临着宏观经济不确定性增多、风险隐患交织叠加、区域竞争日趋激烈等多重挑战，也正在迎来经济复苏、存量政策和增量政策叠加发力、自身发展强劲起势等诸多机遇。开局关乎全局，起步决定后程。我们要坚定发展信心、保持战略定力，在应对挑战中迎难而上，在抢抓机遇中乘势而上，把改革发展稳定各项工作抓好抓实，奋力推动柯城经济社会高质量发展。

今年政府工作的总体要求如下：以习近平新时代中国特色社会主义思想为指导，深入贯彻落实党的二十大精神，坚持稳中求进工作总基调，完整、准确、全面贯彻新发展理念，加快构建新发展格局，牢记殷殷嘱托，忠实践行“八八战略”，奋力推进“两个先行”，努力打造“重要窗口”，紧紧围绕“释放新活力、提升首位度”，抓重点、破难点、通堵点、创亮点，争当山区26县跨越式高质量发展排头兵，为高水平建设社会主义现代化新柯城开好局起好步。

2023年政府工作的主要预期目标如下：地区生产总值增长8%左右，一般公共预算收入增长8%，城乡居民收入分别增长8%和10%，进出口总额增长20%，约束性指标全面完成省市下达目标任务。

围绕实现上述目标，重点抓好10个方面工作。

（一）在招商引资上下实功求实效。牢固树立“发展靠项目、项目靠招商”的工作理念，坚持强招引和促落地并重，切实把招商成果转化为项目成果、经济成果，体现在发展成效上。

提升招商质量。聚焦“高大上+链群配”，进一步完善主导产业链全景图，提升驻点招商、以商招商、产业链招商实效。坚持全员招商，全年引进区域总部、运营中心等亿元以上服务业产业项目10个以上。坚持资源赋能，全年招引亿元以上农业和文旅项目各5个。坚持市区一体，紧盯发达地区产业外溢机遇，全年引进亿元以上制造业项目10个，10亿元以上项目4个，力争实现50亿元以上项目“零”的突破。

加快招商落地。动态考核招商项目投资强度、形象进度和产出效益，构建“签约落地、开工建设、竣工投产、产能释放”工作闭环。进一步强化要素保障，新增供地700亩、标准厂房10万平方米以上，实现招商项目“拿地即开工、厂房等项目”。推动鑫元电子等一批项目竣工投产，全年招商引资到位资金15亿元以上，制造业项目到位资金占比超过40%。更大力度吸引和利用外资，力争实际使用外资1000万美元以上。

优化营商环境。推动各级各类降本减负政策精准直达快享，力争全年为市场主体减负5亿元以上。持续开展“减证便民”专项行动，推行企业年报“多报合一”改革，进一步降低企业制度性成本。规范政府采购招投标机制，为中小企业预留40%采购份额，给予价格扣除评审优惠。加快数字政府建设，确保“一网通办”率达97%以上、“跨省通办”事项200项以上。深入实施“聚智柯城”工程，全年引聚国家和省级领军人才10名以上，扎实推进青年发展型城市建设。

（二）在城市经济上下实功求实效。以打造大平台、实施大项目为突破口，整合城市资源，聚集优质要素，推动城市业态品质化、多元化发展，不断提升主城区经济承载力和区域影响力。

培育消费高地。依托鹿鸣半岛时尚文化创业园、爱琴海购物公园奥特莱斯等城市消费地标，深化展销经济、商圈夜间经济、美食经济等消费场景建设，激发消费活力。持续开展“三衢暖心·柯享消费”系列促消费活动，促进餐饮、零售等生活性服务业迅速回暖，社会消费品零售总额同比增长7%以上。出台支持新经济新业态、商贸业做大做强扶持政策，力争引育规上服务业企业90家，亿元零售企业5家。发展壮大电商产业，做大直播产业街、“它经济”规模，实现网络零售额130亿元以上。

打造专业平台。编制城市经济发展规划，大力支持法务、会计、设计、金融等高端生产性服务业发展，培育信息技术、会展等新兴产业。优化专业市场空间布局，有序推进专业市场城改造提升，腾出发展新空间。加快顺丰物流基地、森联汽车、红星时代广场等项目推进，提升平台集聚度和影响力。加快数字贸易科技园、数字经济产业中心等楼宇建设，推动“平面经济”向“立体经济”转型。深入推进供应链数字贸易创新发展区和现代服务业创新发展区建设。

推动文旅融合。深入推进“五百五千”工程，培育一批有柯城辨识度的文旅产品、文旅集市。全力做好烂柯山片区开发保障，助推一径、一园等项目加快建设。大力推进灵鹫山旅游度假区综合开发，启动游客综合服务中心、青少年足球训练基地等支撑性项目建设，奥陶纪项目取得实质性进展。深入开展“微改造、精提升”行动，推动桃源七里景区提质升级，建设1个示范景区镇、1个金3A景区村。持续推进“一乡千宿”，培育精品民宿20家、等级民宿4家，建成“幻境森林”等一批露营基地。办好乡村艺术季、橘子音乐节、“森系”赛事等品牌活动。全年接待游客300万人次以上，实现旅游收入37亿元。

（三）在生态工业上下实功求实效。坚决贯彻落实“工业强市、产业兴市”战略，协同推进主导产业做大做强，确保规上工业总产值突破1400亿元、增长15%以上。

全力提升平台能级。持续推进高耗低效企业分类整治，实现亩均税收5万元以下和园区外工业企业动态清零。盘活存量工业用地600亩以上，力争规上工业亩均增加值、亩均税收分别达到132万元、21万元，增长15%、10%以上。持续推动平台空间拓展，完成凤凰山区块600亩土地征收。加快凤山三路、兴航一路等道路建设，人才公寓主体结顶，建成员工之家1000套。积极探索航埠生态工业园区和临平“产业飞地”共建共享新机制。

全力推动产业升级。主动与智造新城保持产业协同、同频共振，协力推动鹏辉能源、晓星高端薄膜等一批制造业项目建成投产。积极推动衢州巨化一体化高质量发展各项任务落地落实，助力巨化再上一个百亿台阶。聚焦“五链”融合，奋力推动航埠生态工业提能造峰。组建产业发展研究院，加快光电（半导体）、轴承智造等主导产业链条式培育、集群式发展，力争光电产业产值突破30亿元。充分发挥龙头企业带动作用，推动元森光电、仁诚机械等一批强链、延链项目投产达产。加快产业数字化，实施数字化改造项目10个。

全力服务企业发展。坚持“两个毫不动摇”，构建雁阵型企业梯度培育体系。支持企业上规模，新增南核防护、航电信息等规上工业企业5家以上。支持企业上台阶，新增培育亿元以上企业2家，东巨康产值突破20亿元、金沃精工达到10亿元。支持企业上市，确保中巨芯、鸿盛新材2家企业敲钟上市，恒业汽配新三板挂牌。支持企业增强创新能力，链接浙大“两院”、东南数字研究院等科创平台，培育国家高新技术企业30家、省科技型中小企业200家。

（四）在大干项目上下实功求实效。坚持“抓项目就是抓发展”，始终保持项目建设的强劲态势，以超常规力度抓项目、扩投资、稳增长，用高质量项目推动高质量发展。

以更大力度争取项目。坚持“脑勤腿勤”，积极研究、争取、用好“8+4”政策工具。加强项目谋划储备，提高项目包装质量，力争更多项目进入国家、省“十四五”规划中期调整盘子。加强向上对接，力争森联汽车、元森光电等项目列入省重大产业项目名单，寺桥水库灌区、石七线等项目获得上级要素支持。新增获批并发行专项债券和一般债券20亿元以上。

以更严要求推进项目。深入实施扩大有效投资“千项万亿”工程。加快推进抽水蓄能、上下蒋安置点二期等23个前期项目，力争转实施率达50%以上。推动弈谷至石梁公路、两溪流域生态体验基地等项目一季度落地开工，90个新建项目上半年开工率达60%以上。提速建设寺桥水库、智尚小镇基础设施提升等93个在建重点项目。确保全年固定资产投资增长15%以上，结构性指标增速高于全省平均，争夺全省投资“赛马”激励。

以更实举措服务项目。坚持一切围绕项目、一切服从项目、一切服务项目，压紧压实重点项目领导挂联、区块包干、项目联络员等工作机制，强化项目推进“每周会商、单月协调、双月调度”，以精准服务推动项目提速攻坚。细化完善政府投资、国企投资项目立项生成、工程变更、施工管理等实施规则，提升项目管理水平。

（五）在城市更新上下实功求实效。充分发挥市区一体优势，把提升城市能级作为增强城市吸引力的重要路径，不断完善城市功能、提升空间品质，打造宜居宜业的现代化城市。

塑造品质城市新面貌。高标准推进全域未来社区创建，加快建设书院等15个未来社区，确保坊门街、花溪等4个未来社区通过省级验收，争创“礼贤未来”省级城市传统风貌样板区。高质量推进片区综合开发，推动双西港总部园区、生活发生器等一批牵引性项目破土动工，曙光路改造等项目完工投用。提速衢化七溪路以南片区开发，实施十字街商业中心、文昌路南延等项目，昌苑安置小区建成交付。开工建设衢江南路、蝴蝶路改造等项目，加快推进衢州客厅、体育中心“三馆”等项目，完成双叶线改造、南湖广场文旅综合体等项目。扎实推进老旧小区和危旧房改造，推动国有土地上存量C级危房解危清零。

拓展城市发展新空间。坚决扛起主城担当，迭代升级征收工作体系，高效有序推进城北片区城市有机更新等一批国有土地上房屋征收项目。加大城中村改造力度，适时启动一批城中村拆迁。大力攻坚双西港片区政策处理扫尾。主动融入、积极参与浙西新区等重点项目建设。新开工建设安置小区3个，建成交付百家塘、上下门、白渡等安置房1082套。

提升城市管理新水平。加强城市精细化智慧化管理，系统解决城市停车难、交通堵、内涝等群众反映强烈的“城市病”问题。常态长效开展城市体检，推进城市环境秩序综合整治，打造文明亮丽的市容环境。广泛开展群众性精神文明创建活动，持续巩固全国文明城市创建成果。深化净土清废治塑行动，确保空气质量优良天数比率高于92.80%，争创省级“无废城市”。

（六）在乡村振兴上下实功求实效。坚持农业农村优先发展，全面推进全域乡村综合整治，不断优化农村人居环境，提升农业产业水平，实现乡村由表及里、形神兼备的全面提升。

发展高质高效现代农业。深化农业“双强”行动，全面提升农业现代化发展水平。着力培育一批综合实力强、带动作用强的农业龙头企业，打造2条10亿元以上农业全产业链。加快建设农业产业平台，数字农业科创园投入运营，引进各类农业企业10家以上。创新市场化农机推广模式，争创加快推进农业“机器换人”高质量发展先行县。加强农业配套设施建设，新建农产品冷链、仓储等设施用房9.30万平方米，改造灌溉渠道、排水渠10公里以上。持续推动柑橘产业转型发展，加大低效橘园改造力度，引育柑橘优新品种1000亩。

建设宜居宜业和美乡村。加快推动“千万工程”从“硬件建设”向“软件提升”拓展，全力争创新时代美丽乡村示范县。提高乡村设施完备度，积极推进北部山区集中供水水源工程，改造提升县乡道路、“四好农村路”50公里。完成320国道柯城段、新万九线等沿路沿线风貌提升。提高乡村人居环境舒适度，新增省级美丽乡村示范乡镇1个、省级特色精品村3个，力争三山、坞石等4个未来乡村通过省级验收。建成石梁—七里“桃源山居”省级风貌样板区。落细落实河（湖）长制、林长制、田长制，持续擦亮生态“金名片”。

打造美轮美奂田园风光。统筹推进航埠、石梁等六大片区土地垦造、高标准农田建设等土地综合整治工程。完成整治项目52个，垦造耕地4500亩以上。坚持良田粮用，新建和改造高标准农田4300亩，宜机化改造6000亩，粮食播种面积突破6.60万亩。坚决遏制耕地“非农化”、防止“非粮化”，推广“共富菜（果）园”“我在乡下有块地”等特色做法，完成抛荒地整治4000亩，建设“千亩方”6个。

（七）在改革创新上下实功求实效。坚持以改革的思维和办法破解发展难题，推动改革与发展深度融合、高效联动，以扎扎实实的改革成效为高质量发展增动力、添活力。

纵深推进数字化改革。建好用好数字资源“一本账”，实现公共数据共享需求满足率达到99%以上，有效利用率达到90%以上。迭代升级“邻礼通·三民工程”应用，推进民情档案专题库建设，完善“城市版”场景功能，推动“农村版”上线运行。有序推广“e充停”“零废生活”等特色应用。深化培育数字经济新产业、新业态、新模式，建设智能工厂2个，确保数字经济核心产业增加值增长25%。

加快推进乡村集成改革。坚持把强化集体所有制根基、保障和实现农民集体成员权利同激活资源要素相统一，统筹打好“三块地”改革、宅基地“三权分置”改革组合拳。鼓励社会资本下乡，流转集中连片土地5000亩以上，盘活闲置农房500宗以上，有效激活乡村资源资产。积极稳妥推进行政区划调整，平稳有序开展“村改居”试点。推动农业人口市民化，撤并100人以下村庄15个，开工建设上下河东等农民集聚点2个，新增本地农业转移人口3400人以上。

加力推进重点领域改革。深入实施新一轮国资改革三年行动，力争获评“2A+”信用等级企业1家。加大存量资产盘活力度，国资资产总额突破350亿元。用足用好企业债、公司债、PPN等融资工具，新增融资授信30亿元以上。深化“大综合一体化”行政执法改革，确保区级2221项综合行政执法事项履职到位。

（八）在惠民利民上下实功求实效。突出优质共享、可感可及，加快健全城乡一体的基本公共服务体系，不断增强人民群众获得感、幸福感。

大力发展社会事业。持续推进教育资源布局优化、扩容提质，有序撤并办学规模200人以下的农村小规模学校，开工建设航埠K12等3所义务教育学校，新增书院、杨浦等7所公办幼儿园、学位2340个。全力推进全国义务教育优质均衡发展区创建，确保创成全国学前教育普及普惠县。推动优质医疗资源均衡布局，区人民医院门急诊大楼、公共卫生服务中心、第二人民医院等建成投用。区人民医院创成三级乙等综合医院。大力培育弘扬新时代衢州人文精神。持续推动立春文化、余东农民画等创造性转化、创新性发展。

持续优化社会保障。全面做优"一老一小"服务保障体系，更好满足群众多层次多样化养老育幼需求。完成乡镇敬老院整合提升，区社会福利院、航埠敬老院投入运营，新增养老床位850张。启动区级托育综合服务中心建设，打造儿童健康管理中心2家，新增托育机构5家、托位200个。积极参与国家儿童友好城市试点创建。健全分层分类精准救助体系。完善就业帮扶机制，新增城镇就业6000人以上。深化医保、社保精准扩面，确保户籍人口参保率稳定在99%以上。

扎实办好民生实事。坚持"尽力而为、量力而行"，按照民生实事"群众提、大家定、政府办"理念，以民生需求为导向，以人民满意为目标，聚焦群众普遍有感，系统谋划12个方面的民生实事候选项目，请代表审议票决。我们一定用心用情用力办好这些民生实事。

同时，高度重视国防教育、民族宗教、外事侨务、对台、档案、统计、人防、老龄、关心下一代等工作。继续支持咨询委、工会、共青团、妇联、工商联、残联、文联、社科联、科协、红十字会等开展工作。

（九）在除险保安上下实功求实效。以"时时放心不下"的责任感，盯住每一个环节、抓好每一处细节、守牢每一个阵地，推动各类风险隐患闭环管控，切实营造平安和谐稳定环境。

精准抓实社会治理。持续提升"37"驿站内涵，深化白云、斗潭未来社区和上洋村等城乡社会治理示范点位建设，努力打造新的"三民工程"社会治理共同体。加强和改进信访工作，开展重点领域、重点乡镇专项治理，提升初信初访就地吸附和化解处置能力，扎实推进疑难案件攻坚，确保全年信访总量、越级访量同比下降50%，争创全国信访工作示范县、省级无信访积案县。加强专职社区工作者队伍建设和规范管理。

系统防控风险隐患。突出保健康防重症，加快提升医疗救治能力，提高疫苗接种率，确保疫情防控平稳转换。常态化开展安全生产综合治理行动，持续推进道路交通、消防、建筑施工、城市运行等重点领域隐患问题治理，全力遏重大、防较大、减总量，确保亿元GDP亡人数控制在限额以内，交通事故亡人数同比下降20%。加大重大隐患单位挂牌督办力度，严管重罚、从严整治，安全生产检查处罚率不低于20%。全力做好防汛防台抗旱、森林防灭火、地质灾害治理等工作。巩固省级食品安全区创建成果，守护"舌尖上的安全"。

全程护好社会治安。立足"市县主战、派出所主防"，全面提升现代警务体系实战实效。加强社会治安防控体系建设，创建"枫桥式公安派出所"2家。扎实做好系列重大活动维稳安保工作。常态化开展扫黑除恶斗争，持续打击治理电信网络诈骗，强力挤压各类违法犯罪活动空间。确保平安创建"九连冠"，奋力夺取平安金鼎。

（十）在自身建设上下实功求实效。始终坚持"三个务必"，不断提高认识问题的洞见力、分析问题的穿透力、解决问题的驾驭力，以高效的政府工作推动经济社会高质量发展。

把牢政治忠诚“定盘星”。 坚持把政治建设摆在首位，深入学习贯彻党的二十大精神，深学笃行习近平新时代中国特色社会主义思想，深刻领悟“两个确立”的决定性意义，增强“四个意识”、坚定“四个自信”、做到“两个维护”。发扬“不信邪、不怕鬼、不怕压”的斗争精神，不断增强斗争本领。坚持把党的领导贯穿到政府工作各领域、全过程，以实际行动贯彻落实中央、省、市和区委各项决策部署。

提振奋勇争先“精气神”。 坚持“创业创新创先、落实务实严实”，不断提高政府系统的执行力、战斗力。完善“项目化实施+专班化推进+销号式管理”运作方式，制定科学考核评价机制，确保有交办、有督查、有反馈，做到说一件、干一件、成一件。牢固树立“没有走在前列也是一种风险”的忧患意识，敢于跟好的比、与强者争、向高处攀，干就干到一流，做就做到极致，不断开辟干在实处、走在前列、勇立潮头新境界。

凝聚法治最大“公约数”。 深入践行习近平法治思想，严格依照法定权限和程序履行职责，带头依法行政、依法办事，推动行政诉讼案件数和败诉率“双下降”。落实人大及其常委会的决议决定，自觉接受人大依法监督、政协民主监督，主动接受审计监督、司法监督和群众监督，深入推进政务公开，让权力在阳光下运行。发挥法律顾问作用，切实加强法治宣传教育。

永葆清正廉洁“真本色”。 坚决扛起全面从严治党主体责任，一以贯之抓好政府系统干部队伍作风建设。坚持政府过“紧日子”，强化“三公”经费管理，严控一般性支出。集中财力办大事要事，强化预算执行刚性，提高财政资金使用绩效。规范国有资产、公共资源、招投标等重点领域监管。始终保持惩治腐败“零容忍”高压态势，树立为民务实清廉的政府形象。

各位代表！路虽远，行则将至；事虽难，做则必成。让我们更加紧密地团结在以习近平同志为核心的党中央周围，在市委市政府和区委的坚强领导下，踔厉奋发，笃行不怠，实干争先，勇毅前行，为建设四省边际中心城市，奋进两个先行，高水平建设社会主义现代化新柯城团结奋斗！

2022年柯城区新时代美丽乡村建设情况

2022年，柯城区坚持以习近平新时代中国特色社会主义思想为指导，深入践行省委“八八战略”，全面落实“两创强区、两美富民”战略，全力打造绿色发展先行区、田园城市核心区、生态富民样板区、幸福家园示范区，始终坚持“绿水青山就是金山银山”的发展理念，持续打造“千万工程”升级版，紧紧围绕农村人居环境提升、未来乡村创建、历史文化（传统）村落保护利用等系列工作为抓手推进高质量发展建设四省边际共同富裕先行示范区。农村生产生活水平得到了明显提升，乡村环境更加优美，农民生活更为富美，农村社会更趋和美，走出一条城乡融合、共富共美的柯城路子。柯城区获评2022年度全省深化“千万工程”建设新时代美丽乡村工作优胜县、全省农村生活垃圾分类处理工作优胜县、全省城乡风貌整治提升工作（未来社区、未来乡村建设）年度考核优秀。

一、着眼全域，持续深化农村人居环境提升，巩固美丽乡村“生态本底”

（一）农村生活垃圾分类治理全面覆盖。紧紧抓住“四分四定”要点，大力推进农村生活垃圾分类和农村环境卫生长效保洁体系建设。如在万田乡上蒋村、沟溪乡余东村、华墅乡刘坂村创新开展“零废生活馆”（回收网点）建设，由虎哥公司运营，通过深化应用场景建设，推进垃圾分类扩面提质，积极探索可复制、可推广的农村运营模式。同时，柯城区还建成了11处农村生活垃圾资源化处理站点，委托第三方常态化运维管理，为农村垃圾减量化、资源化处理打下良好基础。每年投入农村生活垃圾分类治理环境保洁资金2000余万元，垃圾分类行政村覆盖率达100%。

（二）农村“厕所革命”更加惠民便民。自“厕所革命”工作开展以来，柯城区对农村公厕开展摸排调查，并出台《“厕所革命”实施方案》和《柯城区农村公厕长效运维管理实施方案》全力推动农村公厕改革。一是推动农村公厕全覆盖。按照合理布局、因地制宜、建改并重、美观实用的原则，累计投入4000余万元，新建、改建农村公厕380座。二是推广“所长制”改革。以“五有”（有水、有电、有镜、有纸、有保洁）为基础，深入开展“星级公厕”“示范公厕”文明创建活动，有效提升农村公厕的管护水平。三是解决农村如厕难。将农村公厕定位精准接入各类导航软件，推动全区农村公厕网上一张图，极大地便利村民的生活，提升了游客的游玩体验。

二、突出重点，着力培育特色精品村庄，提升美丽乡村“乡土韵味”

（一）诗画风光带有颜值。围绕两港两溪片区（常山港、江山港和庙源溪、石梁溪），以沿江公路贯通、“三化”成效提升、人居环境整治为抓手，整合精品村建设、历史文化村落保护利用等项目，打造诗画风光带柯城示范段。聚合当地特色文化，深入挖掘农耕文化、孝廉文化等优秀传统文化，发掘西安高腔、余东农民画、九华立春祭等具有本土特色的文化遗产，打造具有辨识度和文化底蕴的美丽乡村。2018年获得“省级新时代美丽乡村示范县”称号，到2022年底累计建成省级美丽乡村示范乡镇7个、新时代美丽乡村达标村192个，省级特色精品村26个。

（二）新时代美丽乡村有品质。柯城区坚持以文化为魂，通过保护乡村风貌、传承乡村文脉、留住乡村记忆、重塑乡村文化，进一步深挖乡土文化内涵，探索出一条文化艺术赋能乡村振兴、实现共同富裕的新路径。先后启动11批次历史文化（传统）村落保护工作，累计完成建设重点村8个。在此过程中，柯城区注重结合当地特色文化，保留农村的“乡土味”“乡亲味”“乡愁味”，打造具有辨识度和文化底蕴的未来乡村。比如，九华乡妙源村重点围绕“立春祭”这一人类非遗“金名片”开展乡村建设，在保护古村风貌的同时通过盘活整合资源，推进民宿经济发展，鼓励引导村民利用自家农房开办民宿32家，配套周边餐饮、土特产等经营，增加村民就业创业机会，让本地村民在家门口就有活干，有钱赚，实现村集体和村民的“双增收”。

（三）美丽庭院有特色。柯城区积极探索“美丽庭院+一米菜园”模式，利用农房整治拆后利用出的“三块地”，围绕农房风貌提升后半篇文章打造“一米菜园”，成为新的网红打卡点。通过将美丽庭院创建和一米菜园建设相结合，既提升了乡村颜值，也方便村民管理，降低草坪管护成本，盘活利用拆后土地10万平方米。2020年9月24日，全国妇联书记处书记章冬梅来衢调研，“美丽庭院+一米菜园”的创建模式，得到书记的充分肯定。

三、聚焦数改，深入开展未来乡村建设，探索美丽乡村“共建共享”

（一）未来乡村建设走在前列。柯城区在全省率先启动以农民画为特色的余东未来乡村建设。我们将“画一脸幸福”作为建设目标，围绕“一统三化九场景”和“五个三”的工作要求，用艺术点亮乡村、用文化推进共富，用“数字化”赋能发展，将“人文资源+生态资源”转化为经济发展优势和群众幸福指数。余东村推行乡村CEO模式，运用乡建、产业、就业、商户、文化、数智等六大联盟合作形式，为26县跨越式高质量发展提供村级层面的共富样板。仅用两年时间，余东村集体经营性收入从2019年的6万元突破到2022年的111万元。国务院副总理胡春华、国家乡村振兴局局长王正谱，省委副书记、组织部部长、统战部部长黄建发等领导到余东调研指导，余东未来乡村建设工作经验得到省委书记袁家军，省委常委、常务副省长陈金彪等领导批示肯定。获评中国十大美丽乡村等一系列国家级、省级荣誉，入选浙江省习近平新时代中国特色社会主义思想研究中心首批调研基地，省乡村振兴十大典型案例。

（二）以点带面推动乡村共富。我们在余东未来乡村取得阶段性成效的基础上，增点扩面，挖掘麻蓬金庸武侠文化、妙源立春祭文化、碗窑陶瓷文化、严村西安高腔文化等一批特色文化，同步推进沟溪片区、妙源+茶铺、麻蓬、严村等一批未来乡村建设。通过强村带弱村，柯城区还成立未来乡村共富联盟，形成以余东农民画村为核心，携手碗窑碗东陶瓷村、斗目垅樱花知青村、余西诗歌村，通过党建联盟、文化联盟、产业联动，构建瓷画、诗画、花画等文化产业，吃在余东、住在碗窑、购在斗目垅、娱在各个村等“一核一圈”共富蓝图布局。通过整合各村的多方资源，把各村的优势发挥出来，实现组团互助发展。

（三）数字赋能提升群众幸福。柯城区积极运用“县乡一体、条抓块统”机制，整合区发改局、大数据局、民政局、教育局等十多家单位，通过信息互联、数据共享、资源重组，帮助余东村通过重点打造百姓期盼的数字应用场景，构建起乡村治理服务“一张网”，勾勒出一幅“12个有”（幼有所育、学有所教、劳有所得、住有所居、文有所化、体有所健、游有所乐、病有所医、老有所养、弱有所扶、行有所畅、事有所便）的新时代数字未来乡村新图景，为实现共同富裕提供数字助力。余东未来乡村成为首家入驻“浙里办”“我的家园”的未来乡村，并被确定为全省数字化改革未来乡村试点单位之一，入选第一批全省数字社会未来教育重点场景先行建设单位。万田乡上蒋村聚焦“一老一小”等重点群体领域，以数字赋能、制度创新为动力，强化乡村资源要素统筹利用，以中心集聚为主、分散设点为辅的形式，建设“乡村生活馆”，优化乡村公共服务供给方式，提高乡村人民的获得感、幸福感和安全感。

经过多年来的一张蓝图绘到底，一任接着一任干，柯城区新时代美丽乡村建设已经取得了一定的成效。下一步柯城区将坚定不移地坚持“两山”理念，继续深化“千万工程”，扎实提升农村人居环境，全面擦亮乡村容颜，做好产业转化文章，为推动乡村振兴，全力当好山区26县跨越式高质量发展的排头兵，为四省边际共同富裕示范区建设贡献柯城力量！

（区农业农村局）

12月23日，航埠镇严村入选浙江省第二批未来乡村创建名单

2022年柯城区数字化改革主要成效及经验做法

一、突破性进展和成效

（一）数字化改革工作稳步提升

一是高位推进数字化改革工作。区委主要领导亲自谋划、部署、推进数字化改革工作，全面推进组织融合、业务融合、机制融合，形成全区“三位一体”融合推进的大改革工作格局，并通过数字化改革双月例会、乡街治理大比拼、项目谋划“擂台赛”等载体推动各级各部门“一把手”主抓推进。

二是改革工作排名持续领跑。今年以来，柯城区在县（市、区）双月综合评价稳居全省第一梯队，并连续位列全市第一（省里连续3次都把柯城评为五星），在奋力推进“两个先行”中率先交出了数字化改革高分答卷。

三是改革工作屡获领导高度评价。相关改革成果先后获得国务院副总理胡春华、省委书记袁家军、市委书记高屹等中央、省、市领导的高度肯定。相关理论文章获袁家军圈阅，获副省长高兴夫、副省长王成国、副省长王文序、省政协副主席周国辉等省领导批示肯定。

（二）重大应用改革试点承接有力

今年以来，柯城区各部门主动承接和加快推进改革试点工作，新增一大批重大应用改革试点，截至11月底，我区共新增省级以上部门批复的全面深化改革试点12个，数字化改革试点16个，其中教育部办公厅批复的试点1个（网络学习空间应用），省委改革委批复的试点1个（“邻礼通”列入“一地创新、全省共享”一本账）。

（三）实战实效的特色应用加速涌现

柯城区打造形成一大批实用实战实效的应用场景，全方位推动了机制体制变革。截至目前，全区共创建上线应用26个，正在推进建设的应用16个。

其中，“邻礼通·三民工程”数字化应用充分贯彻落实习近平总书记对“三民工程”批示精神，聚焦现代社区“五个高”内涵特征，有效打通基层智治“最后一公里”，推进社区治理体系和治理能力现代化。今年以来，该应用助力实现99%以上矛盾纠纷在镇村两级就地化解，超过70%事件在网格就地解决，越级信访量同比下降49%，警情同比下降15.80%。目前，该应用成功入选了全省“一地创新、全省共享”“一本账S0”，并在2022年浙江省数字化改革“最系列”成果评选中入选“最佳应用”。

“e充停”电动自行车监管有效破解电动自行车充停安全隐患，探索形成惠民利民的四方管理新模式，从小切口夯实除险保安大基础。应用上线以来办结事件2900余条，消防通道占用、电动车乱停放、飞线充电等下降近80%，进电梯现象实现“零发生”，事故隐患降低66.70%，火灾起数减少78.40%。在今年区两会上，电动自行车智慧充停是得票数最高的“民生实事”项目。9月21日，该应用在全省除险保安工作座谈会上作交流发言。

“零废生活”应用推动垃圾分类“关键小事”扎实落地，并通过鼓励和规范减碳行为，打造数据平台和“共富商城”，广泛形成低碳生活闭环，同时建立“国资+民资”的碳积分市场化运营模式，打通共富实现路径。截至目前，“该应用已推动建设垃圾回收服务站101个，“零废生活”体验馆4家，提供就业岗位411个，就业增收超1200万元，并被列入全省居民生活领域碳普惠试点。

（四）数字化改革理论制度成果接续提炼

柯城区以数字化转型为支撑，精准聚焦“1612”体系，涌现出一批理论成果、制度成果。今年以来共有30多篇数字化改革理论文章在省级以上媒体刊发，其中《衢州市柯城区打造e充停应用，有效降低电动自行车充停消防隐患》在《数字化改革（除险保安篇）》刊发，邻礼通专报《浙江衢州柯城迭代升级“三民工程”打造线上线下联动的社区治理新模式》在省委改革办《浙里改》刊登，并入选上报中改办信息。

二、下一步行动措施

一是聚焦省市重大应用贯通落地。要抓好省市重大应用贯通落地，下发责任分解清单，每月跟踪贯通进度，全面提高应用贯通率、活跃度等核心指标，确保各项重大改革真落地、真落实，各项重点应用真运用、真见效。

二是聚焦区级特色应用提质增效。持续推动“邻礼通2.0”迭代，推动城市、农村之间互为邻里、资源共享；加快初信初访“一事一码”实战运行，在全市推广铺开；积极申报争取“组织工作除险保安”“零废生活”“e充停”等应用成为省级试点；推动“云尚非遗”“市场监管领域公权力大数据监督”“基层公权力能动型监督”“妈咪暖心小屋”“浙里技师”“科技赋能产业孵化器”“危险驾驶撤案备案审查协同”“数字人大‘四好’代表联络站”“和姐在线”等应用正式上线运行。

三是聚焦理论制度成果梳理提炼。进一步固化改革实践中产生的成熟经验、理论成果、制度优势，形成体系化、常态化的运行管理机制，放大改革成效；进一步加强对理论创新、实践创新、制度创新和模式创新成果的宣传推广，及时向省市主管部门报送改革成果信息，推动更多以数字化改革落实重大战略任务、解决重大难点问题的“柯城模式”“柯城方案”向全国省市推广。

（区数字化改革办公室）

5月19日，全区数字化改革推进会暨基层治理系统建设会议召开

大事记

1月

7日 中共衢州市委常委、市委组织部部长陈玲芳带队到柯城调研基层党建工作。

是日 柯城区优抚医院揭牌仪式在区人民医院举行，为全市首家优抚医院。

是日 “联盟花园”潮农年货节在万田乡村播学院举行。

是日 2022年全省党的十九届六中全会精神“六讲六做”大宣讲青年宣讲暨微型党课大赛举行。柯城区“8090新时代理论”宣讲员周宇获第一名，获大赛特等奖。

8日 区政协四届第二十三次常委会会议召开。会议审议通过区政协五届一次会议相关文件及草案、政协第四届衢州市柯城区委员会常务委员会工作报告和提案工作情况的报告及报告人、五届区政协委员名单。

9日 衢州市委副书记、政法委书记徐良平到柯城调研基层治理工作。

是日 白云街道白云社区春江月小区业委会发放2022年春节福利暨“学习强国”衢州学习平台首个“学习屋”，在该小区“有礼亭”广场举行入驻仪式。

11日 区委书记蒋国强带队调研重点项目推进工作。

是日 区委副书记、代区长胡益峰主持召开区九届政府第92次常务会议，传达学习全省财政工作视频会议精神，审议2022年度区政府为民办实事候选项目、《政府工作报告（讨论稿）》等。

13日 召开全区重点项目推进会，梳理重点项目推进过程中存在的困难和问题，对2022年项目工作进行再协调、再部署、再推动。

是日 召开区委常委会会议，传达学习习近平总书记对做好“三农”工作作出的重要指示和中央农村工作会议精神、推动长江经济带发展领导小组全体会议和省委常委会会议精神、习近平总书记关于党史学习教育重要指示精神和中央党史学习教育总结会议精神，研究部署贯彻落实意见。

15日 区九届人大常委会召开第四十七次会议，审议区人大常委会工作报告稿，征求对区人民政府、区人民法院、区人民检察院工作报告稿的意见，对区2021年国民经济和社会发展计划执行情况与2022年国民经济和社会发展计划草案报告、2021年政府预算执行情况及2022年政府预算草案报告的意见等事项。

22日 柯城区党史学习教育

总结会议召开。

23—26日 中国人民政治协商会议第五届衢州市柯城区委员会第一次会议在市工人文化宫召开。会议选举叶美峰为区五届政协主席。

是日 区委召开两会中共党员会议，进一步统一思想，充分发挥党组织的政治优势和党员代表、委员的先锋模范作用，团结引领其他代表和委员同心同德、共商大计、共谋发展。

24—26日 第十届人民代表大会第一次会议召开，会议选举胡益峰为区长，徐登富为区人大常委会主任。

26日 政协五届一次会议闭幕后，区政协召开五届一次常委会会议。会议审议通过相关人事事项；通报政协第五届衢州市柯城区委员会关于区政协党组、主席会议成员分工。

27日 召开全区疫情防控和安全生产工作会议，传达贯彻上级有关会议精神，专题部署春节期间疫情防控、安全生产、平安护航等工作。

28日 区委副书记、区长胡益峰主持召开区十届政府第1次常务会议，传达学习全省安全生产、消防和疫情防控工作电视电话会议暨省安全生产委员会全体成员会议精神，全省工业经济“开门红、开门好”电视电话会议精神，审议区政府工作规则和重大事项决策程序，2021年度柯城区财政贡献奖、纳税前十强企业等事项。

2月

7日 全区干部大会暨2022年重大项目建设动员部署会召开。区委书记蒋国强在会上强调，全区上下要迅速紧起来、动起来、跑起来，以项目建设的大突破，推动经济发展的大提速，以“开门红”引领“全年红”“全面红”，为柯城区争当山区26县跨越式高质量发展排头兵积蓄强劲动能。

8日 举行全区2022年一季度重大项目开（复）工活动，掀起新一轮“大抓项目、抓大项目”建设热潮，为“释放新活力、提升首位度，争当山区26县跨越式高质量发展排头兵”奠定扎实基础。

9日 市委常委、衢州军分区政治委员王波带领市征兵工作巡检组到柯城区征兵体检站，现场检查指导征兵体检工作和疫情防控落实情况，看望慰问“首检日”应征体检青年和工作人员。

是日 区委书记蒋国强、区长胡益峰分别带队到部分企业和重点项目现场，摸实情、找问题、提对策，解忧纾困，助力企业和项目复工复产。

10日 区纪委九届二次全会召开。

是日 浙报集团党委书记、社长唐中祥带队到柯城考察调研，点赞柯城乡镇“微融站”“新时代文明实践中心”“8090新时代理论”宣讲等工作。

11日 区委书记蒋国强、区长胡益峰分别带队前往重点项目和重点企业现场开展实地指导。

14日 受中宣部委托，省委宣传部副部长、省社科联主席盛世豪一行到区人民医院，看望慰问“时代楷模”万少华及其团队。

16日 省文联党组书记、副主席、书记处常务书记陈瑶一行到沟溪乡余东村、碗窑村调研基层“艺术乡建”相关工作，了解文艺助力未来乡村和乡村文艺赋能情况。

是日 柯城—巨化座谈会在巨化集团召开，进一步加强双方沟通协作，推动衢州巨化一体化融合高质量发展各项工作任务落实落细。市委常委、巨化集团党委书记、董事长周黎旸，巨化集团副总经理邓建明，区领导蒋国强、胡益峰、毛志宏、周志平、洪栋等参加。

17日 区委常委会会议召开，传达学习习近平总书记在中共中央政治局第三十六次集体学习时重要讲话精神和全省高质量发展建设共同富裕示范区推进大会精神，研究部署贯彻落实意见。

18日　区委人才工作会议暨“两专工程”推进会召开。会议表彰一批“首席技师”“首席技术官”“人才工作示范单位”和“两专之星”，并对北京、上海、深圳、杭州四大“人才工作站”“共同富裕人才联盟”进行授牌。

21日　衢州市人大常委会主任吴国升到沟溪调研碗窑·碗东未来乡村建设工作。

是日　柯城区委副书记、区长胡益峰带队到北川考察调研，召开柯城—北川东西部协作联席会议。

22日　省委农村工作会议暨粮食安全工作会议在杭州举行，会上公布全省乡村振兴十佳创新实践案例，“衢州市柯城区余东村农民画以文兴业打造未来乡村”案例入选。

是日　全区2022年度政银企对接会召开。

23日　全区街道居民议事会议事员改选工作部署会召开，会议要求进一步加强街道人大监督工作，畅通民意渠道，推进基层民主政治建设迈上新台阶。

是日　花园街道上洋村经济合作社与农村产权交易平台达成合作意向，国清市场内一处仓储基地建筑总面积8540 平方米交由平台进行拍租。

24日　区重点项目推进会召开，复盘总结全区重点项目推进中存在的问题，进一步强化“抓发展就要抓项目”的理念，全力以赴抓项目、扩投资。

25日　全区基层党建工作会议暨2021年度党委(党组)书记抓基层党和人才工作述职评议会召开。

26日　全区举行“红色根脉强基·共同富裕引领”乡街治理大比拼第一次“互看互学互比”现场会。

是日　区生态工业服务中心与衢州市东巨康光电科技有限公司签订年产6000万件手机配件生产项目投资合作协议。

3月

3日　区十届人大常委会召开第一次会议，对新一届区人民政府组成部门负责人进行集中任命。

7日　衢州市委常委、组织部部长陈玲芳到柯城督导检查疫情防控工作。

8日　全区新冠肺炎疫情防控物防工作部署会召开，贯彻落实省、市领导指示要求，传达全市物防工作视频调度会精神，对防控工作进行再研究、再部署。

8—9日　浙江省人大常委会党组副书记、副主任李卫宁带队到柯城调研人大代表联络站运行和美丽乡村建设工作。

9日　市、区四套班子领导集体到柯城区信安街道沙湾村参加义务植树活动。

10日　浙江省妇联党组书记、主席修桂莉一行到柯城区人民法院、余东未来乡村调研妇联工作。

11日　区委常委会会议召开，传达学习市委常委扩大会议精神，研究部署贯彻落实意见及下一步工作。

是日　区人大、区创建办、区农业农村局对航埠镇下淤头村、曹门村、上塘周村、严村、姚家村等村的环境卫生整治工作以及美丽庭院建设情况进行督查。

12日　全区疫情防控工作部署会召开，贯彻落实全市新冠疫情防控工作视频总结会议精神。

13日　全区农村基层组织建设座谈会召开。

15日　召开区委常委会（扩大）会议，传达学习贯彻省委书记袁家军来衢检查指导疫情防控工作讲话精神和市委常委会扩大会议精神，研究部署下一步贯彻落实工作。

19日　召开区委常委扩大会议，传达学习省、市新冠疫情防控工作会议精神。

20日　香港凤凰卫视《近观中国》推出《共富衢州》，对柯城区共同富裕实践进行专题报道。

22日　浙江卫视《浙江新闻联播》《疫情防控·蹲点抗疫第一线》专栏播出《衢州花苑社区：居民主动请战志愿服务抗疫一线》专题报道。

24日　区委书记蒋国强赴航埠工业园区督导疫情防控、复工复产等工作，并召开座谈会听取企业意见，现场协调解决企业复工复产相关问题。

是日　全区复工复产复市复学筹备工作会议召开，部署下阶段疫情防控和复工复产复市复学相关工作。

25日　市委书记高屹到柯城区检查指导疫情防控和复工复产工作。

27日　市委常委、常务副市长周向军到柯城调研复工复产和常态化疫情防控工作。

是日　区委书记蒋国强带队调研复工复产、疫情防控和乡村建设工作。

28日　柯城区一季度经济形势分析汇报会召开，分析研判经济形势，统筹疫情防控和经济社会发展，研究部署项目攻坚、重点经济指标运行工作。

29日　柯城区改革大会暨数字化改革推进会召开，贯彻落实省、市数字化改革推进会精神，总结盘点2021年度全区数字化改革总体进展情况，研究谋划2022年数字化改革工作思路。

是日　区委常委扩大会暨“3·13”疫情防控工作复盘分析会召开，贯彻落实省委书记袁家军在衢州检查指导疫情防控工作的讲话精神和省、市疫情防控工作会议精神。

30日　柯城区“红色根脉强基·共同富裕引领”乡街治理大比拼第二次“互看互学互比”现场会召开，与会人员赴九华乡现场观看综合环境和美丽乡村建设。

31日　区委文化工作会议暨2022年区宣传思想工作会议召开。

4 月

1日　区委书记蒋国强带队督导调研未来社区、未来乡村建设工作。

是日　柯城区安全生产暨防汛防台抗旱和消防工作会议召开，传达贯彻全国防汛抗旱工作电视电话会议和省、市续会有关会议精神，专题部署安全生产、防汛防台抗旱和疫情防控工作。

3日　衢州市副市长、市公安局局长吴松平率队到柯城检查督导疫情防控工作。

4日　区委书记蒋国强赴商场超市、农贸市场、村社（小区）等重点场所、重点区域，暗访督查各项常态化防疫措施落实情况。

9日　《衢州日报》刊发中共衢州市第八次党代会特刊《柯城：砥砺奋进促共富释放活力争首位》，回首五年来柯城区以打造四省边际共同富裕先行示范区为目标，推动经济社会高质量发展取得的实绩和经验。

11日　衢州早田农业科技开发有限公司配送中心首车15吨新鲜蔬菜运往上海。

是日　区委先后召开常委会和常委扩大会议，专题传达学习市第八次党代会精神，部署下一步工作。

12日　城北片区宫宝宿舍地块国有土地上房屋征收动员会召开，部署推进相关征收工作。

是日　市委常委、宣传部部长邓威到航埠镇严村村，围绕打造“南孔”文化主题，调研共同富裕相关工作。

13日　省人大常委会党组书记、副主任梁黎明一行到柯城接访并调研未来乡村建设。

是日　柯城区“大综合一体化”行政执法改革推进会召开。

是日　2022年区两会建议提案交办会召开，要求明确任务，落实责任，确保高质量完成全年提案的办理工作。

15日　结合市疫情防控指挥部督查通报和前期巡逻情况，由区委政法委牵头，公安、市场监管、综合执法、文旅体等部门执法力量组成的联合执法巡逻队，对市区网吧、棋牌室落实疫情防控情况进行针对性巡逻。

18日　省保护耕地和全域土地综合整治与生态修复领导小组办公室公布2021年度乡村全域土地综合整治与生态修复工程绩效评价结果，柯城区名列全省县（市、区）第一。

是日　柯城区村播共富联合工会第一次会员代表大会在万田乡乡村振兴综合体召开，区村播共富联合工会正式成立，为全省首家村播从业者联合工会。

19日　全省制造业高质量发展大会在柯召开。会上，柯城区获2021年度新一轮制造业“腾笼换鸟、凤凰涅槃”攻坚行动优秀单位。

是日　省城乡风貌整治提升工作专班组织专家团队通过线上考核对白云未来社区创建工作进行考核验收。

20日　柯城区一季度经济形势分析会暨重点项目推进会召开。会议总结一季度全区经济工作，分析研判经济形势，剖析问题与短板，研究部署下一阶段工作任务。

是日　柯城区召开高质量发展建设四省边际共同富裕先行示范区推进会。

21日　全市城乡风貌治理提升（未来社区、美丽城镇）工作推进现场会召开，调研信安街道斗潭未来社区建设工作。

22日　衢州市委常委、宣传部部长邓崴带队到柯城检查文旅行业安全生产工作。

是日　省文化和旅游厅副厅长叶菁一行到柯城专题考察省政府民生实事“浙文惠享”工作推进情况。

是日　衢州市副市长李宁、中国围棋协会副主席兼国家围棋队领队华学明一行赴烂柯山世界围棋文化园调研建设工作。

23日　柯城举行“红色根脉强基·共同富裕引领”乡街治理大比拼第三次“互看互学互比”现场会。与会人员走进石梁镇、新新街道，在“互看互学互比”中亮晒工作实绩、比拼发展质量、交流改革经验。

是日　为世界读书日，由衢报传媒集团、柯城区图书馆、青简社共同举办的“文雅的疯狂　疯狂的文雅——三衢签名本展”在柯城区图书馆开展。

24日　柯城区综合行政执法局举行揭牌仪式。

是日　区委常委会召开，传达学习习近平总书记在《求是》杂志上发表的重要文章《促进我国社会保障事业高质量发展、可持续发展》，听取一季度争先创优工作情况汇报，研究部署下一步工作。

25日　建设平安柯城工作会议暨“除险保安”工作推进会召开。

26日　市委副书记、代市长徐张艳参加市八届人大一次会议期间，与柯城代表团，代表一起审议政府工作报告，要求柯城干出首位度，跑出加速度，努力交出一份群众满意的答卷。

27日　市委书记高屹参加市八届人大一次会议柯城代表团审议，要求柯城紧紧围绕市第八次党代会和市两会确定的各项目标任务，在山区26县和全省90个县中找准方位，力争上游，努力把四省边际共同富裕示范区的美好蓝图变为现实图景。

29日　区委先后召开区委常委会和全区领导干部会议，传达学习衢州市两会精神，研究部署学习宣传贯彻工作。

30日　柯城区在石梁镇双溪村大源山自然村举行防汛防台应急综合演练。

5月

3日　《浙江日报》头版刊登《衢州农田村集体代耕代种模式让10万余亩闲置地复耕复垦：“闲田”变“忙田”　增粮又增收》，文章详细报道柯城区探索推广的“上铺模式”及其经验做法。

6日　市委副书记、政法委书记徐良平在柯城宣讲市党代会、市两会精神并调研共同富裕工作，实地考察万田乡上蒋、下蒋村与石梁镇麻蓬村等共富单元建设情况。

9日　市委副书记、市长徐张艳带队到浙江中宁硅业有限公司、新新街道花园前新村等地检查安全生产。

是日　全区创建省级新时代美丽乡村示范县、全域旅游示范区动员部署会召开。

11日　省政协副主席裘东耀赴九华乡妙源村调研九华立春祭等工作。

11—13日　省委副书记、省长王浩赴衢州市柯城区、开化县、江山市，深入山区农村、产业园区、工厂车间、特色小镇、中小学和医疗机构走访调研，并召开山区县高质量发展座谈会。

12日　区委理论学习中心组召开牢记殷殷嘱托、胸怀“国之大者”和《中国人权发展道路》、《信访工作条例》专题学习会。

13日　区委召开工作会议暨航埠镇高质量发展大会。市委常委、常务副市长周向军，市级机关有关单位主要负责人、市委第一巡察组成员应邀出席，航埠镇百余名村干部参会。

是日　柯城区召开全区城乡自建房安全专项整治工作推进会。

是日　区大项目统筹办月度工作例会召开，统筹协调处理项目推进过程中遇到的困难、问题和堵点。

是日　《浙江日报》以“柯城：乡街治理大比拼 红色根脉强基础”为题，整版报道柯城区创新开展乡街治理大比拼的经验做法和成果实绩。

16日　区委常委会召开，传达学习省委副书记、省长王浩在衢州调研讲话精神以及市委常委会有关精神，研究柯城贯彻落实意见。

17日　全区全域旅游示范区创建工作领导小组第一次会议召开。

17—18日　全市“红色根脉强基工程”二季度赛马比拼现场会在柯城举行。

19日　柯城区“转作风、讲担当、抓落实”动员会暨“两专赛马、晾晒比拼”擂台赛举行。

是日　区数字化改革推进会暨基层治理系统建设会议召开。

是日　衢州市档案馆新馆二期（含柯城区档案馆）建设工程开工仪式举行，总建筑面积3.2万平方米，其中柯城新馆面积0.5万平方米。

23日　《浙江日报》头版与二版位置分别报道柯城区积极打造文明和谐高地、柯城发展村播产业推动乡村振兴等内容，并将上述内容以视频形式在浙江新闻客户端刊播。

是日　《人民政协报》刊发柯城区政协主席、党组书记叶美峰署名文章《让书香与饭香一样飘香》。

25日　全国公安系统英雄模范立功集体表彰大会名单揭晓，柯城区荷花派出所副教导员王宁被评为“全国优秀人民警察”。

27日　省新冠疫情防控工作“疫线面孔”基层抗疫工作者代表记者见面会上，“浙江好人·‘疫’线面孔”人物、衢州市公安局柯山分局城南派出所副所长夏建波作为全省公安系统唯一代表接受现场访谈。

27—29日　2022年柯城区田径苗子精英赛在衢州市体育中心举行。全区41所中小学，588名运动员参赛，35次破市纪录。

是日　柯城区“8090新时代理论”宣讲员徐宇强获浙江省第十三届微型党课大赛复赛——美术微型党课比赛一等奖。

31日　全区警示教育大会暨2022年区委党校开学典礼举行。

6月

1日　全区高耗低效企业整

治动员大会召开。

是日　柯城区参赛的“四省边际供应链数字贸易创新示范基地项目”在衢州市重大项目谋划招引落地PK赛中得92.28分，获金奖。

2日　区工商业联合会（商会）第五次代表大会召开。

是日　临平—柯城山海协作“产业飞地”启动区块揭牌暨企业入园签约仪式在杭州市临平区举行，首批入园的10家企业负责人与开投公司负责人签订入园协议。

5日　浙江卫视《浙江新闻联播》头条播出《筑梦山水间　灵鹫山下妙源村：与春结缘　春色满园》。

7日　市委书记高屹到柯城区治理中心调研“1+5”联合执法等工作，了解“大综合一体化”行政执法改革推进中遇到的堵点难点。

是日　省委办公厅、省政府办公厅发文通报，柯城区在2021年度全省山区26县跨越式高质量发展实绩考核中获第一档第一名。

是日　衢州市、柯城区两级禁毒委在衢州职业技术学院揭牌成立全市首个高校禁毒教育示范基地，并现场启动以“禁毒你我同行，拥抱健康未来”为主题的衢州市2022年全民禁毒宣传月活动。

是日　柯城区第六届中小学“一校一品”武术项目校际联赛在航埠小学举行，区辖中小学校4支代表队48名选手参赛。

7—9日　省政府副省长王文序到柯城区余东未来乡村、双港社区等村社、寺桥水库施工现场移民安置点等地，调研服务稳住经济，保障基本民生和民生实事工作。

9日　区政协召开专题议政性常委会会议，围绕灵鹫山国家级旅游度假区创建工作开展“请你来协商”活动。

是日　《人民日报》14版“暖相册”栏目，以“坚持近八年，拍照数万张——他用镜头为学生记录童年”为题，聚焦报道衢州市柯城区新华小学“85后”体育老师张煜。

10日　全区耕地保护和“五未”土地处置工作会议召开，总结交流柯城耕地保护、全域土地综合整治、“五未”土地处置、违法违规用地整改工作完成情况，研究部署下一阶段工作任务。

是日　2022年“文化和自然遗产日”浙江省主场城市（柯城）系列活动开幕式在市区水亭门历史文化街区举行，活动以“连接现代生活　绽放迷人光彩”为主题。

是日　省文化和旅游厅副厅长叶菁到九华乡妙源村、石梁镇麻蓬村调研“非遗”工作。

是日　《浙江日报》要闻版刊登《柯城建立楼道户主大会机制推进基层治理　共议关心事　共治疑难事》，报道柯城以楼道户主大会推进城市基层治理的创新之举。

是日　浙赣战役衢州保卫战80周年文物史料展在区图书馆举行。活动由区档案馆、区图书馆主办。展览首次公开本地珍贵文物史料包括影集、画报、证章、报纸、委任状、政府公函、学生日记、民俗用品及无害化处理过的武器装备等，内容涉及战时衢州文化救亡运动、民众组织动员、军队后勤保障等方面。

10—11日　杭州市余杭区党政代表团到柯城学习考察，并举行柯城—余杭山海协作联席会。

11日　省政府副秘书长、省文化和旅游厅党组书记陈广胜到石梁镇麻蓬村调研“非遗”工作。

14日　府山街道首场“民生议事堂”活动开展。区民政、卫健、医保、残联等部门与政协委员们共聚残疾人之家憨豆儿驿站，以“聚焦三类弱势群体服务，夯实共同富裕民生底盘”为主题开展协商活动。

15日　全区经济稳进提质攻坚行动暨重点项目推进会召开。

16日　九届区委全面依法治区委员会第一次全体会议暨创建法治浙江（法治政府）建设示范区动员部署会召开。

是日　由区安全生产委员会主办，区安全生产委员会办公室、区应急管理局和花园街道承办的2022年柯城区安全生产咨询日暨安全生产月活动启动仪式在万达广场举办。

17日　区委书记蒋国强带队赴杭州市余杭区考察，实地展开山海协作相关工作。

是日　宁波·衢州“山海协作”“脚踏实地”肢体畸形矫正项目暨“山海”提升助残慈善工程启动仪式在区人民医院举行。

20日　2022年省级结对帮扶柯城团组第一次会议在柯城区召开。

23日　2022年浙江省暨衢州市农业机械事故应急处置演练活动在九华乡下坦村佳农柑橘采后数字化处理中心举行。

是日　尼山世界儒学中心（中国孔子基金会秘书处）党委书记、副主任，中国孔子基金会副理事长、秘书长国承彦一行到柯城区余东未来乡村等地考察调研。

24日　区委先后召开常委会会议和全区领导干部会议，传达学习省第十五次党代会、省委十五届一次全会精神和全市领导干部会议精神，部署全区学习宣传贯彻工作。

是日　区委常委扩大会议暨现代社区建设领导小组第一次会议召开。

是日　柯城区第一次区级总林长会议召开，学习贯彻习近平生态文明思想，全面落实省、市级总林长会议精神，系统部署区林长制工作。

25日　区退役军人创业创新成果展暨退役军人人才招聘会在新宏东方广场举行。

26日　柯城公安分局在大润发广场举行夏季治安整治行动启动仪式。

27日　区十届政府第九次常务会议召开，传达学习《浙江省生态环境保护条例》，审议《关于全面落实“两专”工程建设高素质法治队伍的三年规划方案》《柯城区公职律师考核办法》等事项。

29日　市委书记高屹到柯城走访慰问吴水良、叶卸干木、严秋韵等困难党员、老党员。

是日　省政协副主席马光明到柯城调研政协委员会客厅建设工作，围绕申报中的会客厅名称、团队成员、影响对象等进行座谈交流。

29—30日　四川省北川羌族自治县党政代表团到柯城考察，参加柯城—北川东西部协作联席会，深化两地合作。

是日　“衢州有礼　诗画风光带·金庸武侠美食节”在石梁镇麻蓬村金庸武林广场举行。

7月

1日　全区举行新招引项目集中签约仪式暨“双招双引”工作推进会，总结上半年“双招双引”工作，对下半年“双招双引”工作再动员再部署。

是日　“践行‘八八战略’，投身‘两个先行’”柯城区“共同富裕·青年说”“8090新时代理论”宣讲总决赛在万田乡乡村振兴综合体举行。

2日　柯城首届未来乡村艺术季在航埠镇严村村开幕，活动主题为“趣游宋潮夜·诗画风光带”专场。

3日　“中国体育彩票”浙江大湾区自行车公开赛（衢州站）暨第七届“衢州有礼”诗画风光带自行车骑行挑战赛在柯城石室乡西安古街开启。

5日　市委书记高屹到柯城调研“8090新时代理论”宣讲工作，并主持召开座谈会。

是日　全国文明城市建设工作部署会召开，贯彻落实全市全国文明城市创建工作部署会精神，动员全区攻坚冲刺全国文明城市建设。

是日 全区党史工作会议召开，学习贯彻习近平总书记关于党的历史和党史工作的重要论述精神，以及省、市党史工作会议精神，对柯城新时代党史和文献工作进行部署。

是日 省政协副主席周国辉到柯城，围绕“数字化改革推进情况”，对白云未来社区、斗潭未来社区等地开展专项集体民主监督。

是日 杭州市临平区妇联、衢州市柯城区妇联举行“巾帼互助促发展 临柯携手奔共富”山海协作结对签约仪式。

7日 区政府召开柯城区人民政府咨询委员会换届会议。

是日 区委老干部工作领导小组会议召开，在区文化中心举行区老年大学揭牌暨开班仪式。

8日 柯城区获2021年度浙江省“五水共治”工作优秀区称号与“大禹鼎”银鼎。

9日 省经信厅党组书记、厅长姚高员到浙江金沃精工股份有限公司、航埠镇严村村等地调研。

是日 石室乡进士馆开馆。该馆融合石室乡烂柯文化、家族文化、进士文化于一体，成为石室乡“一山一水一街区”“一花一鱼一棋盘”特色文旅的重要组成部分。

10日 浙江大学物联网产业研究院院长袁康培到九华乡指导未来乡村数字化建设工作。

11日 7月5日开赛的浙江省2022年青少年射箭锦标赛在东阳市横店明清宫苑闭幕。由柯城区少体校组成的柯城射箭队，斩获14枚金牌、17枚银牌、10枚铜牌，取得奖牌总数全省第一，金牌榜、总分榜全省第二的成绩。

13日 全省数字经济高质量发展大会在杭州举行。柯城区获“大力发展数字经济成效明显督查激励县（市、区）”奖。

13—14日 省委党校调研组到柯城调研数字化改革工作，召开数字化改革工作调研座谈会。

14日 省政协副主席陈铁雄率省政协调研组到柯城开展“碳达峰碳中和背景下的高质量发展”专题调研，考察白云街道春江月小区“零废生活”线下体验馆。

是日 2022年全省文联系统组联干部培训暨艺术乡建工作现场会在衢州召开，柯城区在会上作典型经验发言。会后，与会代表实地参观考察艺术乡建示范点。余东未来乡村、碗窑·碗东未来乡村、麻蓬未来乡村。

15日 “志愿服务暖人心 儒风柯城铸文明”2022年柯城区志愿服务活动在白云街道幸福社区启动。活动由区委宣传部、区委组织部联合主办，白云街道办事处、区创建文明城市办公室承办，衢州广电传媒集团FM97.5广播交通音乐频率协办。

是日 “艺起趣乡村”柯城区首届未来乡村艺术季开幕仪式暨浙江音乐学院“知乐育心 情系衢州”暑期社会实践音乐会在七里乡云舍广场举行。

18日 中国文促会农民画专业委员会揭牌仪式在沟溪乡余东未来乡村举行。全国政协委员、中国文化艺术发展促进会主席、中国美术家协会副主席杨晓阳参加。中国文促会农民画专业委员会全国农民画发展云论坛在中国（余东）乡村美术馆举行。

是日 全国文明城市建设培训会召开，动员各地各部门强化责任意识，提高文明建设业务水平。

21日 浙江理工大学青年理论宣讲实践研学基地授牌仪式暨柯城区学习贯彻省第十五次党代会精神巡回宣讲，在柯城“8090新时代理论”宣讲孵化中心举行启动仪式。

23日 2022年浙江省幼儿体育大会暨省第十六届幼儿棋类（围棋）表演大赛在柯城开赛。

24日 河南省信阳市浉河区委副书记、区长赵军华到柯城万田乡、沟溪乡，考察村播产业及余东未来乡村建设等相关工作。

25日 区信访工作联席会议

暨“双清”“双治”工作部署会召开，贯彻落实全省除险保安百日攻坚行动推进会部署要求，对全区18个乡镇（街道）信访工作逐一“过堂会审”，排查研判信访隐患。

26日　全区重点专项工作克难攻坚推进大会召开。

是日　全区创建省级新时代美丽乡村示范县工作推进会召开。

是日　柯城区省现代社区建设领导小组办公室第二次主任会议召开，会议以《党建统领 数字赋能 以“邻礼通”提升网格智治效能》为题，围绕组织网牵引治理网、多场景助力优服务、数字化赋能实战化三方面，介绍该柯城在城市社区治理上的探索实践和经验。

是日　衢州老年大学斗潭分校在柯城区信安街道斗潭未来社区揭牌，该校成为柯城区首次探索“政企合办老年教育”的新样板。

是日　“共享亚运 共绘未来”余东农民画系列活动在杭州举行。19幅农民画作品在杭州亚组委进行为期1周的展览，画作展览后将被永久保存成为杭州亚运会“珍贵记忆”。

27日　区十届人大常委会第四次会议召开。

是日　柯城区律师行业召开党建工作现场推进会暨“领雁强基、法润柯城、亮剑比拼”活动。

28日　市委书记高屹到柯城航埠工业园区、荷花街道新荷小区等地调研作风建设工作，强调学习贯彻习近平总书记关于作风建设的重要论述精神，落实省第十五次党代会和市委八届二次全会部署要求，推动“六治六提”作风建设行动走深走实，以作风大转变推动衢州大发展。

是日　区委召开区委常委扩大会议暨争先创优分析推进会。

8月

1日　区双拥办、国教办推出“八一光荣榜”，公布三等功33人、优秀专武干部6人、民兵工作优秀个人14人。

2日　衢州军分区司令员梅涛带领市征兵工作巡检组到柯城区征兵体检站，现场检查指导区征兵体检工作。

是日　全国政协丝路规划研究中心专家、中国艺术研究院教授、中国画学会副会长、浙江省特级专家、浙江知美画院院长何水法一行到沟溪乡余东村，实地调研农民画发展情况。

3日　全区举行“群团共富·领雁先行”最佳项目PK赛，12个群团组织负责人聚焦共富主题，进行示范创新项目展演大PK。

是日　区人民医院及其下属医共体单位、区妇保院、区中医院共计50余人集结出征支援义乌市抗击突发新冠疫情。

4日　区委召开统一战线工作领导小组会议，学习贯彻习近平总书记关于加强和改进新时代党的统一战线工作的重要思想，落实党中央和省委、市委相关会议精神，回顾总结一年来全区统战工作，研究部署下步重点工作。

5日　市委书记高屹到姜家山乡三山村调研，走村巷、访农户、看变化，与当地党员干部群众一起谋乡村振兴、乡村共富。

是日　市人大常委会主任吴国升到府山街道府邸景苑小区，石室乡集镇街道、便民服务中心、新时代文明实践所等地，现场督导全国文明城市创建工作。

是日　区委召开党管武装工作会议暨2022年国防动员委员会全体会议。

是日　区委召开退役军人事务工作领导小组会议，学习习近平总书记关于退役军人工作重要论述精神，贯彻中央、省委、市委退役军人事务工作领导小组会议精神，总结退役军人事务工作，研究部署下一阶段任务。

10日　区委召开常委会会议，传达学习习近平总书记在省部级主要领导干部“学习习近平总书记重要讲话精神，迎接党的二十大”专题研讨班上的重要讲话精神，听取作风建设工作开展情况汇报，分析研判当前疫情防控形势，研究相关工作。

11日　省人大常委会副主任史济锡到沟溪乡碗窑·碗东未来乡村、余东未来乡村，调研农村人居环境整治、乡村振兴等工作。

12日　全区召开火灾防控工作部署会，传达落实省委主要领导批示和全市森林防火紧急调度会议精神，研究部署各项火灾防控工作。

12—14日　根据公安部、省公安厅统一部署，柯城公安在全区范围内组织开展夏夜治安巡查宣防集中统一行动。其间，出动警力1000余人次，发动群防群治力量300余人，盘查人员660余人次，走访检查各类场所120余家，巡查重点部位70余处，排查各类风险隐患20余处，设置宣防点10个，发放宣传资料1000余份。

14日　“运动柯城”2022全民健身日系列活动暨跑遍柯城石室乡健身跑活动在石室乡荆溪花海开跑。

15日　全区第一次重点人才工作推进例会召开，落实省、市重点人才工作推进例会要求，部署建立区级例会制度。

17日　市教育局、柯城区教育局、中国人寿衢州分公司、航埠镇中心小学在航埠镇中心小学实践基地校区联合开展暑期学生安全教育（防溺水教育）活动。

18日　区委九届二次全体（扩大）会议召开。

是日　2022年第三期“亲清直通车·政企恳谈会”召开。

19日　区十届政府第一次全体（扩大）会议暨廉政工作会议召开。

22日　柯城区除险保安百日攻坚行动工作推进会召开。

24日　省海港集团、宁波舟山港集团党委书记、董事长毛剑宏带队到石梁镇白云村开展“千企结千村”结对帮扶活动。

26日　区委常委会召开会议，传达学习7月28日中央政治局会议精神，全省各级人大常委会主任学习会和市委人大工作会议精神，省、市政协主席读书会精神，研究柯城贯彻落实意见。

是日　河南省信阳市浉河区委书记于海忠带队到信安街道、万田乡、白云街道、沟溪乡等地，实地考察村播产业发展、未来社区及未来乡村建设等相关工作。

是日　区作协会员大会暨柯城作协成立12周年文艺晚会在区文化馆多功能厅举行。

是日　中央广播电视总台中国之声沉浸式文化访谈节目《跟着声音去远方》推出衢州篇，对柯城区的桃源七里、碗窑村、九华立春祭等进行宣传推介，中国之声广播、央视新闻、央视频、央广网、蜻蜓FM、阿基米德等媒体全网播出。

28日　央视新闻频道《朝闻天下》关注乡村文化消费，报道柯城余东农民画注重以文创开发做长产业链，助力农产品销售，提质提振消费市场。

30日　全国“人民满意的公务员”和“人民满意的公务员集体”表彰大会在北京举行。市自然资源和规划局柯城自然资源所航埠所所长王耀富获全国“人民满意的公务员”称号，受到习近平总书记接见。

是日　市体育局、柯城区政府和浙江职业足球俱乐部有限公司足球运动合作签约仪式举行。

31日　全区巡察工作会议暨九届区委第二轮巡察工作动员部署会召开。会议学习贯彻习近平总书记关于巡视巡察工作的重要论述以及中央和省委、市委有关要求，谋划部署全区巡察工作，强化政治监督，提升巡察质效，为柯城建设共同富裕先行示范区提供政治保障。

9月

1日　中共衢州市委常委、

市委组织部部长陈玲芳一行到柯城调研党建统领“浙里康养”工作，先后考察衢化街道居家养老服务中心和信安街道居家养老服务中心，实地了解养老服务“爱心卡”推广试点和养老服务“校地合作”落实情况，召开座谈会。

是日　2022年浙江省重大产业项目名单公布，衢州市东巨康光电科技有限公司年产3500万件手机配件、1000万台智能穿戴设备、1500万台手机整机项目名列其中。

2日　全区召开防汛防台工作会议，传达贯彻省、市会议精神，研究部署防汛防台工作。

3日　柯城区先后亮相于央视《新闻联播》头条《奋进新征程　建功新时代·非凡十年　持续增进民生福祉 不断提升生活品质》和新闻《各地举行活动纪念抗战胜利77周年》。

是日　省发展和改革委员会等7个部门印发第一批省级农村一、二、三产业融合发展示范园，柯城区乡村运动农村产业融合发展示范园名列其中。

4日　省第十七届运动会围棋比赛结束，柯城区运动员张歆宇七战全胜获男子乙组金牌，运动员邱茹涵获女子乙组铜牌。

5日　柯城区委、区政府召开重点专项工作汇报会，听取高耗低效企业整治、信访积案化解、疫情防控、项目谋划推进、沿路沿线风貌整治提升等工作汇报，过堂会审，推动重点专项工作落地落实、提速提效。

是日　省委宣传部副部长、省电影局局长葛学斌到柯城调研，考察沟溪乡余东村、石梁镇麻蓬村。

是日　《新华每日电讯》3版刊发新闻《从衢州到柏林，中国鱼子酱扮靓世界餐桌》，报道柯城鲟鱼鱼子酱产业。

8日　区委常委会会议召开，传达学习习近平总书记在《求是》杂志发表的重要文章《新发展阶段贯彻新发展理念必然要求构建新发展格局》精神、全国“人民满意的公务员”和“人民满意的公务员集体”表彰大会精神，研究全区贯彻落实意见。

13日　市委副书记、政法委书记徐良平到柯城调研“除险保安”工作，走访区社区矫正中心、兴华中学、航埠镇大联动中心等地。

是日　区政协围绕“加快乌石山开发建设，促进村集体经济发展”主题，在华墅乡政府开展“民生议事堂·助力共同富裕示范区建设”专题协商会，邀请市、区两级政协委员、相关部门负责人、专家学者、乡贤代表等围坐一起谈思路、出举措、谋发展。

14日　区委召开常委扩大会议，学习贯彻习近平总书记关于“疫情要防住、经济要稳住、发展要安全”的重要指示精神，落实全省经济稳进提质攻坚行动工作例会和市委常委扩大会议精神，动员全区上下提振精气神、全力争上游，拿出攻坚状态、拼抢姿态冲刺三季度、决胜四季度，以优异成绩迎接中共二十大胜利召开。

是日　省政协副主席郑继伟率省政协提案委、民宗委，会同省妇联、省民政厅、省人力社保厅等相关负责人到柯城区白云未来社区、余东未来社区，开展“强化山区26县农村困难家庭社会服务，助力公共服务优质共享”重点提案督办调研。

15日　2022年“亲清直通车·政企恳谈会”农业专场召开。

是日　2022“南孔圣地·崇贤有礼”开蒙礼活动开启。开蒙礼活动在孔氏南宗家庙大成殿外设主会场，162名一年级新生代表参加仪式；柯城区34所小学设分会场，6469名一年级全体新生分别在各校孔子广场同步开展活动。

是日　第四届长三角江南文化论坛在安徽芜湖市举行，柯城区余东未来乡村入选“最江南”长三角乡村文化传承创新典型案例。

是日 省人大常委会党组书记、副主任梁黎明到柯城实地调研人大代表联络站建设等工作。

是日 柯城举行“除险保平安·护航二十大”誓师大会暨治安大巡逻启动仪式。

21日 “荷里共富”特色街区的“玩转‘邻里通’·共享‘浙里富’”开街仪式在荷花东路上举行。

22日 四川省乐山市井研县委书记熊建新率党政代表团到柯城区佳农果蔬智慧农业示范园、万田乡四省边际直播产业创业街考察。

23日 区委常委会召开会议，传达学习习近平总书记关于数字政府建设和数字化改革的重要论述精神、《国务院关于加强数字政府建设的指导意见》和《浙江省人民政府关于深化数字政府建设的实施意见》文件精神，以及全省农业高质量发展大会精神和省委书记袁家军在除险保安工作座谈会上的讲话精神，研究贯彻意见。

是日 区政府第三次发布森林禁火令，禁火日期为9月23日至10月31日。

24日 四川省北川羌族自治县委书记李昊天率党政代表团到柯城东南数字经济发展研究院、衢州鲟龙科技有限公司等地考察数字经济发展情况，慰问在柯在衢北川务工人员和挂职干部。

26日 《人民日报》头版“喜迎二十大”栏目刊发文章《深化山海协作 推进共同富裕 浙江探索山区海岛发展新路》，关注依托山海协作工程，衢州市柯城区和杭州市余杭区组建“乡村振兴共同体”，探索协同发展、共同富裕路径，携手将碗窑村打造为农文旅融合发展示范乡村。

27日 由区委宣传部、区文学艺术界联合会主办，区书法家协会、柯城书画院承办，区文化馆协办的“大美柯城——柯城区喜迎中国共产党二十大书画展”在区文化中心开幕；此次书画展收到投稿作品243件，现场入展作品78件，其中国画25件、书法53件。

10月

10日 省农业农村厅党组副书记、副厅长蒋伟峰到柯城区考察未来乡村建设、村播产业发展等相关工作。

是日 柯城区—衢州职业技术学院“才聚柯城、共助发展”校地人才合作签约仪式在衢州职业技术学院举行。

是日 柯城区5个场景入选浙江省首批300个共同富裕现代化基本单元“一老一小”场景，分别为：柯城区白云未来社区、柯城区城站社区入选城镇社区养老服务场景；柯城区荷东苑社区入选城镇社区托育服务场景；柯城区斗潭未来社会入选城镇社区老幼融合服务场景；柯城区沟溪乡余东村入选未来乡村“养老场景+托幼场景”。

18日 区十届政府召开第十九次常务会议，传达学习浙江省集中打击整治危害药品安全违法犯罪工作领导小组第一次（扩大）会议精神、浙江省委省政府《关于深入贯彻〈知识产权强国建设纲要（2021—2035）〉打造知识产权强国建设先行省的实施意见》等精神，审议《关于给予寺桥水库项目报批工作记功嘉奖的建议送审稿）》等事项。

19日 区生态工业服务中心与海东市旭格光电科技有限公司签订年产6000万片液晶显示屏、6000万片LCD（液晶显示屏）面板切割、6000万片LCD液晶面板光学材料贴附、3000万片OGS（单片触摸屏幕）全贴合、3000万台整机装配项目投资合作协议。该项目由海东市旭格光电科技有限公司出资建设，总投资约23.5亿元。

是日 《浙江日报》“党的二十大特别报道”栏目刊登《推

动“中国之治”迈向更高水平》，其中《衢州柯城：村规民约“约”出美好家园》报道柯城上洋村通过修改村规民约，推动基层民主法治发展的经验做法。

23日　柯城区成为衢州唯一入选由省卫生健康委、省发展改革委、省财政厅、省教育厅四部门联合印发的普惠托育基本公共服务试点名单的县（市、区）。

24日　全区召开沿线风貌整治提升工作例会。会议强调重视沿路沿线风貌整治提升工作，打造生态宜居的美丽乡村。

26日　航埠镇综合整治动员大会召开，专题部署航埠综合整治六大专项行动。会议以视频形式召开，航埠镇各村（社）设分会场。

是日　《浙江日报》亲历版报道柯城区多形式开展药事服务、切实为民解忧的故事。

27日　来自德国、喀麦隆、亚美尼亚、马达加斯加等国家的17名参加“美美与共·浙江行”2022汉学青年学者研习营的青年学者到区银河幼儿园参观交流。

是日　区政府党组（扩大）会议召开，专题学习贯彻中共二十大精神，研究部署全区政府系统贯彻落实工作。区政府党组成员围绕中共二十大报告精神作讨论交流发言。

是日　区政府公布《衢州市柯城区人民政府关于全区禁止经营和燃放烟花爆竹的通知》，自2022年12月1日起实施。

29日　由区政府主办，柯城区政府森林防灭火指挥部办公室、九华乡政府承办的2022年柯城区森林火灾扑救大比武暨实战演练在九华乡沐三村举行。

是日　省委改革办（省数改办）公布2022年数字化改革“最系列”成果，柯城“邻礼通·三民工程”应用获评全省数字化改革最佳应用。

30日　九华乡茶铺村、石梁镇麻蓬村入选由省妇联、省农业农村厅联合认定的2022年“浙江省美丽庭院特色村”名单。

11月

2日　全市乡镇党委书记交流会暨服务业高质量发展会议召开，柯城以总分全市第二的成绩，获市争先创优三季度“流动红旗”。

4日　市现代社区建设领导小组第四次会议在柯城召开。

是日　“共学同讲二十大　青春扬帆新征程”柯城区新录用机关事业人员宣讲PK赛在中国（余东）乡村美术馆举行，14名优秀宣讲员代表同台竞技。

是日　柯城区赵抃廉洁文化教育基地揭牌暨沙湾美术馆开馆仪式在信安街道信安湖畔举行。场馆建筑面积200余平方米，是集培训、教学、展览于一体的综合性场馆。

是日　区人大常委会《衢州市围棋发展振兴条例》宣贯活动暨2022年秋季全市业余少儿围棋段级位赛启动仪式在石室乡中心小学举行。

7日　区委召开常委会会议，传达学习习近平总书记在中共中央政治局第一次集体学习时的重要讲话精神、习近平总书记在陕西延安和河南安阳考察时的重要讲话精神，以及中央、省委和市委关于学习贯彻中共二十大有关文件精神，审议《中共衢州市柯城区委关于认真学习宣传贯彻党的二十大精神的通知》。

是日　柯城区第七届微型消防站、志愿消防队技能大比武决赛暨“119”消防宣传月启动仪式在市消防培训基地举行。

是日　新华社客户端刊登《浙江衢州“上铺模式”铺就强村富民之路》《“府”春“山”居图里的共富经》，分别关注九华乡上铺村与府山街道。

8日　副省长王文序率队就基层社会治理、养老服务等工作到柯城区调研。

是日　区政府召开区十届政

府第二十次常务会议，传达学习习近平总书记在《求是》杂志发表的重要文章《坚持人民至上》精神、全省国企改革三年行动高质量收官攻坚工作会议精神。

是日 人民日报客户端刊登《融合“金庸”武侠文化，麻蓬香锤“锤”出村强民富》，关注石梁镇麻蓬村产业发展。

10日 在世界互联网大会·数字经济产业合作大会上，柯城区与衢州市东巨康光电科技有限公司手机和智能穿戴设备生产项目签约。

是日 新华社客户端刊登《鲟鱼寻梦，“鲟”出一条共富路》，关注石室乡鲟鱼产业。

是日 市首届农民诗文化节暨宋韵文化主题活动在沟溪乡余西村举行。

13日 衢州有礼·2022浙江大湾区自行车公开赛（衢州站）暨第八届浙皖闽赣四省边际自行车挑战赛在石室乡开赛，浙皖闽赣近600名自行车运动爱好者参赛。

14—16日 全省知识产权强国建设试点示范工作培训班在衢州召开，沟溪乡余东村（浙江省农创客知识产权联盟所在地）和衢州鲟龙水产食品科技开发有限公司（柯城区农创客创业创新示范基地）被设为现场观摩点。

16日 全省地震地质灾害应急管理业务培训现场会在九华乡大侯村召开。

是日 《浙江新闻联播》播出《二十大精神在基层 创新形式互动讲 党的好声音入脑入心》，报道柯城“8090理品铺子”宣讲集市创新宣讲中共二十大精神。

17日 全区农村基层“三乱”问题专项整治工作部署会召开，部署农村基层“三乱”问题专项整治工作。

是日 柯城区“诗画南孔”新时代美丽乡村共同富裕示范带入选全省第三批新时代美丽乡村共同富裕示范带名单。

18日 省农创客知识产权联盟揭牌仪式在沟溪乡余东未来乡村举行。

19日 柯城区在中国生态文明论坛南昌年会上被生态环境部授予第六批生态文明建设示范区称号。

是日 柯城区新华小学入选首批浙江省清廉学校建设示范学校。

21日 区委召开常委扩大会议，传达学习贯彻习近平总书记关于做好当前疫情防控工作的重要讲话和指示批示精神及上级疫情防控工作会议精神，部署全区疫情防控工作。

是日 区十届政府召开第二十一次常务会议，传达学习习近平总书记在中共中央政治局常务委员会上的重要讲话精神、全省深化“千万工程”建设新时代美丽乡村现场会会议精神等。

28日 区委召开常委会，传达学习习近平总书记关于河南安阳凯信达商贸有限公司火灾事故重要指示精神、全省深化“千万工程”建设新时代美丽乡村现场会精神，以及市委常委会关于疫情防控工作会议精神，通报全区疫情防控情况，研究部署下一步工作。

30日 区十届人大常委会第六次会议召开，会议听取和审议区政府关于柯城区2022年重大政府投资项目调整方案、2022年地方政府新增债务预算安排及部分债务调整方案、2022年政府预算调整方案、2021年度审计发现问题整改情况等报告，并作出相关决议。

12 月

1日 区政府召开区十届政府第二十二次常务会议，传达学习习近平总书记致2022年世界互联网大会乌镇峰会贺信精神、习近平总书记关于河南安阳火灾事故的重要指示精神以及市委常委会关于疫情防控工作会议精神，通报全区“11·19”疫情防控情况，研究部署下步工作。

2日 2022浙江网上农博

会——柯城馆活动开启。

7日　2022年度浙报集团（衢州）通讯报道暨共享联盟工作会议在柯城召开，共商强化媒体联动宣传、加强共享联盟建设工作。

是日　全区“共学同讲二十大·青春扬帆新征程”新时代理论宣讲PK赛（乡镇街道专场）在区8090孵化中心开赛。

8日　区委召开常委会，传达学习市委书记高屹在柯城调研时的讲话精神，研究柯城贯彻意见。

是日　柯城区“徐徐道来”省级宣讲名师工作室导师和宣讲员到新华第二小学开展中共二十大精神主题党课和微宣讲。

是日　“民生议事堂·柯城议项 百事可成”协商活动在石梁镇麻蓬村举行。

15日　召开全区2022年度总河长会议，学习贯彻习近平生态文明思想，践行“绿水青山就是金山银山”理念，贯彻中央和省、市工作部署，重塑河（湖）长制工作体制机制，夯实柯城跨越式高质量发展的生态本底。

是日　柯城区十届人大常委会召开第七次会议，会议听取和审议区政府关于区十届人大一次会议代表议案建议办理情况的报告、区人大监察和司法委员会关于2022年规范性文件备案审查工作情况等报告，并进行履职评议。

17日　柯城区残疾人联合会第八次代表大会召开。

18日　柯城区乌溪江（黄坛口水库大坝—衢江汇合口）、常山港（沟溪—衢江汇合口）入选浙江省2022年度“美丽河湖”名单。

20日　区委常委会召开会议，传达学习12月6日中共中央政治局会议、中央经济工作会议、省委十五届二次全体(扩大)会议暨省委经济工作会议精神等，研究柯城区贯彻意见。

27日　柯城区第七次妇女代表大会召开。

30日　召开全区岁末年初安全生产和疫情防控会议，贯彻上级相关会议精神，全面分析柯城安全生产及疫情防控形势，对岁末年初安全生产和疫情防控重点工作进行部署。

区情概览

综　述

柯城区为衢州市主城区，地处钱塘江上游、金衢盆地西端，位于北纬28° 48′ 32″ —29° 11′ 36″、东经118° 40′ 48″ —118° 57′ 04″。东、南、北与衢江区接壤，西与江山市、常山县为邻。东西最大距离25.86千米，南北最大距离42.66千米，总面积609平方千米。

柯城始建于东汉初平三年（192），至今已1800余年，是国务院批准的国家级历史文化名城，儒道佛文化薮渊，是孔氏南宗圣裔家庙、围棋圣地烂柯山、浙西佛教圣地灵鹫山的所在地，被誉为“三圣之地”；柯城民俗文化悠久，辖内九华乡有浙江省乃至国内唯一一座保存完整的供奉春神句芒的梧桐祖殿，“九华立春祭”等为代表的中国“二十四节气”于2016年被列入联合国教科文组织人类非物质文化遗产代表作名录，为市首个世界非遗项目。柯城地灵人杰，铁面御史赵抃、抗金名将徐徽言、王阳明高足王玑、文史学家叶秉敬皆诞生于此；孟郊、朱熹、陆游、王阳明、胡宗宪、徐渭、郁达夫均留墨是地；武侠小说泰斗金庸曾经在此求学，多部作品涉有柯城元素。

1985年，随衢州撤地建市而建区，是衢州市的政治、经济、文化中心。区域面积609平方千米，常住人口53.24万人，下辖2个镇、8个乡、8个街道。区人民政府驻市区荷花街道荷三路28号，距衢州市人民政府4千米。建区以来，柯城成功创建国家园林城市、国家森林城市、国家级生态示范区、全省新时代美丽乡村示范区，出境水质保持在II类以上，空气质量常年维持在国家一级标准，是“中国天然氧吧”。

柯城区位置优越，多条铁路线路及高速、国道横贯境内，民航班机连接20余个国内重要城市，水运亦可通江达海，营商环境持续优化，近年数字经济发展，综合评价连续两年位列山区26县前茅。

建置沿革

【概　况】　柯城区曾为太末县、新安县、信安县、西安县、衢县和衢州市（县级）属地，1985年5月，设衢州市柯城区。

【新安县】　汉时，境属会稽郡太末县。东汉初平三年（192），析太末置新安县，隶属会稽郡，境属新安县，县治驻境内峥嵘岭（今府山）。

【信安县】　西晋太康元年（280），新安县改称信安县，境属信安县，县治仍驻峥嵘岭。南朝陈永定三年（559），信安县设信安郡，信安郡治驻峥嵘岭；三年后，信安郡被撤销。唐武德四年（621），信安县置衢州，州治驻峥嵘岭（今府山），境属衢州信安县；武德八年（625）废衢州。垂拱二年（686），复置衢州。天宝元年（742），改州为郡。乾元元年（758），复置衢州。咸通元年（860），改信安县为西安县，信安县境内延续时间580年。

【西安县】 唐咸通元年（860），改信安县为西安县后，境属西安县，县治始驻峥嵘岭，后移仁寿坊。元至元十三年（1276），置衢州路，境属衢州路西安县。至正十九年（1359），衢州路改称龙游府，府治驻境内府山，境属龙游府西安县；至正二十六年（1366），龙游府改称衢州府。明嘉靖元年（1522），金衢守道驻境内道前街。清顺治元年（1644），金衢守道改称衢州府；顺治三年（1646），衢州府改称金衢巡道，道治驻境内紫金坊；顺治五年（1648），浙闽总督驻境内北门校士馆；顺治十五年（1658），移温州。康熙九年（1670），金衢严守道驻道前街；康熙十二年（1673），浙江总督驻校士馆；康熙二十一年（1682），移杭州。雍正十二年（1734），金衢严巡道驻道前街；宣统三年（1911）七月，裁西安县，由府兼理县事，境属衢州府。辛亥革命后，置衢州军政分府，境隶衢州军政分府。西安县境内延续时间1051年。

【衢　县】 民国元年（1912）2月，废衢州军政分府，以府名县称衢县，境属衢县，县治驻道前街。民国3年（1914），衢州隶金华道，道尹驻道前街。民国16年（1927）1月，撤金华道，衢县为浙江省直属，县治驻忠烈庙前；次年衢县改隶浙江省衢县督察区。民国21年（1932）5月，于衢县设浙江省第一县政督察区。民国24年（1935）8月，改为衢县行政督察区；次年7月，改衢县行政督察区为浙江省第五行政督察区，督察区均驻府山。民国35年（1946），境内有峥嵘镇和下村、石梁、毓秀、航埠、沟溪、将军、黄坛7个乡。民国37年（1948）4月，衢县隶属浙江省第三行政督察区，督察区初驻府山，8月迁江山。1949年5月6日衢州解放，中国人民解放军衢州军事管制委员会实行军事管制。5月20日，成立衢县人民政府，县政府驻忠烈庙前（1950年9月迁县学街），境属衢县。6月7日，衢县城区及城郊设衢州市（县级）。衢州市与衢县均隶属（浙江省）第三专区（后称衢州专员公署）。1950年5月15日，撤销衢州市设立城关区，城关区直属衢州专署。1953年5月，城关区复归衢县管辖。1955年3月，撤销衢州专署，衢县划归金华专区管辖。1958年9月，撤区建人民公社，人民公社下设管理区。境内有红专（城关）人民公社、卫星（航埠）人民公社、东风（石梁）人民公社及所属管理区及上游（后溪）人民公社所属的园林、华墅管理区，和平（大州）人民公社所属的石室管理区。1961年9月，大公社改为区公所，管理区撤并为人民公社，境内有4个区（镇）、15个人民公社。1981年5月，衢县改称衢州市（县级）。1985年5月15日，设省辖衢州市及衢州市柯城区、衢县；7月16日，市委决定，建立柯城区筹备小组和衢江区筹备小组；12月，衢江区改称衢县。衢县人民政府始驻境内浮石路北门农场，1987年1月迁驻县学街。2001年12月，衢县复称衢江区。2002年7月，区机关迁驻樟潭镇（今樟潭街道）。

【衢州市】 1949年6月7日，衢县城区及城郊设衢州市（县级），市人民政府驻钟楼底，隶属浙江省第三专区，市域属境内。1950年5月15日，撤销衢州市，设立城关区，城关区直属衢州专署。10月10日，第三专区更名为衢州专区。1955年3月，撤销衢州专署。1981年5月，衢县改称衢州市（县级）。8月撤销城关镇，建立上街街道、下街街道和市郊人民公社。1983年12月，建市区工作委员会。1984年1月恢复乡、村建制，市郊公社改称柯城乡；境有花园区、航埠区、石梁区、市区工委，上街街道、下街街道及柯城、花园、石室、汪村、黄家、航埠、河东、沟溪、姜家山、华墅、石梁、下村、七里、下郑、万田、九华16个乡。1985年5月15日，设省辖衢州市，衢州市辖柯城区、衢县、龙游县、江山县、常山县、开化县。衢州市人民政府始驻县学街，1987年1月迁荷花新区荷三路28号（今为荷花街道），2016年3月29日迁市区白云街道三江东路28号。

【柯城区】 1985年5月15日，根据国务院批复，撤销金华地区，设省辖衢州市及衢州市柯城区、衢县。7月16日，市委决定，建立柯城区筹备小组和衢江区筹备小组，一市两区同城而治。柯城区管辖上街、下街2个街道和石室、下张、汪村、黄家、万田、浮石、柯城、花园8个乡。柯城区人民政府驻下街宋井商场。8月，设衢化街道。1986年1月，衢县姜家山乡划归柯城区管辖。1987年3月，区人民政府迁水亭街东风、红楼招待所。1990年3月，在城南设荷花街道。1992年10月，区人民政府迁至市区西安路24号新大楼。1993年7月，在衢州下张经济开发区设新新街道。时辖9个乡、5个街道。2001年12月10日，根据国务院批复，撤销衢县设立衢州市衢江区，将柯城区的原浮石、下张2个乡和石室乡的黄坛口村划归衢江区管辖；原衢县的华墅、沟溪、七里、九华4个乡和航埠、石梁2个镇划归柯城区管辖。2002年9月，衢江区人民政府迁衢江区樟潭镇。2003年9月，设花园岗街道。2005年12月，撤销柯城乡设立信安街道；撤销花园乡和衢化街道合并设立花园街道；撤销汪村乡设立双港街道；撤销上街、下街街道合并设立府山街道；花园岗街道更名为白云街道。2012年12月，设衢化街道。2017年12月，区人民政府迁荷花街道荷三路28号。

自然环境

【概　况】 柯城区境属钱塘江流域。地形以衢江为中轴，南北两侧海拔依次升高，具有河谷平原—低丘岗地—高丘—低山—中山过渡特征。东部为河谷平原盆地，南为仙霞岭余脉，西为白际山余脉，西北为千里岗山脉。最高峰白菊花尖位于石梁镇下村村西北部，海拔1394.70米；最低点信安湖出口，位于信安街道鸡鸣村，海拔58.80米。境内气候四季分明，光照充足，气温适中，无霜期长，具有春早、秋短、夏冬长，温适、光足、旱涝频等特征。冬季主要受干冷的极地变性大陆气团控制，多干、冷和晴朗少雨天气；夏季主要受湿润的热带副热带海洋气团左右，湿、热及多雷暴阵雨天气；春末夏初，冷暖气团势均力敌，锋面气旋活动频繁，大雨、暴雨显著增加，是主要降水季节；入秋后，北方寒冷空气逐渐加强，南方暖湿气流减弱后退，气温波动下降，是秋高气爽的季节。境内河流水流湍急侵蚀强，但自净能力强。受降水控制，径流季节变化大，水位易涨易落。其流量、水位、泥沙、水质都有季节性变化的特点。

【山　脉】 境内三面环山。南为仙霞岭余脉，仙霞岭，为浙西南重要山脉，山高岭峻，地形复杂，江山市境内仙霞关为中国东南著名关隘，余脉自黄坛口入境，盘亘于石室乡、黄家乡境内，以低山丘陵为主，天苍岭海拔309米，为南面最高点。西为白际山余脉，白际山地处浙、赣、皖三省边际，其余脉自常山县延伸至境内华墅乡、航埠镇，呈低山丘陵起伏地貌。北为千里岗山脉，为境内主要山脉。自新安江水库南、开化县东经常山县北、柯城区北止于兰溪江西，东西长约100千米，南北宽约50千米，略呈直线，耸立连绵，具“千里山岗”特征。千里岗山脉山势陡峻，山体狭窄，南北两侧沟谷对称深切，山顶多尖锥状，露岩较多，黄沙层厚0.30—0.50米，多长茅草、灌木丛，斜面呈凹凸形，一般为35°—45°。千里岗北坡与新安江水库相连，南坡梯级延展至境内，渐为低山、丘陵。海拔千米以上山峰有11座：白菊花尖（1394.70米）、西坑岭（1348米）、大谷坪（1327米）、石门山（1200米）、箬坞山（1126米）、老鹰石（1151米）、蓑衣田岗（1112米）、阳关尖（1110米）、倒坞岭（1016米）、百丹坪（1013米）、松岗坞（1011米）。

【河流与水资源】 境内河流均属钱塘江水系。主要河道有一级河衢江；二级河江山港、常山港、乌溪江3条，境内长43.20千米；三级河庙源溪、大头源、大俱源、徐姑垄溪等9条，总长125.10千米。河流总长度993.70千米，河网密度1.64千米/平方千米。最大河流为衢江，始于双港街道双港口，从西南向东北流经双港、荷花、白云、府山、信安5个街道，境内长10.70千米，流域面积598平方千米。江山港由江山市四都镇入华墅乡，继而出境入衢江区廿里镇，再从廿里镇入黄家乡、双港街道，在双港街道双港口入衢江。常山港由常山县招贤镇入境，由西向东流经沟溪乡、航埠镇、姜家山乡、白云街道，在双港口汇入衢江。乌溪江自衢江区黄坛口乡入境，然后由南向北流经石室乡、花园街道、新新街道，在信安街道鸡鸣村汇入衢江出境。柯城区境内河流多属山溪性河流，落差较大，水流湍急，径流量较丰沛，具有较丰富的水力资源。抽水蓄能电站被成功列为国家抽水蓄能“十四五”重点实施计划项目，固定资产投资增速连续3年领跑全市。

【动物植物资源】 柯城区地处亚热带季风气候，境内全年气候四季分明，光照充足，雨量充沛，气温适中。适宜的气候孕育出了丰富的动物植物资源。根据2005年柯城的相关统计，全区有野生动物四大类140余种，其中两栖类10余种、爬行类30种、哺乳类50种、鸟类50种。经济价值较高的野生动物有35种，其中兽类31种、禽类4种。国家一级保护的野生动物4种，国家二级保护的野生动物有：猕猴、大灵猫、小灵猫、斑羚、穿山甲、白鹇、雕、鸢及其他鹰类。省级保护的野生动物有毛冠鹿、鼬獾、豪猪、五步蛇、眼镜蛇等。境内鱼类主要有12科49种。境内植物有维管束植物190多科1900种、裸子植物9科22属40种、被子植物84科257属1600多种。可供开发的药用植物资源有1200种，药店收购的常用中草药有400多种。区内野生木本观赏树种有250多种。

【矿产资源】 柯城区总体上区域内矿床内生的多，矿苗外露的少。境内有青刚石资源，主要分布在石梁镇下静岩村，外露；砖瓦黏土，主要分布在衢江两岸之石梁、万田、九华、姜家山、航埠等地，以低丘岗地之红壤土为主体，兼有红黄黏土；另有少量的石灰石、石煤矿储量，两矿苗皆是互生共生，矿苗由毗邻衢江区周家乡川坑矿区延伸而来，经过九华乡之上甫至石梁、沟溪五十都至七里治岭。

气候 水文

【气　候】 2022年，全区空气质量优良率92.60%，PM2.5浓度均值为26微克/立方米。2022年，柯城区平均风速2.50米/秒，日极大风速35.60米/秒，平均气温18.90℃，蒸发总量1157.70毫米，平均相对湿度72%，总日照时数1724.40小时，最大小时雨强45.50毫米。2022年初共有3轮寒潮天气过程影响柯城，并伴随大范围降温和雨雪冰冻天气，北部乡镇区极端最低气温达到-4.80℃，0℃以下低温天数8天，积雪天数15天，最大积雪深度31厘米（柯城区七里乡大头村），接近历史最大值35厘米。最低气温达到-4.80℃。出梅后，柯城盛夏出现极端高温热浪，并伴随明显持续性干旱过程。极端最高气温达41.20℃，与历史最高纪录持平（2013年），最高温度达40℃以上共7天，35℃以上高温日数达到68天，38℃以上高温日数分别为33天。均位列历史第一。2022年降水总量为1734.50毫米，降水总天数达156天，其中汛期柯城区降水接近常年略偏少，出现阶段性旱涝。柯城区6月10日入梅，6月26日出梅，梅汛期共历时16天，较常年梅雨期偏少14天，梅期短，强降水集中、强度大。柯城区平均雨量340.30毫米、比常年偏少6%，有1个站（柯城区雷达）总雨量超过400毫米，为423.50毫米，梅汛期共经历两轮强降雨，主要降水时段为6月9日至13日、6月18日至20日，平均雨量分别为102.20毫米和222.7毫米。

【水　文】　区域内3个国控断面（东迹渡、浮石渡、双港口）和1个省控断面（老鹰潭）均达到Ⅱ类水标准，地表水全部优于Ⅲ类水体比例，水质达标率100%。推进寺桥水库工程、常山港综合治理、水系连通及水美乡村试点县建设等重点项目，全年实现水利投资11.66亿元，首次突破10亿元大关，在全市排名第二，全省所有县（市、区）中排名第十三，26县中排名第二。在上年实现水利投资89%高增长率的基础上，投资增长率达到45%，实现连续正增长。争取省级以上资金51935万元（包括中央资金6092万元），同比增长105%。按照《衢州市柯城区水文防汛“5+1”工程建设实施方案》，年内新建水文站10座。至年末，全区累计完成水文测站新（改）建70座，三年建设任务顺利完成，有效强化小型水库山塘安全度汛“三个责任人”“三个重点环节”落实，确保全区安全度汛。

行政区划

【概　况】　2022年，柯城区辖航埠、石梁2个镇，华墅、沟溪、黄家、七里、万田、姜家山、石室、九华8个乡，府山、信安、荷花、双港、花园、衢化、新新、白云8个街道；村213个、社区79个，其中黄家乡2005年2月根据衢州市委决定，撤乡设街道办事处，委托市高新园区管委会（后改为智造新城管委会）管理，2020年8月20日，由智造新城管委会移交给柯城区管理，由于省政府至今未批，仍称黄家乡。2019年12月31日，区政府批复同意撤销新新街道小南门村村民委员会建制。

【区划范围】　根据2003年边界勘测，区境边界线长177.72千米，其中与衢江区边界线106.26千米，最长。三县（市、区）交点有3处，衢江区太真乡银洞尖西510处的801米高程山脊上为柯城区、衢江区、常山县边界线交点，银洞尖因灌木丛生，山陡路险，三方商定不实地埋设界桩。衢江区后溪镇的江山港溪滩上为柯城区、衢江区、江山市边界线交点，因溪滩不宜埋设界桩，三方商定不设桩。江山市四都镇山坑村、常山县招贤镇溪上村、柯城区华墅乡三官村的柿坞尖，为柯城区、江山市、常山县边界线交点，在柿坞尖海拔710.4米处设置花岗石界桩1座。

（柯城年鉴编辑部）

2022年柯城区行政区划一览表

表1

名称		辖区内社区、村名称
街道8个	信安	社区6个：迎和社区、紫荆社区、书院社区、斗潭社区、金河湾社区、恬静苑社区 村4个：东门村、北门村、沙湾村、信安村
	府山	社区8个：蛟池街社区、坊门街社区、城站社区、天皇巷社区、县学街社区、钟楼社区、北门社区、府山社区
	荷花	社区11个：通荷社区、朝晖社区、新荷社区、荷西苑社区、兴华社区、清莲里社区、朝阳社区、松园社区、荷东苑社区、初荷社区、荷北苑社区 村1个：大南门村
	花园	社区6个：安装社区、新苑社区、福苑社区、花港社区、花苑社区、花溪社区 村6个：花园村、上洋村、上下门村、平园村、叶篷村、新姜村
	双港	社区8个：双港社区、双水桥社区、西港社区、锦绣社区、美港社区、欣港社区、礼贤社区、百家坊社区 村6个：五湖村、汪村村、皂角村、梅家村、南村村、滨港村
	白云	社区11个：白云社区、新湖社区、玉龙社区、幸福社区、滨江社区、双岭社区、阳光社区、御景湾社区、灵溪社区、智兴社区、悦溪社区 村13个：过溪畈村、双塘岭村、回龙村、河边埂村、严家圩村、鹿鸣山村、钱家山村、湖柘垅村、亭川村、龚家埠头村、地藏寺村、花园岗村、压潮村
	新新	社区9个：金桂社区、杨浦社区、三衢社区、彩虹社区、银桂社区、五环社区、乐业社区、书香社区、丹桂社区 村10个：童村碓村、东埂村、戴家村、后贻村、上妙村、白沙村、建新村、杨家田铺村、十五田铺村、官庄村
	衢化	社区9个：滨一村社区、滨二村社区、滨三村社区、花径一村社区、花径二村社区、昌苑社区、文昌社区、望江社区、昌和社区 村7个：溪东埂村、普珠园村、官碓村、缸窑村、塔坛寺村、孔家村、上祝村
镇2个	石梁	社区2个：白云山社区、衢门山社区 村21个：塘公村、麻蓬村、荞麦坞村、柴家坊村、里前坞村、小沟村、童前村、下村、黄茶村、派溪头村、坎底村、石梁村、杨田源村、静岩村、中央方村、城西村、梅山村、白云村、五龙村、大俱源村、双溪村

续表1

名　称		辖区内社区、村名称
镇2个	航埠	社区1个：兴航社区 村32个：万川村、枧头村、航埠村、彭村、毛村、墩头村、北一村、北二村、曹门村、上万村、金万村、下河东村、上河东村、上塘周村、严村、孙家村、姚家村、翁家村、横源塘村、何双蓬村、三十六亩村、莫家村、长泽街村、大力桥村、陈安村、将军叶村、雨灵山村、西果源村、汪周村、缪村村、新山村、殿前村
乡8个	姜家山	社区2个：柯安社区、三江社区 村11个：姜家山村、三山村、大塘头村、前昏村、前徐村、富周塘村、锦西村、柴陈村、塘头毛家村、兴运村、跃进新村
	万田	社区1个：文景苑社区 村16个：顺家路边村、下方村、姚家村、上蒋村、下蒋村、坞石村、炉头村、王家村、弈园村、慈张村、谷塘村、万田村、冯坦村、荷塘村、余家山头村、三和村
	石室	社区2个：柯山社区、望柯社区 村11个：下石埠村、荆溪村、崇文村、姜家埠头村、沙埠一村、沙埠二村、响春底村、石室村、新东村、九龙村、江东村
	黄家	社区2个：江畔社区、南益社区 村19个：寺前村、张家村、旺吴村、四都刘村、下刘村、山底村、王千秋村、黄家村、十五里村、后川村、坑西村、宣家村、新铺村、下卢村、吕宅村、陈家村、东山村、东周村、上草铺村
	七里	村7个：治岭村、上门村、七里三村、桃源村、大头村、沙龙村、少岭坞村
	九华	社区1个：沐宸社区 村23个：源口村、关溪村、上彭川村、上清村、上铺村、沐三村、沐一村、沐二村、范村村、下坦村、塔石岭村、九华村、谷口村、近山村、上宅村、下彭川村、童村、新宅村、茶铺村、妙源村、坞口村、大侯村、上方村
	沟溪	村16个：沟溪村、上叶村、后坞村、上余坂村、洞头村、余西村、余东村、宋家垅村、斗目垅村、碗东村、五十都村、高山窑村、直力村、河山村、欣源村、碗窑村
	华墅	村10个：上墅村、龙泉头村、园林村、柴家村、华墅村、华新村、望江村、刘坂村、金坂村、三官岭村

说明：该表由区民政局提供

（柯城年鉴编辑部）

中国共产党柯城区委员会

综　述

【概　况】2022年，区委始终坚持以习近平新时代中国特色社会主义思想为指导，坚决落实习近平总书记“疫情要防住、经济要稳住、发展要安全”要求，以“释放新活力、提升首位度”为总抓手、总目标，团结带领全区各级党组织和广大党员干部群众，有效统筹疫情防控和经济社会发展，有力推动各项工作不断迈上新台阶。上半年，全区经济社会发展稳中有进，在2021年度全省山区26县发展实绩考核中位居第一，为历史最好成绩。“全域土地综合整治与生态修复”“大力发展数字经济”“推进未来社区建设”3项工作获省政府督查激励。获评2021年度新一轮制造业“腾笼换鸟、凤凰涅槃”攻坚行动优秀单位。现代社区建设经验在全省大会作交流发言。“邻礼通·三民工程”数字化应用得到省委书记袁家军等省、市领导充分肯定。中央政治局委员、国务院副总理胡春华到柯城区考察乡村振兴、村播产业发展和社区建设等工作，并给予高度肯定。

【思想政治建设】　2022年，始终把学深悟透习近平新时代中国特色社会主义思想作为首要政治任务，不断提高政治判断力、政治领悟力、政治执行力，增强坚定不移做“两个确立”忠诚拥护者、“两个维护”示范引领者的政治自觉、思想自觉和行动自觉。学习宣传省、市、区党代会精神，区委常委会带头先学一步、学深一层，组织开展区管干部学习贯彻省第十五次党代会精神轮训班。深入开展“五学五讲”大学习大宣讲活动，区委常委带头深入基层宣讲，推动省、市、区党代会精神“飞入寻常百姓家”。

【经济稳进提质】　落细落实经济稳进提质八大攻坚行动。上半年，全区实现生产总值313.95亿元，同比增长2.6%，增速高于全国、全省平均值，固定资产投资、规上工业总产值、规上工业增加值、一般公共预算收入、规上服务业营业收入、商品房销售面积等6项指标增速排名全市前三。坚持把抓项目、促投资作为稳增长的关键一招，每月召开推进会，协调解决项目推进过程中的各种问题，78个市级以上重点项目完成投资34.32亿元，投资完成率53.3%。召开区委工作会议暨航埠镇高质量发展大会，制定出台《振航十条》，提出“三年再造一个新航埠”的目标。大力推进“双招双引”，引进亿元以上项目8个，尤其是东巨康、百豪科技、洲驰实业等投资20亿元以上光电项目签约落地，推动柯城光电产业从无到有、初具规模，其中总投资38.5亿元的东巨康光电产业项目实现百日投产，刷新柯城项目招引落地纪录。出台39项稳经济政策，持续开展营商环境“清障”行动和企业社区化网格化服务，常态化举办“亲清直通车·政企恳谈会”，全力助企纾困。开展“三衢暖心·柯享消费”汽车促消费和消费券发放系列活动，有力推动消费复苏。

【全面深化改革】 坚持以数字化改革为牵引，一体融合推进各项改革任务。按照“四个一批”要求，压实推进“邻礼通·三民工程”“零废生活”“e充停”“未来社区·医保到家”等26个特色应用上线，承接省级试点16个、市级试点8个，上半年数字化改革综合评价位列全省第一档，获五星评价。稳步推进综合行政执法机构整合、事项梳理、力量下沉等工作，全面构建“1+5”行政执法体系，协助承办全省“大综合一体化”行政执法改革暨深化基层管理体制改革推进现场会。深化推进“141”体系迭代升级、“一件事”集成改革、基层“智治大脑”建设等重点任务，基层智治系统建设排名全省第九，双月评估全市第一。

【城乡融合发展】 聚焦乡村振兴、社会治理等重点工作，每月开展晾晒比拼，以发展实绩检验工作实效。城市有机更新推进，6天完成宫宝宿舍房屋征收项目100%签约，礼贤未来社区安置房交房确认率达到93.03%。打造共同富裕现代化基本单元，白云未来社区、斗潭未来社区、余东未来乡村、南孔古城传统风貌样板区入选全省首批共同富裕现代化基本单元名单，上榜数量领跑全市。推进农业“双强”行动，实施强村富民乡村集成改革，“上铺模式”入选省级典型案例。发展村集体经济，上半年村均经营性收入达到36.61万元，居全市第一。开展城乡环境秩序专项整治，提升城乡环境治理科学化、精细化水平。完成全国文明城市复评工作。九华立春祭入选首批“浙江文化标识”培育项目名单。

【社会发展新局】 紧盯群众关切的热点难点堵点问题，提升人民群众获得感、幸福感。突出“一老一小”，集成推进居家养老服务照料中心、婴幼儿照护驿站等公共服务体系建设，每千人口拥有婴幼儿照护机构托位数达到4.53个，居全市第一。持续扩大教育资源有效供给，新增中小学和幼儿园学位6960个。扎实推进高质量就业工程，重点群体帮扶指数位列山区26县第一。生态环境满意度连续3年全省领先、全市第一。连续3年获得“大禹鼎”，夺得“大禹鼎”银鼎。

【筑牢“除险保安”坚固防线】 以“护航二十大”为主线，完善风险闭环管控大平安机制，电信网络诈骗案件起数、案损金额实现“双下降”，群众走访批次、

8月9日，区委办干部下沉社区服务，帮助协调解决小区停车纠纷

人数同比下降48.90%、54.60%，初信初访化解率位居全市第一。以重大安全生产问题清单为抓手，落细落实风险隐患点位管控措施，重大生产安全事故起数、死亡人数实现“零发生”，“除险保安”工作评价指数排名全省第33，位列全市第一。有效防范“6·20”中华人民共和国成立以来最大洪峰，实现“不死人、少伤人”目标。

【实施“红色根脉强基工程”】坚持把抓好党建作为最大政绩，严格落实管党治党政治责任。建立完善以“七张问题清单”为牵引的党建统领机制，上半年管控力指数位列全市第一。开展“六治六提”“六比六晒”作风建设行动，浓厚“创业创新创先、落实务实严实”的工作氛围。全面搭建部门（单位）比晾晒、村（社）书记擂台赛、中层业务骨干“两专”能力PK赛等多层次“赛马比拼”平台，建立健全“周一夜学”“一把手”讲堂等制度机制，推动“两专工程”落细落地落实。建强村（社）党组织体系，引导党员亮身份、作表率，推进后进村整固提升，完成农村发展党员排查整顿工作，创新打造“37驿站”等治理品牌，夯实基层基础。开展警示教育月活动，深化“三不腐”一体推进，推动清廉柯城建设走向纵深。

【加强自身建设】建立书记、区长每周碰头会和月度党政工作例会制度，先后召开人才、文化、对台、审计、全面依法治区、统一战线和退役军人事务等工作会议或领导小组会议，支持人大、政协依法履行职能，支持各民主党派、工商联、无党派人士开展工作，发挥工会、共青团、妇联等群团组织的积极作用，意识形态、党管武装、档案史志、老干部等工作得到新的加强。

重要会议

【区委九届二次全体（扩大）会议】2022年8月18日召开。会议主要任务：高举习近平新时代中国特色社会主义思想伟大旗帜，深入学习贯彻省第十五次党代会、市第八次党代会和市委八届二次全会精神，全面落实区第九次党代会部署要求，回顾总结2022年以来区委常委会的主要工作，审议通过《中共衢州市柯城区委关于深入学习贯彻省第十五次党代会精神在建设四省边际中心城市中走在前作表率的决定》，进一步动员全区上下勇担新使命、塑造新优势，努力在建设四省边际中心城市中走在前作表率，以优异成绩迎接党的二十大胜利召开。

【区委常委会会议】2022年，区委召开常委会会议35次，讨论研究主要议题240余项。

1月7日，区委常委会召开会议，传达学习《关于严防严查干部调配造谣传谣行为的通知》文件精神，传达学习省委、市委关于加强对“一把手”和领导班子监督有关文件精神，传达学习省委、市委关于推动构建亲清政商关系有关文件精神，并研究柯城区贯彻意见。研究区委常委工作分工、区矛盾调解中心管理体制有关事项、第五届区政协委员人选建议名单以及有关人事工作等事项。

1月13日，区委常委会召开会议，传达学习习近平总书记关于“三农”工作的重要指示精神和中央农村工作会议精神，传达学习习近平总书记在中国文联十一大、中国作协十大开幕式上的重要讲话精神，传达学习推动长江经济带发展领导小组全体会议和省委常委会会议精神，传达学习全省、全市数字化改革推进会精神，传达学习习近平总书记关于党史学习教育重要指示精神和中央党史学习教育总结会议精神，传达学习《中国共产党纪律检查委员会工作条例》精神，并研究柯城区贯彻意见。听取八届区委巡察工作报告、全区林长制工作开展情况汇报，审议《衢州市柯城区林长制区级会议制度》等配套制度；听取区两会筹备工作情况汇报，研究区两会有关事项；讨论《区人大常委会工作报告》《区政府工作报告》《区政协常委会工作报告》《区人民法院工作报告》《区人民检察院工作报告》；研究区政府2022年民生实事项目预安排；讨论《2021年柯城区财政预算执行及2022年预算编制情况》《关于衢州市柯城区2021年国民经济和社会发展计划执行情况与2022年国民经济和社会发展计划草案的报告》等事项。

1月21日，区委常委会召开会议，传达学习习近平总书记在中央政治局党史学习教育专题民主生活会上的重要讲话精神，习近平总书记在省部级主要领导干部学习贯彻党的十九届六中全会精神专题研讨班开班式上的重要讲话精神，习近平总书记关于政法工作的重要指示精神和中央政法工作会议精神，习近平总书记关于加强党内法规制度建设的重要指示精神和全国党内法规工作会议精神，省委、省政府《关于高水平推进新时代思想政治工作的实施意见》精神，《中国共产党浙江省委员会统一战线工作实施细则》精神，《中共浙江省委关于深入践行习近平法治思想加快建设法治中国示范区的决定》精神，省两会精神，并研究贯彻柯城区贯彻意见。通报市廉责办对柯城区委2021年度落实全面从严治党主体责任（党风廉政建设责任制）检查反馈情况，研究部署下步整改工作；研究区人民代表大会有关人员名单和市人大代表初步人选名单等事项。

1月29日，区委常委会召开会议，传达学习省换届办、省委组织部关于换届工作有关文件精神，中央纪委六次全会、省纪委十四届七次全会会议和市纪委七届七次全体会议精神，中宣部、中央文明办拓展新时代文明实践中心建设工作电视电话会议精神，全省宣传思想工作会议精神，全省全面推开排查整顿农村发展党员违规违纪问题工作部署会精神，并研究柯城区贯彻意见。审议《区纪委九届二次全会工作报告》；研究区级“七张问题清单”新增问题；研究2021年度全区经济社会发展目标综合考核工作；研究2021年度全区表彰（表扬）建议名单；研究2021年度行政奖励建议名单；研究2021年度企业奖励名单及政策兑现有关事宜等事项。

2月17日，区委常委会召开会议，传达学习习近平总书记在中共中央政治局第三十六次集体学习时重要讲话精神，全省高质量发展建设共同富裕示范区推进大会精神，省委政法工作会议暨全省政法队伍教育整顿总结会议精神，并研究柯城区贯彻意见。审议《柯城区街道居民议事会议事员改进实施意见》、研究区级“七张问题清单”2月新增问题、研究2021年度排名靠后经济指标有关工作、研究专业市场管理机构设置规范化建设有关事项；研究有关人事工作等事项。

3月11日，区委常委会召开会议，传达学习习近平总书记在中央党校（国家行政学院）春季中青年干部培训班开班式上的重要讲话精神，市委常委会扩大会议精神，《河南郑州“7·20”特大暴雨灾害调查报告》精神，省委农村工作会议暨粮食安全工作会议精神，全国、全省和全市组织部长会议精神，《省委办公厅、省政府办公厅关于规范公务员工资津贴补贴的实施意见》精神，《省委、省政府关于从周江勇案件中汲取教训做好以案促治工作的意见》精神，并研究柯城区贯彻意见。审议《关于全面实施“两专工程”打造高素质专业化干部队伍的实施意见》；审议《中共衢州市柯城区委巡察工作规划（2022—2026年）》；审议《中共衢州市柯城区委关于高质量打造文化高地先行示范区的实施意见》；审议《柯城区人大常委会2022年监督工作计划》；审议《柯城区政协2022年度协商视察监督工作计划》等事项。

4月11日，区委常委会召开会议，区委书记蒋国强传达中国共产党衢州市第八次代表大会精神并讲话。

4月12日，区委常委会召开会议，传达学习习近平总书记在《求是》杂志发表的重要文章《坚持把解决好“三农”问题作为全党工作重中之重，举全党全社会之力推动乡村振兴》精神，全市群团工作会议暨数智群团建设推进会精神，《地方党委和政府领导班子及其成员粮食安全责任制规定》文件精神，全国、全省安全生产电视电话会议精神，中央、省对台工作会议精神和市委对台工作领导小组会议精神，并研究柯城区贯彻意见。审议《衢州市柯城区关于加快推进“大综合一体化”行政执法改革实施方案（送审稿）》；审议《关于进一步优化柯城区招商引资工作机制的若干意见（送审稿）》等事项。

4月24日，区委常委会召开会议，传达学习习近平总书记在《求是》杂志发表的重要文章《促进我国社会保障事业高质量发展、可持续发展》、全省制造业高质量发展大会会议精神，市委办公室关于《全面推进“七张问题清单”应用建设2022年工作要点》文件精神，并研究柯城区贯彻意见。听取一季度争先创优工作汇报，研究部署下步工作；研究机构编制调整有关事项；听取航埠镇经济社会发展汇报，审议《关于推进航埠镇经济社会发展的若干意见（送审稿）》等事项。

4月29日，九届区委常委会召开第十三次会议，传达市政协八届一次会议精神，人大常委会工作报告主要精神，市政府工作报告主要精神和市长徐张艳、市委书记高屹参加柯城代表团审议时的讲话精神，区委书记蒋国强主持并讲话。

5月16日，九届区委常委会召开第十四次会议，传达学习省委副书记、省长王浩在衢州调研讲话精神和市委常委会会议精神，市委书记高屹调研未来社区建设和市委副书记、市长徐张艳调研农民增收、农业高质量发展工作精神，并研究柯城区贯彻意见。

5月18日，九届区委常委会召开第十五次会议，传达学习习近平总书记在庆祝中国共产主义青年团成立100周年大会上的重要讲话精神、学习全市基层治理系统建设现场推进会精神，习近平总书记在5月5日中央政治局常委会会议上关于疫情防控重要讲话精神和省委常委会会议精神并听取近期全区疫情防控工作情况汇报、学习习近平总书记关于数字化改革重要指示精神和全省数字化改革推进会精神，全国巡视工作会议暨十九届中央第九轮巡视动员部署会和《关于加强巡视整改和成果运用的意见》文件精神，全国、全省统战部长会议精神，全市打造四省边际中心城市工作推进会精神，并研究柯城区贯彻意见。审议《关于2022年省级重大网络舆情问题清单涉柯问题整改方案（送审稿）》；审议《柯城区2022年度全区经济社会发展工作目标综合考核的意见》《2022年度航埠政（区生态工业服务中心）主要经济指标考核的意见》及年度考核奖测算事项；听取全区排查整顿农村发展党员违纪违规问题工作情况汇报，研究部署下步工作；审议《柯城区关于推进“红色根脉强基工程”实施“基层党建十大提升行动”高水平打造四省边际党建高地柯城标杆的意见（送审稿）》；审议《柯城区关于加强农村基层组织建设的十条意见（送审稿）》；审议《关于在全区开展“六比六晒”作风建设活动的实施方案（送审稿）》等事项。

5月31日，九届区委常委会召开第十六次会议，专题审议《关于开展警示教育月活动的实施方案（送审稿）》。

6月1日，九届区委常委会召开第十七次会议，传达学习习近平总书记在《求是》杂志发表的重要文章《正确认识和把握我国发展重大理论和实践问题》，全国稳住经济大盘电视电话会议精神和全省经济稳进提质攻坚行动工作推进会精神、全国省市巡视巡察办主任培训班精神和省委书记袁家军关于巡视巡察工作有关讲话精神，省、市关于严格落实《领导干部接到请托事项记录报备制度（试行）》文件精神，并研究柯城区贯彻意见。传达全市公安工作会议精神并听取2021年度公安工作汇报；审议《柯城区教育资源整合工作方案（送审稿）》；研究区级“七张问题清单”5月拟新增事项；研究部分科级单位机构编制调整事项；研究区工商联换届有关事项；研究区民主党派换届有关事项；研究区咨询委换届有关事项；研究有关人事工作等事项。

6月24日，九届区委常委会召开第十八次会议，传达学习省第十五次党代会精神和全市领导干部会议精神并研究柯城区贯彻意见。研究区级“七张问题清单”6月拟新增事项。

6月29日，九届区委常委会召开第十九次会议，研究《今日聚焦》曝光“衢州备案电动车回收处置存在违规操作”问题整改落实情况。

7月4日，九届区委常委会召开第二十次会议，传达学习习近平总书记在中共中央政治局第三十九次集体学习时的重要讲话精神，习近平总书记在中共中央政治局第四十次集体学习时的重要讲话精神，习近平总书记在《求是》杂志发表的重要文章《更好把握和运用党的百年奋斗历史经验》，全国、全省关于统计造假不收手不收敛问题专项纠治工作动员部署视频会议精神和《关于更加有效发挥统计监督职能作用的意见》文件精神，省纪委、省监委《关于一些地方落实粮食安全责任不力、侵占耕地挖湖造景问题追责问题情况的通报》文件精神，并研究柯城区贯彻意见。审议《中共衢州市柯城区委关于建立政治生态建设状态评价监测体系的实施方案（试行）（送审稿）》；审议《中共衢州市柯城区委关于落实省委第十四轮巡视突出共性问题整改方案（送审稿）》；听取全区常态化开展扫黑除恶斗争工作情况汇报，研究部署下步工作；听取近期平安指数相关工作情况汇报，研究部署下步工作；听取全区粮食责任制落实情况和任务分解情况的汇报，研究部署下步工作；听取2022年财政运行情况汇报，研究部署下步工作；听取全区乡镇财务运行专项审计调查工作情况汇报，研究部署下步工作；审议《柯城区高水平推进应急救护工作的实施方案（送审稿）》；审议《柯城区规范民办义务教育发展专项工作实施方案（送审稿）》；审议《柯城区事业单位建立管理岗位职员等级晋升制度实施方案（送审稿）》《柯城区事业单位建立管理岗位职员等级晋升制度操作细则和说明（送审稿）》；审议《中共衢州市柯城区委关于认真学习宣传贯彻省第十五次党代会精神的通知（送审稿）》；研究柯城区政府及相关乡镇（街道）驻地迁移有关事项等。

7月27日，九届区委常委会召开第二十一次会议，传达学习习近平总书记在湖北武汉考察时重要讲话精神，习近平总书记在新疆考察时重要讲话精神，习近平总书记致全球重要农业文化遗产大会贺信精神和全球重要农业文化遗产大会精神，《中国共产党政治协商工作条例》，全国、全省安全生产电视电话会议精神和省委常委会会议精神，全省山区26个县高质量发展暨山海协作工程推进会精神，全省除险保安百日攻坚行动工作推进会精神，并研究柯城区贯彻意见。听取柯城区上半年经济形势分析报告，研究部署下步工作；审议《中共衢州市柯城区委常委会2022年工作要点（送审稿）》；审议《关于全面落实“两专”工程建设高素质法治队伍的三年规划方案（送审稿）》；审议《柯城区创建发展提升类党校（行政学校）工作实施方案（送审稿）》；研究讨论记功嘉奖名单、“七张问题清单”7月拟新增事项、部分科级机构调整等事项。

8月10日，九届区委常委会召开第二十二次会议，传达学习习近平总书记在省部级主要领导干部“学习习近平总书记重要讲话精神，迎接党的二十大”专题研讨班上的重要讲话精神，习近平总书记在中共中央政治局第四十一次集体学习会上的重要讲话精神，习近平总书记在中央统战工作会议上的重要讲话精神，习近平总书记关于知识产权重要论述和批示指示精神，省、市食品安全委员会全体会议精神，全省巡视巡察工作会议暨十五届省委第一轮巡视动员部署会精神，并研究柯城区贯彻意见。听取作风建设工作汇报，研究部署下步工作；研究当前疫情防控工作；听取上半年法治政府建设工作汇报，研究部署下步工作；听取上半年平安柯城建设形势分析汇报，研究部署下步工作等事项。

8月17日，九届区委常委会召开第二十三次会议，研究全区部门（单位）、乡镇（街道）上半年工作情况；研究区委九届二次全体（扩大）会议有关事项。

8月26日，九届区委常委会召开第二十五次会议，传达学习7月28日中央政治局会议精神，习近平总书记在辽宁考察时的重要讲话精神，习近平总书记在《求是》杂志发表的重要文章《全党必须完整、准确、全面贯彻新发展理念》精神，全国文物工作会议精神，省工商联第十二次代表大会精神，全省建设新时代美丽浙江推进大会暨生物多样性保护大会精神和全市有关会议精神，全省各级人大常委会主任学习会和市委人大工作会议精神，全省、全市政协主席暑期读书会精神，全省服务业高质量发展大会精神，并研究柯城区贯彻意见。研究“七张问题清单”8月份拟新增事项；听取上半年全面从严治党情况和政治生态建设情况的汇报，研究部署下步工作；研究省纪委反馈山区26县调研监督涉柯问题的整改落实情况；研究经济指标有关工作等事项。

9月8日，九届区委常委会召开第二十六次会议，传达学习习近平总书记在《求是》杂志发表重要文章《新发展阶段贯彻新发展理念必然要求构建新发展格局》精神，《关于加强和改进新时代全民国防教育工作的意见》文件精神，全国“人民满意的公务员”和“人民满意的公务员集体”表彰大会精神，全国宣传部长电视电话会议精神，《关于当前我省意识形态领域形势的通报》精神，浙江省红十字会第八次会员代表大会精神，第七届浙江慈善大会精神，并研究我区贯彻意见。研究区属国有企业2021年度绩效考核结果等事项。

9月23日，九届区委常委会召开第二十七次会议，传达学习习近平总书记在《求是》杂志发表的重要文章《坚持和发展中国特色社会主义要一以贯之》精神，习近平总书记关于数字政府建设和数字化改革的重要论述精神，《国务院关于加强数字政府建设的指导意见》和《浙江省人民政府关于深化数字政府建设的实施意见》文件精神，全省统一战线暑期读书会精神，清廉浙江建设推进会精神，全省扫黄打非电视电话会议精神和全市扫黄打非工作会议精神，全省财政稳收入严管理工作部署会精神，省委书记袁家军在除险保安工作座谈会上的讲话精神等，并研究柯城区贯彻意见。研究“七张问题清单”相关工作、有关人事工作等事项。

10月25日，九届区委常委会召开第二十九次会议，传达学习中共二十大精神和全省、全市领导干部会议精神，并研究柯城区贯彻意见。研究寺桥水库项目报批工作记功、嘉奖人员名单；研究2021年度柯城区机关事业单位年度考核优秀记功、嘉奖人员名单；研究全国、全省人大代表初步推荐人选名单；审议《航埠镇综合整治六大行动实施方案（送审稿）》和六大行动配套方案等事项。

11月7日，九届区委常委会召开第三十次会议，传达学习习近平总书记在《求是》杂志发表的重要文章《坚持人民至上》精神，习近平总书记在中共中央政治局第一次集体学习时的重要讲话精神，习近平总书记在陕西延安和河南安阳考察时的重要讲话精神，《推进领导干部能上能下规定》文件精神，《中国共产党处分违纪党员批准权限和程序规定》文件精神，《党的十九大以来中央巡视工作总结报告》文件精神，中央和省委、市委关于学习贯彻中共二十大有关文件精神，全国安全生产电视电话会议精神和《宁波北仑“10·13”疫情处置复盘总结报告》文件精神，并研究柯城区贯彻意见。研究“七张问题清单”相关工作；审议《2022年度柯城区意识形态领域形势的通报（送审稿）》；审议《中共衢州市柯城区委关于认真学习宣传贯彻党的二十大精神的通知（送审稿）》等事项。

11月28日，九届区委常委会召开第三十一次会议，传达学习习近平总书记在《求是》杂志发表的重要文章《在二十届中央政治局常委同中外记者见面时的讲话》精神，习近平总书记向2022年世界互联网大会乌镇峰会致贺信精神，习近平总书记关于河南安阳市凯信达商贸有限公司火灾事故重要指示精神，全省深化“千万工程”建设新时代美丽乡村现场会精神，《中华人民共和国反垄断法》，《关于贯彻党的二十大部署要求锲而不舍落实中央八项规定精神深化纠治“四风”工作的意见》文件精神，并研究柯城区贯彻意见。传达学习市委常委会关于疫情防控工作会议精神，通报柯城区“11·19”疫情防控情况，研究部署下步工作。审议《全区农村基层“三乱”问题专项整治“1+4”工作方案（送审稿）》；研究《今日聚焦》曝光问题整改落实情况等事项。

12月6日，九届区委常委会召开第三十二次会议，传达学习《中国共产党重大事项请示报告条例》和省委、市委《重大事项请示报告清单》《中国共产党章程》，上级关于做好江泽民同志治丧工作有关文件精神和市委常委会会议精神，并研究我区贯彻意见。通报衢州市党政代表团赴湖州市、舟山市学习考察情况；研究柯城区残疾人联合会第八次代表大会换届有关工作等事项。

12月8日，九届区委常委会召开第三十三次会议，传达学习市委书记高屹在柯城调研时的讲话精神，并研究柯城区贯彻意见。研究相关改革实施方案和部分科级机构调整工作；听取作风建设工作汇报，研究部署下步工作；研究部署市对区全面从严治党主体责任考核工作；审议《浙江柯城抽水蓄能电站工程投资合作框架协议》等事项。

12月20日，九届区委常委会召开第三十五次会议，传达学习习近平总书记在《求是》杂志发表的重要文章《继承和发扬党的优良革命传统和作风 弘扬延安精神》、12月6日中共中央政治局会议和中央经济工作会议精神、省委十五届二次全体会议暨省委经济工作会议精神、省新冠疫情防控领导小组会议精神、全省深化党建联建机制暨党建引领“共富工坊”建设全面助力共同富裕现场推进会精神、《中共浙江省委关于深入学习贯彻党的二十大精神加强新时代统一战线工作的实施意见》和市委统战工作会议精神、《关于受处分处理村

5月18日，区委常委会会议召开

（社）干部薪酬待遇调整的指导意见（试行）》文件精神，并研究柯城区贯彻意见。研究“七张问题清单”相关工作；审议《关于推进国家机关进人大代表联络站进一步践行全过程人民民主的实施意见（送审稿）》；审议《关于衢州市柯城区2022年政府预算调整方案（送审稿）》；听取全区档案史志工作汇报，研究部署下步工作；研究市对区意识形态工作检查考核；研究首届“最美柯城人”年度人物名单；研究柯城区第七次妇女代表大会换届有关工作等事项。

区委办公室工作

【概　况】　区委办公室是区委综合办事机构。2022年，以习近平新时代中国特色社会主义思想为指引，带头贯彻落实中共二十大和省第十五次党代会、市第八次党代会、区第九次党代会精神，聚焦区委工作中心、服务全区大局，充分发挥参谋助手、统筹协调、督查落实、服务保障等各项职能，取得较为显著的成绩。

【参谋服务】　坚持在吃透“上情”、掌握“下情”的基础上，自觉站在区委和全局的高度，认识问题和思考工作。坚持想区委之所思、谋区委之所虑、供区委之所需，发挥“前哨”“耳目”作用，围绕灵鹫山旅游度假区建设、航埠高质量发展、未来社区运营、“37”驿站建设等中心工作深入开展调研，参谋助手能力持续提升。

【文稿撰写及公文处理】　文稿撰写及公文处理中把好政治关、政策关、法律关、文字关和格式关，先后起草区委全会、区委工作会议，部门“两专赛马、亮剑比拼”，村（社）书记工作交流会，稳进提质攻坚行动工作推进会，“双招双引”工作推进会，“除险保平安、护航二十大”誓师大会，航埠镇综合整治动员大会等重要会议，活动文稿170余篇。

【会务接待工作】　做好各项会务保障工作。2022年，秘书科累计筹备保障各类会议活动240余场次，接待保障国家级领导2次、省部级领导14次、各地党政代表团9次。按照“会前有方案、会中积极服务、会后总结复

10月16日，区委办干部集中收看党的二十大开幕会

盘，全力提高优质服务”的思路，完善重大活动复盘机制，重大活动重视细节、关注细节。扁平高效统筹各项区级活动，利用“4+5”周例会制度，书记、区长碰头会等工作沟通机制协调各方。通过组建常委秘书群、区领导联络群等，发布区委的工作任务、工作要求等。加强统筹协调，提升区委公务接待服务水平，完成各项接待任务。

【改革工作】 以整体智治、协同高效的改革理念，推进数字化改革、基层智治系统建设，统筹推动“县乡一体，条抓块统”改革、“最多跑一次”改革、国资国企改革等一系列牵一发而动全身重大改革，“邻礼通·三民工程”应用获评全省最佳应用和中国改革2022年度地方全面深化改革典型案例；“邻礼通·三民工程”现代社区治理模式入选2022年度浙江省改革突破奖银奖；基层智治系统建设在省市双月排名中皆位居前列，其中6月位居全省第九，8月位居全省第一；在全市年度全面深化改革考评中位列优秀档次。

【信息工作】 围绕区委各项重点工作，全年编发《柯城信息》17期、《今日择报》221期，上报市级以上信息280余篇，被省、市委办录用38篇，其中有3篇获市领导批示，1篇获市主要领导批示。优化紧急突发事件应急联动机制，全年上报各类突发事件133件，获得省四季度突发快响工作五星级评价。

【督查考核工作】 科学制定考核办法，全过程负责考核办法制定工作，全过程参与文明城市创建、全域土地综合整治、脱贫攻坚、沿路沿线环境整治等重点工作的督查。针对区委主要领导在调研、会议过程中的相关

7月6日，区委办召开警示教育干部会议暨“六比六晒”专题部署会

指示精神和交办事项，明确牵头部门、时间节点和责任人，梳理形成督查交办单，及时交办到位。全年交办事项585项，完成501项，办结率为85.6%。完成上级交办有深度，全年无差漏跟踪办理市委交办事项10余件。完成典型事项通报有高度，表彰通报各条线各领域涌现出来的优秀典型，全年通报表扬单位232次，表扬个人24人次，通报批评单位51次。完善细化考核内容，按月度、季度对各条线工作进行通报排名，形成结果运用闭环。

【机要保密工作】 全年累计制发文件450余件，收文办理1300余件，保障党政高清视频会议120余场，做到零差错。柯城区成为2022年度全市唯一未发生失泄密案件的县（市、区），保密信息采用情况排名全省第六，已连续3年保持全省前十。

【对台工作】 对台工作方面，健全区、乡、村三级对台工作网络架构，累计承接和举办活动6场次，百余位台胞台属参与。

【外事工作】 外事工作方面，处置花园街道花港家园涉外紧急事件、荷兰籍女记者到柯城事件、在乌克兰柯城人有序撤离等相关工作，得到市委外事办的充分肯定。

（邵佳林）

机关党建

【概　况】 2022年，区机关党建始终以党的政治建设为统领，学习习近平新时代中国特色社会主义思想和“7·9”重要讲话精神，按照“红色根脉强基工程”总体要求，对标对表省、市机关党建工作决策部署，紧扣“两个先行”大局，突出“双建争先”牵引，营造比学赶超的浓厚氛围，推动机关党建各项工作落实落细。

【“双建争先”行动】 加强顶层设计，出台“双建争先”行动实施意见，制定出台《关于在区直机关党组织中开展“双建争先·五力比拼”行动方案》，结合省、市工作要点，围绕市直机关“双建争先”五力评价办法，结合柯城实际，细化机关党建政治维护力、党建统领力、干部“两专”力、基层组织力、责任守护力5个评价维度，分解形成43项工作指标，明确“做什么”“怎么做”“怎样才算做好”的要求和标准，以规范、科学、务实、量化的评价体系全面提升机关党建质量，强化“双建争先”工程的牵引作用，搭建好重塑评价体系的“四梁八柱”。

【机关党建主体责任】 制定“三单一表”，压实机关党建主体责任。制定部门党组书记抓党建项目清单、机关党建品牌清单、机关党组织服务基层微治理项目清单和机关部门工作业绩表。通过“三单一表”压实部门“一把手”抓党建责任，让单位“一把手”担任机关党支部书记，充分发挥优势，推动机关部门党组工作和支部工作同抓同管，党建工作与业务工作深度融合。

【夯实党务工作基础】 紧盯规范标准，夯实党务工作基础。建立健全工委班子运行机制。出台工委会议事决策机制，保障工委班子运转的“机制健全、方向清晰、责任明确”。建立机关工委委员联系党支部制度，将全区机关党组织按照党群、政府财贸、科教文卫、经济发展、政法综合等职能划分出5个片组，确定委员所在单位为召集单位，发挥委员督导职能，拓展委员活动渠道，使委员工作真正向基层延伸。完成换届调整。在党组织任期届满，干部人事调动等关键节点，及时落实落细按期换届、单位党员主要负责人担任党支部书记等相关规定。6月，全区56个机关党组织全面完成换届。9月，结合人事调整工作，在12个部门“一把手”调整后，迅速召开工委会议，审议通过相关部门党组织书记的调整事项。对新任或初任机关部门“一把手”，发放《机关党务一本通》，谈话提醒扛起抓党建的主体责任。制定机关事业单位党组织工作清单。强化一切工作到支部的导向，制定机关事业单位党组织工作清单。通过列清单、具象化、定标准、明界限，使党组织更加易于把握，便于查摆问题，开展工作，不断提升支部建设的标准化规范化水平。从规范机关党务工作、推进“双建争先”工程、发挥机关支部作用三个方面梳理出19条工作清单，落实落细“第一议题”“组团联社”“三会一课”、主题党日、领导干部双重组织生活等制度。清查整治工作。省委组织部视频会后，第一时间召开会议，对清查整治工作进行专门部署，细化具体情形，通过列清单、具象化、定标准、明界限，使党组织更加易于把握，便于查摆问题，有56家单位查摆出49条问题，并全部整治到位。抓好基础党务工作。选优配强党务工作者队伍，通过谈话、走访、督查等方式，分组分片对全区机关党务工作者进行全面排查梳理，使非党员从事党务工作问题全面清零。建立党务干部任用备案制度，要求人员更替时报由机关工委考察备案，确保队伍相对稳定。印发《机关党务一本通》，组织59名党务工作者开展全脱产培训，保障“三会一课”、党员发展、党费收缴等具体党务工作规范开展。做好党员发展工作，全年发展党员26人。

【营造“比学赶超”浓厚氛围】 搭建赛马平台，营造“比学赶超”浓厚氛围。先后指导教育、卫生、国企系统举办“领雁强基、亮剑比拼”，开展示范争先行动，推动各系统党建与业务深度融合，以高质量党建引领系统高质量发展。举办区级机关党组织“五讲五比·双建争先”赛马比拼活动，通过单位自主申报、工委综合比选的形式，确定区卫健局、区司法局等10家进行晾晒

7月29日，柯城区部门（单位）“两专赛马、晾晒比拼”擂台赛举行

比拼，通过现场讲解和成果晾晒两种形式，突出党建引领，聚焦区委区政府中心工作、重点任务和单位职能，从自身角度出发谈思路、谈举措，展现机关党建成效，营造比学赶超、争先创优的浓厚氛围。在区级层面比拼的基础上，将表现优异的党组织推荐参加全市“有礼先锋”机关赛马比拼，柯城区衢化市场监管所作为全市赛马比拼的现场观摩点位，区法院就清廉机关建设作书面经验交流，区司法局机关党总支书记上台打擂并荣获全市“强基之星”称号。

【联合职能部门开展机关活动】发挥统筹优势，联合职能部门开展机关活动。联合区委老干部局创新机关退休干部党建，针对柯城机关退休党员数量偏少、人员分散的特点，以“集中组织、分组分片、双重管理、学习互认”为原则，成立全区机关退休干部联合党支部，通过每月组织一次集中学习，每季组织一次志愿服务活动，每年组织一次走看促活动，确保退休干部组织生活常态化、规范化。联合区红十字会联合开展“救在身边・机关先行”专项行动，普及应急知识。与区总工会举办2022年度柯城区职工篮球赛，丰富业余生活，增强身体素质，促进合作交流。

【服务中心工作】 助力文明城市创建。落实“组团联社”机制，调整下发《关于调整部门（单位）组团联社的通知》，与督考办共同开展“周二无会日”区级机关组团联社力量下沉情况专项督查行动。创文国测期间，与创文专班联合下发组团联社、足员下沉网格、开展“绿色出行”等通知，压实部门社区共同责任，保障创文迎检工作顺利开展。助力中共二十大安保维稳。贯彻落实全区除险保安百日攻坚大会，开展全区治安大巡逻，安排好下沉 力量，做好人员调配工作，做好党的二十大安保维稳工作，引导广大党员干部坚决扛起主城担当，严格遵守各项巡逻制度，做到真下沉、真巡逻、真服务。参与中心工作。参与礼贤未来社区交房、高耗低效企业整治、市党代会信访等区委区政府中心工作，与专班一起开展有礼小区创评、“邻礼通”党员线上线下报到等工作，助力现代社区建设。

【提升助力共富“服务力”】开展“一系列”活动，提升助力共富“服务力”。推进“破百难・助共富”活动。合力破解共富难题，持续帮助职能部门与省、市委机关工委、省发展改革委、省自然资源厅等单位沟通对接，帮助解决入选“破百难・助共富”活动清单的2个案例问题。在“物流网络布局上给予柯城更大支持”问题上，协调市区相关部门，开展物流降本增效综合改革课题调研，谋划四省边际物流新项目，破解电商物流分拨中心布局点不合理的问题，推动农商城申报首批省级冷链物流园区，获得省级奖励资金100万元。创新开展“百师进村・助力共富”活动。坚持问题导向，聚焦共同富裕主题主线，收集基层一线“点单”问题200余条，交由相关职能部门针对性开发出一批涵盖党性教育、政治理论、政策解读、实用技能、文化艺术、健康养老、少儿生活等类型的“公共课+定制课”。以乡镇党校、乡镇老年学校、乡村振兴讲堂为载体，全面推进政治理论学习、中心工作理念、职能部门政策、先进治理体系、产业发展方向等向基层延伸和赋能，促进基层党组织建设和基层干部群众素质能力提升。实施“一工坊一帮促”活动。根据产业特点，相关职能部门与全区26个共富工坊实现一对一结对联建。通过设立“共富工坊”党小组、组建党员志愿服务队等，做好宣传、代办、用工、信息对接等工作，不断增强“共富工坊”生命力。如区妇联以来料加工带动农村妇女劳动力创业致富为着力点，通过与“吴大姐”共富工坊结对合作，通过技能培训、电商销售等方式、架起来料加工“连心桥”，帮助衢州本地近6000名下岗失业妇女实现“家门口”就业，实现共富共享。

【打造清廉机关高地】 聚焦作风建设，打造清廉机关高地，弘扬机关新风正气。坚持“管好党员、管好干部、管好首脑机关”，推进唯实惟先机关作风建设，营造心齐气顺、劲足实干、风清气正的机关政治文化。按照区委作风建设“六比六晒”活动要求，对标“庸懒散慢推拖”等问题，深入整治“四风”顽瘴痼疾和“躺平”“推绕拖”“中梗阻”等不良风气。建立机关部门服务力评价指数，根据部门下沉一线、组团联村（社），助力疫情防控、治安大巡逻、文明城市创建等重点工作情况赋分，一季一通报，以作风建设的“稳”保障机关工作的“进”。打造红色研学基地。重点在姜家山乡三山村打造总书记足迹研学基地，在信安街道信安村打造赵汴清廉文化基地，在沟溪乡余东村打造“共同富裕”研学基地，同时链接已有的七里红军墓、府山街道侵华日军细菌战展览馆、中共衢县支部旧址等红色点位，打造红色研学路线，引聚党史学习教育活力。开展警示教育活动。筑牢防腐拒变思想防线，通过召开警示教育部署会、观看警示教育片、清风讲堂进农村、送廉进家门、从严治党演讲比赛、正风肃纪督查等为主要内容的警示教育月活动，教育引导党员干部保持思想纯洁、头脑清醒、政治坚定、永葆清正廉洁的政治本色。

（张　城）

组织工作

【概　况】 2022年，全区共有党组织1248个，其中党委55个，党总支58个，党支部1135个；党员总数24601人，其中女党员7132人，60岁以上党员9600人，大专及以上学历10684人。

【“红色根脉强基·共同富裕引领”乡街治理大比拼】 以“保三争二拼第一”为引领，全面开展“红色根脉强基·共同富裕引领”乡街治理大比拼活动，举办区级层面大比拼9次，18个乡镇街道、54个村（社）接受考赛。同步将大比拼机制扩面延伸，引导各乡镇（街道）、“两新”组织及其他行业领域开展“领雁强基·亮剑比拼”活动50余场次。创设“比拼回头看”“晾晒红黑榜”等机制，正向激励、反向倒逼，推动全区上下在招商引资、低效企业整治、现代社区建设等攻坚一线赛马比拼、争先竞跑。

【基层组织建设】 推进“红色根脉强基工程”，全力做好村社换届“后半篇文章”，开展村（社）党组织书记政治体检和村（社）组织换届“回头看”工作，对照“五正十不”的评价标准，进一步优化村社班子队伍。开展“头雁提能”行动，连续举办3期村社书记党建统领共同富裕集中培训班，推动全区290名村社书记充电提能。聚焦党员队伍建设，压实发展党员责任，提升发展党员质量，全区年内培训发展党员191人。

【村集体经济巩固提升】 开展以村集体经济为核心的乡村集成改革，持续发挥村集体“增收十法”作用。成立“1+12”强村公司矩阵，通过乡村两级党组织主导，整合136个村、1.6亿元村级闲置资金，由区国资公司统一运营、入股分红。同步盘活闲置资源，上线农村产权交易平台，上半年成交额9000多万元，助力全区村均经营性收入位居全市第一，提前实现村集体经营性收入20万元以上行政村全覆盖，经营性收入50万元以上行政村86个，占比40.38%。创新模式，以“村企户”党建联盟为核心，把工坊建在产业上、项目上，以田园式、厂房式、联营式等模式，探索打造“红小播”“它经济”“七里田园”等共富工坊62个，成功创建首批全市示范型共富工坊5个，带动村集体增收1200余万元，4300多名农民实现家门就业增收，共富矩阵效应日渐明显。万田乡“红小播”共富工坊，累计实现产值1.2亿元，实现税收5000余万元。

【新业态新就业群体党建工作】聚焦三类群体（外卖小哥、快递员、环卫工），建立七大标准（标志标识、配置设施、服务团队、服务事项、运行机制、数字平台、党员管理），系统打造“1个区级综合体+7个街道驿站+60个社区微站+N个服务点”的“37”驿站布局体系。推动2400余名快递员、外卖骑手、网约车司机等报到亮身份，50余名新就业群体党员就近就便纳入驿站党支部管理，实现组织覆盖、工作覆盖。以“37”驿站为纽带，962名新就业群体受聘担任兼职网格员，500余人加入社区志愿服务队，通过邻礼通“随手拍”功能，累计上传各类爆料事项3575条，实现寓管理于服务。相关经验做法受到省委组织部副部长、“两新”工委书记赵雄文批示肯定。

9月15日，全区组织工作座谈会召开

【现代社区建设省级试点】高质量推进养老服务“爱心卡”“一老一小”优质服务提升、城镇社区公共服务集成改革、电梯质量安全提升和老旧小区加装电梯惠民行动4个省级试点任务。聚焦“爱心卡”试点，按照“技能+经营”“人才+老板”“就业+创业”理念，与衢职院创新推出“校地合作”模式，吸纳4支学校专业养老团队、50余家社会养老企业入驻街道参与服务。创新“时间银行”模式，引导年轻人、活力老人积极开展养老服务。截至年底累计开卡破万人，发放积分32万余；聚焦“一老一小”优质服务提升试点，实现居家养老服务中心、智能服务终端乡镇街道全覆盖，斗潭、白云、荷东苑、城站4个社区入选全省共同富裕现代化基本单元“一老一小”服务场景名单。此外，城镇社区公共服务集成改革、电梯质量安全提升和老旧小区加装电梯惠民行动试点成效明显，“三无电梯”全面清零，“民生药事服务站”项目入选“浙江有礼”为民办实事项目，未来社区老年教育工作在全省交流发言。

【“邻礼通·三民工程”应用】以新时代“三民工程”为抓手，迭代打造民情档案、民情沟通、为民服务、组织体系4个子场景。通过建强三级组织体系，做实线下、做畅线上，推动信息全量归集、服务系统集成、网格整体智治，“老来伴”“云就业”“e充停”等应用场景深受居民好评，得到省、市有关领导批示肯定，成功获评2022年全省数字化改革“最佳应用”、入选

9月1日，市委常委、市委组织部部长陈玲芳（右二）一行到柯城区调研党建统领“浙里康养”工作

“中国改革2022年度地方全面深化改革典型案例”，获得2022年度浙江改革突破银奖。

【“全员贯通、一线包干”建强暖心服务队】 实施“全员贯通·一线包干”行动，实行由区级领导包干乡镇（街道），市区部门包干具体点位，村（社）力量包干网格（小区），党员干部包干到户的“四级包干”制度，组织引导1.3万余名市、区两级党员干部、志愿者等防疫力量一沉到底。依托覆盖到底的四级组织体系和三级微信群，发挥党组织战斗堡垒作用和党员先锋模范作用，构建形成一贯到底、执行有力、平战转化的联动作战体。

（刘慧超）

宣传工作

【概 况】 2022年，全区宣传思想文化战线坚持以习近平新时代中国特色社会主义思想为指导，深入贯彻落实中共二十大精神，全面贯彻落实省、市、区党代会精神，贯彻落实省委、市委、区委文化工作会议精神，紧扣学习宣传贯彻中共二十大主线，围绕中心、服务大局，自觉担负起举旗帜、聚民心、育新人、兴文化、展形象的使命任务，奋勇争先、实干担当，全面提升现代化宣传能力，着力打造新时代文化高地先行示范区、建设文化文明双高地，为高质量发展建设四省边际共同富裕示范区、打造高品质现代化中心城区、争当山区26县跨越式高质量发展排头兵提供坚强思想保证和强大精神动力。

【理论学习常态长效】 围绕学习贯彻习近平新时代中国特色社会主义思想主线，制定下发《2022年全区党委（党组）理论学习中心组学习安排》，紧扣区委“比学习、晒能力”要求，建立健全“第一议题”学习制度，定期下发11期“第一议题”学习内容提示单和中心组学习专题提醒，开展全区各单位学习力指数评价，推动全区各单位开展理论学习常态化、规范化。组织区委理论学习中心组围绕“牢记殷殷嘱托、胸怀‘国之大者’”,省第十五次党代会精神和《习近平谈治国理政》第四卷等12个专题的理论学习，同步推动全区各单位中心组学习全覆盖，在省“理论在线”应用平台学习指数排名位居前列。制定《关于推动党史学习教育常态化长效化的实施方案》，提升党史学习效能，助力“红色根脉”创建。聚焦中共二十大精神，全面启动推进系列理论学习工作。《百年大党面对面》《习近平在浙江》《干在实处勇立潮头——习近平浙江足迹》及《习近平谈治国理政》第四卷等理论书籍征订学习工作，累计征订10万余册，有效满足基层党员干部群众的学习需求。

【“8090”宣讲提档升级】 持续推进“8090新时代理论”宣讲工作迭代升级。开展“共同富裕·青年说”“六学六进六争先”“共学同讲二十大·青春扬帆新征程”等宣讲赛事活动。建好用好“1+18+N”、“8090”宣讲直播联盟，形成“六个一”宣讲直播模式，开展“共同富裕青年说”“党代表身边讲”“疫情防控联动讲”“二十大精神共学同讲”等线上宣讲大联动活动。《柯城区创新打造8090宣讲直播联盟全域推动线上宣讲开展》信息被《浙江宣传》刊物录用。打响“徐徐道来”特色品牌，推出文明有礼、防疫科普、两会特别报道等短视频近30期，防疫科普短视频登上衢州各大影院银幕，“徐徐道来”宣讲直播工作室被评为省级、市级宣讲名师工作室。创设8090“理品铺子”宣讲新品牌，通过互动答题、微宣讲、红色歌曲接力等形式推出8090“理品铺子”宣讲集市和巡回宣讲系列活动10场次，覆盖线上线下观众5万多人次。柯城区宣讲员周宇荣获全省“六讲六做”大宣讲活动暨微型党课大赛特等奖；徐宇强荣获省第十三届微型党课大赛——美术微型党课大赛一等奖；叶丹荣获2022年度“8090说电视大赛”一季度银话筒；叶惠琴荣获市政协“8090”比赛一等奖。柯城区“8090新时代理论”宣讲团荣获2022年浙江省基层理论宣讲成绩突出集体称号。

【主题报道氛围浓厚】 柯城传媒集团围绕党委政府中心工作，聚焦主题主线，推动主力军挺进主战场，建强融媒体中心，做大主流舆论，推出一批重点主题报道和融媒体产品，为全区重点工作推进营造浓厚氛围。围绕党的二十大，省第十五次党代会，市第八次党代会，市两会，区第九次党代会等重要会议和疫情防控，“六治六提”“六比六晒”，重点专项，省级全域旅游示范区创建、弘扬新时代衢州人文精神等重点工作，开设专题专栏，推出系列报道。围绕中共二十大主题，先后开设“喜迎二十大·十年‘柯’变”“喜迎二十大·共富先行”“奋进新征程 建功新时代”“聚焦二十大”“二十大时光”“二十大·共鸣”“二十大·奋进”“学习贯彻党的二十大精神”“六学六进六争先·柯城在行动”“新时代新征程 新伟业”等专栏，持续推出系列宣传报道，第一时间转发中央、省、市媒体权威发布稿件。同时开展融合采访活动，通过“文+图+短视频”生动反映柯城区高质量发展建设四省边际共

9月6日，省委宣传部副部长、省电影局局长葛学斌（右二）带队到柯城调研

11月16日，《浙江新闻联播》报道柯城区8090“理品铺子”，宣讲集市创新和党的二十大精神

同富裕先行示范区的生动实践，采写柯城各地党员干部群众收听收看中共二十大开幕会盛况、热议中共二十大、学习宣传贯彻中共二十大精神等新闻。围绕省第十五次党代会，开设“聚焦浙江省第十五次党代会”“学习贯彻省党代会精神”“践行‘八八战略’、投身‘两个先行’”等专题专栏，刊发系列报道。围绕市第八次党代会，开设“深入学习贯彻市党代会精神”专题专栏，推出“牢记嘱托 争当首位”“共同富裕青年说”等系列报道。围绕贯彻落实区第九次党代会精神，推出“首位度”进行时、“赛活力 争首位”专栏，大力宣传“释放新活力 提升首位度”的好做法、好经验、好典型。围绕区两会，策划推出“徐徐道来观两会”系列短视频；围绕全区干部大会，推出冲刺“开门红”系列报道；围绕疫情防控持续开展深入宣传，特别是“3·13”“11·19”疫情发生后，第一时间发布权威消息和重要提醒，组织新闻采编人员深入抗疫一线记录抗疫故事，弘扬抗疫正能量，各平台累计刊发文稿、海报、拍摄制作短视频1200多条，全网阅读量2000余万人次，营造众志成城抗击疫情的浓厚舆论氛围。围绕作风建设行动，推出“转作风 讲担当 抓落实·六治六提 六比六晒”专题专栏，在全区上下形成比拼赶超的浓厚氛围。围绕重点专项工作，推出“文明·柯城”“推进高耗低效企业整治”“未来礼贤·礼遇生活”等专栏，及时挖掘全国文明城市建设、高耗低效企业整治、礼贤未来社区安置房交房、全域土地综合整治、宫宝地块征收等专项工作推进过程中的典型人物、典型做法，并通过海报、漫画、短视频等多种方式开展多角度、全方位宣传；围绕创建省级全域旅游示范区，先后对灵鹫山旅游度假区建设、柯城旅游点等开展宣传报道。

【“艺术乡建”主题活动】 7月，承办浙江省文联系统组联干部培训暨艺术乡建工作现场会并作典型经验发言；结合宋韵文化、非物质文化遗产保护、艺术乡建等工作举办“艺起趣乡村”柯城区首届乡村艺术季，累计举办系列活动10余场，带动乡村旅游10万余人次。开展“文艺进万家”志愿服务活动，组织区文联各协会进驻乡村开创“乡村艺术公社”，常态化驻村开展文艺志愿服务，打通乡村本土文化文艺团队的活动领域，跨村社开展各类展演、培训交流活动百余场。组织乡村非物质文化遗产代表性传承人、工艺美术师、民间艺人、村播达人等乡土人才，开设剪纸、竹编、陶艺、戏曲等“乡野艺术课堂”及“乡村亲子研学”。承办衢州市“月光下的诗歌汇”诗词朗诵会。9月11日晚，承办浙江有礼·衢州先行——衢州市我们的节日“月光下的诗歌汇”诗词朗诵会，朗诵作品全部为柯城区当地诗人、诗歌爱好者原创，并由本人朗诵，由民族器乐演奏家现场伴奏，活动现场氛围浓厚，赢得现场领导嘉宾、群众的一致好评。举行“南孔圣地·崇贤有礼”开蒙礼活动。9月16日，在孔氏南宗家庙大成殿外举办“南孔圣地·崇贤有礼”开蒙礼活动，并在柯城区34所小学设分会场，全区各小学一年级新生代表参加仪式。9月28日由孔子第76代嫡长孙孔令立亲自释义的“南孔圣地·崇贤有礼”宣教片在至圣先师孔子2573周年诞辰纪念日，举行首发仪式。

【文化阵地建设】 全区建设完成农村文化礼堂193家，其中，四星级34家，五星级12家，省级农村文化礼堂示范乡镇5家。做好文化礼堂提档升级，在原有基础条件上，提升19家农村文化礼堂，其中沙湾村农村文化礼堂，联合区纪委监委以赵抃主题进行再次深化，挖掘赵抃人物故事，并结合沙湾村历史特点进行礼堂二次提升，提升后将形成集赵抃廉洁特色展陈、文化活动、农家书屋于一体的综合性文化阵地。全省农村文化礼堂赋能共同富裕引领计划项目余东村农村文化礼堂获得入围奖。抓好“礼堂家”全省数字化平台应用。自全省“礼堂家”数字化平台应用绩效排名启动以来，柯城区连续2个月名列第一，193家农村文化礼堂通过线上线下的互动、进一步规范农村文化礼堂的运维管理，提升礼堂的使用率和活跃度。

【文旅产业融合】 余东农民画品牌建设如火如荼。通过发展农民画产业，建成余东未来乡村联盟，持续擦亮余东农民画金名片，全年农民画产业产值达3000万元，获省委领导批示肯定。省级立春文化传承生态保护区创建卓有成效，灵鹫山旅游度假区申报设立工作取得实质性进展，先后通过灵鹫山旅游度假区资源评估及基础评价、可行性研究报告联席审查。推进“1+1+9+N”重大项目建设，寺桥水库、奥陶纪等重大项目取得突破进展。全年新增星级民宿41家，全区星级民宿达119家，省级银宿5家，全区等级民宿达到19家，位居全市第一。七里乡成功创建“一乡千宿”集聚区，创建民宿集聚村3个。

（徐宇强 朱宇怡 金萍）

统战工作

【概　况】 2022年，区委统战部学习贯彻习近平新时代中国特色社会主义思想，贯彻落实省市区委全会和上级统战部长会议精神，紧扣中心、服务大局，凝心聚力、狠抓落实，助推全区经济社会高质量发展，推动全区统战工作的拓展提升。

【深化作风建设】 在全区统战系统部署开展警示教育月活动，全体机关干部的思想认识进一步提升，重实干争一流的氛围进一步浓厚。抓好市、区会议精神学习贯彻。5月7日，召开统战部、工商联全体机关干部会议，每位干部结合岗位职责和思想认识，深刻反思自身存在的问题和不足，明确今后的努力方向。5月12日，召开全体干部职工会议，学习传达贯彻市委“转作风、讲担当、抓落实”动员大会精神，统一思想、提高站位、深化共识、明确要求。制定《区委统战部领导班子2022年度落实党风廉政建设主体责任计划清单》，制定全年工作任务清单，明确46项重点任务，建立每周例会、月度盘点、双月晾晒、半年总结、年底量化评比的工作机制，以清单式管理和项目化推进各项工作。制定《全区统一战线“转作风、比实绩、促共富”活动方案》，在区委统战工作领导小组各成员单位、各乡镇（街道）、各民主党派、统战系统各单位中，分类开展比工作激情、比实干担当、比贡献作为、比争先创优“四比”活动，引导统一战线各界在岗位锻炼和工作落实中锻造忠诚干净担当的“统战铁军”。全年统战系统受区“十条军规”通报表扬2次。

【“亲清直通车·政企恳谈会”机制】 聚焦促进民营经济稳进提质，主动对接、精心谋划、认真筹备，召开“亲清直通车·政企恳谈会”5期，帮助企业解决问题近40个，出台稳经济政策39项，举办银企洽谈会，联合市建行推出“商惠通”金融服务，有效助企纾困解难，使企业进一步提振发展信心。

【促进共同富裕】 重视引领党外代表人士围绕中心、服务大局，开展党外知识分子“同心建言‘揭榜挂帅’”行动，将区知联会分成教育、卫生、司法、经济、科技5个调研组，支持各组围绕教育均衡发展、公共卫生服务、社会管理创新、城区经济发展、科技创新转化等5个方面，深入开展调查研究，为高质量发展建言献策。调动新乡贤、新阶层力量，支持旱田农业、明辉果蔬配送、佳农果蔬等农业企业做大做强，支持村播联谊会开展农产品直播带货，培育鲟鱼养殖、农民画、“稻渔共生”、“宠物经济”等特色产业，带动村民就业，促进村民增收致富，获各级领导肯定点赞和各级主流媒体关注。

【推进灵鹫寺修扩建项目建设】 按照“东有普陀山、西有灵鹫山”的理念，推动灵鹫寺修扩建项目建设。完成上山道路路基降坡和边沟、挡墙修砌工作，初步具备物料运输条件，完成灵鹫寺（一期）古建筑木料加工约2000立方米，天王殿、大雄宝殿、钟楼、鼓楼、伽蓝殿、祖师殿等六大殿施工进展顺利。灵鹫寺（二期）修扩建项目已完成工程立项，其他审批手续正在抓紧办理中。

8月4日，区委召开统一战线工作领导小组会议

【政协换届】 完善区政协委员协商提名、组织考察等工作机制；树立市区一体理念，将部分市级机关事业单位、巨化集团公司、智造新城、智慧新城、大专院校纳入委员人选推荐提名视野；重视做好沟通对接、民主协商听取各方面意见。按要求配备党外政协委员和政协常委，达到相关比例要求。配合做好区政协五届一次会议服务保障工作。

【提升多党合作效能】 坚持深化政治交接、把政治标准放在首位、优化领导班子结构等原则，克服时间紧、任务重、力量弱的困难，完成民盟、民建、民进、农工党、九三学社等5个民主党派和区知联会换届工作，各统战团体的队伍结构进一步优化，形成合理的年龄梯次和专业知识结构。举行“党派之家”揭牌仪式，落实党派轮值制度和“一月一活动”机制，各民主党派参政履职的阵地进一步完善。

【统战系统数字化改革】 谋划建设“侨邻里”场景应用，获省委统战部领导批示肯定，并列入为侨服务“全球通”特色项目；

12月18日，衢州市柯城区党外知识分子联谊会二届一次会员大会召开

党外代表人士全链条管理应用建设工作，在全省数字统战建设推进会上被省委统战部表扬；宗教场所建筑安全监测预警应用承担省级试点，入围省委统战部《数字统战多跨场景应用目录S1》。

【推进民族乡村振兴】 着眼推动民族地区乡村振兴发展，完成七里乡上门民族村游步道建设、外立面改造等工作；推进七里乡上门村半岭黄秋坞道路提升改造工程和航埠镇北二村风貌改造工程；依托省职教社资源，邀请中华行活动设计师团队赴北二村考察，为民族地区发展献计献策。航埠镇北二村被省民宗委评为2022年度省级民族乡村共同富裕点，七里乡上门村被省民宗委评为第五批省级民族团结进步创建重点培育单位，上门村畲寨“十小碟”入库省民宗委2022年省级“好畲味”名单。

【青少年民族团结进步教育】 着眼铸牢中华民族共同体意识，围绕培育浙里石榴红品牌，依托“两子文化”特色优势，探索青少年民族团结进步宣传教育新路径，推动民族团结融合的根脉牢牢扎在中华优秀传统文化之中，指导大成小学开展国家级民族团结进步创建示范单位创建工作。省民宗委主任鲍秀英到柯城区调研民族工作，对青少年民族团结进步宣传教育工作予以充分肯定。大成小学被国家民委评为第十批全国民族团结进步示范区示范单位，是全市统战系统唯一的国家级荣誉。

【统战安全工作】 坚持“线上+线下”齐发力，组织区乡两级统战干部和三人驻堂小组成员开展近700人次线下巡查，排查并整改安全隐患63处；依托宗教场所建筑安全监测预警应用，发挥物联感知监测设备作用，常态化做好线上巡查，确保宗教场所安全。指导重点村做好党建统领、思想引领、规范管理、文化浸润、产业带富、便民惠民“六篇文章”，中央巡视反馈问题的整改工作取得实效，获省民宗委领

8月8日，党派之家揭牌仪式举行

导肯定。在市委民族工作会议暨全市宗教工作会议上，柯城区委做典型交流发言。

【推动民营经济“两个健康”】重视加强民营企业组织建设和队伍建设，推动民营企业健康发展，民营经济人士健康成长，完成区工商联、新生代企业家联谊会换届工作，成立南京商会和杭州商会。贯彻落实“浙商青蓝接力工程”要求，依托寓外商会平台，创新开展“商会赋能 助梦青春”行动，面向柯城籍在外大学生常态化开展红色强基、素质提升、榜样引领、实践实训、创新创业、聚智聚力、联谊交友等行动，厚植在外大学生的家乡情怀，助力他们进一步开阔视野、提升能力、创业发展，为人才回归反哺家乡打下基础，为民营经济发展蓄势储能。探索建立工商联会员企业“1+1+4+N”小组活动单元模式，推动民营企业抱团发展、共同提升，激发民营经济活力。年内，2次获评省工商联服务“两个健康”最佳实践案例。

【新乡贤工作】 将重点新乡贤、寓外商会会长及家属等统战成员纳入区领导春节走访对象，开展联谊服务活动。区四套班子领导带头，各乡镇（街道）迅速跟进，2022年春节期间，全区累计走访新乡贤及其家属277人。常态化抓好新乡贤联络服务，全年向新乡贤寄送《今日柯城》近5万份。支持乡镇（街道）依托乡贤联谊会开展联络联谊和暖心服务活动，广大新乡贤凝聚力、向心力进一步加强。

【基层侨务工作】 以关爱侨界老人为重点，聚焦侨眷侨属不同需求，探索为侨服务“三方互动、三色服务”机制，为侨界老人提供个性、精准、暖心的服务。依托世界非遗九华立春祭，开展侨胞联谊交流，九华乡妙源村入选第三批“浙江省华侨国际文化交流基地”名单。

【完善大统战工作格局】 区委高度重视统战工作，区委常委会传达学习省委统战工作实施细则、全国和全省统战部长会议精神、政治协商条例，专题研究区政协换届、区工商联换届和各民主党派换届工作。区四套班子相关领导应邀参加统一战线各项活动。7月和8月，先后召开全区统战工作会议和区委统战工作领导小组会议，进一步统一思想，凝聚共识，明确方向，统战工作氛围进一步浓厚。建立统战委员工作例会机制，定期召开工作交流会议，研究部署推进基层统一战线各领域工作。

（邵文超）

机构编制

【概 况】 2022年，区委机构编制委员会办公室服务区委、区政府中心大局，推进基层管理体制改革、“大综合一体化”行政执法改革等各项改革任务，扎实做好机构编制服务保障工作。

【基层管理体制改革】 围绕“一下沉三清单五统筹”做好乡镇（街道）机构设置优化、推进编制资源下沉等工作。构建乡镇（街道）人员岗位管理新模式，梳理乡镇（街道）统一岗位目录，通过人员岗位的精细化管理，激发人力资源“乘数效应”。

【行政执法体制改革】 推进“大综合一体化”行政执法改革，构建“1+5”行政执法队伍体系。整合资规、农业农村、文化旅游三支队伍，组建区综合行政执法局、区市场监管行政执法队、区应急管理行政执法队，完成执法层级下移。推动区级执法力量以“派驻+联片”形式下沉，加强基层执法力量。强化岗位管理，聚焦执法主责主业，探索“大综合一体化”派驻执法人员“四维考评”。

【事业单位数字化改革】 对全区事业单位数字化改革情况进行全面摸底，实地走访调研相关事业单位，掌握应用开发情况，研究制定《柯城区事业单位数字化改革工作方案》，筛选出“浙里创业带头人”“未来社区 医保到家”特色应用项目，发挥牵头抓总作用，推进公共服务数字化。

6月1日，省委编办赴柯城开展机构编制监督检查工作座谈会

【机构编制资源配置】 围绕区委、区政府中心工作，做好机构编制保障工作，召开4次编委会议，研究机构编制调整事项，优化医疗卫生、教育等重点民生领域资源配置，推动机构编制资源下沉。

【机构编制监督检查】 根据机构编制核查工作的要求，采取单位自查、数据比对、实地核查、公示监督、整改更新、总结报送等举措高质量完成核查任务，切实做到“机构清、编制清、领导职数清、实有人员清”。有效实施“机构编制实名制数据质量提升年”行动，通过自查自纠、交叉互查、整改提升等，提升实名制系统数据的精准性、有效性。

【事业单位登记管理】 完成全区事业单位年度报告公示工作，实现年报公示率100%。完成事业单位中文域名信息维护和续费工作。开展事业单位法人公示信息“双随机”抽查工作，联合举办单位和行业管理部门，围绕公益职能履行情况、业务活动开展情况等进行实地核查，促进事业单位规范履职。

（赵　琦）

党校工作

【概　况】 2022年，中共柯城区委党校贯彻落实中共二十大精神和省委、市委、区委重大决策部署，围绕全省县级党校分类建设工作，高质量建设全省“发展提升类”县级党校。创建目标，补短板、促提升、创特色，教育培训、理论宣传、科研咨政、队伍建设、乡镇党校等各项工作均取得好成绩。区委党校荣获2021年度柯城区“8090新时代理论”宣讲工作成绩突出集体称号；教师陈桂良获2022年度全省党校（行政学院）系统成绩突出个人称号，殷晓强获2022年度浙江省党校（行政学院）系统优秀决策咨询成果县（市、区）组三等奖，方明红、朱久良获2022年全市党校系统（县级党校）名师称号，方明红荣获区政府重大项目征迁工作个人嘉奖。

【教育培训】 执行《中国共产党党校工作条例》和分类建设中关于教育培训的具体要求，提前介入干部教育培训计划制定，确保主体班次设置、学制安排、课程设置、学员管理等方面更加规范和科学合理。全年累计举办培训班29期，受训2408人次，其中主体班次16期，受训1361人次。实施“全面从严治党教学能力提升工程”，建立“涵养新时代共产党人的良好家风”“赵抃廉政文化及其当代借鉴”等10堂核心课程体系，1堂新课入选市级精品课，在市委党校对外班次授课9次。

【理论宣传】 将学习宣传中共二十大精神作为最重要的政治任务来抓，通过专题学、集中学、研讨学等方式，确保全体教师将中共二十大精神学懂弄通悟透。组织开发中共二十大精神专题课程10个，深入部门、乡镇、村社开展宣讲12次。创新宣讲方式，开设《与党校老师一起学报告》专题栏目，定期向全区党员干部推送，扩大中共二十大精神受众面。围绕中共二十大主题，在全市网络法治微宣讲中获三等奖1次，在全区“8090”二十大主题宣讲比赛中获二等奖1次，在全市党校系统“微党课”比赛中获三等奖1次。

【科研咨政】 注重发挥决策咨询方面的智库作用，注重一线调研，办好《党校调研》咨政专报，全年编发8期。《提升邻礼通用户黏性研究》获全省党校系统优秀决策咨询成果三等奖。注重理论研究，全年获市级以上课题立项15项，其中课题“扎实推进共同富裕的法治保障研究”立项2022年度浙江省党校系统社会科学联合会规划课题，课题“推进运动休闲产业高质量发展路径研究”入选2022年度浙江省党校系统社会科学联合会“山区26县共同富裕一县一策”专项课题。在市级以上刊物发表理论文章9篇，获市委党校征文比赛二等奖3篇、三等奖4篇，1篇论文入选省委党校理论研讨会征文。

【队伍建设】 贯彻区委“六治六提”“六比六晒”行动要求，围绕分类建设各项任务指标，注重从思想上和制度上抓人促事，完善“四维考评”办法，常态化开展“晾晒比拼”，加强党校人才队伍建设。持续提升教师队伍质量，加大高学历人才引进和本校师资进修力度，全年引进1名应届硕士研究生，新增1名省委党校在读研究生，教师队伍研究生比例显著提升。围绕解决师资队伍整体素质不高的短板，全面实施“名师工程”，针对性培养一批优秀教师，推动党校教师到讲台一线特别是乡镇党校、现场教学基地等基层一线打磨历练。注重提升教师队伍理论素养，持续用好“学思半月谈”平台提升教师队伍教科研能力水平，举办20余期分享会，4名教师获“校级名师”称号，2名教师获“市级名师”称号。深化“四维考核”机制，推动考核向优秀科研成果倾斜，向精品党课倾斜，向各类荣誉倾斜，持续推动校风学风转变。狠抓教学团队工作，将行政科调整为教研室，并对学科组进行优化重组，设立党史党建与基层治理、经济生态及社会文化2个学科组。

11月3日，区委党校常务副校长叶建军（正面）作为“名誉园长”到石室乡中心幼儿园开展走访

【乡镇党校建设】 注重资源整合，落实“组团联校”，打造一批特色的乡镇党校，其中沟溪党校和府山党校分别被评为全市乡镇党校精品项目和特色项目。区委党校努力孕育一批现场教学基地。开发一批现场教学课程，组织骨干教师围绕党史、党建、共同富裕、乡村治理等主题，完成6堂现场教学课程开发，其中姜家山乡三山村、赵抃廉政文化纪念馆现场教学课程因注重引导学员“边看边学、学思践悟”，教学反馈良好，多次运用于市委、区委党校现场教学。聚焦余东未来乡村现场教学基地，开展走访调研10余次，对基地“研学、培训、调研、主题党日活动”等功能加以整合提炼，作为省级现场教学基地向省委党校及省社会主义学院推荐申报。累计下沉基层党校授课50余场、受众2万余人次，乡镇党校累计收看“浙里好课”12期、1400多人次收看，参与度和活跃度在全省县级党校中排名前列，受到省委党校肯定表扬。

【服务中心工作】 组织人员下沉8家包干企业开展“助企纾困”行动，帮助企业协调解决问题10个。全员参与除险保安，在柯城区启动二级响应后，校委班子第一时间召开会议，严格落实工作要求，制定除险保安排班表，下沉挂联社区开展夜巡62人次，排除安全隐患30余处。全面服务重点工作，上半年抽调教师参与区共同富裕专班、乡镇换届“回头看”等工作，深入20个部门、15个村社进行调研。

（胡　慧）

档案管理

【概　况】 2022年，柯城区档案工作以习近平新时代中国特色社会主义思想为指导，全面落实中共十九大、中共二十大精神及各级党委、政府决策部署，深入贯彻执行《中华人民共和国档案法》，夯实基础，补齐短板，提升档案、史志服务水平。开展档案执法检查25批次，做好重大活动和突发事件档案监管及接收、区级部门纸质档案数字化集中采购和对全区档案室业务指数评价工作等，年度档案工作考核位居全市第二，全年各项工作稳步推进并取得明显成效。

【服务中心工作】 坚持党管档案原则，围绕档案工作“一盘棋、双加强”的目标，调整局、馆工作协作机制，统筹力量，做好档案行政执法辅助、档案工作联席会议、档案业务工作联合指导服务。召开全区档案重点工作部署会，将档案工作列为2022年度全区社会经济发展目标综合考核倒扣分事项，将年度档案立卷工作纳入区级巡察整改“七张问题清单”。围绕区委、区政府中心工作，抽调精干力量，派驻灵鹫山禅意康养景区建设工作组、区委组织部档案整理工作组、上海招商组招商引资专班，参与航埠功能区低散乱企业整治和护航二十大维稳等重点工作。

【档案监管和接收】 做好重大活动和突发事件档案监管及接收工作，全年收集中国共产党成立100周年、党史学习教育等“红色档案”28卷。收集47家单位的脱贫攻坚、新冠疫情防控档案。其中收集脱贫攻坚档案条目共3910条、挂接3359条、数字化成果数据46G，收集2020年度疫情防控条目8215条、挂接6176条、数字化成果数据77.08G，收集2021年度疫情防控条目2346条、数字化成果数据99.5G。开展高质量建设共同富裕示范区、数字化改革、实施碳达峰碳中和行动三类档案收集工作，收集40家单位、条目1264条、数字化成果3.66GB。其中收集高质量建设共同富裕示范区档案980条3.17GB、数字化改革档案166条0.28GB；实施碳达峰碳中和行动档案118条0.15GB。

【档案数字化转型】 推进新时代档案工作数字化转型，深化区域数字档案管理服务一体化平台建设，在原区域档案服务一体化平台的基础上进行升级，开通智慧监管和查档直通车功能，项目资金102万元，4月完成招投标，11月中旬主体功能完成测试。推进数字档案室创建工作，分3个工作组，实地走访调研全区35个部门（单位），对相关单位进行专题培训。至年末，13家单位通过省级示范数字档案室验收、12家单位通过市级规范数字档案室验收。持续开展档案集中统一数字化项目，安排90万元资金开展2022年度全区档案集中数字化项目。至年末，整理16家单位共22343件档案，并同步完成档案数字化。

【档案资源建设与利用】 区档案馆指导督促各立档单位完成年度档案立卷工作，开展档案登记。组织开展10年以上档案接收进馆工作，通过租借库房、倒排时间计划、召开档案接收工作培训会，将到期档案分类分批接收进馆，全年接收27家单位到期档案，完成质量检测80万页，整改问题3万余条，接收档案7503卷共61748件。至年末，区档案馆馆藏专业档案32005卷，占馆藏的78.9%。开展馆藏档案开放审核及整改工作，通过机器+人工的方式分阶段进行馆藏档案开放审核，完成35家单位的全宗档案开放审核，共123984件。做好馆藏档案数字化整改收尾工作，完成区委组织部、区关工委、区老干部局、区机关党工委、九华乡初中等9个全宗馆藏档案整改1751卷 549126件，整改问题26456条。2022年，更新柯城区民生档案查阅指南，接待查档及咨询群众1100余人次，查阅案卷1200余卷（册），涉及年龄、工龄、户籍、社保、经济纠纷、土地纠纷等内容。

6月9日，在柯城区图书馆举办“浴血衢城——浙赣战役80周年文物史料展”

【档案基础建设】 加强档案业务基础性建设，开展全区档案室业务指数评价工作。根据市档案馆关于开展 2022 年度档案室业务建设评价工作的通知精神和2022年县（市、区）机关单位、乡镇（街道）业务建设评价合格率15%以上要求，年内，对区辖15个部门（单位）、乡镇（街道）开展档案室业务评价实地检查验收，8家单位档案室被评为合格，5家单位被评为良好、1家单位被评为优秀。

【档案宣传与文化建设】 持续做好档案宣传工作，撰写的《数字民情档案助力社区基层治理》被全国档案核心期刊《中国档案》杂志刊登。此外“中国档案网”用稿5篇，《浙江档案》杂志用稿2篇，“浙江档案网”用稿3篇，“浙江在线”用稿2篇，“学习强国”学习平台用稿2篇，“方志浙江”微信公众号用稿2

篇。结合“6·9”国际档案日，组织区属有关单位、村（社）集中收看“6·9”国际档案日系列讲座，组织浙赣战役80周年文物史料展等活动。根据区档案馆新馆建设要求，针对新馆展陈提前谋划，收集历史资料及相关图片实物，编撰展陈内容大纲。

【档案安全建设】 加强实体及数据档案安全建设，馆藏档案资源实行分库管理，按要求建立总库、资源库和利用库，馆藏重要档案备份到市档案馆，档案信息系统达二级以上安全保护标准。结合档案登记工作，督促监管对象加快完成档案备份，至年末，26家单位完成上年度档案立卷并备份到馆。深入推进“互联网+监管”，制定年度档案行政执法专项检查工作方案，印发《关于开展档案安全大检查及2022年度档案工作行政执法检查的通知》，对23家单位的档案安全工作和日常档案管理情况进行检查，出具档案执法检查反馈意见书11份。

【区档案馆新馆建设】 新馆建设稳步推进。该项目和市档案馆二期项目合建，项目建筑用地面积1.33公顷，总建筑面积为32000平方米，其中柯城区档案馆约5000平方米。项目总投资2.52亿元，于5月19日正式开工，地址位于柯城区白云街道须江路，至年末，完成地下室整体底板浇筑施工。项目施工工期628天，计划2024年建成并投入使用。

（陈　晨）

老干部工作

【概　况】 2022年，贯彻落实省市老干部工作要求，按照“区委放心、上级肯定、老干部满意”的总定位，坚持党建引领、实干争先，坚持重点突破、系统推进，坚持资源整合、部门联动，扎实推动老干部各项重点工作落地落实、提质增效。

【学习教育】 以喜迎中共二十大和学习宣传中共二十大精神为主线，举办“翰墨丹青颂柯城，同心喜迎二十大”书画展等系列主题活动，落实一月一学习制度，组织县处级退休干部集中学习15次，举办离退休支部书记培训班，带动全区老干部学习教育全覆盖。同时，组建柯城区银发宣讲团，进机关、进党校、进社区开展各类宣讲50多次，有效助推中共二十大精神在基层落地生根。

【党建工作】 贯彻落实《关于进一步加强和改进离退休干部工作的意见》（中办发〔2016〕3号）和《关于进一步加强和改进离退休干部工作的实施意见》（浙委办发〔2017〕5号）文件精神，推进老干部党建融入城市

2022年暑期，柯城区银龄讲师团“五老”免费为九华当地留守儿童提供义教

基层党建，形成“荣誉退休—社区报到—就近学习—志愿服务—评议反馈”的管理闭环。创新离退休干部党组织设置，成立区退休干部联合党支部，组建10个社区银耀先锋党支部、12个特色银发党支部，由60多名离退休干部党员担任小区（网格）党支部书记，打造20个社区银领驿站，选育郑小瑛、陈先福等一批口碑好、能力强、有情怀的“银雁”，探索国企离退休干部融入社区党建的新路子。

【服务管理】 完善走访慰问制度，年初确定的签约家庭医生、知医孝养、疫苗接种、就医用车保障等为老干部办实事项目全部完成。特别是依托社区各类资源，全面推行线上“邻礼通”、线下“邻礼汇”的“两邻”模式，推出“三色”服务、医保到家、报事报修、爱心卡、云点餐等系列精准服务项目，推动社区“四就近”服务迭代升级，得到省局领导的充分肯定。知医孝养、防疫暖心包服务项目分别入选为省局第二季度、第四季度服务管理特色亮点工作。

【老年教育】 作为老年教育资源整合省级试点单位，以老年教育联盟为依托，整合全区老年教育资源，全面推进老年学校乡镇（街道）全覆盖，打造“幸福邻里”学习圈，让老年教育“一个都不落下”。7月7日，挂牌成立柯城区老年（老干部）大学，18所乡镇（街道）老年学校实现全覆盖，覆盖1万多名老年人。在全省老年教育资源整合试点工作推进会上，柯城区信安街道斗潭社区围绕“老年教育融入未来社区做法”作典型发言，获得省市领导肯定。

【工作机制】 牢固树立精准服务理念，积极探索老干部服务新方式、新方法，从老干部的实际需求出发，夯实服务基础、丰富服务内容、拓宽服务渠道、深化服务内涵、提升服务能力，不断推进精准化服务工作，全力做好老干部的服务保障工作。

（吴　倩）

关心下一代工作

【概　况】 2022年，区关工委贯彻落实中共中央办公厅、国务院印发的《关于加强新时代关心下一代工作委员会工作的意见》（以下简称《意见》），宣传贯彻中共二十大精神掀起热潮，关心下一代工作走深走实。全区各级关工委聚焦青少年思想铸魂，涵养爱党爱国情怀，培育践行社会主义核心价值观，成为联系“五老”和青少年的桥梁纽带。

【学习教育】 全区各级关工委工作人员和“五老”骨干通过区、乡镇（街）、村（居）三级联动学，强化《意见》内涵入脑入心。中共二十大召开以来，围绕中共二十大报告精神，凝聚

7月，“2022妙源暑假来吧”开班

"五老"力量，依托各类青少年教育阵地，组织形式多样、内容丰富贴合青少年成长特点的学习宣讲活动，让青少年在老少同声颂党恩和共促共学中激扬对祖国对党的热爱之情。据不完全统计，全区各级关工委邀请"五老"累计开展100场红色共富宣讲，老干部们通过宣讲砥砺初心，近2万名青少年从中汲取奋进力量。

【活动开展】 结合省市关工委部署，全区各级关工委紧扣"喜迎二十大 五老说共富""红船领航成长，强国复兴有我"等主题，累计开展近600场围绕红色研学宣讲、良好家风家教、优秀中华传统文化传承、暑期社会实践等系列活动，注重培育青少年赓续红色基因，塑造健全人格，"扣好人生第一粒扣子"。

【品牌打造】 将深化"五老"品牌建设作为一项长期工程，贯穿关心下一代日常工作。7月，区关工委联合区退教协会共同创立"2022妙源暑假来吧"，银龄讲师团"五老"免费为九华当地留守儿童提供义教。这一公益行动相继获得省、市关工委和《衢州日报》《衢州晚报》等好评。在国庆期间，区关工委与银龄讲师团举办"山里娃燃梦想舞金龙迎国庆"活动，老少同声唱红歌，共舞飘带龙，让山里的留守儿童同享激情，拥抱希望。以信安街道恬静苑社区和九华乡上彭川村为支点，常态化开展"周末少儿书画社"，为无人看管及乡村留守青少年义务开展书画教学，助力平衡城乡教育。据统计，书画社全年累计开课30余次，近1000人次青少年受益。

【队伍建设】 根据进退有序原则，区关工委于4月对全区"五老"志愿者进行摸排，组建成拥有80名"五老"骨干的"硬核"队伍，为关爱青少年工作注入活力。注重丰富载体、搭建平台，积极动员"银龄讲师团""红色宣讲团""法律援助团"等队伍发挥"五老"精神，聚力"红色根脉强基工程""五老结对关爱农村未成年人工程"，引领青少年健康成长成才。唱响老有所为赋能城市发展建设的动人篇章，为社会治理、文明城市创建、疫情防控、乡村振兴等志愿服务贡献力量。

（吴　倩）

信访工作

【概　况】 2022年，区信访局贯彻落实中央、省委、市委、区委信访工作部署要求，以做好中共二十大、省第十五次党代会期间信访工作为主线，以党建统领为核心，以信访积案"清零"专项行动、重大信访问题清单管理机制为抓手，以信访"一图一指数"为工作载体，开展省无信访积案县（市、区）、信访工作现代化示范县（市、区）创建和《信访工作条例》学习宣传贯彻活动，推动信访工作迭代升级、提质增效。

【信访受理】 2022年，全区信访总量20691件次，其中，来信、走访、网上信访总量3482件次。国家信访局7批7人次，省信访局157批220人次，初次走访事项化解率91.94%；来信376件次，初次来信化解率95.45%；网上投诉2445件，初次网上化解率97.94%，群众来电17209件。走访方面：全区登记504批733人次，同比批次下降40.78%，人次下降59.95%。区领导接待来访群众456批586人次，其中下访、约访73批89人次。来访窗口共接待来访群众2157批2876人次。群众来信及网信：受理纸质来信、网信件2978件，其中受理网上投诉2602件；纸质来信376件，比上年网上信访总量增加1159件，同比上升80.37%。初次来信化解率95.45%，初次网信化解率97.94%；国家局登记的来信同比下降10.16%，国家局登记的网信同比下降11.15%；按期受理率100%，按期办结率100%；区级部门主要领导阅批来信率42.01%，区级部门主要领导阅批网信率22.27%；群众参评率98.96%，群众满意率98.32%。群众来电交转有关单位办理17209件，同比上年14204件上升21.16%，全部快速处置到位。

【积案化解】 至2022年末，全区539件积案，化解507件，化解率94.06%，未化解32件。其中，国重件135件，再次信访5件，再访率3.70%；省重件151件，未化解3件，化解率98.01%；市级积案49件，化解48件，化解率97.96%，未化解1件；新增积案50件，化解48件，未化解2件；市交办区级积案112件，全部化解；区自交办件42件，化解21件，化解率50%。

【源头治理】 着力提高风险识别和管控能力，全量归集信、访、网、电数据。每日对信、访、网、电和来区复查事项进行全量系统归集，分析群众投诉的热点、难点问题，及时捕捉苗头性、倾向性矛盾隐患，把群众反映的倾向性、普遍性、典型性问题提炼出来，为区委、区政府决策提供参考。重要事项一事一研判，成功化解米兰服饰广场、凯泰汽车城等群体访事件。动态摸排信访矛盾风险隐患。制定《关于进一步深化风险隐患排查化解工作机制和落实好县乡村三级接访工作的通知》，加强动态摸排。村级层面落实“周二无会日”制度，由班子成员任团长，带领各成员深入一线开展网格巡查、矛盾纠纷风险隐患排查、矛盾调处等服务基层行动。乡镇层面定期开展会商，对一时无法解决或条线难以解决的问题矛盾，由副书记提交乡镇（街道）信访工作联席会议办公室协调解决。

【清单管理机制】 完善重大信访问题清单管理机制。从重点问题、重点领域常态化梳理群众反映强烈、久拖未决的共性和典型问题，通过问题攻坚，规范“清单+闭环”办理，一个清单抓到底，逐件逐案对账销号，面上举一反三，探索建立本清单统筹推进、全量发现、闭环管理、风险防范、督查考评等机制，从源头上预防同类问题发生。领导接访约访下访，组织保障“区级领导定点接访”“区主要领导31日接访”“区级领导包案督办重点疑难信访案件”，乡镇（街道）主官每旬（1日、11日、21日）接访，村（社）书记周二接访等制度安排，有效减少重复信访和越级上访。全年区领导接待来访群众342批465人次，其中下访、约访43批56人次。

【化解清零专项】 开展信访积案化解清零专项行动，推进护航重要活动平稳。紧盯积案化解任

9月20日，省人大常委会党组书记、副主任梁黎明（右二）到柯城区信访局接访

务，至5月实现省交办106件积案清零，9月完成省交办积案任务。落实积案“双向思维”推动，不断扩大巩固化解成果，推动案结事了，谨防积案反弹。深化领导包案机制。针对重点信访案件，实行区领导包案制度，区委、区政府主要领导亲自领衔，441件积案全部落实区领导认领包干，化解率92.52%，保障群众利益，做好信访工作。

5月6日，《信访工作条例》浙江省集中宣传月活动启动仪式举行

【信访制度改革】 创新方式方法，深入推动信访工作制度改革。5月，联合衢州市信访局，会同司法、公安、法院、白云街道等部门（单位）在衢州吾悦新城广场开展《信访工作条例》集中宣传活动。出台区委《关于加强和改进信访工作的实施意见》，形成以党建统领问题解决的有效路径。以信访工作“一图一指数”为工作载体，落实“五个一工作法”，完善信访工作考核机制，定期通报晾晒，压实各方责任，形成闭环管理。探索建立信访积案联动化解十大工作机制。领导领衔研判包联机制、区领导联办负责制、三交联办化解机制、纪信联动督办机制等提升积案化解工作质效；建立11条正反面措施，发挥正向激励、反向倒逼作用助推工作开展。探索信访问题“村评民议”模式化解矛盾。借助村规民约、村集体公益事项约束等，创新群众依法自我管理、自我服务方式方法。探索数字赋能推动信访制度重塑。承接市信访局初信初访“一件事”的子场景（初信初访“一事一码”）应用开发，推进初信初访“一件事”试点应用，建立基础全量信息收集机制，推动信访业务流程再造、制度重塑。

【信访规范化建设】 夯实基层基础，推动信访工作规范化建设。推进信访工作标准化建设。以省级“无信访积案县（市、区）”“信访工作现代化示范县”创建活动为契机，制定《信访事项办理工作规范》，组织信访业务专题培训、乡镇（街道）副书记工作例会，进一步规范信访事项办理。着力提升信访干部专业能力。紧扣市委“六治六提”、区委“六比六晒”作风建设总体要求，制订年度信访干部教育培训计划，通过开展理论学习中心组学习、岗位练兵比武、业务讲堂、“8090”宣讲等方式，全面提升信访干部“两专”能力。重点乡镇（街道）重点管理。落实局领导班子成员联系重点镇（街道）制度，组织机关党员干部到基层开展帮助接待群众、帮助重复信访治理和积案化解、帮助业务提升的“三助”服务活动，带动全区信访系统团结奋进，助力打造一支政治坚定、业务精通、作风优良、善做群众工作的高素质信访工作队伍。

（吴梦思）

柯城区人民代表大会

综　述

【概　况】　2022年，区人大常委会坚持以习近平新时代中国特色社会主义思想为指导，全面贯彻党的十九大、十九届历次全会和二十大精神，坚持党的领导、人民当家作主、依法治国有机统一，深入践行全过程人民民主，依法履职担当、务实开拓创新，充分展现新班子、新作为、新形象，为推动全区经济社会高质量发展和民主法治建设作出积极贡献。全年共召开区人民代表大会1次、区人大常委会会议8次，听取和审议有关议题，作出决议、决定、审议意见等事项。

【自身建设】　区委高度重视人大工作，高规格召开区委人大工作会议，出台贯彻落实中央人大工作会议精神重点任务分工方案。区人大常委会坚持区委总揽全局、协调各方的领导地位，把区委的领导贯穿于人大工作各方面全过程。严格执行请示报告制度，及时主动向区委请示报告履行全面从严治党主体责任、监督工作计划、街道议事员改选、基层单元建设、国家机关进站等重大事项。落实全面从严治党和意识形态工作主体责任，贯彻落实市委“六治六提”、区委“六比六晒”作风建设行动部署，开展人大常委会机关“九个一”警示教育月活动。修订完善常委会议事规则和制度9个、机关管理制度5个，促进提升工作规范化水平。

【先进荣誉】　2022年，省人大常委会党组书记、副主任梁黎明两次到柯城调研，对全过程人民民主的“余东实践”作出批示肯定，并强调要推动柯城代表联络站建设工作走在全省、全国前列。专题向全国人大常委会办公厅调研组汇报《建设“四好”代表联络站 奋力打造全过程人民民主基层单元》；在全省建设人民代表大会制度优越性的重要窗口专题研讨班以及市委人大工作会议上作经验交流；《新“六尺巷”的故事》获市人大好新闻奖；《代表联络站进驻矛调中心，协同研发农民集聚数字化场景应用》获市人大创新工作奖；成功举办第二届柯城区“代表联络站的好故事”大赛，营造代表人人是主角、站站有故事的良好氛围。

【聚力民生事业】　关注老有

颐养，开展居家养老服务条例执法检查。紧盯学有优教，开展省市区三级人大联动义务教育“双减”专题调研，推动“双减”工作走深走实；听取审议全区2022年教育资源整合工作方案的报告，推动优化提升教育资源配置；跟踪督办学前教育重点建议办理，2022年新增公办幼儿园7所。关注退役军人优待证申领和发放工作，开展打击电信网络诈骗专题调研。

【基层单元建设】 迭代升级代表联络站、打造全过程人民民主基层单元，府山街道代表联络站成功入选全省首批基层单元培育对象。加强顶层设计，制定《关于建设“四好”代表联络站 打造全过程人民民主基层单元的实施方案》，压实各方责任，强化要素保障。健全组织体系，构建“实体+网上+掌上”代表联络站新格局，形成全区互联互通的“1+1+18+N”体系架构。推动核心业务下沉，专门就人大核心业务、“一府一委两院”重点任务下沉代表联络站提出明确要求。荷花街道、航埠镇、沟溪乡、九华乡等一批乡镇（街道）代表联络站实现“下楼出院”、亲民便民。

【数字化改革】 围绕“线下做实、线上做畅”的理念，贯通省、市人大数字化改革成果，数字赋能“四好”代表联络站迭代升级，增量开发“快来议事”应用场景，公开代表码、联络站码，形成“一舱二码六应用”。全年注册乡镇（街道）代表联络站18个，区、乡镇代表741名，实现全覆盖。上传工作制度108条，提交立法监督意见建议1700余条、主题活动意见建议5200余条、民情民意11000余条，多项数据位居全市前列，实现代表动起来、场景用起来、数据跑起来、工作实起来。

重要会议

【区十届人大一次会议】 1月24日，区第十届人民代表大会第一次会议召开，出席代表222名，列席人员271名（会场参会65名）。会议听取和审议代区长胡益峰所作的政府工作报告、区人大常委会主任徐登富所作的区人民代表大会常务委员会工作报告、区人民法院院长胡卫民所作的区人民法院工作报告和区人民检察院检察长周红梁所作的区人民检察院工作报告。审查衢州市柯城区2021年国民经济和社会发展计划执行情况及2022年国民经济和社会发展计划草案的报告；批准衢州市柯城区2021年国民经济和社会发展计划执行情况的报告及2022年国民经济和社会发展计划；审查衢州市柯城区2021年财政预算执行情况与2022年财政预算草案的报告；批准衢州市柯城区2022年财政预算；审议衢州市柯城区人民政府2021年民生实事项目完成情况的工作报告，并进行满意度测评；审议票决衢州市柯城区人民政府2022年民生实事项目。会议依法选举产生区第十届人大常委会组成人员33名；选举徐登富为区人大常委会主任，毛志宏、何晓文、吴云林、姜有源、周志平、吴国清为副主任；选举胡益峰为区长，王盛丰、曲洪娟、程佳良、余洪富、陈崇、吴浩、洪栋为副区长；选举向明虎为区监察委员会主任；选举胡卫民为区人民法院院长；选举周红梁为区人民检察院检察长；选出柯城区出席衢州市第八届人民代表大会代表57名；通过区第十届人民代表大会监察和司法委员会、财政经济委员会、社会建设委员会组成人员名单。会议收到议案11件，建议意见192件。

【区人大常委会会议】 2022年，柯城区人大常委会共召开8次会议。

柯城区人大常委会会议一览表

表2

会议时间	会议名称	会 议 内 容
1月15日	区九届人大常委会第四十七次会议	1.审议区人大常委会工作报告稿，征求对区人民政府、区人民法院、区人民检察院工作报告稿的意见，对区2021年国民经济和社会发展计划执行情况与2022年国民经济和社会发展计划草案报告、2021年政府预算执行情况及2022年政府预算草案报告的意见 2.听取区政府关于2021年民生实事项目完成情况的工作报告 3.听取区人大常委会关于区政府2021年民生实事项目完成情况的评估报告 4.听取区政府2022年民生实事候选项目有关情况介绍 5.听取区十届人大一次会议区政府2022年民生实事项目投票表决办法草案起草情况 6.审议区十届人大一次会议主席团和秘书长名单（草案） 7.审议通过区十届人大一次会议列席人员安排的原则意见和列席人员名单 8.审议区十届人大一次会议日程（草案） 9.听取区十届人大一次会议筹备情况的汇报；审议人事任免事项
3月3日	区十届人大常委会第一次会议	1.通报区人大常委会领导工作分工情况 2.审议通过区十届人大常委会相关工作制度 3.审议通过区人大常委会2022年监督工作计划 4.听取和审议区政府关于要求将城北片区宫宝宿舍及黄家街道石凉亭地块国有土地上房屋征收等2个项目被列为柯城区2022年国民经济和社会发展计划议案 5.听取和审议区政府关于柯城区2021年重大政府投资项目执行情况和2022年重大政府投资项目计划情况的报告 6.听取和审议区政府关于柯城区2022年政府投资项目预算草案编制情况的报告 7.审议人事任免事项
3月22日	区十届人大常委会第二次会议	审议人事任免事项
5月25日	区十届人大常委会第三次会议	1.听取和审议区政府关于柯城区2021年度行政事业单位国有资产管理情况的报告 2.审议关于柯城区2021年度国有资产管理情况的综合报告 3.听取和审议区政府关于2021年度环境状况和环境保护目标完成情况的报告 4.听取和审议区政府关于2021年度法治政府建设情况的报告 5.听取和审议区人大常委会各街道工作委员会2021年工作报告，通过关于人大街道工委工作报告的决定 6.审议人事任免事项
7月27日	区十届人大常委会第四次会议	1.听取和审议区政府关于柯城区2022年上半年经济社会发展情况和下半年政府工作的报告 2.审议区政府关于柯城区2022年上半年国民经济和社会发展计划执行情况的报告（书面报告）

续表2

会议时间	会议名称	会议内容
7月27日	区十届人大常委会第四次会议	3.听取和审议区政府关于柯城区2021年财政决算和2022年上半年财政预算执行情况的报告，通过关于批准衢州市柯城区2021年财政决算的决议（草案） 4.听取和审议区政府关于柯城区2021年财政预算执行和其他财政收支的审计工作报告 5.听取和审议区政府关于退役军人事务工作情况的报告 6.听取和审议区政府关于提请审议区政府及相关乡镇（街道）驻地迁移的议案，通过关于区政府及相关乡镇（街道）驻地迁移决定（草案） 7.听取和审议区政府关于增加村集体经济收入情况的报告 8.听取和审议区政府关于2022年教育资源整合工作方案的报告 9.审议人事任免事项
9月9日	区十届人大常委会第五次会议	1.审议区政府关于柯城区政府债务管理情况的报告（书面报告） 2.听取和审议区监委关于整治群众身边不正之风和腐败问题工作情况的报告 3.审议人事任免事项
11月29日	区十届人大常委会第六次会议	召开区十届人大常委会第六次会议。会议听取和审议区政府关于提请审议将城北片区城市有机更新国有土地上房屋征收项目列入柯城区2022年国民经济和社会发展计划的议案；听取和审议区政府关于柯城区2022年重大政府投资项目调整方案的报告；听取和审议区政府关于衢州市柯城区2022年地方政府新增债务预算安排及部分债务调整方案（草案）的报告；听取和审议区政府关于衢州市柯城区2022年政府预算调整方案（草案）的报告；听取区政府关于柯城区2021年度审计发现问题整改情况的报告；审议人事任免事项
12月15日	区十届人大常委会第七次会议	1.听取和审议区政府关于区十届人大一次会议代表议案建议办理情况的报告 2.听取区人大常委会建资环工委关于检查《浙江省综合行政执法条例》实施情况的报告 3.听取和审议区人大监察和司法委员会关于2022年规范性文件备案审查工作情况的报告 4.听取和审议“两官”（法官和检查官）履职情况的报告和区人大关于“两官”（法官和检查官）履职评议工作情况的报告，并进行履职评议 5.审议通过关于设立衢州市柯城区第十届人民代表大会常务委员会代表资格审查委员会的决定（草案） 6.审议通过关于区人民代表大会代表缺额另行选举有关事项的决定（草案） 7.审议通过区人大常委会关于召开区十届人大二次会议的决定（草案） 8.审议人事任免事项

4月26日，衢州市第八届人民代表大会第一次会议柯城代表团组织讨论

重大事项决定与人事任免

【重大事项决定】 2022年，区人大常委会作出决议决定11项，及时把区委的重大决策和战略意图通过法定程序转变为全区人民的共同意志。3月3日，区十届人大常委会第一次会议审议通过《关于批准区政府关于提请审议城北片区宫宝宿舍及黄家街道石凉亭地块2个项目列入柯城区2022年国民经济和社会发展计划的决定》。5月25日，区十届人大常委会第三次会议审议通过《关于通过人大街道工委工作报告的决定》。7月27日，区十届人大常委会第四次会议审议通过《关于批准衢州市柯城区2021年财政决算的决议》《关于同意衢州市柯城区人民政府及相关乡镇（街道）驻地迁移的决定》。11月30日，区十届人大常委会第六次会议审议通过《关于批准将城北片区城市有机更新国有土地上房屋征收项目列入衢州市柯城区2022年国民经济和社会发展计划的决定》《关于批准衢州市柯城区2022年重大政府投资项目调整方案的决议》《关于批准衢州市柯城区2022年地方政府新增债务预算安排及部分债务调整方案的决议》《关于批准衢州市柯城区2022年政府预算调整方案的决议》。12月15日，区十届人大常委会第七次会议审议通过《关于召开衢州市柯城区第十届人民代表大会第二次会议的决定》《关于设立衢州市柯城区第十届人民代表大会常务委员会代表资格审查委员会的决定》《关于区人民代表大会代表缺额另行选举有关事项的决定》。

【人事任免】 区人大常委会坚持党管干部原则与人大任免的有机统一，重视做好任命干部的任后监督。

柯城区人大常委会任免国家机关工作人员一览表

表3

会议时间	会议名称	任免职务
1月15日	区九届人大常委会第四十七次会议	决定免去戴郑娇的区人民政府副区长职务 决定任命： 陈志忠为区发展和改革局局长 周建立为区交通运输局局长 杨利兵为区民政局局长 宋昌顺为区市场监督管理局局长 邱剑为区文化和旅游体育局局长 龚晓为区水利局局长 苏青华为区统计局局长 决定免去： 陈志忠的区交通运输局局长职务 周建立的区民政局局长职务 邱剑的区水利局局长职务 郑亮的区文化和旅游体育局局长职务 舒建明的区市场监督管理局局长职务 任文俊的区发展和改革局局长职务 方燕的区统计局局长职务 任命： 程广为区人大常委会监察和司法工作委员会主任 黄慧华为区人大常委会农业农村工作委员会主任 林利奇为区人大常委会财政经济工作委员会主任 郑亮为区人大常委会社会建设工作委员会主任 方国云为区人大常委会建设与资源环境保护工作委员会主任 陈伟为区人大常委会教育科学文化卫生工作委员会主任 免去： 程广的区人大常委会社会建设工作委员会主任职务 陈伟的区人大常委会办公室（研究室）副主任职务 华成的区人大常委会建设与资源环境保护工作委员会主任职务 赵珍良的区人大常委会监察和司法工作委员会主任职务 王荣胜的区人大常委会农业农村工作委员会主任职务 余成友的区人大常委会财政经济工作委员会主任职务 雷晓的区人大常委会教育科学文化卫生工作委员会主任职务
3月3日	区十届人大常委会第一次会议	决定任命： 舒素标为区人民政府办公室主任 陈志忠为区发展和改革局局长 张红萍为区经济和信息化局局长 徐渭清为区教育局局长 肖善生为区科学技术局局长 杨利兵为区民政局局长 吴川为区财政局局长 张文利为区人力资源和社会保障局局长

续表3

会议时间	会议名称	任免职务
3月3日	区十届人大常委会第一次会议	揭根龙为区住房和城乡建设局局长 周建立为区交通运输局局长 龚晓为区水利局局长 冯小青为区农业农村局局长 杨勇为区林业局局长 邱剑为区文化和旅游体育局局长 周小玲为区卫生健康局局长 卢成龙为区退役军人事务局局长 徐剑为区应急管理局局长 许捷为区审计局局长 宋昌顺为区市场监督管理局局长 苏青华为区统计局局长 周勇为区医疗保障局局长 任命： 张吉青为区监察委员会副主任 程广、周萌、黄朝华、陈信国、郑俊等为区人大常委会监察和司法工作委员会委员 林利奇、桑晓土、吴铁贞、王晓峰、何津津等为区人大常委会财政经济工作委员会委员 方国云、应鹤祥、毛翔、李荣、郑耀波等为区人大常委会建设与资源环境保护工作委员会委员 黄慧华、李炜、肖望鹏、叶先明、许式见等为区人大常委会农业农村工作委员会委员 陈伟、刘海英、朱屹、王新春、程明康等为区人大常委会教育科学文化卫生工作委员会委员 张强、傅彩燕、周志红、蔡鹏波、洪美蓉等为区人大常委会代表工作委员会委员 郑亮、余荣、郑宁、鲍利娟、徐长寿等为区人大常委会社会建设工作委员会委员鲁红平、徐洁艳、占丽、郑卫建、柯志芬等为区人大常委会府山街道工作委员会委员 郑增进、徐翠、郑伟仙、屠志辉、张浩等为区人大常委会花园街道工作委员会委员 王勇芳、严巧玲、翁九荣、叶仙、刘群翔等为区人大常委会荷花街道工作委员会委员 郑煜、兰方婷、方林木、管建梅、郑友鸣等为区人大常委会信安街道工作委员会委员 李水华、鲍卫星、栾宗良、史文艳、毛文秀等为区人大常委会双港街道工作委员会委员 郑急流、程建伟、童歆、毛秋云、徐永泽等为区人大常委会衢化街道工作委员会委员 方志英、柴丽霞、汪吉萍、李玉红、胡笑鑫等为区人大常委会新新街道工作委员会委员

续表3

会议时间	会议名称	任免职务
3月3日	区十届人大常委会第一次会议	郑剑峰、齐越、周世根、盛兴中、吴利飞等为区人大常委会黄家街道工作委员会委员 洪一飞、徐珂珂、林学灼、吴智勇、陈丽忠等为区人大常委会白云街道工作委员会委员
5月25日	区十届人大常委会第三次会议	决定免去： 朱俐的区人民政府副区长职务 决定任命： 严声建为区司法局局长 任命： 李丹为区人大常委会黄家街道工作委员会主任 刘俊为区监察委员会委员 免去： 郑剑峰的区人大常委会黄家街道工作委员会主任职务
7月27日	区十届人大常委会第四次会议	决定接受吴浩辞去区人民政府副区长职务 决定任命： 郑益红为区人民政府副区长 任命： 叶光辉为区人民法院审判员、审判委员会委员、副院长 符群芳为区人民法院审判员、审判委员会委员、副院长 毛卓献为区人民法院审判员、审判委员会委员 李晓慧为区人民法院审判委员会委员 章文为区人民法院立案庭（诉讼服务中心）庭长、审判委员会委员 吴晔为区人民法院行政审判庭庭长、审判委员会委员 叶柳娟为区人民法院刑事审判庭庭长、审判委员会委员 雷震雲为区人民法院航埠人民法庭副庭长 吴海红为区人民法院智慧新城人民法庭副庭长 吴雯雯为区人民法院智造新城人民法庭副庭长 张华为区人民法院行政审判庭副庭长 方艳婷为区人民法院立案庭（诉讼服务中心）副庭长 王俪婧为区人民法院民事审判二庭（巡回法庭）副庭长 胡适为区人民法院刑事审判庭副庭长 廖小丰为区人民检察院副检察长、检察委员会委员、检察员 免去： 琚晓阳的区人民法院副院长、审判委员会委员职务 秦新举的区人民法院副院长、审判委员会委员、审判员职务 叶志新的区人民法院审判委员会委员、审判员职务 邱雅梅的区人民法院审判委员会委员职务 王成的区人民法院航埠人民法庭庭长、审判委员会委员、审判员职务 徐露露的区人民法院刑事审判庭庭长职务 雷震雲的区人民法院立案庭（诉讼服务中心）庭长职务 章文的区人民法院花园人民法庭副庭长职务

续表3

会议时间	会议名称	任免职务
7月27日	区十届人大常委会第四次会议	叶柳娟的区人民法院航埠人民法庭副庭长职务 吴晔的区人民法院行政审判庭副庭长职务 李晓慧的区人民法院立案庭（诉讼服务中心）副庭长职务 吴雯雯的区人民法院民事审判一庭（交通巡回法庭）副庭长职务 吴海红的区人民法院民事审判二庭（巡回法庭）副庭长职务 范晓岚的区人民检察院副检察长职务
9月9日	区十届人大常委会第五次会议	决定任命： 姜瑜晖为区人民政府办公室主任 唐志斌为区文化和旅游体育局局长 卢成龙为区林业局局长 揭根龙为区退役军人事务局局长 程志华为区综合行政执法局局长 决定免去： 舒素标的区人民政府办公室主任职务 揭根龙的区住房和城乡建设局局长职务 邱剑的区文化和旅游体育局局长职务 杨勇的区林业局局长职务 卢成龙的区退役军人事务局局长职务 任命： 周政宇为区人大常委会信安街道工作委员会主任 免去： 郑煜的区人大常委会信安街道工作委员会主任职务 王勇芳的区人大常委会荷花街道工作委员会主任职务 洪一飞的区人大常委会白云街道工作委员会主任职务
11月29日	区十届人大常委会第六次会议	决定免去： 许明娟的区人民政府副区长职务 任命： 张培丽为区人民法院审判员、审判委员会委员、石梁人民法庭庭长 免去： 杨丽的区人民法院石梁人民法庭庭长、审判委员会委员、审判员职务 陈仁根的区人民法院花园人民法庭庭长、审判委员会委员职务 郑延春的区人民检察院检察员、检察委员会委员职务 叶丽清的区人民检察院检察员职务

【听取和审议专项工作报告】 区人大常委会每年选择若干关系经济社会发展稳定大局和群众切身利益、社会普遍关注的重大问题，有计划地安排听取“一府一委两院”的专项工作报告，提出审议意见，促进“一府一委两院”依法行政和公正司法，推动各项工作。具体情况如下：

3月3日，区十届人大常委会第一次会议听取和审议区政府关于柯城区2021年重大政府投资项目执行情况和2022年重大政府投资项目计划情况的报告；听取和审议区政府关于柯城区2022年政

3月3日，区十届人大常委会第一次会议上，新一届区人民政府组成部门主要负责人集体向宪法宣誓

府投资项目预算草案编制情况的报告。

5月25日，区十届人大常委会第三次会议听取和审议区政府关于柯城区2021年度行政事业单位国有资产管理情况的报告，审议关于柯城区2021年度国有资产管理情况的综合报告；听取和审议区政府关于2021年度环境状况和环境保护目标完成情况的报告；听取和审议区政府关于2021年度法治政府建设情况的报告；听取和审议区人大常委会各街道工作委员会2021年工作报告，通过关于人大街道工委工作报告的决定。

7月27日，区十届人大常委会第四次会议听取和审议区政府关于柯城区2022年上半年经济社会发展情况和下半年政府工作的报告；审议区政府关于柯城区2022年上半年国民经济和社会发展计划执行情况的报告（书面报告）；听取和审议区政府关于柯城区2021年财政决算和2022年上半年财政预算执行情况的报告，通过关于批准衢州市柯城区2021年财政决算的决议（草案）；听取和审议区政府关于柯城区2021年财政预算执行和其他财政收支的审计工作报告；听取和审议区政府关于退役军人事务工作情况的报告；听取和审议区政府关于增加村集体经济收入情况的报告；听取和审议区政府关于2022年教育资源整合工作方案的报告。

9月9日，区十届人大常委会第五次会议审议区政府关于柯城区政府债务管理情况的报告（书面报告）；听取和审议区监委关于整治群众身边不正之风和腐败问题工作情况的报告。

11月29日，区十届人大常委会第六次会议听取和审议区政府关于柯城区2022年重大政府投资项目调整方案的报告；听取和审议区政府关于衢州市柯城区2022年地方政府新增债务预算安排及部分债务调整方案（草案）

的报告；听取和审议区政府关于衢州市柯城区2022年政府预算调整方案（草案）的报告；听取区政府关于柯城区2021年度审计发现问题整改情况的报告。

12月15日，区十届人大常委会第七次会议听取和审议区政府关于区十届人大一次会议代表议案建议办理情况的报告；听取和审议“两官”履职情况的报告和区人大关于“两官”履职评议工作情况的报告，并进行履职评议。

【视察调研】 组织人大代表视察老旧小区改造和未来社区建设情况，建议要有为民情怀，做好精细化管理，建立健全长效机制。助力有序推进衢化片区、双西港片区城市有机更新，调研未来社区建设、村改居等工作；视察智慧矫正工作，建议加大社区矫正工作力度、继续完善帮扶机制、探索创新教育转化方式等。对全区农业农村重点项目、生态畜牧业状况、高效农业和共富、美丽河湖建设、防汛防台在线试点等工作进行视察调研。

【执法检查】 发挥“法律巡视”监督利剑作用，做好上下人大工作联动，就《浙江省综合行政执法条例》《衢州市区电动自行车管理规定》等开展执法检查。结合全市业余少儿围棋段位赛，开展《衢州市围棋发展振兴条例》宣传贯彻活动，助推围棋事业发展。配合做好《衢州市城市市容和环境卫生管理条例》的立法后评估工作，为衢州市人大代表联络站工作条例、职业教育校企合作促进条例、养犬管理条例等地方立法贡献柯城经验、柯城智慧。府山街道代表联络站、石梁司法所、浙江天赞律师事务所入选为市人大基层立法点。

【助推经济社会发展】 听取审议上半年经济社会发展情况和下半年政府工作报告。修订政府重大投资项目监督办法，进一步加强对5000万元以上项目的审查监督，听取审议重大政府投资项目执行情况、计划情况、预算草案编制等报告，批准重大政府投资项目调整方案。依法审查批准年度计划、预算、债务限额和预算调整方案。审议审计工作、审计发现问题整改情况的报告，对4家问题整改牵头单位开展重点督办。紧盯“审计查出问题整改，一个都不放过”，推动审计报告反映的4个方面56个问题整改率达100%。听取审议行政事业单位国有资产管理情况的报告，推进人大预算国资联网监督系统建设。

【促进依法行政】 首次听取审议年度法治政府建设情况报告，听取审议区监察委关于整治群众身边不正之风和腐败问题工作情况的报告，实现对“一府一委两院”监督的全覆盖。召开加强新时代检察机关法律监督工作推进会，推动建立人大监督和检察监督联办督办工作机制。对5名区政府组成部门主要负责人、10名法官检察官进行履职评议，并开展满意度测评。

【代表工作】 坚持常委会组成人员联系代表、代表联系选民制度，落实代表列席常委会会议制度，拓宽代表知情知政渠道。推行代表履职登记积分制度，激发代表履职热情。疫情发生后，全区各级人大代表第一时间响应号召，迅速投身抗疫一线，踊跃捐款捐物价值140余万元。代表发起的“温暖守候，爱心蔬菜等你来领”等活动，赢得群众点赞。

【议案建议办理】 区十届人大一次会议203件议案建议全部按时办结，数量为历年来最高，办理率、满意率100%。其中A类127件，占比62.6%，同比增长3%；B类59件，占比29.06%，同比增长1.8%；C类17件，占比8.4%，同比下降4.8%。高度重视代表议案建议的督办工作，组成7个小组对2件议案和15件重点建议进行跟踪督办。电动车充电桩建设、农村土地利用增效、加大体育设施投入力度等一大批民生领域议案建议转化为一件件促发展惠民生的政策措施。

（陈慧婷）

附：区人大优秀议案2则

关于加强住宅小区电动自行车停放监管的议案

电动自行车因方便出行，且出行方式绿色环保，已成为市民重要的交通工具之一，车辆数量也在逐年增多。但因小区建设时未将电动车辆的集中充电列入住宅小区的建设规划当中，这些电动车辆的充电问题是一个难以解决的问题。特别是一些老旧社区，电动车的充电方式往往存在很大安全隐患。很多居民小区电动车充电往往占用公用楼道从一楼电表处充电，或从家中窗户拉“飞线”接到楼下充电，或从储藏间私接插座进行充电。这些充电方式因不具备智能断电措施，存在着极大的安全隐患。

通过专业的电动车燃烧实验证明，一旦电动车在一楼燃烧，有毒烟雾便以1米/秒的速度急速向上扩散，将很快使整个建筑物处于高温状态，产生的浓烟甚至发生火灾，必然会造成人员伤亡和财产损失。2017年7月，新新街道杨浦社区香榭丽花园小区就曾发生过一起电动自行车拉线充电着火事件，事件造成7辆电动车烧毁，烟雾将楼道公共门厅、1～3层居民家中墙壁熏黑，给居民造成了一定程度的经济损失。

居民小区电动自行车充电、停放问题，既是安全问题、民生话题，也是环保升级话题。为此，建议从宜居宜业和安全稳定等角度考虑，大力推动居民小区电动自行车充电、停放监管。

一是加强规划设计，从源头上改善小区电动车充电问题。

1.新建居民小区在规划审批时，严格按比例提前做好智能电动车充电棚相关设施的配套设计，要求新建住宅小区配建停车位应100%建设充电设施或预留建设安装条件。

2.对即将实施老旧小区片区化改造项目的小区，改造方案设计时，要充分征询居民意见，将电动车充电棚建设纳入设计方案中，以避免小区改造好后二次动工建设充电桩点位。

3.已建小区，根据实际需求和场地条件逐步改建或加装智能电动车充电设施，加快建设集中充电场所，有效预防和减少电动车火灾事故发生，保障居民群众生命财产安全。

二是宣教与处罚相结合，严格电动车充电停放管理。通过电视报刊传统宣传媒体、微信、抖音等媒体等，广泛宣传电动车安全停放、充电知识，及时曝光典型火灾案例，引导居民使用智能充电装置，消除安全隐患，遏制充电火灾发生。在加强对电动自行车主的安全规范意识宣传教育的同时要加大法律约束力度。由于社区、物业公司无处罚权，建议出台《衢州市市区电动自行车管理条例》地方性法规，对堵塞占用楼道、疏散通道、安全出口，私自拉线飞线充电、安装插座充电的违规行为由公安、消防等相关职能部门依规给予告诫或处罚。

三是统一收费标准，吸引居民下楼充电。目前部分已安装了电动自行车充电棚的小区由于没有统一收费标准，收费标准都由安装公司决定，为了盈利，价格一般都高于居民用电。因此，造成了一边充电棚空置，另一边居民仍然拉飞线、安装插座进行充电的现象。建议居民住宅小区充电棚的电费收费标准按居民生活用电标准进行收费，只有楼上、楼下充电一个价，才能吸引更多的居民下楼来充电。

（提案人：方华等）

关于加快灵鹫山旅游度假区建设的议案

一、加强度假区建设组织领导。度假区建设是一项系统工程，建议按照系统化思维搭建度假区建设推进体系。理顺管理建设运营机制，明确行业主管部门（区文旅体局）、推进配合部门（财政局、发展改革局、资规分局……）、度假区主体（灵鹫山旅游度假区管理服务中心）、度假区专班等主体各负职责。同时明确一家国资公司管理度假区资产、运营度假区公共产品负责政府投资部分建设。

二、建议加快度假区顶层设计。按照三规合一（国土资源空间利用规划、基础设施配套建设规划和运动休闲产业发展规划），三划合一（产业规划、项目策划、26县“一县一策”谋划）的要求，编制北部片区运动休闲产业发展规划和灵鹫山旅游度假区专项规划。明确各区块功能定位和度假区具体规划。

三、建议加快建立度假区门户形象。在度假区主入口，按照打造度假区标志性建筑物的要求，建设集游客集散、游客服务、住宿、会议、展览、综合管理等于一体的度假区综合服务中心。

四、建议加快灵鹫圣境项目建设。灵鹫圣境项目是北部片区极具代表性的核心吸引物，在当前疫情常态化的形势下，加快建设灵鹫圣境项目对度假区的引流具有关键性的作用。建议加快天王殿、大雄宝殿等核心区块建设，2022年底完成主体工程。同时建议加快灵鹫宫等其他项目建设，尽早将灵鹫圣境建设成为省内乃至华东地区知名文化名山和禅意康养胜地。

五、建议加强工程建设安全管理。灵鹫圣境区域是地质灾害易发区域，目前上山道路施工便道已经贯通，大量山体裸露，安全生产压力尤为突出。建议在确保施工安全的前提下加快施工进度，压缩建设时间，尽快建成投入使用。同时建议加强安全管理，要完善施工安全管理制度，建立安全生产应急预案，建立专人值守和安全巡查制度。

（提案人：邵宁等）

2022年度柯城区人大代表优秀议案、建议一览表

表4

获奖类别	名　称	提案人
优秀议案	关于加强住宅小区电动自行车停放监管的议案	方　华等
	关于加快灵鹫山旅游度假区建设的议案	邵　宁等
优秀建议	关于引水石梁五龙湖水库至航埠镇新山村花坞二水库的建议	贵建国等
	关于优化我区学前教育发展的建议	朱芝洲等
	关于打造金庸武侠思想萌发地——浙江省立衢州中学（石梁镇静岩村衢一中老校址）修复的建议	周　锋等
	关于挖掘柯城特色美食 弘扬南孔美食文化的建议	徐冬华等
	关于要求加强“网约房”规范管理的建议	王勇芳等
	关于进一步优化“12345”办理程序提高办理实效的建议	李水华等
	关于支持石室乡“鲟”“棋”共富路的建议	丁　杰等
	关于进一步推进基层社区“减负”的建议	孙晓青等
	关于外卖商品包装盒的卫生安全的建议	童群彬等
	关于统一特殊病门诊恶性肿瘤病种审核标准的建议	邱新宇等

柯城区人民政府

综　述

【概　况】　2022年，柯城区人民政府高举习近平新时代中国特色社会主义思想伟大旗帜，全面贯彻中共十九大、十九届历次全会和二十大精神，认真落实“疫情要防住、经济要稳住、发展要安全”重要要求，在市委、市政府和区委的坚强领导下，在区人大、区政协的监督支持下，在全区广大干部群众的不懈努力下，有效应对需求收缩、供给冲击、预期转弱三重压力，统筹推进稳进提质、除险保安、塑造变革，经济运行回升向好，社会大局保持和谐稳定。柯城区总面积609平方千米，其中建成区49.79平方千米；辖2个镇、8个乡、8个街道，有213个行政村、79个城市社区；年末总户数18.37万户，户籍人口44.25万人；全年出生新生儿2716人，死亡2927人。

【经济建设】　2022年，全区地区生产总值651.19亿元，按可比价计算，比上年增长6.10%。其中，第一产业增加值8.91亿元，比上年增长1.90%；第二产业增加值288.07亿元，比上年增长8.30%；第三产业增加值354.21亿元，比上年增长4.70%，三次产业比例为1.37：44.24：54.39。按户籍人口计算，人均生产总值147233元，比上年增长6%。全区固定资产投资比上年增长26.40%。财政总收入23.15亿元，比上年增长4%，其中一般公共预算收入14.25亿元，比上年增长10.70%。实现农、林、牧、渔业总产值118462亿元，比上年增长2.60%。粮食总产量2.53万吨，比上年增长6.46%。瓜果类产量1.11万吨，比上年下降2.60%。蔬菜及食用菌产量16.44万吨，比上年增长4.40%；禽肉产量930吨，比上年下降1.20%；禽蛋产量511.04吨，比上年下降32.10%。新增稻渔综合种养省级示范基地1个，省级高品质绿色科技示范基地3个。年末规模以上工业企业37家，全区累计实现工业增加值253.28亿元，比上年增长4.70%。高新技术产业增加值126.50亿元，同比增长18.20%；新增报会企业3家，中巨芯顺利过会。数字经济核心产业增加值44.87亿元，增速达28.20%，位列全市第2。房地产投资额144.25亿元，比上年增长5.40%；商品房销售面积67.85万平方米，比上年下降7.80%。有资质的建筑业企业117家，完成建筑业总产值84.80亿元。年末境内公路总里程738千米；公路密度提高到122千米以上。实现社会消费品零售总额229.69亿元，比上年增长3.30%；实现进出口总额15.33亿元，比上年增长23.28%。累计接待游客（含市辖区）为296万人次；旅游总收入为38.79亿元。实施2轮“汽车促消费”政策，共投入3000万元，拉动汽车行业增长8.13亿元。

【社会民生】 2022年，全区有小学29所，在校学生30980人；初中11所，在校学生13426人。1家企业申报省级重点科研计划项目获立项，选拔推荐5个项目申报市级科技计划项目。全区有效发明专利拥有量2165件，较上年增长23.60%，万人发明专利拥有量40.94件；专利授权量为2025件（其中发明专利452件，实用新型专利1402件，外观设计专利171件）。全区共有医疗卫生机构425家，卫生系统在岗职工1788人，其中正式在编职工1205人（区人民医院674人、区中医医院91人、区妇幼保健院56人、乡镇卫生院和社区卫生服务机构384人）。养老保险共参保206259人（含企业养老及城乡养老），其中企业养老保险参保144852人，城乡居民养老保险参保61407人。医疗保险参保316983人（含职工医保及城乡居民医保），其中职工医疗保险参保112369人，城乡居民医疗保险参保204614人；生育保险共参保85490人。全区社会福利院数9个（含市本级3家）中心敬老院6所。全体居民人均可支配收入55077元，比上年增长6.30%。辖区内3个国控、1个省控断面均达到Ⅱ类水标准，地表水全部优于Ⅲ类水体比例，水质达标率100%；PM2.5浓度均值为26微克/立方米，优于年度目标27微克/立方米，空气质量优良天数比例为92.60%。

5月26日，礼贤未来社区安置房淳礼园竣工验收

【生态文旅】 2022年，文旅产业融合试验区通过省级验收。衢州灵鹫山省级旅游度假区正式批复设立；九华立春祭列入浙江省首批文化标识培育名单；余东村先后入选第四批全国乡村旅游重点村、金AAA景区村培育名单、第一批浙江省公共文化国际交流基地。实施“一乡千宿”，新增民宿（综合体）39家。2022年，柯城区勇夺全省山区26县发展实绩考核第一名，创下历史最好成绩。入选第六批国家生态文明建设示范区；省级全域旅游示范区；“邻礼通·三民工程”应用获评全省数字化改革最佳应用；成功获得“全省大花园示范县”称号；获评省数字生活新服务样板县；获“浙农富裕”应用农房盘活数字化场景第一批“先行先试”推广应用县（市、区）；获评浙江省第三批新时代美丽乡村共同富裕示范带；获评全省农村生活垃圾分类处理工作优胜县（市、区）；获评浙江省“一事一议”财政奖补工作成绩突出县；县（市、区）乡村全域土地综合整治与生态修复绩效评价结果居全省第一名；全域土地综合整治、大力发展数字经济、推进未来社区建设等3项工作获省政府督查激励。

重要会议

【区政府常务会议】 2022年，柯城区政府召开24次常务会议，即区九届政府第九十二次常务会议以及区十届政府第一次常务会议至第二十三次常务会议。

柯城区人民政府常务会议一览表

表5

会议时间	会议名称	会 议 内 容
1月11日	区九届政府第九十二次常务会议	1.传达学习全省财政工作视频会议、全省加快发展保障性租赁住房电视电话会议、全国食品安全办主任视频会及全省疫情防控冷链食品物防工作视频调度会议精神 2.审议《四省边际顺丰丰泰智慧产业基地项目专项投资补助事宜（送审稿）》《政府工作报告（送审稿）》《关于柯城区2021年国民经济和社会发展计划执行情况及2022年国民经济和社会发展计划草案的报告（送审稿）》《关于柯城区2021年政府预算执行情况及2022年政府预算草案的报告（送审稿）》《衢州市柯城区中小学荣誉班主任奖励办法（送审稿）》、2022年区政府为民办实事候选项目、柯城区人民政府与中国电建华东院战略合作协议、柯城区抽水蓄能电站预可研编制委托、公务员医疗补助政策调整等事宜
1月28日	区十届政府第一次常务会议	1.传达学习全省工业经济“开门稳、开门好”电视电话会议、中央农村工作等会议精神 2.审议《衢州市柯城区森林禁火令（送审稿）》、柯城区航埠镇2020-7号地块处置等事宜
3月2日	区十届政府第二次常务会议	1.传达学习《河南郑州“7・20”特大暴雨灾害调查报告》、省委农村工作会议暨粮食安全工作会议精神 2.审议柯城区人民政府及相关乡镇（街道）驻地迁移有关事项等事宜。
4月3日	区十届政府第三次常务会议	1.传达学习全国安全生产电视电话会议、全省建设施工和城市运行安全工作视频会议精神 2.审议《关于进一步优化柯城区招商引资工作机制的若干意见（送审稿）》《衢州市柯城区国资国企权责事项清单》等事宜
4月12日	区十届政府第四次常务会议	审议《关于推进航埠镇经济社会发展的若干意见（送审稿）》《衢州市柯城区关于加快推进“大综合一体化”行政执法改革的实施方案（送审稿）》、柯城区第三次全国国土调查主要数据公报等事宜
4月24日	区十届政府第五次常务会议	审议《衢州汽车商贸综合体项目投资协议书之补充协议（送审稿）》《柯城区人民政府2022年度重大行政决策事项目录（送审稿）》等事宜
5月22日	区十届政府第六次常务会议	1.传达学习全国自建房安全专项整治电视电话会议、市委农村工作会议暨粮食安全工作会议等精神 2.审议关于支持浙江鸿盛新材料科技集团股份有限公司上市并调整《合作协议补充协议书》委贷相关事项、《衢州市振航建设发展有限公司定责定岗定员方案（送审稿）》等事宜
6月6日	区十届政府第七次常务会议	1.传达学习《浙江省综合行政执法条例》 2.审议《柯城区行政机关合同管理办法（送审稿）》《柯城区高水平推进应急救护工作的实施方案（送审稿）》等事宜

续表5

会议时间	会议名称	会议内容
6月18日	区十届政府第八次常务会议	1.传达学习《中华人民共和国反有组织犯罪法》《中华人民共和国乡村振兴促进法》和《浙江省乡村振兴促进条例》 2.审议《衢州市柯城区贯彻落实国务院、浙江省、衢州市扎实稳住经济一揽子政策措施实施方案（送审稿）》《柯城区生产安全事故调查办法（征求意见稿）》等事宜
6月27日	区十届政府第九次常务会议	1.传达学习《浙江省生态环境保护条例》、《中华人民共和国行政处罚法》及统计造假不收手不收敛问题专项纠治工作动员部署视频会议精神 2.审议《关于全面落实“两专”工程建设高素质法治队伍的三年规划方案（送审稿）》《衢州柯城智尚万洋众创城部分厂房收购方案（送审稿）》等事宜
6月30日	区十届政府第十次常务会议	审议《年产1000万部（件）通信智能终端及全品类配件项目投资合作协议（送审稿）》、与浙江沣沅国际科技贸易有限公司的合作事项、《虎哥数字零碳产业园项目投资合作协议（送审稿）》等事宜
7月24日	区十届政府第十一次常务会议	1.传达学习市委八届二次全会、习近平总书记关于知识产权重要论述和批示指示等精神 2.审议《关于给予柯城区人武部等11家单位记功嘉奖的建议》等事宜。
7月31日	区十届政府第十二次常务会议	1.传达学习了市八届政府第一次全体（扩大）会议精神 2.审议衢州市乡村振兴发展有限公司关于与杭州市房地产控股集团有限公司、衢州控股集团有限公司投资合作事项和《关于桃源·溪谷项目合作模式及条件等事项汇报（送审稿）》等事宜
8月16日	区十届政府第十三次常务会议	1.传达学习了全国文物工作会议、全省服务业高质量发展大会等会议精神 2.审议《柯城邮政管理局组建方案（送审稿）》《浙江旅游职业学院 衢州市柯城区人民政府校地合作框架协议（送审稿）》等事宜
8月29日	区十届政府第十四次常务会议	审议浙江莎贝尔陶瓷有限公司厂房土地收购事项、关于区国资公司向浙商信安提供不超过6亿元的股东担保及不超过3亿元的股东借款的事项等事宜
9月8日	区十届政府第十五次常务会议	听取区“双禁办”关于全域禁止经营燃放烟花爆竹工作推进的情况汇报，并对有关事项进行了认真研究。
9月13日	区十届政府第十六次常务会议	1.传达学习第七届浙江慈善大会、全国深化“放管服”改革持续优化营商环境电视电话会议等精神 2.审议《柯城区特色生态产业平台五年建设方案（送审稿）》、中国运动汽车城项目解约补偿事项等事宜。
9月19日	区十届政府第十七次常务会议	审议关于区建投公司发行公司债券进行融资的事项、《关于柯城区建设工程项目招投标方案会商决策要点及规则的通知（送审稿）》等事宜

续表5

会议时间	会议名称	会 议 内 容
10月10日	区十届政府第十八次常务会议	1.传达学习全国安全生产电视电话会议、全省农业高质量发展大会会议等精神 2.审议衢州市兴航路239幢商务大厦收购事宜、《衢州市柯城区养老服务“爱心卡”工作实施方案（送审稿）》等事宜
10月18日	区十届政府第十九次常务会议	1.传达学习浙江省集中打击整治危害药品安全违法犯罪工作领导小组第一次（扩大）会议、《浙江省委省政府关于深入贯彻〈知识产权强国建设纲要（2021—2035）〉打造知识产权强国建设先行省的实施意见》等精神 2.审议《柯城区人民政府关于全区禁止经营和燃放烟花爆竹的通告（送审稿）》《关于给予寺桥水库项目报批工作记功嘉奖的建议（送审稿）》等事宜
11月8日	区十届政府第二十次常务会议	1.传达学习习近平总书记在《求是》杂志发表的重要文章《坚持人民至上》《中华人民共和国反垄断法》等精神 2.审议《衢州市柯城区人民政府关于修改部分行政规范性文件的通知（送审稿）》《关于衢州市柯城区2022年政府预算调整方案（草案）的报告（送审稿）》等事宜
11月21日	区十届政府第二十一次常务会议	1.传达学习习近平总书记在中共中央政治局常务委员会上的重要讲话精神、《求是》杂志发表习近平总书记重要文章《在二十届中央政治局常委同中外记者见面时的讲话》等精神 2.审议《柯城区烟花爆竹“双禁”政策处置方案（送审稿）》《柯城区文旅融合高质量发展若干政策意见（送审稿）》等事宜
12月1日	区十届政府第二十二次常务会议	1.传达学习习近平总书记向2022年世界互联网大会乌镇峰会致贺信、习近平总书记关于河南安阳火灾事故的重要指示等精神 2.审议《柯城区行政许可事项清单（2022年）（送审稿）》、区国资公司发行企业债券和非公开定向债务融资工具（PPN）进行融资等事宜
12月6日	区十届政府第二十三次常务会议	1.传达学习全省岁末年初安全生产和消防安全工作推进会会议精神 2.审议签订《浙江柯城抽水蓄能电站工程投资合作框架协议（送审稿）》、区盈川基金公司认缴12亿元组建衢州同富企业管理合伙企业（有限合伙）的事项等事宜

【区政府全体会议】 2022年，柯城区政府全体会议召开1次，即区十届政府第一次全体（扩大）会议暨廉政工作会议，于8月19日召开，会议深入学习贯彻省第十五次党代会、省政府第十一次全会精神，全面落实市第八次党代会、市委八届二次全会、市八届政府一次全会和区委九届二次全会部署要求，进一步动员全区政府系统抓重点、破难题、防风险，聚焦聚力稳进提质、除险保安、塑造变革主题主线，冲刺三季度，决胜下半年，奋力书写“两个先行”示范窗口的柯城篇章，以优异成绩迎接党的二十大胜利召开。

6月27日，区十届政府第9次常务会议召开

重要政事

【项目建设】　实现固定资产投资增长26.40%，5个投资结构性指标保持较快增长，制造业、高新技术产业投资增速领跑全市。寺桥水库、常山港航电枢纽等一批支撑性项目开工建设，杭金衢柯城互通、上下蒋安置小区等34个重点项目完工交付。七里至石梁公路等12个项目被列入省重点建设项目计划。获得三季度全省投资“赛马”激励。

【招大引强】　全年引进亿元以上项目15个，其中鑫元电子、元森光电等总投资20亿元以上项目4个，到位资金15亿元。航电信息、中唯精工等一批项目实现当年签约、当年建设、当年投产。东巨康项目从谈判签约到落地投产仅用时100天，一个季度实现产值3亿元，创下招商项目落地新纪录。

【要素保障】　新增垦造耕地4850亩，盘活处置低效用地573.30亩，完成低效用地再开发553.60亩。获批新增建设用地1910.50亩、林地定额1055亩。东巨康项目列入省引领性重大产业项目，获得建设用地指标奖励351亩。航埠K12（基础性教育）学校列入全省山区26县标志性工程，获得建设用地指标奖励77亩。争取乡村振兴综合试点等重大政策资金5.50亿元。获批并发行专项债券和一般债券27.10亿元。

【现代农业】　建成高标准农田6300亩，粮食总产量达2.50万吨，同比增长6.50%。农业平台基本成型，数字农业科创园全面开工，科创服务中心、农事综合服务中心主体结顶，植物工厂建成投用。招引亿科种业、明辉科技等企业5家。鲟龙水产列入国家种业阵型企业名单。“南孔圣柑”区域公用品牌影响力持续提升，新增无核椪柑、鸡尾葡萄柚等优新柑橘种植面积1300余亩。“两山合作社”新增流转土地1.20万亩，共派发分红1400余万元。创新打造“红小播”“吴大姐”等共富工坊62个，带动集体增收1300余万元。

【生态工业】　有效保障吉利三电、晓星等10个10亿元以上项目签约落地，时代锂电项目提前3个月实现量产。全面推进航埠生态工业园区整合提升，高效完成刘山村、凤凰山区块征收，新增工业发展空间360亩。凤山路等9条配套道路完成改造，人才公寓开工建设。全域实施高耗低效企业整治，累计整治企业74家，盘活存量用地440余亩。全链增强主导产业，新落地轴承智造、光电产业链项目13个、投产项目5个。全区新增产值10亿元以上企业21家、5亿元企业14家。新增高新技术企业26家、省科技型中小企业204家。

【现代服务业】 构建市区服务业协同发展新格局，助推智慧新城入选省级现代服务业创新发展区，颐高科技创业园获评省级创业孵化基地。全区培育月度新增规上服务业企业52家，规上服务业营收达到106.70亿元，增长19.40%。提升专业市场能级，森联汽车、红星时代广场签约落地，顺丰物流基地、数字经济中心、凯泰二期破土动工，融信商务中心、腾隆实达实等建成运营。引进融欣商务、勤鉴天下等总部型服务业项目5个，直播产业创业街产值达到13.30亿元，“它经济”产值超亿元。加快消费复苏，举办多轮多领域促消费活动，拉动消费10.30亿元。稳住外贸基本盘，实现出口总额163亿元，增长36.60%。

【城市建设】 九华大道隧道、紫薇路隧道建成通车，双港大桥顺利顶推合龙。片区开发快速推进，落马桥、昌苑安置小区主体结顶，南一道东段、滨二路等建成通车。城市更新亮点纷呈，13个未来社区开工建设，斗潭、白云2个未来社区、南孔古城传统风貌样板区入选全省首批共同富裕现代化基本单元。回龙、新荷未来社区通过省级验收。主城征收再下一城，36天完成宫宝地块229户征收，有力实现签约、腾空、拆除“3个100%”。高铁新城、古城双修、礼贤未来社区等安置房顺利交付，3500余户安置户喜迁新居。高质量完成全国文明城市年度复评。

9月23日，浙江华友钴业股份有限公司二期项目全景图

【乡村环境】 沟溪片区、麻蓬、妙源、严村4个省级未来乡村通过验收。建成美丽乡村示范乡镇1个、美丽宜居示范村3个、特色精品村4个。余东村获评全国乡村旅游重点村，石室乡列入美丽城镇省级样板。全面提升诗画风光带沿线整体风貌，创成“诗画南孔”新时代美丽乡村共同富裕省级示范带。入选全省深化“千万工程”建设新时代美丽乡村工作优胜县。城乡交通更加便利，里前坞至余家山头等道路建成通车，新增“四好农村路”47千米。“五水共治”群众幸福感指数连续2年位居全省第一，成功捧回大禹鼎“银鼎”，获评省长江保护修复攻坚战突出贡献集体。高标准整改落实省委生态环境保护专项督察反馈问题。

【全域旅游】 景区村覆盖率达到73.30%，景区镇覆盖率达到66.70%。持续丰富乡村旅游业态，协众天仓岭等8家露营基地开放运营，成为市民休闲好去处。新增省级金宿1家、银宿3家、文化主题民宿1家，建成民宿

7月13日，全省“大综合一体化”行政执法改革暨深化基层管理体制改革推进现场会召开

集聚村2个。飞鸿神网谷二期、灵鹫圣境等项目全面开工，灵鹫山上山道路路基全线贯通。春风动力运动基地一期投入试运营。

【数字化改革】 新增上线数字化应用12个，“邻礼通·三民工程”入选中国改革2022年度典型案例，提名省改革突破奖银奖。“零废生活”被列为全省居民碳账户应用试点。数字政府建设高效推进，“e行在线”“药品安全在线”“帮农促富”等35个应用全面贯通。获评全省“浙农富裕”农房盘活数字化场景第一批“先行先试”推广单位，累计盘活农房518宗。

【营商环境】 接续出台8个方面39条稳经济政策，累计为企业减负5.30亿元，兑现各类惠企资金6.60亿元。打造高效务实政务服务环境，大力推进“网上好办”“跨省通办”，“一网通办率”达到98.60%。深入推进企业社区化网格化服务和营商环境清障行动，常态化开展“亲清直通车·政企恳谈会”，办结问题180余个。

【重点领域改革】 “大综合一体化”行政执法改革经验全省观摩学习。“1+5”行政执法体系实现全覆盖，下沉一线执法力量75%以上。完成国资改革三年行动收官战，国资资产总额达到265亿元，增长37%。“1+3+3”国资公司架构成型，成功发行公司债10亿元。建投公司、乡村振兴公司顺利通过AA信用评级。山海协作扎实推进，“产业飞地”正式投入运营，落地亿元以上项目3个。

【社会事业】 完成石梁珊塘等5所学校撤并整合，新华二小、城南初中等建成投用。新增通荷、九龙等公办幼儿园7所、学位2850个，全国学前教育普及普惠县通过省级初评。区第二人民医院、公共卫生服务中心、人民医院门急诊大楼等项目快速推进，中医医院一期竣工交付。省第十七届运动会上获金牌24.70枚、奖牌56.60枚，金牌数、奖牌数均位居全市第一。成功创建立春文化(柯城)传承生态保护区。

【民生保障】 聚焦“一老一小”，区社会福利院、航埠镇敬老院完成建设，“爱心卡”养老服务入选首批省级试点，斗潭社区获评全国示范性老年友好型社区。新增托育机构4家、托位483个，入选普惠托育基本公共服务省级试点。创新实施“智慧就业e站”，完成就业技能培训1.70万人次，新增城镇就业1.25万人，稳岗就业相关做法得到国务院副总理胡春华高度肯定。户籍人口基本养老保险、医疗保险参保率稳定在99%以上，“五类人群”健康保险实现全覆盖。深入开展农民饮用水安全保障专项治理。优化调整社区规模。落实

13个“城中村”“飞地”属地管理责任。

【平安建设】 排查整改风险隐患8316处，生产安全事故起数、死亡人数分别下降37.50%、50%，未发生较大及以上事故。成功处置“6·20”中华人民共和国成立以来的最大洪峰汛情。在全省率先投保公共水域“防溺水险”。常态化推进扫黑除恶斗争。严厉打击电信网络诈骗，案件数、案损额分别下降7%、12.90%。统筹打好开门接访、包案化解、依法处置“组合拳”。完成中共二十大等重大活动期间维稳安保任务。

【数据资源管理】 推动改革“数据中枢”高效支撑,夯实公共数据平台基础，建设完成区级公共数据平台，构建政务数据资源目录体系，壮大本地数据池，归集数据总量5.50亿条，更新及时占比99.14%，清洗数据总量1927万条，优质数据总量1847万条，综合利用省平台回流数据、市县平台本源数据构建区级数据仓，数据仓归集表数量259张，数据条数3206万条。开发建设金融服务、社会治理、未来社区等专题库，支撑基层治理智治中心、金融风险排查处置、邻礼通等应用系统场景，其中居民碳账户专题数据库经评选可编入省级数据产品案例集。

【应用集成发布】 承担“邻礼通·三民工程”、居民碳账户“零废生活”等区级重大应用建设，推进数字化改革应用“浙里办”“浙政钉”整合接入，年内“浙里办”新增上架应用7个、“浙政钉”14个，服务侧应用“浙里办”发布率为91.67%，活跃用户数184万人，平均日活跃用户数3.25万人，每百万人口平均日活跃用户数61390人，排名全市第一，治理侧应用“浙政钉”发布率80.95%，日均活跃度保持在90%。

（周浩伟）

综合政务工作

【概　况】 2022年，区政府办公室发挥好联络中枢、参谋助手和协调纽带等作用，积极参与政务，精心管理事务，主动综合协调，狠抓督查落实，提高服务效能，全面展现办公室整个团队的新面貌、新作风和新形象，确保区政府各项工作高效运转。

【综合协调】 发挥办公室承上启下、协调左右、连接内外的枢纽作用，主动适应新形势、新任务、新要求，创新工作方法、注重统筹协调。重点围绕推进重大项目投资、招商引资、民生实事等重点工作以及项目征迁大会战、数字化改革、国资改革等难点工作，组织召开区政府常务会议、区长办公会议、专题会议100余次，形成会议纪要48个。抓好人大代表建议、政协委员提案办理工作，及时交办、督促协调，2022年收到区人大代表议案2件、建议201件（其中议案转建议9件），分别交由51个责任主体办理，其中由党委系统办理14件，政府系统办理187件。所有议案和建议均已办理完毕并答复代表，代表对答复的满意率连续3年实现100%。

【调查研究】 聚焦大势和大事，立足难点、关键点、兴奋点，围绕招商引资、城市经济、未来社区等一批战略性、前瞻性课题，开展调查研究。先后组织安排区内外调研20余次。形成《关于“上铺模式”可持续推广的调研分析》《对城市经济的思考》等一批比较扎实的调研成果。全年编发柯城政务信息动态、领导参阅、半月谈等期刊20余期，政务信息被上级采用97篇。

【提升督查实效】 围绕中央、省、市重大决策部署，聚焦区

10月28日，区府办党组理论学习中心组（扩大）会议召开

委、区政府工作中心，创新督查手段、提高质量水平、拓宽范围领域，工作效能得到提升，推动各项工作落实落地。主动发现并纳入区级重大督查问题清单63件，向市级报送问题138件，其中95个问题为一般问题推送，43个问题为定期作为重大问题推送市级，纳入市级一般问题清单95件，重大督查问题清单4件，高铁新城姜家山片区安置房交付、柯城区借助新兴直播产业带动农村解决劳动力增收共富的探索等事项被市府办作为示范案例推送至市委办。开展各类督查核查，办理区政府主要领导批示、调研、会议交办件345件，下发《政务督查通报》15期、《督查交办单》73件。

【优化办文办会】 树立规矩意识，优化办文办会流程，狠抓办文办会质量，以高质量、高效率的办文办会水平服务中心工作。严格落实“精文减会”要求，进一步完善优化办文办会流程，推进公文运作、会议筹备等工作各个环节规范化，努力做到“零”差错。完成政府工作报告、经济工作讲话等重要材料40余篇，制发各类文件300余件。

【推进政民互动】 规范政府信息公开申请办理流程，建立健全登记、审核、会商、办理、答复、归档等工作制度，规范高效办理政府信息公开申请，重点加强对依申请公开中群众关心的热点难点问题的研究，真正做到“公开为常态、不公开为例外”。2022年，累计答复依申请公开件110余件。

【提升运作效率】 树立“办公室无小事”思想，以上率下，班子成员团结带领全体干部坚持严、紧、细、实的工作要求，发扬精益求精的工作作风，做好意识形态、财务、保密、档案、后勤保障以及其他业务工作，确保政府办运转顺达高效。财务、保密、档案等工作任务完成，数字化改革、金融服务等工作都取得显著成绩，“三公”经费进一步下降。

【学习教育】 坚持把深入学习贯彻习近平新时代中国特色社会主义思想作为首要政治任务，定期召开学习会、周例会，采取集中学习和自主学习相结合的方式，在读原著、学原文、悟原理上下功夫，全年组织召开学习会20余次，及时传达学习中共二十大、省委十五届二次全会等重要会议精神。同时，开展“重温入党誓词”等活动，组织党员干部到侵华日军细菌战衢州展览馆等地学习参观。

【锤炼团队品格】 注重加强顶层设计，用制度和机制来管人管事。各专业线注重人才梯队建设，配强综合、研究、信息、督查、保障等关键环节人员力量。实行干部积分制考核，比文字功底、比干事热情、比协调能力，营造浓厚的干事氛围。实施干部夜学制度，办公室干部轮流交流工作经验、干事心得，有20余人交流发言。注重机关文化建设，提升干部归属感、获得感。

【深化廉洁自律】 落实党风廉政建设和意识形态工作主体责任，专题召开党风廉政建设和意识形态工作会议，层层传导党风廉政和意识形态工作责任。加强警示教育，组织党员干部赴警示教育基地接受教育，组织全体干部观看《永远在路上》《打铁还需自身硬》《利剑巡视》《不忘初心 继续前进》等反腐专题片，增强干部的廉洁意识。开展日常廉政谈话，全年未发生一起干部违法违纪情况。

【金融助企纾困】 举办政银企业对接会，通过政府搭台、银企合作，发挥金融服务实体经济的支撑作用，解决企业复工复产和重点项目建设的资金保障问题。开展金融“三服务”活动，组建金融顾问工作组，开展政策性融资担保支持汇率避险服务。加大信用贷款力度，帮助柯城区口乐心食品公司、柯香物流有限公司等对接融资贷款4000万元，有效降低企业融资成本。

【推动企业上市】 聚焦服务企业和引领企业两个领域，用好政策，打好服务“组合拳”，鼓励企业积极对接资本市场创新转型、做大做强，深入企业开展调研、服务、帮扶等工作，协调解决企业上市挂牌过程中存在的问题，推进企业上市挂牌工作。年内新增签约规范企业1家（恒业部件），新增股改企业1家、报辅导企业1家，报会企业1家。

【数据资源管理】 推动改革“数据中枢”高效支撑,夯实公共数据平台基础，建设完成区级公共数据平台，构建政务数据资源目录体系，壮大本地数据池，归集数据总量5.50亿条，更新及时占比99.14%，清洗数据总量1927万条，优质数据总量1847万条，综合利用省平台回流数据、市县平台本源数据构建区级数据仓，数据仓归集表数量259张，数据3206万条。开发建设金融服务、社会治理库、未来社区等专题库，支撑基层治理智治中心、金融风险排查处置、邻礼通等应用系统场景，其中居民碳账户专题数据库经评选可编入省级数据产品案例集。

（叶智涵）

机关事务保障

【概　况】 2022年，区机关事务保障中心以习近平新时代中国特色社会主义思想为指导，全面贯彻中共二十大精神，坚定政治方向、牢记使命要求，坚持改革创新、增强底线思维，落实区委、区政府决策部署，紧盯“提质增效、争先进位”工作目标，紧扣“保障有力、厉行节约”工作主线，紧贴“细节取胜、做到极致”工作标准，采取切实有效措施，狠抓各项工作落实，创新工作方法，拓宽工作思路，引领中心各项工作高质量发展。

【后勤保障】 就餐体验优化提升，引进“百县千碗”特色菜品20个，提供早餐品种23个、中晚餐菜品190个；引进荷鹭牧场酸奶、七里岭治黄桃等本地农产品，供应端午节“五黄”菜、中秋节梭子蟹、元宵节汤圆等特色食品，为机关饮食打上文化符号。强化办公用房管理，严格办公用房使用监督检查，完成30余家机关事业单位的办公用房调整。解决群众急难愁盼问题，通过挖潜改造增设44个车位，合理规划行政中心停车资源536个车位。应急保障联勤联动，做好各类公务及防汛、突发事件处置等应急工作用车保障，全年调度车辆24506次，安全行驶里程116.26万千米。保障大院平稳运行，完成水电、木工等零星维修1408件，平均处理时长1小时，“四害”消杀31次，消杀面积

5月25日，区机关事务保障中心"转作风、讲担当、抓落实"部署会暨一季度优秀"勤小兵"表彰大会召开

8300万平方千米。精准保障重大活动，各类会议保障1382场，其中重大会议保障7次。持续推进后勤数字化改革，升级柯城后勤应用，开展网上年货节活动，上架31种农副产品，接受502名干部职工的产品预定，同时新增"5026"线上商城，打通线上健康小屋、瑜伽健身预约，应用累计访问量72万余次。

【财务管理】 遵循区委、区政府关于"压缩一般性支出"的要求，通过加强数据统计，及时通报已使用"三公"经费额度，提醒和协助各科室和部门做好压减。完善报批手续，严格审查费用报销、资金调拨等环节，配合落实浙里报的上线工作。结合财务相关制度及会计准则，规范单位财务管理，维护财经纪律，对费用报销及相关票据进行层层把关、层层审核，使财务核算更加规范化，有效发挥财务的管理及监督职能。

【安全保卫】 成立应急保障工作小组，兼顾区防疫指挥部的应急任务，实行24小时在岗值班制度，以实现应急处突快速反应、高效保障。加强车辆停放管理，中心安保人员主动引导到指定车位，督促其文明规范停车，营造整洁舒适的办公环境，引导规范停车共70余次。维护良好秩序，协助相关部门做好群体性突发事件处理21次。抓好消防安全管理，落实日常消防安全检查巡查，对消防设施、设备进行详查登记，并采取定期检查、定人巡查、定点清查的"三定"措施，对行政大院360个灭火器全部进行更换，确保机关大院内消防设施、设备完好，为建设平安机关大院提供有力保障。

【重大活动保障】 在精细管理上下功夫，在提升质量上做文章，在推广城市品牌上重宣传，以推动公务接待工作规范化、特色化，为"请进来"牵线搭桥、为"走出去"保驾护航。保障"文化和自然遗产日"浙江省主场城市（柯城）系列活动、四省边际交通物流桥头堡攻坚大会暨重大交通项目集中开通仪式等重大会议活动17场，为全区各项重点工作提供坚实的后勤保障。其中保障区党代会、区两会和寺桥水库工程开工仪式等分别获区"十条军规"正面典型事项通报。

（余无悔）

数据资源管理

【概　况】 2022年，区大数据中心彻落实区委、区政府工作部署，主动加压奋进，狠抓工作落实，全力推进数字化改革公共数据平台建设，为全方位各领域数字化改革提供有力支撑。8月，平台建设双月考核中位列全省第15、全市第一。高质量承担"邻礼通·三民工程"、居民碳账户"零废生活"等区级重大应用建设，数据产品、浙政钉赋能等多个案例入选省级案例集。

【“一体化”目标基本实现】

实现数字资源统筹管理。区公共数据平台、政务云与IRS系统（一体化数字资源系统）实现全线贯通，通过IRS系统，实现数据、组件、云资源一揽子申请，实现市县一体化数字资源的统筹与推广，为全区数字资源统筹协调、高效配置奠定基础。“两端”应用集成发布。推进数字化改革应用统筹。制定出台《柯城区电子政务项目建设实施细则》《柯城区电子政务项目绩效评价方案》等，明确新阶段数字化改革应用项目的内涵和类别，补充完善审批管理程序和要求，为统筹推进、协同共建数字化改革重大应用建章立制。完成31个项目专家论证，10个项目竣工验收，同时否决项目2个，暂缓立项1个，待验收项目2个，累计节约资金约1487.62万元。

【“智能化”水平有所提升】

年内，智能组件共建共享初显成效。全区累计上架省组件超市7个组件，新建应用统一组件覆盖率100%，统一组件利用率100%。基层智治综合应用深入探索。围绕“一图三指数三台四跑道”不断迭代升级，梳理出4条跑道35个重点应用及175个二级指标、69项智能要素，整合274个村社，6个大类、18个小类合计2680项指挥要素，其中共富单元通过创新省级重大应用数据贯通方案，接收省回流失业登记数据13086条，清洗分析出数据4112条，实现浙里就业创业数据减负赋能邻礼通。推广“共建共享”。通过IRS的业务培训和推广，根据“一地创新，全省受益”原则，推广柯城区优秀应用，“药店360”“浙里柑橘”已上升为省市统建应用；各个业主单位在建设应用时，依靠IRS一站式浏览进行应用查重，复用其他县市区应用，借鉴优秀经验，降低开发成本。

【“高质量”供给逐步推进】

构建政务数据资源目录体系，壮大本地数据池。依托市级数据资源目录平台功能，完成省市目录对接及整改，全区提交目录1904条，其中引用目录918条，个性化数据目录986条，问题目录占比为0，事项与目录关联率100%。规范政务数据采集治理，建立数据使用标准，提升数据资产价值。通过数据交换、数据采集两种方式持续进行数据归集，建立数据使用标准、数据清洗规则体系，为数据共享和应用提供标准化、规范化的数据，归集数据总量3206万条，更新及时占比99.14%，清洗数据总量1927万条，优质数据总量1847万条。数据资源深度共享利用，有效支撑应用创新。综合利用省平台回流数据、市县平台本源数据构建区级数据仓，数据仓归集表数量259张，数据3206万条，开发建设金融服务、社会治理库、未来社区等专题库，支撑基层治理智治中心、金融风险排查处

7月11日，“零废生活”被列为全省居民碳账户应用试点

置、“邻礼通”等应用系统场景，其中居民碳账户专题数据库经评选可编入省级数据产品案例集。

【平台“健壮性”加强】 提升基础设施集约度。依托全市“一朵云”，统筹全区云资源管理，结合IRS建设，295个云资源实例实现统一申请、统一管理；开展常态化云资源利用整治，推动云平台释放闲置资源，下发整改告知书12份，下架整合部门、乡镇、学校、国企等单位系统24个，变更云主机5台，撤销云主机5台，释放云资源CPU（中央处理器）共计40核80G，数据盘1800G，节约资金30万元，全区上云率提升至75%、各应用云资源CPU平均利用率26%，内存利用率达45%，云资源关联率100%。筑牢网络安全防线。协同区委网信办、公安部门整合柯城区网络安全处置群，及时共享省、市网络安全信息，联合开展市级、区级网络安全应急处置演练2次，全面部署aTrust（数字身份认证系统）、EDR终端（终端安全响应系统）以及业务系统的防护软件，联动态势感知和AF防火墙设备，政务外网安全监测体系进一步完善，实现一键查杀病毒封锁IP以及查找修补漏洞，实时监测网络安全状态。区大数据中心监测发现各单位违规外联等网络安全事件700多起，并发出网络安全告知书，各单位均整改完成。构建基于数据全生命周期的安全体系，对数据采集到数据销毁等各环节进行全面监管，组织全区有关单位开展运行中应用数据安全自查、核查和关键风险项修复，对公共数据共享使用、审批、授权、流控等环节落实管控措施，对公共数据共享、开放、处理做好安全防护，针对重点数据库、重点接口开展重点保障，常态化监测预警。

【“标准化”规范渐成体系】 管理标准化。实施首席数据官制度，印发《柯城区首席数据官制度》区级部门81家单位，设立首席数据官、数据员，进一步完善公共数据协调机制；制定《柯城区政务云使用评价及调整规范》，对各上云应用的CPU使用率、内存使用率和硬盘使用率等指标每月进行考核，定期利用IRS取数，常态化发布《柯城区IRS应用评价通报》规范应用建设。数据标准化。印发《柯城区公共数据分类分级管理规范V1.0》《柯城区公共数据封存销毁规范V1.0》《衢州市柯城区一体化智能化公共数据平台上级回流数据管理办法（试行）》，精确控制运维人员操作数据库的行为，规范全区公共数据资源管理。流程规范化。依据“一申请一备案”要求，规范IRS申请、审批数据资源和政务云资源，规范数据资源申请人、数据资源安全责任人、申请依据、应用场景，编制《IRS公共数据申请审批操作手册》和《IRS云资源申请指引》，建立资源申请管理机制。

（姜朝斌）

营商环境建设

【概　况】 2022年，区营商办围绕区委、区政府“释放新活力、提升首位度”总要求，贯彻落实上级有关“放管服”改革决策部署，聚焦改革创新、政务服务、企业服务三大主业，着力优化营商环境，持续服务中心大局。

【打造营商环境最优区】 全方位开展“企业社区化网格化服务”。坚持“市区一体”工作理念，落实市营商办关于“企业社区化网格化服务”工作部署，出台《柯城区企业社区化网格化服务实施方案》，将智造新城、智慧新城33家重点企业和柯城21个企业（行业）社区396家重点企业划入网格化服务，全区所有部门进网格，开展属地服务。坚持问题导向，围绕助企开门红、复工复市帮扶、惠企政策宣传等全流程跟踪服务，累计走访企业400余次；专门开发“云上社区”驻企服务系统，让助企服务常态化、可视化、实效化；开展服务企业专场活动，联合人社、司法、税务、金融等部门开展政策宣讲、法律、金融服务等主题活动8场，推动解决双港工业用地商事登记，航埠工业园区蒸汽价格大幅上涨等困扰企业的重点难点问题92个。

【推进惠企政策】 建立会商研判、考核通报、舆论宣传三大机制，牵头相关重点经济部门，全体系推进“5+4”政策体系精准直达。建立会商研判机制，实行“一周一监测、半月一会商”定期会商研判工作法，推进部门政策颗粒化梳理。建立考核通报机制，将惠企政策兑现工作纳入营商环境“清障”行动考核，定期通报晾晒，倒逼直享快兑。建立舆论宣传机制，通过人大政协视察、政企沟通圆桌会议、营商环境监督员走访座谈等系列活动，强化新闻舆论宣传，提升社会关注支持力度，推动惠企政策集成落地、市场主体应享尽享。全年平台上架惠企政策数307个，受惠主体数1422个，兑现惠企资金6.60亿元，完成率超额88.57%（全年任务3.50亿元），重点部门扩面政策兑现3.33亿元，超额2.7%，完成任务。

【营商环境“清障行动”】 制定《柯城区营商环境“清障”行动2022年度工作方案》，围绕政策兑现、经济秩序、执法监管、政务服务、企业服务、干部作风等6个方面30条负面清单，逐月建立任务清单，纵深推进营商环境建设。开展专项工作自查，组织区、乡两级各单位开展自查自纠，发现自查问题57条，其中涉及政策兑现7条、政务服务15条、执法监管13条、干部作风1条、经济秩序4条、企业服务机制17条，针对发现问题，督促相关单位跟进整改。畅通专门投诉渠道，坚持市区两级联动，畅通专门投诉渠道，对企业投诉，及时核查、及时处置、及时反馈。承接市级交办单4份，向区交通运输局、区监管办发出《工作提醒函》2份，通报区住建局、航埠镇政务服务中心损害营商环境典型案例2起。专案经营重点问题，针对重点投诉问题第一时间向区营商环境“清障”行动领导小组办公室和区委区政府专题汇报，必要时专门组织精干力量组成工作组，实行专案经营，妥善处置常山顺发公司、双发公司、乐农资有限公司等案件92件。建立专门监督队伍，发挥营商环境监督员队伍作用，开展“营商环境监督月”活动，组织营商环境监督员走访100余家企业，收集到市政交通、餐饮卫生、政策兑现、政务服务等建议及问题线索40余条。择优选聘第二批营商环境监督员20名，并将原来的分行业监督模式调整为按片区网格

5月24日，柯城区“政银合作”政务服务便利化动员会召开

化监督模式，将18个乡镇（街道）按城乡地域特点，分成东、南、西、北4个片区网格，每个网格配备5名左右监督员，对网格内营商环境进行全领域监督。

【提升政务服务效能】 打造一流政务服务综合体。柯城区营商大楼竣工落成，区营商办和区政务服务中心搬至新大楼办公，从硬件、软件上实现迭代升级，硬件扩容，引入政务服务智能机器人，可与办事群众人机交互。功能扩容，税务、公安交警、市场监管等部门集中入驻，设置自助服务区、企业服务专区、前台无差别受理区、后台集中审批办公区等。办事增效，打造智能化政务服务综合体，升级取叫号系统，实现浙里办一键取号。按照标准化建设要求对中心窗口和乡镇（街道）便民服务中心岗位动态监测，绩效智能评价。在中心大厅一楼大屏实时更新办件量、好差评等数据信息，实现政务服务一屏掌控。服务提质，约1000人/天的办件规模。截至12月底，“一网通办”率98.73%，其中公积金、市场监管、不动产、税务、公安、住建、社保、医保办件量较大。梳理下放延伸到乡镇（街道）的便民事项266项，推动18个乡镇（街道）按照星级评定标准整改推进，各乡镇（街道）及下辖村（社）便民服务中心每月收件量均在2000件以上。

【“政银合作”迭代升级】 以政务服务2.0平台为依托，借助农村金融服务网络，构建政银联动的基层政务服务新机制，破解偏远山区群众不会“网上办”、难以“就近办”的痛点堵点。区3个“政银合作”试点村正式运行并向全区各乡镇（街道）延伸。制定《柯城区加快推进“政银合作”政务服务体系建设的实施方案》，实现18个乡镇（街道）213个行政村“一村一策”事项清单化，形成12个薄弱村个性化便民事项提升方案，推进政银合作在乡镇街道各网点全面铺开，打造“就近办、自助办、掌上办、上门办”的政务服务新场景。2022年，柯城区“政银合作”累计办件量全市第一。

【“跨省通办”扩面延伸】 立足打造浙闽赣皖四省边际中心城市目标定位，融入长三角政务服务一体化。依托全国一体化政务服务平台、浙江政务服务网、政务服务2.0等平台深入推进“跨省通办”。围绕社保、医保、公安、市场监管、住房、民政等多个重点民生领域，梳理形成区级“跨省通办”高频事项清单，涉及10多个部门、134个服务事项。分别与江西上饶万年县、信州区，福建南平浦城县，江苏南通市崇川区，安徽黄山市屯溪区5个地市达成政务服务“跨省通办”联动合作框架协议。

【改革创新主业】 数字政府建设成效初显。区营商办主动承担数字政府责任，以“零废生活”应用场景为切入点，“小切口，大场景”应用上线，活跃用户达14.6万户，累计回收生活垃圾2.6万吨，实现碳减排3.4万吨。覆盖城区8个街道71个社区，以未来乡村为中心在农村呈发散效应持续推广。该应用自谋划建设以来，得到社会各界媒体的广泛关注，被国家级媒体报道10次，省级媒体报道5次，市级媒体报道13次，省、市各级领导参观零废生活馆及相关线下场景50余次。3月23日，《居民碳账户——生活垃圾资源回收碳减排工作规范》作为全国首个针对居民生活垃圾可回收物的碳减排工作规范出台，并通过“浙江标准在线”正式发布。7月11日，省市场监管局发布《浙江省市场监督管理局关于同意在衢州市柯城区开展居民碳账户“零废生活”应用试点的函》，“零废生活”应用场景被正式列为全省居民生活领域碳普惠试点。柯城数字政府建设7月、8月排名位列全省第二、全市第一。

【谋划“信用+”共富实践】紧扣共同富裕先行示范区建设总要求，以信用为抓手，深化以信促治，谋划信用+数字化改革应用场景，邀请省、市信用处领导调研并作专题汇报。联合荷花街道打造“信用+社会治理”共富街区应用场景，强化信用积分结果运用，以居民和商户信用体系的优化完善推动辖区居民和商圈的系统治理。在乡村，深挖传统特色文化优势，打造“一乡一主题，一村一特色”文化品牌，探索打造“信用+乡村文化”促共富实践应用。柯城区“信用+乡村文化”促共富实践应用场景被评选为2022年度全市信用数字化改革应用场景案例观摩评选活动优秀案例。

（万静丽）

应急管理

【概　况】 2022年，区应急管理局贯彻落实全国、省、市安全生产工作会议精神，落实省、市安委会关于开展安全生产“除险保安”和“安全生产大检查”工作的统一部署，推进安全生产综合治理三年行动收官战，常态化运行“除险保安”工作机制。立足构建“大安全、大应急、大减灾”实际，加强、优化、统筹全区应急能力建设，构建统一领导、权责一致、权威高效应急能力体系，形成统一指挥、专常兼备、反应灵敏、上下联动、平战结合应急管理体制。安全生产责任、防灾减灾救灾，聚焦“除险保安”这条主线，围绕体系构建、责任压实、安全治理、灾害防治、应急救援、救灾减灾、监管执法、基层基础、数字应急、铁军锤炼等10个方面，抓好安全生产和防灾减灾各项工作，防范化解重大风险，维护全区安全生产和自然灾害防治形势持续稳定。全区发生各类事故6起、死亡 5人，同比分别下降25%、37.50%。未发生生产安全较大事故。全年发生火情46次，未发生森林火灾。区应急管理局森林防火智控工作、“6・20”防汛工作获全区“十条军规”通报表扬。

【应急管理体系建设】 统筹抓好安全生产、应急救援、防灾减灾救灾等重点工作，强化工作作风，提升履职效能，加快推进应急管理体系建设。区委重点听取专题研究安全生产工作7次，区政府常务会专题研究安全生产工作9次。党政主要领导全面履行安全生产“第一责任人”制度，实行党政同责、一岗双责、齐抓共管，层层签订安全生产目标责任书。立足科学高效实用，建立以突发事件总体应急预案为总揽，各级各专项应急预案为支撑，各大功能区应急预案为承接，部门应急预案、乡镇（街

6月20日，梅汛期间开展人员转移及抢险救援工作

道）分预案及村居（社区）、企业、学校等基层应急预案为基础的应急预案体系，为应急救援工作提供有效法律、政策和技术支撑。修编《柯城区突发事件总体应急预案》，组织开展应急处置演练，提升突发事件防范处置能力。指导村社编制多案合一手册。根据全省城乡社区工作会议精神，建立健全指挥高效、反应灵敏、处置精准、保障有力的社区应急体系，高质量完成全区社区应急体系能力建设工作，建立健全风险防范化解体系，有序开展各项应急工作，应急管理体系建设初见成效。

【抢险救援】 6月18日20时至20日20时的48小时内，柯城区累计面雨量达227毫米，衢州水文站实测洪峰流量在20日22时30分达到8100立方米每秒，为中华人民共和国成立以来实测最大流量。柯城区于20日14时在全市率先启动防汛Ⅰ级响应，第一时间前置力量物资，调配各防汛指挥部成员单位、乡镇（街道）和市区救援力量集结。“6·20”梅汛期间，区防汛办及局干部齐心协力、日夜奋战，全区出动人员检查12532人次，检查3584处次，发现隐患58处，均整改完成或落实度汛措施。在汛期最紧张的航埠北一、北二村和黄家街道王千秋村、下卢村等地设立抢险救援现场指挥部，由区领导坐镇现场、统一指挥调度各级救援力量开展人员转移等抢险工作。坚守后方，组织各方开展实时会商，动态研判分析，启动或调整应急响应11次，向受影响乡镇街道调拨矿泉水、牛奶、面包等生活物资3万余件。6月20日上午11:50，区指挥部接到航埠镇反馈的航埠幼儿园、小学进水的报告后，第一时间进行会商和研判，并视频连线航埠镇，协调资源送学生回家；对不能返家的学生统一由学校、镇政府安排食宿，将2483名中小学、幼儿园学生安全送到家，226名学生留校。

【避灾安置场所建设】 推进避灾安置场所规范化建设。为提升突发事件及自然灾害情况下的防灾减灾综合能力，在全区18个乡镇街道规范化建设避灾安置点160处，其中区级避灾安置中心1处、乡级避灾安置中心18处、村级避灾安置点141处，规范化建设比例达61.70%。开展全国第一次自然灾害综合风险普查，完成全区承灾体、减灾能力和历史灾害调查工作，并按照要求将所有成果数据录入第一次全国自然灾害综合风险普查系统并通过质检，形成柯城区应急管理系统普查成果数据集。此次调查范围包括全区42个部门（单位）、18个乡镇（街道）和269个行政村（社区），涉及3个大类计3206个调查对象（其中承灾体431个、减灾能力1923个、历史灾害852个）；调查过程中先后组织技术人员近50人、收集资料2000多份、现场走访调查1000余处、交通里程超2000千米。此次应急管理系统调查完成的承灾体、减灾能力、历史灾害所有成果数据均通过质量审核，其中承灾体类别共计审核431个调查对象数据；减灾能力共计审核1923个调查对象数据；历史灾害共计审核852个调查对象数据，填报完成率和相应数据合格率均达100%；调查成果数据均符合普查工作的技术标准要求。

【隐患全闭环整改】 强化督查体系，制定出台《柯城区安全生产重大事故隐患挂牌督办制度》，建立区级“七张问题清单”工作机制，推动解决一批重点行业领域重大安全生产问题。全年纳入省、市、区三级清单问题26个，其中省级1个、市级5个、区级20个。整改办结18个，整改率69.20%。建立重大隐患发现、交办、整改、督查销号全过程闭环管理机制。省“除险保安”暗访组12轮检查发现全区问题隐患377个；“平安护航党的二十大”安全生产问题隐患排查中，8个专委会派出检查人员920人次，检查生产经营场所796处，发现隐患问题440个；“工业企业安全在线”数字化平台监管发现隐患3665条（企业自查1447条、市县检查2133条、省级检查85条），其中一般隐患3649条，重大隐患13条，重点问题3条；对30家涉爆粉尘企业开展执法检查，发现隐患69条；对18家有限空间企业开展执法检查，发现隐患56条，以上问题均整改完毕。

【完成中心工作】　全局人员参与区委、区政府交办的双西港征迁工作、礼贤未来社区交房工作和航埠高耗低效整治工作。在双西港片区国有土地房屋征收工作中，主要负责第八网格6家企业的征收工作，第一批率先完成相关企业征迁任务。在礼贤未来社区交房工作中，完成交房23户，交房确认书100%签订，房款交付率78.26%。在航埠高耗低效整治工作中，责令停产停业2家，停止供电1家，对2家违法企业完成行政处罚。随着昆仑包装有限公司签订收购协议，区应急管理局全面完成包干企业的签约工作，与2家包干企业完成收购签约、同时与6家包干企业签订“关停办理承诺书”。

【结对帮扶】　区应急管理局结对华墅乡上墅村和三官岭村29户低收入农户。结对过程中，局主要领导带队多次入户走访，在掌握各户具体情况后，因户施策，采取就业帮扶、节日慰问等方式开展帮扶工作，同时及时掌握户情动态，做好信息更新，实现精准帮扶。局主要领导担任沟溪小学名誉校长，开展校园调研活动，筹措资金，对经济困难的学生进行结对帮扶，提供资金、学习用品等。提供资金5万元，用于添置教学设施和教室修缮，努力提升沟溪小学办学条件，助力城乡教育均衡发展。

（姜涵琪）

咨询工作

【概　况】　7月7日，召开柯城区人民政府咨询委员会换届会议，聘任产生新一届柯城区人民政府咨询委员会。2022年，区咨询委围绕全区工作大局和决策需求，广泛凝聚智慧力量，开展调查研究和咨询论证。

【制度建设】　换届后起草新一届咨询委相关工作制度草案，讨论审议并通过《衢州市柯城区人民政府咨询委员会工作制度》《衢州市柯城区人民政府咨询委员会课题管理办法（试行）》《衢州市柯城区人民政府咨询委员会财务资产（车辆）管理制度》《衢州市柯城区人民政府咨询委员会课题经费管理办法》。

【调查研究】　瞄准热点、难点问题，开展调查研究。全年完成课题研究3个、委员建议3篇。10月，完成《关于开发建设航埠环湖度假景区实现区域共富的建议》《关于建设沟溪乡五十都村至石梁镇童前村通景公路的建议》《关于加快开展中小型抽水蓄能项目规划选点的建议》。12月，完成《关于打造具有柯城辨识度的“青少年红色根脉强基工程”调研报告》《柯城区柑橘产业链重构战略研究》《加强柯城区农业社会化服务的建议》课题讨论稿，交秘书处提交主任办公会议审议。

【工作交流】　5月，市咨询委主任黄会荣一行到柯城调研县域经济。6月，开化县咨询委主任王建华一行到柯城调研乡村资源的盘活利用。11月，湖州市吴兴区咨询委主任巩维建一行到柯城调研城乡风貌整治和城乡融合发展情况。

（李　霞）

7月7日，柯城区人民政府咨询委员会换届会议召开

侨务工作

【概　况】　2022年，柯城区归国华侨联合会（以下简称侨联）发挥侨界优势，聚焦助力区委、区政府工作中心大局，创新平台载体，用心用情做好为侨服务，相关工作获省侨联的点赞好评和批示肯定。

【阵地建设】　依托未来社区建设，提升建设侨界空巢老人服务中心，建立星级侨胞之家5个，其中省级五星级1个，市级五星级1个；建立标准化涉侨维权站点8个，为侨服务能力不断提升。

【“侨邻里”品牌】　打造“侨邻里”工作品牌，建立线上工作体系，夯实组织基础。加强基层侨务工作者队伍建设，在街道、社区层面分别建立“侨管家”“侨小二”队伍，引导网格中楼道长（小组长）、党员、志愿者参与侨务工作，并编入微网格，为精准服务侨界群众奠定组织基础。全区339个小区、6300个楼道的侨务工作者全部录入“邻礼通”管理端，建立四级工作体系。建立“三色服务”机制，提供精准服务。建立《侨界老人·邻礼通人员赋色管理标准》，在“邻礼通”管理端将辖区内侨界老人按照身体状况、居住情况等进行红、黄、绿“三色”智能标签。网格员、“侨小二”可在“邻礼通”管理端随时查看侨界老人的颜色级别，并制定标准化服务要求，分别提供个性化的服务内容。建好线上线下互动平台，助力基层治理。搭建线上楼道户主会、红色议事会，线下“侨来议事”平台，构建社区党组织与侨界群众直接沟通与交流渠道，开辟联系群众、优化决策、化解矛盾、改进工作的新途径。

（吴　园）

中国人民政治协商会议柯城区委员会

综述

【概 况】 2022年，政协衢州市柯城区委员会以“委员创出新业绩、界别创出新合力、政协创出新气象”为目标，以“好思想、好眼光、好帮手、好声音、好口碑”为指向，培育“三新五好”委员队伍；以“讲规矩、讲责任、讲境界”为抓手，以“让党政满意、让委员满意、让群众满意”为导向，打造“三讲三满意”机关队伍。全面贯彻中央和省委、市委、区委各项决策部署，把握团结和民主两大主题，强化理论武装，突出党建引领，坚持继承和创新有机结合，紧扣中心大局，认真履职尽责，发挥专门协商机构作用，各项工作实现良好开局。

【党建引领】 坚持把党的政治建设摆在首位，构建“政协党组+机关党组+机关党支部+党小组”的“1113”党建工作组织体系，将机关党建工作与政协业务工作同部署、同推进。紧扣省政协“同心向党”党建工作总品牌要求，依托中共衢县支部旧址，打造“旗杆红·同心向党”党建工作品牌。注重抓好党史、廉政学习教育常态化，组织赴信安街道沙湾村赵抃廉政教育基地、衢江区灰坪乡上坪田村开展学习教育活动。建立完善以党组理论学习中心组学习为引领，党组会议、主席会议、常委会会议集体学习和学习讲座、委员培训、线上读书等相配套的学习体系，推动理论学习常态化、制度化。完善学习制度，制定出台关于建立习近平新时代中国特色社会主义思想学习座谈会制度。全年召开

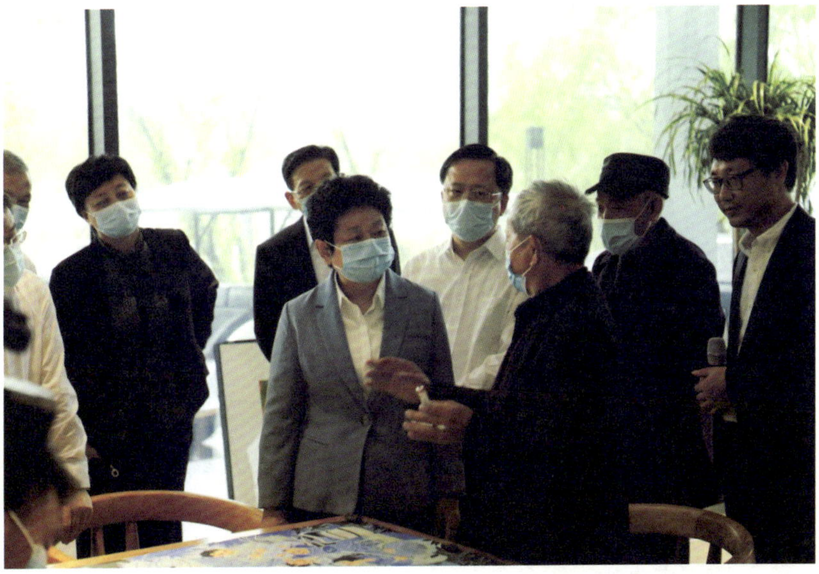

4月13日，省政协主席黄莉新（前排右二）到柯城调研

3月2日，柯城区书香政协·女委员读书会召开

区政协党组理论学习中心组学习会12次、党组会议20次、主席会议15次。

【委员队伍提质增效】 发挥市区一体优势，在省、市级单位里选择16名优秀中层骨干充实委员队伍；提案、调研报告、理论文章、社情民意信息等提交数及上级领导批示数均创历年之最。坚持“走出去、请进来”相结合，组织委员赴重庆大学开展第一期专题培训。发挥履职考核“指挥棒”作用，出台《委员履职“积分制”考核评价办法（试行）》。在“快乐工作、朝气政协”的环境氛围中，感受“委员身份有意义，政协工作有意思”。农业农村界组织委员赴七里乡上门村开展送科技下乡服务活动，医药卫生界组织委员举办关爱退役军人座谈会和义诊活动，教育和体育界委员带领鹿鸣小学“小小议事堂”的成员参与寻找城市“金角银边”活动，社会福利和社会保障界的徐琦委员荣获首届“最美柯城人”年度人物提名奖，共青团界的叶惠琴委员在市政协举办的“喜迎二十大 助建桥头堡”“8090”青年宣讲活动中荣获第一名。

【机关作风常抓不懈】 坚持推动干部用心服务大局、真情服务委员、竭诚服务基层，在市委“六治六提”、区委“六比六晒”要求的基础上，区政协提出开展“六破六立”作风建设行动。鼓励“干一行爱一行，专一行精一行”，树立争先创优意识。政协机关参与部门（单位）“两专赛马、晾晒比拼”擂台赛，中层业务骨干在“两专”能力PK赛中成绩优异，干部姜雨良家庭荣获“全国最美家庭”称号，退休干部孙金土荣获全市“睦邻之星”称号。

重要会议

【区政协五届一次会议】 1月23—26日，区政协五届一次会议召开。会议听取和审议并通过四届区政协主席徐连土代表政协第四届衢州市柯城区委员会常务委员会作工作报告、副主席柴文灯作的提案工作报告。会议通过政协第五届衢州市柯城区委员会第一次会议决议；通过政协第五届衢州市柯城区委员会第一次会议提案审查委员会关于区政协五届一次会议提案审查情况的报告。会议选举叶美峰为新一届区政协主席，柴文灯、徐成旺、赵瑞慈、傅淑梅为副主席，吕忠清为秘书长；选举产生新一届政协常委。

【区政协常委会会议】 2022年，柯城区政协共召开常委会会议3次。

1月26日，区政协五届常委会第一次会议召开，审议通过相关人事事项；通报政协第五届衢州市柯城区委员会关于区政协党组、主席会议成员分工的通知；区政协主席叶美峰讲话。

6月9日，区政协五届常委会

第二次会议暨专题议政性常委会议召开，围绕灵鹫山国家级旅游度假区创建工作开展“请你来协商”活动；区文旅体局汇报灵鹫山旅游度假区工作情况；10名委员提出意见建议，相关部门（单位）及区领导就有关意见建议开展协商；区委书记蒋国强、区政协主席叶美峰讲话。

9月29日，区五届常委会第三次会议暨专题议政性常委会会议召开，围绕生态工业发展平台建设开展“请你来协商”活动。区生态工业服务中心汇报柯城生态工业园概况；10名政协委员提出意见建议；与会部门就有关意见建议开展协商。区委副书记、区长胡益峰讲话，区政协主席叶美峰主持。

职能履行

【协商平台】 构建完善以全体会议为龙头，以专题议政性常委会会议、提案办理、民主监督、委员视察等为重点的协商议政格局，全年组织“请你来协商”主题议政活动18场、“民生议事堂”协商活动77场，委员参与950余人次，多数意见建议被党政部门吸收采纳。

【基层协商】 探索创新“平台+”模式，依托“民生议事堂”平台建设，推动政协协商与基层协商的有效衔接。以“发展是最大的民生，项目是发展的第一动力”为理论支撑，打造“柯城议项·百事可成”民生议事堂协商品牌。发挥主城优势，组建由市区两级政协委员及柯城籍乡贤组成的百人协商智库。

【提案协商】 通过协商促办理，为提案委员与承办部门创造同调研、共商议的新模式，实现“提”“办”双方良性互动，促进提案优质办理。促成市农业农村局、市作协等单位在余西村联合举办“农民诗”培训班4期，邀请《浙江诗人》杂志副主编、《浙江日报》高级记者等专家到场授课，参与培训的村民逾200人，成功入选省、市政协“民生议事堂”典型案例。

【聚焦共同富裕】 围绕助力共同富裕示范区建设，以“发展村级集体经济”为主线，组织开展“民生议事堂”专题协商议事月活动。助力花园街道新姜村在文旅融合发展上打好“移民牌”“文化牌”“共富牌”；助力姜家山乡三山村与衢州颐高科技创业园有限公司、明辉农业基地项目部、郎硕餐饮配送公司达成合作意向，为创业园在招商、运营、仓储等方面提供帮助和支持；助推打造“九华立春祭文化+二十四节气文化+茶文化+旅游+生态”融合产业链；助力华墅乡乌石山打造禅修康养福地。

1月26日，柯城区政协五届一次常委会议召开

5月16日，柯城区政协"民生议事堂"建设工作推进会召开

【瞄准高质量发展】 发挥政协人才荟萃、智力密集的制度优势，聚焦产业发展、文旅融合、乡村振兴等领域，组织委员开展调研视察、协商建言。围绕灵鹫山国家级旅游度假区创建、二十四节气核心景区项目打造等课题形成一批高质量的建言成果，《关于加快推进衢州二十四节气世界非遗文化开发的对策建议》《关于进一步加快灵鹫山旅游度假区规划发展的建议》等调研报告受到市委、区委主要领导肯定。围绕产业发展，形成《关于夯实柯城区中小企业培大育强工作的建议》《关于加强"专精特新"企业快速发展的建议》等调研报告，围绕全域土地整治与生态修复工作。开展重点协商，形成调研报告10篇。

【着眼民生福祉】 顺应人民群众对美好生活的新期盼，聚焦民生"关键小事"，围绕教育"双减"、未来社区协调发展、"邻礼通·三民工程"应用建设等课题开展调研视察。组织开展省、市、区三级政协联动城乡生活垃圾分类专项集体民主监督。围绕"除险保安"平安护航党的二十大工作，区政协主席会议成员以信访接待、信访包案等方式，协助做好宣传政策、协调关系、解疑释惑、化解矛盾的工作，推动一批诉求合理的信访问题得到解决。

【紧盯重大项目】 挂联项目稳步推进。区政协领导挂联的重大项目中，灵鹫山省级旅游度假区获批设立、省级全域旅游示范区通过验收，灵鹫圣境等项目顺利推进。寺桥水库工程导流洞贯通，主体工程进入全面实施阶段。柯城抽水蓄能电站工程通过预可研审查。"五水共治"群众幸福感指数连续两年全省第一，获得"大禹鼎"银鼎。倾情倾力同心战疫。区政协委员踊跃捐款赠物价值200余万元。严谨细致高标"创文"。区政协领导直接挂联"创文"工作，机关干部全员下沉社区，政协委员开展"随手拍"和志愿服务，为高质量完成全国文明城市发挥政协力量。

【升级工作平台】 发挥政协委员作用，推动"一个委员"影响"一众人群"的示范引领工作，打造15家界别委员工作室，8家线上委员工作室，创建委员领衔的首家省级"柯城乡村旅游促进政协委员会客厅"。引导委员根据自身特长，有针对性地开展服务，在实践全过程人民民主中展现政协更大担当作为。

【拓展对外联谊】 加强与政协系统纵向、横向交流交往，邀请省、市政协领导和政协委员到柯城指导工作，与省内外政协交流学习履职经验。重视增进同本地乡贤、外地知名人士、知名公司（企业）的协调对接。全国政协副主席、民革中央主席郑建邦、省政协主席黄莉新等8位省政协领导先后到柯城调研指导工作，并对柯城工作给予高度评价。全年接待交流考察团43批，与南昌市西湖区政协缔结“友好政协”。

【提升信息宣传】 委员们走进企业、学校、田间地头，关注百姓们的烦心事，提出自己的真知灼见。社情民意信息《关于保护抗战地名守护民族记忆的建议》被省政协采用，并转报至全国政协；《城市长租公寓存在的消防安全问题亟待引起关注和解决》被省政协采用；《关于加强项王庙遗址考证为衢州历史提供文化支撑的建议》《关于重视做好全域土地整治的生态修复建议》《关于打造“南孔书屋”升级版的建议》等多篇信息被市委、市政府领导批示肯定。

【重视文史编辑】 从存史、资政、团结、育人的高度，重视政协文史资料工作。建立高层次的政协文史工作顾问小组，邀请中国社科院中国文化研究中心、浙江师范大学、台湾孔子学院、衢州市作家协会等单位专家参与指导。参与省政协《浙江城市名片》征编工作；面向社会公开征集《灵鹫山赋》，完成《浙江灵鹫山》编印工作；启动《柯城百村故事》采编工作，有效增进对乡村文脉和美丽乡愁的共鸣，增强柯城文化的向心力和凝聚力。

【建设书香政协】 委员参与线上读书活动18场，参与2000余人次，网上交流发言13000多条。理论文章《让书香与饭香一样飘香》在《人民政协报》、新华社《高管信息》上刊发；《东南阙里衢州城》在《学习时报》上刊发。区政协主要领导、灵鹫山专班干部分别在省、市政协《干在实处勇立潮头——习近平浙江足迹》学习交流会上作交流发言。

（张钦义）

附：区政协五届一次会议优秀提案

关于推动住宅小区自治和物业管理改革创新试点工作的建议

当前，小区物业服务管理已经成为城市基层治理中的一个突出问题、社会焦点问题，急需通过改革创新进行改善提高。现将存在的问题和提出对策建议如下：

一、当前住宅小区自治和物业服务管理的现状与问题及原因分析

从全国范围来看：当前，以住宅小区自治为基本架构的物业服务管理体制已经比较成熟，在城市基层治理中发挥了重要作用，但也暴露出许多问题，有的甚至形成了业主和物业服务企业之间的尖锐矛盾，甚至要求取消物业管理的呼声此起彼伏。小区自治实际成效与小区居民的期望也存在较大差距。

从我们主城区现状来看：

1.物业服务企业端存在的问题主要有：服务管理质量良莠不齐，总体不尽如人意；物业服务企业为追求利润最大化，穷尽各种手段搞增收，降低服务质量减少支出，甚至借机侵吞物业维修基金和小区公共收益；有的物业服务企业借“创文”检查的契机，把本应由自己承担的一些事务转嫁给社区；经常无视部分或单个业主的合理诉求，服务意识低。

2.小区业主端存在的问题也不少：有的不服从管理制度，存在乱搭、乱停、乱扔等情况；少数业主长期无故不交物业费、部分业主因物业服务纠纷不交物业费；一些业委会被物业服务企业收买而与之沆瀣一气，成为欺压业主和侵占业主利益的帮凶，小区自治组织没有发挥良好的自治效能。

3.政府监管端也存在着一些不足：没有对物业服务质量形成有效的监管；缺乏物业服务纠纷的快捷化解仲裁机制；缺乏参与物业服务与监督的社会化机构；小区自治处于放任自流的状态，没有真正形成党坚强领导，政府

没能对其建立有效指导；政府职能部门的执法没有完全有效地延伸到小区，经常出现业主投诉得不到及时处置的情况。

根源分析与破解钥匙：

从历史沿革来看，我国现行的住宅物业管理服务体制是一个非常年轻的社会现象。一般认为这是伴随着城市住房商品化的一种产物，是一种“外来物”经本土化改进而成，曾经在城市基层治理中发挥了十分重要的作用，但也带有深厚的“资本”烙印：无上限和无底线的逐利性和贪婪性。

从经济现象来看，我国现行的住宅物业服务管理行业基本上是一种完全市场化的行业。而我个人认为，实行完全市场化的行业应该以完全竞争至少是充分竞争为基础，但是住宅小区恰恰带着鲜明的垄断属性——即区域性垄断！试想一下，当某个小区进来了一家物业服务企业，作为消费者的业主有选择别家、或者不要服务、或者讨价还价的自由和权利吗？答案是没有！有鉴于此，物业服务管理行业必须实行公用事业化改革，即推行公用事业化为主体、市场化为补充的格局。解决了这个根本性的问题，在全面加强党对小区自治领导（必须旗帜鲜明地强调并落实）的政治前提下，再辅之以一系列配套改革措施和现代化治理手段，小区治理难题和小区住宅物业服务管理突出矛盾必然迎刃而解！

二、解决现有问题的对策建议

主要是“一条主线、七个举措”。一条主线就是以推动物业服务管理公用事业化改革为主线，七条举措则是如下所述：

1.推动小区自治的“两个转变”。一是党委主导，把当前放任自流的小区自治状态转变为加强党的领导，有监管、有约束的小区自治；二是政府主导，把城市小区物业管理服务行业从当前完全市场化的行业转变为以公用事业为主体、市场化为补充的行业。具体来说，就是政府要组建国有控股的物业服务企业，其性质要像自来水公司、电力公司等公用事业企业一样。

2.全面加强小区党组织建设。要旗帜鲜明地强化小区党组织建设，真正地发挥其在小区自治当中的领导核心作用和战斗堡垒作用，真正地发挥好本小区党员的先锋模范作用。建议把党员进社区报到制度落到实处，落到小区党组织。实现小区党组织三个“先”：小区党组织换届要先于业委会完成，小区自治重大事项要由小区党组织先议，周二无会日党员要先到自住小区报到。

3.制定地方性行业标准。要制定可操作性强、具体、规范、细致的《住宅小区物业分级服务标准》，让物业服务管理的参与各方有章可循，有标可依，实现等级服务有标准、服务费用相对应、降标侵权有处罚。

4.加强对小区物业管理服务和小区自治的监管。具体来说：

（1）加强对小区党组织和业委会的领导。要按照法律法规、制度及服务标准，对小区自治和物业服务进行有效监督管理。建议小区党组织领导人选、业委会人选在选举前须经社区党组织进行资格审查并批复，小区重大会议和重大决策事项必须事先报社区审查、事中接受社区监管、事后上报社区备案；

（2）全面改革小区财务管理体制。一是全面推进薪酬制的物业服务报酬制度。就是物业服务企业按照服务标准等级和服务质量考核结果获取相应报酬，避免物业服务企业成为“吞金老虎”。二是全面推行“收支两条线”的财务管理。一方面要实现把物业费交给“自己”，即交给小区业主大会的集体账户；另一方面，在有考核、有监管的基础上按月（或月度与年度相结合）支付物业服务费用。并实行业委会财务和业主大会财务分账管理。三是保障业委会有足够的经费来源。业委会工作经费来源主要途径有：从物业费总额中提取一定比例、小区物业用房出租收入、小区内其他公共收益、政府的政策性和奖励性补助等等；四是全面强化小区两个账户的财务监管。全面实行小区业主大会财务、业委会财务由街道（乡镇）的村账乡管服务中心托管制度，加强对小区财务收支的全面规范和监管，监管服务费由各小区自负。五是全面推行小区自治组织绩效报酬制度。政府要发布指导性文件，来引导小区的党组织领导成员、业委会成员可以名正言顺地领取绩效报酬。建议绩效考核由社区和街道来组织，在其指导下开展，报酬开支途径从业委会工作经费中支出。

这样做的好处有：一是实现了小区业主向自己的集体账户交费，从而阻断拒交、拖欠物业费的任何理由，有效实现全员交费；二是为街道、社区及小区自治各参与方介入收支监管创造条件，从而促进收支公开透明，斩断利益黑手；三是便于各方按《物业管理服务标准》、《小区自治章程》、《业主大会财务收支制度》、街道的《小区财务收支监管办法》等制度各司其职，提高物业管理服务质量和小区自治水平。（上述有些制度和文件有待各方在实施过程中制定和完善）

5.用好现代信息技术，实现小区数字自治。要以基层治理四平台信息系统为龙头，用好用活微信群、邻礼通、ODR（浙江解纷码）、小区安防等信息工具，做好大事公告、业主讨论、业主投票、问题投诉、矛盾调解、业主评价、服务考核、官方发声等事项，实现小区自治的“智慧治理”。同时也能在物业服务绩效评价过程中更多地限制住“人”的主观因素、发挥好“物（数据）”的客观作用。

6.推动职能部门执法进小区。建议市里完善相关立法，实现有法可依，有章可循。同时，要建立健全“接诉即办，推诿即查”工作机制，为小区自治提供坚强执法保障。

7.培育完善社会服务机构。例如，政府要以标准化为依据，以培训达标为门槛，以资质监管、资信公开等为手段，大力培育各类专业化社会服务机构。又如，以政府带量采购、小区集体（业主大会）自费实现小区业主财产意外损失保险全覆盖。通过上述种种措施，为小区治理和物业服务提供完善的社会供应链。

（提案人：吕忠清）

柯城区政协五届一次会议优秀提案一览表

表6

提案编号	提案名称	提案人
1	关于推动住宅小区自治和物业管理改革创新试点工作的建议	吕忠清
23	关于培育农产品直播电商，助推农业高质量发展的建议	宁晓敏
34	关于加强报废太阳能热水器管理的建议	吴　园
48	关于推进新型农业经营主体高质量发展的建议	翁水珍
52	关于健全招商工作链条的建议	蒋宇斌
57	关于助力老年群体融入智能生活的建议	马　晴
62	关于加快推进老旧小区改造加装电梯的建议	杨　珣
69	关于加快碳账户应用场景建设助力绿色低碳发展的建议	范　琪
75	关于促进我区农民增收的建议	刘海英
80	关于在全区全域土地综合整治范围加强农田林网建设的建议	余建荣
93	关于“双减”政策下加强家庭教育建设的建议	九三学社
97	关于打造余西农民诗基地的建议	张　翔
99	关于通过网络严管加强电信网络诈骗案件防范的建议	余金昌
100	关于发展柑橘药用产业的建议	舒佳宾
149	关于进一步规范收储企业地上建筑出让价值的建议	余柏英
177	关于加快启动乌石山景区建设的建议	方宏华
178	关于加大灵鹫山宣传，进一步提高知名度的建议	释然相
186	关于进一步规范我区“体育俱乐部进校园”管理的建议	叶　华
187	关于加强青少年思想道德建设的建议	吴红星
191	关于大力发展公平优质教育的建议	金晓峰
200	关于柯城高质量建设四省边际共同富裕示范区的建议	王光华
211	关于建立完善的居家养老服务体系的建议	陈　玮

中国共产党柯城区纪律检查委员会 柯城区监察委员会

综　述

【概　况】　2022年，区委以高度政治自觉，坚决贯彻落实党中央和省委、市委关于全面从严治党各项决策部署，推进清廉柯城建设，开创全面从严治党、党风廉政建设和反腐败斗争的新局面。全区各级纪检监察组织增强“四个意识”、坚定“四个自信”、做到“两个维护”，围绕中心大局充分发挥监督保障执行、促进完善发展作用，纪检监察工作在高质量发展上取得新成效。

【柯城区第九届纪律检查委员会第二次全体会议】　2022年2月10日下午召开。区委常委、纪委书记、监委主任向明虎代表区纪委常委会向全会作报告。全会的主要任务是坚持以习近平新时代中国特色社会主义思想为指导，深入贯彻落实党的十九大和十九届历次全会精神，按照十九届中央纪委六次全会、省纪委十四届七次全会、市纪委七届七次全会和区第九次党代会部署，回顾总结柯城区2021年纪检监察工作，部署2022年任务。会议审议通过向明虎代表区纪委常委会所作的《践行初心使命 忠诚履职担当 为打造高品质现代化中心城区提供坚强保障》工作报告。全会要求，全区各级纪检监察组织要不断提高政治判断力、政治领悟力、政治执行力，增强历史主动，坚定历史自信，更加积极有效履行正风肃纪反腐职责，奋力谱写清廉柯城建设新篇章，重点抓好八个方面工作：第一，进一步强化政治监督，持续增强“两个维护”效果；第二，进一步推动责任协同，持续深化清廉柯城建设；第三，进一步深化标本兼治，持续拓展“三不”建设成效；第四，进一步加强纠治“四

2022年2月10日，中国共产党衢州市柯城区第九届纪律检查委员会第二次全体会议召开

风”，持续培树新风正气；第五，进一步加强基层治理，持续促进社会公平正义；第六，进一步发挥利剑作用，持续提升巡察质效；第七，进一步深化改革创新，持续释放治理效能；第八，进一步抓好自身建设，持续锻造纪检监察铁军。

纪检监察工作

【政治监督】 坚守政治机关定位，制定2022年政治监督重点任务清单，明确26项重点监督内容，强化政治监督的针对性、精准性、实效性。推进共同富裕、“防疫情、稳经济、保安全”、除险保安等重点工作，实行清单化、项目化管理。全年开展监督检查472次，推动整改问题2679个，处理224人。探索实施“三式”监督法，即对22个重点项目进行立项，开展“跟进式”监督；围绕农村风貌提升、疫苗接种、抛荒地整治等工作，将监督关口前移，开展“嵌入式”监督；针对斗潭综合楼工程验收、常山港综合治理工程等推进缓慢项目，开展“复盘式”监督。落实省委巡视及回访核查反馈问题整改，围绕政治建设、经济建设、乡村振兴、民生领域等方面问题开展“回头看”，形成监督专报供区委参考。加强对“一把手”和领导班子监督，开展“五张责任清单”落实情况督查166次，发现问题81个，向13名区委、区政府领导班子成员发出“抄告单”和“提醒单”。聚焦年轻干部成长，落实“七个十”实施意见，从严从实加强教育监督管理。

【正风反腐】 坚持不敢腐、不能腐、不想腐一体推进，贯通深化惩治、教育、预防，始终保持惩治腐败高压态势。全区纪检监察组织处置问题线索513件、立案221件、党纪政务处分218人，同比分别增长52.20%、29.20%、38.90%，采取留置措施12人，移送检察机关12人，同比分别增长50%、100%。查办一批严重违纪违法案件。开展“警示教育月”活动，运用典型案例开展以案说纪、以案说法、以案说德。深化以案促改，做好案件查办“后半篇文章”，针对案件暴露的问题，发出纪检监察建议书38份，督促案发单位健全制度、补齐短板、完善治理。运用“四种形态”批评教育帮助和处理519人次，其中“第一种形态”“第二种形态”占比86.90%。常态化推进扫黑除恶“打伞破网”工作，严肃查办一批涉黑涉恶和“保护伞”案件。压实办案安全责任，全方位做深、做细、做实审查调查安全工作，坚决守住安全底线。按照上级监委统一部署，区监委首次向区人大常委会专项报告整治群众身边不正之风和腐败问题工作情况。

【清风正气】 坚持巩固中央八项规定精神，坚决防止“四风”问题反弹回潮和隐形变异，常态化开展“廉节清风”行动，开展违规吃喝、违规收送礼品礼金问题整治，专项治理党员干部、公职人员酒驾醉驾行为及其背后“四风”问题。紧盯易发多发老问题和新动向，综合运用专项检查、明察暗访、交叉互查等手段，查处享乐主义、奢靡之风问题20起23人，党纪政务处分17人。落实市委“六治六提”、区委“六比六晒”作风建设要求，重点查处“庸、懒、散、慢、推、拖”等形式主义、官僚主义突出问题35起58人，党纪政务处分14人。推进“公务餐”一件事改革，全区扫码用餐5800余人次，推动从“舌尖上”转作风、以“小切口”树新风。

【巡察质效】 协助区委制定巡察工作五年规划，高质量开展2022年巡察工作。建立“政治带业务、两专带多能、师父带徒

6月22日，区纪委常委会警示教育专题民主生活会召开

弟”的干部培养模式，将每轮巡察工作碰到的突出问题和需要重点关注事项汇编成《巡察手记》，帮助巡察干部快速熟悉情况、厘清思路、打开局面。做好巡察整改“后半篇文章”，由区委主要领导主持召开全区“一把手”巡察整改集体约谈会，压实巡察整改主体责任，提升整改质效。依托“重大巡视问题清单”管控系统，推动全区开展农村集体资产资源管理等专项整治，巡视巡察整改案例被纳入省委“重大巡视问题清单”示范榜2个、市级“七张问题清单”示范总榜1个，“重大巡视问题清单”管控力指数在全省排名第四。

【治理效能】　聚焦村干部违规承揽或插手村级工程、新能源汽车充电桩建设、土地征迁安置、农民饮用水安全等群众反映强烈问题，持续开展漠视侵害群众利益问题专项治理。全区查处腐败和作风问题68起，处理85人，党纪政务处分43人。在全区范围内开展以镇村工程项目建设乱象、镇属和村办企业管理乱象、村干部插手工程乱象等“三乱”问题专项整治，持续营造风清气正的农村基层政治生态。牵头开展航埠镇综合整治“正风肃纪”专项行动，立案审查调查37人，采取留置措施5人，党纪政务处分（处理）28人，暂扣、收缴涉案违纪违法款210余万元。开展重复检举控告“治重化积清零”专项行动，通过“专人包案、专班运作、专案化解、专题跟进”，全区36件清零件全部完成化解，化解率100%。加大澄清正名力度，全年为15名干部澄清正名，案例在全省澄清正名发布会上予以现场公开澄清。探索开展村（社）干部受处分处理薪酬待遇调整试点工作，制定出台规范性文件，对53名受处分处理村（社）干部薪酬待遇进行扣减。发挥基层公权力大数据监督应用效能，对405条红色预警信息开展核查，查实81条，追回资金19万余元，处理80人，“村级务工一码监督”获全省第三届“基层清廉建设十大创新经验”提名奖。

【清廉建设】　完善监督推动“清廉柯城”建设专班机制，聚焦清廉单元、数字化场景、专项治理、廉洁文化等四大模块，横向拓展重点清廉单元建设，纵向做细清廉细胞颗粒，推进各项任务落细落实。以清廉单元示范带动全域清廉建设，打造特色廉政教育基地，放大廉洁文化崇德向善的功效。沟溪乡余东村获评2022年全省清廉建设成绩突出单位，赵抃祠获评2022年浙江省廉洁文化教育基地，新华小学获评首批浙江省清廉学校建设示范校，区市场监管局、书院中学等5家单位获评2022年市级清廉建设成绩突出单位。民意调查显示，2022年度柯城区全面从严治党成效度在全市排名第一。

【队伍建设】 落实区纪委常委会“第一议题”制度，全面学习把握党的二十大精神，开展一系列形式载体多样、富有纪检监察特色的学习活动，掀起学习宣传贯彻热潮。探索实施手册式、帮带式、轮岗式、讲坛式的“四式”培养机制，重点围绕年轻干部成长培养特点，通过手册入门、帮带进阶、轮岗拓展、讲坛赋能，立体化锤炼年轻干部“两勤”“两专”能力。开展纪检监察系统“‘六比六晒’我当排头兵”作风建设推进年活动，深化工作生活专项监督，落实“九个严禁”工作要求。核查、严肃处置反映纪检监察干部的问题线索，坚决防止“灯下黑”，全区处理问责纪检监察干部6人次。

（胡利浩）

巡视巡察

【概 况】 区委巡察工作紧扣政治巡察定位，增强政治监督实效，强化巡察整改和成果运用，发挥政治巡察利剑作用。区委巡察机构坚持稳中求进工作总基调，全年开展2轮常规巡察，对6家部门（单位）、3家区属国有企业、6个乡镇（街道）及94个村（社）党组织开展常规巡察，发现问题1222个，解决民生实事187件，提交巡察专报6份，在“重大巡视问题清单”管控力指数排名中，柯城区在全省90个县（市）、区中排名第四。

【党委统领】 区委高度重视巡察工作，研究制定九届区委巡察工作规划，将巡察工作纳入区委常委会年度工作要点，先后11次召开区委常委会，学习贯彻上级巡视巡察工作的新部署新要求，专题研究巡视共性问题对照检查等工作，推动区委巡察工作高质量发展。区委书记专题会，当面听取巡察组汇报每轮巡察情况，对重点人、重点事、重点问题和整改工作提出明确处置意见。8月，区委召开全区巡察工作会议，区四套班子领导参加，区委书记对全区部门（单位）、乡镇（街道）“一把手”开展集体约谈，以上率下压实责任。

【巡察为民】 严格落实巡察为民解忧机制，将巡察期间推动解决民生实事情况纳入巡察实效考核范围。巡察组紧贴农村生产生活实际，设立流动巡察接访点，开展“驻村夜访”“上门约访”“重点探访”“深入追访”“现场查访”，并和驻村干部、村干部、党员群众代表进行座谈，推动群众急难愁盼问题“昼巡夜结”。全年“短平快”解决群众“操心事、烦心事、揪心事”187件，提高群众获得感幸福感，《柯城：聚焦“民生小事”巡出群众口碑》《柯城：巡察推动做好汛期危房解危工作》等多篇稿件在中央及省级媒体平台刊发。

5月27日，柯城区纪检监察系统作风建设推进年部署会召开

【村（社）巡察】 探索“乡村同巡、靶向监督、上下互证”的村级巡察新模式，坚持乡村巡察同步进驻、同步宣传、同步了解，以上带下查找乡镇（街道）党（工）委抓村级党组织建设方面存在的问题及乡村两级共性问题，以下看上印证乡镇（街道）党（工）委履行管党治党责任情况，实现“巡乡”和“巡村”有机融合，释放巡察监督“叠加效应”。

【专项整治】 依托“七张问题清单”管控平台，推动全区层面开展农村集体资产资源管理、村干部插手工程问题整治等5个领域的专项整治，助力实施航埠镇综合整治六大专项行动，进一步严纪律、守规矩、转作风。其中，巡视巡察整改案例《强村筑基推动共同富裕示范区建设》《腾笼换鸟 育大扶强加快山区县制造业特色跨越发展》入选省级“重大巡视问题清单”示范榜案例，《柯城区强化农村“三资”管理推进共同富裕示范案例》入选市级“七张问题清单”示范榜案例。示范榜案例申报工作取得新突破，区委巡察办在7月执行“十条军规”典型事项通报中作为正面典型被通报表扬。在2022年度全省“重大巡视问题清单”管控力指数排名中，柯城以94.21分在全省排名第四、全市排名第二。

（张　蕾）

民主党派

民革柯城区基层委员会

【概　况】　2022年，民革柯城区基层委员会有民革党员16人，其中区政协委员7名、常委2名，涉及党政机关、企事业单位、社会企业等多个领域。年内，柯城民革党员认真履行参政议政、民主监督职能，组织开展各项社会活动，取得良好成绩和效果。

【组织建设】　1月16日，民革柯城区基层委员会组织2022年的首次会议，重新调整基层委党员分工，制定向省、市级优秀基层委进发的整体目标，各位党员畅所欲言，为新一年的参政履职点明方向。

【政治理论学习】　中共二十大召开后，民革柯城区基层委员会第一时间组织学习讨论，并把学习贯彻中共二十大精神作为当前和今后一个时期的首要政治任务，并通过组织培训、座谈会、走访调研、“8090”宣讲等，全面夯实思想政治基础。

【重要会议服务保障】　9月7—8日，民革中央助推纳雍县美丽乡村建设现场会在衢州市举行，民革柯城区基层委员会配合做好会议服务保障。

【参政履职】　区政协五届一次会议上，9名柯城民革委员递交提案13篇，2篇作为集体提案汇编书面发言材料，为柯城区全面迈上共同富裕新征程的关键时期建好言、议好政。衢州市政协第八届第一次会议，民革柯城区基层委员会提交提案建议5篇，其中《充分发挥新时代农村文化礼堂共富作用的建议》被选中作为市重点提案之一。年内，民革柯城区基层委员会累计报送各类社情民意28篇，其中由党员郭姗撰写、陈言修改的《关于打造农房体系构建和风貌提升“衢州标准”的建议》被市委办《衢州信息》（领导参阅）第31期采用，获得市委书记高屹批示：“此建议对于建立衢派风格，提升农村风貌，推进乡村振兴具有借鉴意义”。党员宁晓敏写的《“一米菜园”可持续发展亟须引起重视》等3篇专题报告受到区委主要领导批示。

【社会公益事业】　发挥党员在区卫健局工作的优势，举办青春期青少年及性与生殖健康讲座40余场，7000多人次参与。聚焦计生特殊家庭全方位帮扶，发放特扶金、公益金820.8万余元。组织线上线下健康讲座10次；开展健康义诊10次，受众550余人；免费测血压血糖600余人次；发放健康宣传资料2000余份。为高血压、糖尿病患者提供3664人次免费用药；开展2000人次的结直肠癌筛查、24人次的慢性阻塞性肺炎筛查；组织450人次的70岁以上老年人免费流感疫苗接种。参与创文工作，派出党员进社区，担任交通文明岗、捡垃圾、捡烟头、劝导不文明行为等志愿者，为城中村清理卫生死角、铲除墙上非法小广告、清理乱堆放杂物、清扫绿化带。

【助力经济社会高质量发展】组织党员赴巨化集团公司开展“夯实入企服务，助力产业振兴”的调研，赴未来社区调研未来社区全域化建设情况，赴农村调研农村文化礼堂助力共同富裕等，为经济社会高质量发展建言献策。发动党员立足本职，为经济发展保驾护航。民革党员分别参与农村土地整理、医院学校等各方面事业领域、区经济发展审计的公平公正、司法监督活动，在培训电商学员、单位档案室创建，以及创办文旅“农家乐”带动村集体增收、农特产品种植加工一体化等各事业领域尽心发力。

（胡海姣）

民盟柯城区支部

【概　况】 2022年，民盟柯城支部贯彻落实中共二十大精神，围绕党委、政府中心工作，坚持服务大局、立足本职，支部全体盟员开展参政履职、民主监督和服务社会活动，为推动柯城区经济社会各项事业发展贡献民盟力量。

【政治理论学习】 组织全体盟员学习中共二十大精神、省第十五次党代会精神和市区、市委和区委全会精神。通过逐字逐句精读、细读习近平总书记作的中共二十大报告，深刻领会会议精神实质、核心要义和丰富内涵。

【履职建言】 围绕全区经济社会发展中的热点、难点和堵点问题，开展调查研究，倾听民意呼声，剖析问题成因，形成一系列的调研成果。针对全域土地整治后如何进行后期管护，避免重新抛荒等问题，盟员撰写《关于规范土地综合整治后期管护资金筹集和使用的建议》，提出有针对性的对策建议。围绕灵鹫山景区打造促进柯城全域旅游发展这一主题，盟员参与政协组织的专题调研，撰写《关于进一步提升灵鹫山旅游度假区民宿产业发展的建议》，得到区委、区政府领导的充分肯定。两会期间，6名盟员政协委员在深入调查研究的基础上，围绕产业发展、乡村振兴、绿色低碳发展、家庭教育等主题，积极履职建言，累计提交政协提案7篇。先后参加市盟组织的科技型企业培育和扶持

2022年，民盟柯城区支部合影

政策体系建设和城市未来社区建设的调研活动，并撰写《关于加快推进未来社区创建促进城市品质迭代升级的建议》调研报告，为未来社区建设出谋划策。

【换届工作】 5月，开始准备换届筹备工作，召开支部全体盟员动员大会，对换届工作进行全面的宣传动员，明确换届的宗旨和各项工作要求，引导广大盟员依法行使民主权利，营造良好的换届环境。支部执行换届工作纪律和各项程序规定，经支部委员全体（扩大）会议，选举产生新一届支部班子，实现政治交接。

【内部管理】 组织开展盟史、盟章学习，加强对民盟的发展历史更深入的了解，对盟组织的宗旨和目标、民员的责任和义务有更深刻的认识，强化盟员身份的认同感和使命感。制定出台《民盟柯城区支部盟员履职考核办法（试行）》，考核重点围绕提交参政成果、报送社情民意信息、参加议政调研活动、会务活动、社会服务情况、岗位建功、社会影响等7个方面进行。考核采取量化计分为主，按季度统计通报，年终评比晾晒。选拔培养民盟后备力量，从区政协委员中选拔一名优秀的企业家代表发展为民盟盟员。开展“情系重阳 爱在金秋”重阳节走访慰问活动，密切盟组织与老盟员的关系。

【社会公益活动】 围绕“同心筑梦、携手前行、助力‘双减’”主题，在新新街道五环社区成立社会服务基地。支部统筹整合盟员和社会各界爱心人士的力量，通过开展“智慧父母成长营”活动，深耕家庭教育领域，为家长出谋划策，为孩子们的健康成长保驾护航。先后开展5次“智慧父母成长营”活动，为150多名家长进行培训指导，解决家长在家庭教育中遇到的困惑。

（王秀珍）

民建柯城区基层委员会

【概　况】 2022年，民建柯城区基层委员会继承和发扬民建优良传统，加强自身建设，履行参政党职能，以历史和时代的使命感团结带领民建柯城区基层委会员，务实奋进，勤勉创新，自身建设显著提升，履职工作交出好成绩，各项工作开创新局面，为衢州高质量发展建设四省边际共同富裕示范区贡献柯城民建会员的智慧力量。

【政治理论学习】 学习贯彻中共二十大和二十届一中全会、中央经济工作会议精神及省市区三级重要会议、民建上级组织重要会议等精神，引导广大会员勇当中国特色社会主义制度优越性“重要窗口”的建设者维护者展示者，确保在思想上政治上行动上始终和以习近平同志为核心的党中央保持高度一致。在“柯城民建一家亲”基层委微信群发布政治学习文章，参与理论研究课题申报。

【主题活动】 学习贯彻中共二十大和浙江省第十五次党代会精神，分别组织会员参加民建省委会召开的贯彻中共二十大及关于中共二十大精神和省第十五次党代会精神宣讲会。

【宣传教育活动】 发挥市委会网站、微信公众号宣传窗口作用，及时向市委会上报会务信息、会员事迹、学习心得等，展现柯城民建风貌，讲好柯城民建故事。通过召开视频会议和微信群学习等方式，组织全体会员学习民建市委会八届五次全体（扩大）会议精神。组织会员参加2022年柯城区党外代表人士培训班，选送会员参加省第十期民建青年企业家培训班，参加区第十届人大代表任前培训及柯城区政府工作报告征求意见座谈会，出席第五届中国国际进口博览会、区人大常委会、柯城工商联（总商会）常委会。

【履行参政议政职能】 基层委员会坚持把参政议政作为第一职能，把推动发展作为第一要务，围绕党委政府中心工作、重点工作和群众关心关切的热点、难点问题，深入调查研究，积极建言献策，形成一批有价值、有影响力的参政议政成果。会员提出《降低育幼成本，打造育儿友好型城市》，在市政协全会上发言。市两会期间提交《关于加强“聚贤”氛围营造，推进乡贤阵地建设》等10篇提案，2名会员被评为优秀政协委员。拓宽信息渠道，整合信息资源，将亟须反映的社情，亟须传递的民意及时报送有关单位，着力反映建设性、前瞻性、警示性的社情民意信息，做到广辟来源、快速反映、促进转化。上报15篇社情民意，其中《首届高职扩招退役军人毕业生就业创业问题反映》被省委会采纳，《民建会员在助企纾困中展现担当作为》等6篇宣传信息被衢州民建公众号采用。开展两会前集中调研视察，听取政府部门工作介绍，征集社会各界意见建议。组织会员参加参政议政工作研讨会，信息工作研讨会、履职能力提升培训。全年撰写调查研究及提案议案10篇，其中《“双减”背景下，进一步规范校外研学游市场的建议》在柯城区政协“请你来协商·‘双减’政策下推进柯城教育高质量发展”专题协商会中形成课题报告并发言。会员写的《退役大学生就业创业情况调研报告》被市政协录用。

【领导班子建设】 通过召开组织生活会、理论学习中心组学习等形式，交流思想，增进共识，促进团结，凝聚力量，努力建设有战斗力、有向心力的好班子。贯彻民主集中制原则，对重大事项进行充分讨论，发挥领导集体的核心作用。坚持集体领导和分工负责相结合，每位班子成员负责带领1个支部，并明确每位班子成员的分工。建立领导班子议事程序和工作规范，建立健全领导班子分工协作制度、谈心会制度、个人年度履职量化考核办法等制度。根据市委会的会员发展要求和规程，做细与申请人谈话、考察等工作，将政治素质高、年富力强的优秀人员充实到基层委。

【优化“民建之家”】 加强基层组织活动场所建设工作，对位于会员企业实达实公司的柯城“民建之家”进行的优化升级，更有利于增进会员交流沟通，使民建之家真正成为“自我教育的学校、团结互助的集体、参政议政的桥梁、培养人才的基地”。

【打造“思源·共富”品牌】 根据民建“思源”品牌，提出“传递初心使命·接力共富未

2022年，民建柯城区基层委员会第一次会员大会合影

来”的口号，通过“思源助企”“思源扶贫”“思源敬老”“思源助学”四个方面来兴产业、惠民生、促发展。10月，带领8名会员前往柯城区七里中心小学开展“思源助学，温暖同行”活动，班子成员和4个支部分别长期帮扶1名留守儿童，与5名小朋友结成帮扶对子。11月，组织多名会员到衢化街道塔坛寺村参与“共富村”建设活动，进行现场走访和对接。

（上官珺）

2022年6月19日，中国民主促进会衢州市柯城区第四次会员大会暨中国民主促进会衢州市柯城区基层委员会成立大会合影

民进柯城区基层委员会

【概　况】　2022年，民进柯城基层委员创新组织活动形式，围绕党委政府重点工作，加强自身建设，履行参政党职能，为柯城区全力以赴夺取疫情防控和经济社会发展双胜利贡献力量。

【思想政治建设】　坚持政治学习，把深入学习贯彻习近平新时代中国特色社会主义思想和习近平总书记关于人民政协、统一战线、多党合作系列重要讲话精神以及视察江苏、视察扬州重要讲话指示精神作为思想政治建设的首要任务。领导班子带头学习中共党史、习近平新时代中国特色社会主义思想、习近平总书记在中共二十大会议上的重要讲话精神等，及时传达市委会和区政府的各项精神。广大会员积极主动通过微信公众号，学习中共党史、民进会史以及最新会议精神和理论知识，夯实思想基础。

【组织建设】　6月18日，召开民进柯城区支部委员会升格民进柯城基层委员会暨民进柯城区第四次会员大会，会议产生新一届民进柯城基层委员会。会员培训扎实推进，推荐5名学员先后参加区委统战部举办的培训班；注重关爱会员，每逢新春佳节都上门走访慰问老会员，为他们送上节日的祝福。各小组开展形式多样的教育培训工作，邀请资深会员与新会员结对辅导，综合提升新会员的参政议政、社会服务工作能力。吸收新生力量。规范入会程序，推进重点领域会员发展，既兼顾发展主界别会员，又统筹发展其他界别会员，丰富会员结构，优化年龄层次。

【参政履职】　发挥民主党派组织严密、管道通畅，擅长博采众长，察纳雅言的特点和优势，以实际行动构建社会主义和谐社会。借助市、区两级人大、政协搭建的平台，参与民主监督。先后在“民办学前教育发展”“‘最多跑一次’改革”“高水平推进县域治理”“民营经济高质量发展”等领域开展民主监督，并提出相关建议。支持和推荐会员担任社会特约服务，发挥好民主监督应有作用。会员刘美芳撰写的《关于修改中小学教材中过时“人口理念”　树立下一代积极生育意识的建议》被全国政协单篇采用。

（刘美芳）

农工党柯城区总支

【概　况】 2022年，农工党柯城区总支学习贯彻中国共产党第二十次全国代表大会、中国共产党浙江省第十五次代表大会、中国共产党衢州市柯城区第九次代表大会等重要会议精神，围绕区委、区政府中心工作，参政议政，开展社会服务，加强自身建设，展现新风貌，彰显新作为。

【换届选举】 6月25日，农工党衢州市柯城区总支部委员会召开第二次全体党员大会，听取和审议农工党衢州市柯城区总支部第一届委员会工作报告，选举产生农工党衢州市柯城区总支部第二届委员会，实现新老交接，为柯城区总支发展注入新活力。

【参政议政】 把参政议政作为履职的重点工作，撰写政协提案和社情民意，参与市政协、柯城区政协、农工党衢州市委会组织的各类调研活动。政协第五届衢州市柯城区委员会第一次会议期间，农工党柯城区总支部委员会的政协委员们围绕柯城区委、区政府中心工作，建言献策，提交10件提案，涉及推进新型农业经营主体高质量发展、加强农田水利基础设施建设解决抛荒土地农业生产用水问题、加快打造衢化片区未来社区建设南部新城、规范推进柯城区65周岁及以上原发性高血压和2型糖尿病患者门诊免费用药工作等方面内容。

【服务社会】 立足本职工作，聚焦民生关切，积极参加社会服务活动。党员、衢州亿升家居有限公司总经理叶飞主动到社区开展志愿服务工作，并捐赠口罩、防护服、消毒液等价值14750元的抗疫物资。抗洪抢险期间，面对强降水，党员、沟溪乡副乡长雷磊日夜奋战在一线，做好危旧房及山塘水库检查，上门劝说独居老人撤离老旧房，运送沙袋进沟溪幼儿园堵住入口，安排抽水泵进驻，及时解除险情。全国文明城市建设期间，吕颖、汪娟、周香球等党员投身一线，深入社区开展文明巡查劝导等工作，展现党员风采。

（沈月梅）

2022年，农工党衢州市柯城区总支部第二次全体党员大会合影

九三学社柯城基层委员会

【概　况】 2022年，九三学社柯城基层委员会弘扬九三学社“爱国、民主、科学”的优良传统，不忘合作初心，继续携手前进，努力建设政治坚定、组织坚实、履职有力、作风优良、制度健全的中国特色社会主义参政党地方组织。

【换届工作】 6月16日，召开九三学社柯城区基层委员会第二次全体社员大会。会议听取和审议九三学社柯城区基层委第一届委员会工作报告，与会社员全体同意通过。按照九三学社基层组织选举有关程序，大会选举产生九三学社柯城区基层第二届委员会，徐成旺担任主委，马晴、杨慧峰、肖望鹏担任副主委。

【自身建设】 切实把思想建设摆在自身建设首要位置，建立学习制度，召开全体社员学习会，学习贯彻中共二十大精神和习近平总书记系列重要讲话精神、《九三学社中央关于进一步加强和改进思想建设的若干意见》《九三学社衢州市委会开展社会主义核心价值体系学习活动实施方案》精神。5月10日，组织社员通过网络、电视等多种方式收听收看习近平总书记在庆祝中国共产主义青年团成立100周年大会上的重要讲话精神，社员肖望鹏的学习心得被九三学社中央委员会官方网站登选。9月3日，组织全体社员到七里乡举办九三纪念日活动暨“聚焦产业融合，促进共同富裕”课题调研活动。12月11日，市委宣传部、市文化广电旅游局主办“领读衢州，崇贤有礼”主题朗诵活动，杨慧峰选送的节目《颂大同，话共富》得到好评。

【履行参政职能】 坚持发挥九三学社的整体优势，围绕中心大局，开展调查研究，参政议政工作取得较好的成效。基层委12名政协委员提交提案12件，其中集体提案2件，个人提案10件，委员们的提案内容丰富，涵盖经济、政治、社会等各个领域，杨慧峰撰写的《关于“双减”政策下加强家庭教育建设的建议》、马晴撰写的《关于助力老年群体融入智能生活的建议》被评为区政协五届一次大会优秀提案。

【社会服务活动】 打造两支医疗服务志愿者团队，定期组织社员到社区、街道、乡镇等组织开展送医下乡活动，为残疾人、老年人、留守儿童提供免费搭脉义诊、测血压、测血糖、保健推拿

2022年，九三学社衢州市柯城区基层委员会第二次全体社员大会合影

按摩、理疗、针挑疗法、免费公益护眼、病理咨询及临床用药指导、送药服务。开展各项服务和医学科普知识和防病治病宣传、讲座活动40余次，惠及百姓1.5万人次，受到乡镇街道领导和群众的一致好评。国庆节、中共二十大维稳期间，在新湖社区与公安民警配合，巡查沿线商户疫情防控措施情况。社员自觉服务于柯城区的经济建设，服务108家企业、270家事业单位及政府部门。

【传承弘扬中华优秀文化】 组织社员致力于传播国学经典，推动国学教育，弘扬传统文化和社会公益事业，先后为乡镇、街道残障人、老年人群举办以传承国学、艺术教育、诗教、创新创客、礼仪传授、残疾人技能公益为主题的培训、宣传活动，组织培训衢州话师资50余人。为进一步传播南孔文化，让《论语》这部宝典浸入每个衢州人的心灵，联合衢州新华书店等单位共同举办“南孔文化传播志愿者”招募暨十万个家庭共读《论语》活动，招募志愿者150名，深入街道社区和农村发放《倡议书》1万余份，认购《论语三合一》2155册，此次活动得到《联谊报》的报道。与衢州市图书馆联合主办“弘扬南孔文化，倡导儒学家风”论语读书会活动18期，惠及市民近0.3万人次。利用周末继续培养新一届的“孔庙小导游”，为孔庙游客做讲解，传播南孔文化。

（杨慧峰）

群众团体

柯城区总工会

【概　况】　2022年，区总工会以打造忠诚于党的红色工会、唯实惟先的实干工会、共建共享的为民工会、高效协同的数智工会、创新创优的品牌工会为目标，团结动员全区广大职工为奋力打造重要窗口，争当山区26县跨越式高质量发展排头兵，建功立业。

【政治引领】　围绕增强政治认同，引导全区15家产改试点单位开展“守好红色根脉·班前十分钟”活动120余场，参与职工5000人次。继续实施好产业工人“推优入党”培育计划，提高工人党员比例。全年发展产业工人入党积极分子15人，发展产业工人党员11人，提高职工政治地位。落实意识形态工作责任制，强化对“柯城工会”微信公众号等意识形态阵地的正确引导和有效管理，筑牢职工意识形态领域安全防线，为党的二十大召开营造良好政治社会环境。

【精神引领】　加强示范典型选树，推荐获评省工人先锋号1个、立功竞赛先进集体1个、浙江工匠1名、最美柯城人1名。开展“中国梦·劳动美”系列活动，组织工会干部、劳模工匠、工会“8090”等理论宣讲队伍，进企业、进校园、进工地、进村社宣讲省党代会精神。邀请全国劳模方向明为巨化一小师生作主题为“弘扬劳模精神，争做时代新人”劳动教育宣讲，传递奋进正能量。省总工会劳模工匠助力山区26县高质量发展志愿服务队9名专家，前往衢州市普星燃机热电有限公司开展技术攻关、技术交流等志愿服务活动，帮助企业解决实际困难。

【文化引领】　将职工书屋、职工服务中心建设与职工思想政治教育深度融合，全面推行“一站一品牌”“一站一文化”建设，联合区委组织部打造“37驿站”，为外卖骑手、快递小哥等量身打造职工思政加油站。开展“建功新时代·喜迎二十大”系列活动，举办2022年度柯城区职工篮球比赛、“喜庆二十大 建功新时代”职工“云”运动会、“喜迎二十大·巾帼助共富”摄影大赛、“关爱两新、情暖中秋”新业态劳动者迎中秋等活动，全面展现新时代柯城职工昂扬向上的精神风貌。推进职工书屋建设，新建企业职工书屋2家，打造职工精神文化家园。

【产业工人建设改革】　精心谋划年度工作要点。区产改领导小组办公室根据市产改领导小组的年度工作要点，制定《柯城区2022年产业工人队伍建设改革工作要点》，制定出5个方面18项工作措施，明确2022年全区产业工人队伍建设改革的具体目标。持续加强产改工作示范点建设。不断扩大试点覆盖面，全区50%以上规上工业企业开展产改工作，试点园区和企业形成一批经验成果。全区有试点乡镇（街）、园区5个，试点非公有制企业22家。开展试点建设情况调研。深入实达实、博森电气、益佰包装、立炙机械等15家企业开展示范点建设情况调研，帮助各企业找准产改工作中的薄弱环节，进一步厘清工作思路。9月，市产改督查组到柯城检查产业工人队伍建设改革成效，实地走访金沃精工、实达实集团2家企业，听取专题汇报并予以充分肯定。

5月31日，“六一”国际儿童节区总工会到衢化一小慰问困难儿童

【技能竞赛】 开展重点项目立功竞赛，紧贴重大产业投资项目、重大基础设施工程建设开展立功竞赛活动，筛选寺桥水库工程和双西港园区基础设施改造提升2个项目申报市2022—2023年重点工程立功竞赛示范项目。举办职工技能大赛。联合人社部门举办第十一届职工职业技能大赛、劳动关系协调员、中式面点3场11个项目职业技能大赛，有913人参赛，723名取得高级工证，18名取得技师证，授予27名职工“柯城区技术能手”“金牌职工”称号。各基层工会开展技能竞赛20余场，带动28家企业、1600余名职工参加。

【技能提升】 实施国家职业技能提升行动3年计划。开展电工、办公软件、收纳整理、手工编织等技能培训8场，完成职业技能培训420人；组织开展省、市、区三级创新工作室推荐评选工作。加大对产业工人创新创效扶持力度，推荐申报省级创新工作室1家、省最具影响力创新工作室1家、市级创新工作室4家、市示范性创新工作室3家，评选区级创新工作室4家，推动企业技术创新。实施新时代“浙江工匠”培育工程，1人入选“浙江工匠”培育计划，68对师徒通过“名匠带高徒”形式开展目标化培养工作。

【法律援助】 以民营企业为重点，健全劳动关系和职工队伍状况监测机制，开展劳动争议大排查、矛盾纠纷大化解、维权帮扶大关爱活动；依托协调劳动关系三方机制，通过线上线下结合的方式开展工资集体协商质效评估，完成15家和谐企业复评工作。开展法律援助服务，组建工会法律志愿服务队，接待职工咨询、诉求41起，化解纠纷隐患62件；开展法律培训3场，为47家企业开展劳动用工法律体检工作，服务职工1000余人次；构建和谐劳动关系，创建和谐劳动关系示范企业，实达实集团有限公司荣获“全国和谐劳动关系创建示范企业”称号。

【慰问帮扶】 做好困难职工解困脱困工作，“两节”期间慰问困难职工、新就业形态劳动者、外地留柯城过年职工175人，发放慰问金和慰问品12.60万元。举办助企暖岗“开门红”春季系列招聘会，26家用人单位进场招聘，提供就业岗位368个，89人达成就业意向。开展“情暖六一·温暖童心”关爱慰问活动，筹措资金1.45万元，慰问职工子女共30名；开展夏送清凉活动，为101家企业3700名劳动者送去清凉用品，价值28.62万元。组织转岗再就业培训5场，帮助179人实现转岗或再就业。

【普惠服务】 推进职工子女托管班建设，为解决员工子女假期无人看管问题，区总工会联合府山街道总工会、九华乡总工会、实达实集团等单位开设爱心托管班7个，托管职工子女300余人。关心关爱一线职工，安排11.70万元专项资金组织两批65名新就业形态劳动者、产改企业一线职工赴常山、开化等地开展疗休养。新建“劳动者港湾”2家，“妈咪暖心小屋”5家，“职工书屋”2家，对已建成的“劳动者港湾”进行星级评定，提升服务质量。府山街道“37驿站”被评为全国“最美工会户外劳动者服务站点”。

【基层工会改革】 8月，区总工会领导走访调研万田乡、航埠镇、府山街道等地职工服务阵地建设情况，鼓励基层工会结合自身特点，围绕素质提升、职工帮扶、网上工会等领域广泛实施各具特色的工作项目。下拨8万元工会经费专项用于职工服务阵地建设，进一步夯实基层工会基础，使工会工作更接地气、更具活力。区总工会职工服务中心项目完成总体设计，进入装修环节。

【基层工会组建】 开展工会组建攻坚专项行动，全区25人以上工会组建实现全覆盖。加强新领域工会组建。4月，区总工会在建立快递行业联合工会、网络送餐员联合工会的基础上，成立全省首家“村播共富联合工会”，2400余名村播有“娘家”，省、市总工会领导授牌并讲话，人民网、中工网、《浙江工人日报》、“学习强国”学习平台10多家媒体对柯城区村播共富联合工会成立进行全方位报道。8月，成立柯城区保安行业工会联合会，吸纳会员3000余人。

【助力经济发展】 实施助力消费举措，落实《关于加大工会经费投入助力疫情防控与消费复苏十条措施》，对一线职工慰问标准、新业态基层工会补助、促进消费开支、转岗再就业培训等加大扶持力度。落实助企减负政策，执行工会经费缓减返还政策，助力企业纾困和健康发展。截至9月，返还1889家小微企业

9月14日，衢州市柯城区2022年度一线职工前往开化县开展疗休养活动

工会经费322.94万元。组织全区基层工会采购北川农产品，带动消费176.12万元。完善疗休养实施办法，制定《职工疗休养工作管理办法》《职工疗休养基地年度考核办法》，有序推进疗休养工作。全区组织1006批次8340名职工开展疗休养，带动消费2340万余元。安排11.70万元专项资金组织65名一线职工免费疗休养；对全区3家省级、10家市级职工疗休养基地开展动态检查考核，提升基地服务能力和水平，吸引更多的人到柯城疗养。

【数字化改革】 区总工会多次与省总对接数字化改革工作，跟进省总、市总数字化改革进度。省总下发关于开展2022年省市县工会联建项目清单后，区总工会第一时间向市总上报职工再就业服务和妈咪暖心小屋2个应用场景，其中妈咪暖心小屋应用成功入围省、市、县工会联建试点项目。在省市数字化改革调研座谈会上，妈咪暖心小屋应用谋划方案获省总工会认可。8月，调研全区“妈咪暖心小屋”建设情况，整理妈咪暖心小屋应用相关数据，为妈咪暖心小屋数字化应用开发提供数据支撑。

【参与社会治理】 组建工会志愿者队伍，200余名企业职工、65名劳模工匠投身一线抗“疫”。发动早田农业、龙印配送、火宏凯泰、邵永丰、普农家电等10余家企业捐款捐物合计70.38万元。参与全国文明城市创建活动，负责城站社区南湖世家小区包干任务，组织每周创文攻坚行动，打通文明城市创建工作“最后一公里”。

（林瑶瑶）

中国共产主义青年团柯城区委员会

【概　况】 2022年，全区有团组织559个，其中基层团委、团工委31个，团总支1个，团支部476个，毕业生团组织51个，团员14891名；全区少先队中队870个，少先队员37736名。共青团衢州市柯城区委员会坚持党的领导，深入学习贯彻中共十九大、十九届历次全会、二十大及二十届一中全会精神，习近平总书记在庆祝中国共产主义青年团成立100周年大会上的重要讲话精神、省第十五次党代会、市第八次党代会、省第十五次团代会精神，牢记“忠诚、敏锐、活泼、实干”的要求，开拓进取、真抓实干，推动柯城共青团工作取得新突破、迈上新台阶。

【共青团改革】 2022年，组织全区各中学开展“积分入团”、入团20小时志愿服务行动，严格落实8课时团课，把好入团关口。推进“智慧团建”系统建设，完善“智慧团建”系统信息，分区域推进个人信息录入，加强团员管理，强化服务型团组织建设。团员管理制度规范化、系统化，为各团组织发展团员打好坚实基础，开展团员发展自查、违规发展团员核查整改工作，累计整改完成不规范入团问题81条，有效扩大团组织覆盖面，规范开展团的工作。常态化开展团干部思想教育，推动团干部队伍能力素质有效提升，出台《柯城区部门、乡镇（街道）团干部述职评议》考核细则，举办“六比六晒”乡镇街道共青团工作PK赛，通过晾晒比拼激发团干部“想干事、能干事、干成事”的工作拼劲，凝聚“转变作风、真抓实干、提升形象”思想共识，夯实共青团工作争先进位制度基础。

【基层团组织建设】 创新组织覆盖形式、提升社会领域组织密度，提高新业态、新就业群体和“两新”领域组织覆盖质量。完善共青团协同工作平台管理台账，并对团委工作制度和职能以及发展团员、智慧团建等日常工作加强规范化建设，使全区共青团工作组织基本实现“有组织、有队伍、有阵地、有制度、有职责、有任务”，形成“条块联动、点面结合、统筹高效、运转流畅”的团组织体系。在区市场监管局、区交通局、区网信办等主管单位的支持下，成立柯城区外卖配送行业团工委、柯城区快递物流行业团工委、柯城区互联网行业团工委。

【红领巾学院建设】 推进红领巾学院建设，打造党团队一体化育人体系。引导青少年厚植爱国情怀、赓续红色血脉、传承红色基因，继2021年七里杨坞烈士陵园之后，中共衢县支部旧址纪念馆于2022年9月入选“浙江青少年红色基因传承基地”名录。自觉扛起全团带队政治责任，与教育局共同召开团教协作联席会议。持续推进少先队建设，鹿鸣小学学生林辰瑶荣获“全国优秀少先队员”称号，市实验新湖校区大队辅导员陈茜获“全国优秀少先队辅导员”称号。推进柯城区“未来社区红领巾学院”试点建设，新荷、天皇巷2个未来社区红领巾学院在全市率先实现挂牌运营。依托市区一体这个最大优势和依靠，“家门口青少年宫”项目成功入选2023年衢州市十大民生实事项目，将在柯城辖区部署5个点位，打通联系服务青少年儿童的“最后一公里”，打造“15分钟公益托管圈”，实现青少年宫在市区多区域的功能覆盖。

【维护青少年权益】 通过省希望工程、精实助学平台帮扶困难青少年。在“建队节”开展“献礼建队日、追梦红领巾”帮扶行动，为45名贫困儿童献上爱心礼包。开展重点青少年走访帮扶工作，面向全区61名重点青少年累计完成走访量275次。组织动员辖区内各中学开展青少年模拟政协提案上报工作，提升广大青少年政治参与度。全区形成浓厚的“开学法治第一课”氛围，各中小学围绕爱国主义教育、党史学习教育等主题，结合“三禁三防三自”广泛举办知识讲座、培训会等活动，培养少先队员、团员青年的爱国情操，丰富自我救护知识。联合区检察院等部门制定柯城区“青鸟之翼”未成年人社会综合帮扶机制，邀请青少年事务社工、心理咨询师等专家对辖区内涉罪不起诉未成年等重点青少年群体开展针对性帮扶。

9月，“献礼建队日 追梦红领巾”——共青团衢州市柯城区委员会举行2022年筑梦帮扶行动

【青年发展型城市建设】 联合总工会、人才办等单位举办多场青年人才交友活动，覆盖全区2000余名单身青年，为解决婚恋等关注度较高的社会问题提供解决路径。开展柯城学子“返家乡”暑假社会实践活动，统筹全区资源提供实习实践岗位200个，吸引300余名大学生参与报名。开展柯城区大学生联盟成立大会暨2022年高校学子柯城行活动，号召广大衢州籍青年为青年发展型城市建设建言献策。依托柯城—北川东西部协作桥梁纽带，两地团委发起“青农羌市”品牌，被纳入衢州绵阳全面深化合作框架协议。以“青农羌市”为载体，创新“电商+各类实体+创新

创业”的“1+N+1”模式，截至年末，实现带动北川50名青年实现创业就业，帮助190户北川农村青少年家庭销售家庭农副产品，金额达110万元。为青年创造良好的生活发展环境，将青年发展型城市建设纳入区政府工作报告，出台关爱暖心举措，为柯城青年提供施展才干的舞台，增强广大青年的获得感、成就感、幸福感，发挥好共青团的桥梁纽带作用。

（叶争怡）

柯城区妇女联合会

【概　况】　2022年，区妇联落实中央、省委、市委和区委关于群团工作的部署要求，坚持“党建带妇建，妇建服务党建”的原则，深化持续推进自身改革，动员全区广大妇女群众勇担使命、践行新思想。找准妇联定位，勤谋深思、主动作为，推动妇女儿童事业健康发展。柯城区妇联作为全省唯一一家县市区代表在全省乡镇(街道)妇联换届工作例会上做经验介绍；承办全市千名“三衢和姐”进“共享法庭”助力基层治理行动暨“平安家庭”建设工作推进会；沟溪乡余东未来乡村妇女儿童驿站被评为2022年度首批浙江省三星妇女儿童驿站；九华乡茶铺村、石梁镇麻蓬村被评为浙江省美丽庭院特色村；浙江金明生物科技有限公司被评为浙江省巾帼农创基地；区妇联在“群团共富·领雁先行”最佳项目PK赛上获桂冠并被授予流动红旗；进入全国妇联网络信息传播中心2022年度妇女宣传舆论阵地建设先进榜名单。柯城区妇联在2022年度全市妇联工作评价中位居第一档，荣获2022年柯城区首位奖，获评区“8090新时代理论宣讲”工作成绩突出集体。

【组织建设】　探索推动网格化基层妇女组织体系，健全“四新领域”妇联组织，持续扩大“妇女微家”影响力。2022年，完成18个乡镇（街道）妇联组织换届选举。教育、文化、卫生、女性社会组织、新业态、新就业等领域优秀女性被吸纳成为各乡镇（街道）妇联执委，妇联干部队伍结构不断优化。12月，召开柯城区第七次妇女代表大会，选举产生新一届区妇联执行委员会。

【干部队伍建设】　以党建引领妇联干部队伍系统性重塑，开展“六治六提”“六比六晒”作风建设行动，举办基层妇联干部培训班、“领头雁”培训班等，形成比学赶超的浓厚氛围，全面落实从严管党治党，构建风清气正的政治生态环境。

【巾帼建功】　发挥党联系妇女群众的桥梁纽带作用，相继开展助力美丽衢州建设接力行动、“巾帼向共富·喜迎二十大”微宣讲大赛暨“我奋斗·家国美”故事汇活动、“除险保平安 护航二十大”巾帼助力行动等。以“共同富裕巾帼在行动”为抓

12月27日，柯城区第七次妇女代表大会召开

6月28日，区妇联在白云街道白云社区开展“巾帼向共富 喜迎二十大”微宣讲大赛暨“我奋斗·家国美”故事汇活动

手，聚焦产业高质量发展，围绕“扩中”“提低”改革总要求，谋划巾帼共富联盟“335计划”项目，建成首个巾帼共富工坊服务中心，构建“1+1+N”的巾帼共富体系，在参与全区“群团共富·领雁先行”最佳项目PK赛中获一等奖。姜雨良家庭获评2022年全国最美家庭，黄凌家庭获评第十三届全国五好家庭。

【助力乡村振兴】 实施“巾帼云创客项目”，以“村播基地”辐射带动广大妇女顺应数字化发展潮流，推进“妈妈的味道”产业发展。开展共同富裕美家园行动，围绕“衢州有礼”诗画风光带，组织各乡镇街开展美丽衢州建设擂台赛、接力赛，出台美丽庭院建设星级标准。

【维权关爱】 柯城区成为“三衢和姐”进驻“共享法庭”试点县，相关工作获省、市妇联领导肯定。建立“三衢和姐”工作室30余家，培育“和姐”190人，提供心理疏导612人次，化解家事矛盾纠纷425件，诉前调解成功率达75%，“和姐”典型案例在《浙江法制报》宣传报道，在全市“三衢和姐”现场会、“共享法庭”融治理工作推进会上作交流发言。联合公安建立首个反家暴工作室，推动反家暴工作社会化联动机制建设，形成反家暴预防、干预、救助一体化工作模式。

【家庭教育】 深化“浙礼好家庭”品牌建设，选树省级以上最美家庭、五好家庭、绿色家庭，开展“好家风好家训”征集、寻找“好家风故事”“争当廉内助”等活动，推动形成良好的社会风尚。实施《中华人民共和国家庭教育促进法》，组建家庭教育讲师团，建成各类家长学校64所，开设家庭教育指导专项职业能力培训班，举办各类家庭教育讲座、亲子阅读等活动100余场次。

【妇女儿童服务】 参与儿童友好城市建设，成立柯城区儿童友好城市建设领导小组，白云街道白云社区儿童友好社区建设项目、信安街道斗潭社区儿童友好社区建设项目入选浙江省妇女儿童发展规划2023年示范项目名单。成立省（市）示范妇女儿童驿站5家、区级示范妇女儿童驿站11家，常态长效开展各类妇儿教育、服务、维权等活动。开展“四必访四必应”专项行动，各级妇联干部累计走访7230次、办实事1596件。

（江　艳）

柯城区科学技术协会

【概　况】 2022年，区科协团结和发动广大科技工作者，突出服务、真抓实干，弘扬科学精神，普及科学知识，传播科学思想和科学方法，推广先进的实用技术，不断提高人民群众的科学文化素质和技能。

【全民科学素质行动】 在荷花街道通荷社区开展“慢性阻塞性肺气肿的早期识别”科学普及志愿服务活动。组织开展“学习雷锋日”、全国科技工作周、防灾减灾日、全国科普日等重要节日主题科普活动。利用科普大屏、科普宣传栏等宣传防灾减灾科普知识，组织科普工作者向居民群众发放防灾减灾宣传资料、各类科普宣传册500余人。在乡镇街道、科普教育基地、学校等单位开展食品卫生安全、心理健康、地灾防治等科普活动27场，组织科技工作者和科技志愿者走进柯城区万田乡余家山头村、九华乡九华村村宣讲卫生健康、消防安全等科学知识。走进礼贤小学、巨化一小、城南小学、花园小学、姜家山小学开展科普大篷车“双减”进校园活动。在礼贤小学、白沙小学开展科普情景剧活动，并承办2022年衢州市“中国航天日”启动仪式暨航天航空科普报告会，点燃青少年学习科技热情。组织全区群众参加线上2022年“科普+安全教育”科普竞赛活动，选出3名企业优秀代表参加线下答题活动。开展“文化科技卫生‘三下乡’活动”，走进柯城区万田乡余家山头村、九华乡九华村；开展银龄跨越数字鸿沟科普专项行动，谋划“防范诈骗　智享银龄”系列宣传活动方案，利用衢州学院讲师、电信公司人员以及“8090宣讲团”等科普志愿者在乡村社区开展“老年人智能手机使用”“防范电信诈骗”等内容的宣传。

【农函大工作】 实地走访柯城区鑫铺家庭农场等10个农函大的新教学点，其中有7家教学点完成申报，并开展相关技术培训10余场，受益农民1200余户。评定35名初级农民技术员、中级农职称3人。

【博士创新站建设】 根据《“百博助企”专项行动实施方案》要求，开展柯城区院士博士助企行动，组织相关人员对区内企业进行专项走访，宣传博士创新站的相关人才政策，摸排企业建站意向。其中浙江泓芯半导体有限公司、浙江金明生物科技有限公司、衢州市柯城区林业种子种苗站3家企业建站成功。

【院士合作项目】 达成1个院士合作项目，柯城区申报的关于鲟鱼工厂化循环水智能养殖关键技术研究与示范项目的院士合作项目获得认定并下文。

【行业学会建设】 贯彻省科协“一县一业一学会”文件精神，对接省电机动力学会关于在柯城区成立电机动力学会相关事项。和省电机动力学会签订战略合作框架协议，初步商讨技术服务内容，组织专家团于下半年对亿迈达泵业、金沃精工进行

4月28日，区科学技术协会在礼贤小学举办2022“中国航天日”启动仪式暨航天航空科普报告会

实地走访交流。完成省“一县一业一学会”采购要素模板的上报工作。

【科普数字化改革】 探索科普数字化改革工作新形势，联合柯城区天文协会、衢州邻里通数字化平台，开展“一周天象预报”短视频播报，播报内容主要为近一周要发生的日食、月食、流星雨、行星伴月和日出日落等天文现象，以每周一期的形式在衢州“邻里通”平台展现。推动“你点我来”科技服务应用平台建设，按照“群众点单”“科协派单”“专家接单”的创新服务模式，为群众提供“一网”通办服务，推进科协工作数字化、便利化、标准化，接群众点单20余个，回复率100%，派单率100%，高效实现点单派单。制作“你点我来”科技服务应用操作流程板，张贴在柯城区辖区206个乡镇街道的乡村振兴讲堂和文化礼堂，完成“你点我来”科技服务应用全覆盖。

【科普阵地建设】 推进全区“科普画廊”重建。针对区级层面科普画廊破损、老化等情况，联系承建方对5个街道、9个乡镇124个村的科普画廊进行修整，安排资金对破损严重无法修复的科普画廊进行重建。推进基层科普基地的建设，新推动创建科普基地10个，投入科普经费155万元用于建设姜家山乡三山村科普馆、大成小学人工智能实验室、巨化三小天文观星台建设、新世纪学校科创园项目、松园商圈科普驿站、上蒋村未来乡村基地、三衢社区应急救援科普馆、白沙小学科技展览馆、礼贤小学科创课程项目、柯城人民医院肿瘤防治科普基地。

【青少年科技创新大赛】 全年新增科普项目建设10个，涉及学校、乡镇、医院、社区等单位，实现柯城区科普阵地建设全覆盖。发挥科普阵地优势，联合区教育局筹办2022年度柯城区青少年科技创新大赛暨校园科技节活动。

（姜庆诗）

柯城区工商业联合会

【概　况】 2022年，柯城区工商业联合会紧扣“两个健康”主题，围绕中心服务大局，不断深化民营经济人士思想政治引领，加强民营经济代表人士队伍建设，推进工商联工作创新发展。《打造商会“五支队伍”助力抗击疫情》入选全省工商联系统第一季度服务“两个健康”最佳实践案例，柯城区航埠商会、浙江嘉耀律师事务所共建“万所联万会”机制做法入选“万所联万会”典型事例，《打造“政企半月谈”答好助企纾困考试卷》入选全省工商联系统第三季度服务“两个健康”最佳实践案例2022年民营企业调查点工作先进单位，党组书记蒋宇斌获得全省工商联服务“两个健康”工作成绩突出个人称号。

【区工商联换届】 6月2日，柯城区工商业联合会（商会）第五次代表大会暨换届大会召开。会议听取、审议区工商联第四届执委会工作报告，选举产生新一届区工商联执委会，浙江金沃精工股份有限公司总经理郑立成当选区工商联（商会）第五届执委会主席（会长）。

【理想信念教育】 6月26日，召开省第十五次党代会精神贯彻学习会暨“永远跟党走，奋进新征程”理想信念报告会，传达学习省第十五次党代会精神。区工商联主席、金沃精工股份有限公司总经理郑立成作主题为“永远跟党走　奋进新征程”的报告。7月25日，金明生物科技有限公司举办理想信念报告会，副总经理汪康赟作为青年企业家代表作理想信念报告。9月24日，举办“青蓝接力赛·青商读书会”活动，近30位青年民营企业家参加，畅谈《干在实处勇立潮头——习近平浙江足迹》学习体会。

【政企恳谈会】 为深化“六治六提”作风建设行动，自6月起开展柯城区“亲清直通车·政企恳谈会”，截至年末，召开制造业、建筑业、服务业、农业、汽车行业专题5期，参加恳谈企业42家，涉及职能部门27个。每期“政企半月谈”由区委书记、区长两位主要领导轮流主持召开，倾听企业家的诉求，交流企业发展过程中的困难和问题。对企业提出的问题诉求，交由职能部门现场答复，不能当场答复的问题会后形成问题清单，交办至各相关职能部门和行业主管部门并限期予以答复，形成闭环。

【共同富裕】 7月，北川遭受洪灾后，发动广大柯城商人和商会向北川捐赠，筹集资金和物资35万余元。9月，开展金秋助学行动，向13名北川学生捐赠4.9万元助学金。走访慰问退役军人、走访困难群众、夏日送清凉等，区总商会、各基层商会、寓外商会所属广大会员全年累计捐款捐物价值约305万元。9月21日，组织柯城区商会15个小组会员代表，在七里乡大头村举行“我在七里有块地”认领活动，为村集体经济增收5万余元。

【商会建设】 7月9日，柯城区荷花商会召开二届一次会员大会暨换届大会，衢州金盾保安服务有限公司执行董事毛土根当选为新一届会长；7月29日，柯城区柯山商会召开二届一次会员大会暨换届大会，衢州市昌远化工有限公司董事长张水根当选为新一届会长；11月12日，柯城区新生代企业家联谊会召开二届一次会员大会暨换届大会，衢州国金荟商业管理有限公司总经理叶浩当选为新一届会长；12月7日下午，柯城区航埠商会召开二届一次会员大会暨换届大会，衢州航埠粮油有限公司总经理梁宗福当选新一届会长；12月16日下午，南京市江宁区柯城商会成立大会在南京召开，南京利德盛机械有限公司董事长阮祝荣当选为首任会长。

【商会活动】 在柯城区总商会建立“1+1+4+N”模式，将全体会员分成15个小组，加强民营企业之间的相互交流、促进民营企业之间的商业合作，增强商会凝聚力和向心力，同时推动组内企业商业合作，实现抱团取暖。全年举办15场小组活动。组织柯城区工商联（商会）20余人参加“柯城农银行杯”篮球赛。持续暖心慰问，区委、区政府有关领导分别在重阳节、春节前夕两次走访慰问寓外商会会长父母，引起很大的反响。开展会员生日慰问，送上蛋糕鲜花，并在商会微信群组织集体祝福。11月15日，全市工商联系统务虚会暨重点工作冲刺会召开，会议学习贯彻落实党的二十大精神，部署年前重点工作冲刺任务，交流2023年工

6月2日，衢州市柯城区工商业联合会（商会）第五次代表大会召开

作思路。会前，参会人员对柯城区工商联和柯城区荷花商会工作成果展示进行参观学习。

【会员服务】 打造“柯商讲堂”，为企业家提供专属学习交流平台。8月，由浙江大学、清华大学MBA客座教授王仁锋带来主题为“打造高绩效团队”的2期课程，60余人次听课。11月17日，区工商联（商会）职业能力提升培训班在浙江工业大学朝晖校区开班，40名企业家参加此次培训。以特色金融服务助企纾困，联合建行柯城支行开展专题研究，推出针对工商联会员的专享经营类贷款“商惠贷”。10月10日，举办助企纾困 政银企座谈会，柯城建行作金融惠企纾困政策介绍，衢州人寿财险为参会企业解读惠企政策和保险金融产品。

（周　丹）

柯城区文学艺术界联合会

【概　况】 2022年，区文联围绕区委、区政府中心工作，着力在兴创作、办活动、带队伍、促交流、抓帮扶、助脱贫等方面寻求突破，主动作为，推动文化产业发展，促进文艺精品创作，推进全区文化事业发展。

9月16日，“南孔圣地·崇贤有礼”开蒙礼活动在孔庙举行

【系列主题活动】 2022年，举办系列主题活动。7月，承办浙江省文联系统组联干部培训暨艺术乡建工作现场会并作典型经验发言。结合宋韵文化、非物质文化遗产保护、艺术乡建等工作，举办“艺起趣乡村”柯城区首届乡村艺术季，共举办系列活动10余场，带动乡村旅游10万余人次。开展“文艺进万家”志愿服务活动，组织区文联各协会进驻乡村开创“乡村艺术公社”，常态化驻村开展文艺志愿服务，打通乡村本土文化文艺团队的活动领域，跨村社开展各类展演、培训交流活动百余场。组织乡村非物质文化遗产代表性传承人、工艺美术师、民间艺人、村播达人等乡土人才开设剪纸、竹编、陶艺、戏曲等“乡野艺术课堂”“乡村亲子研学”。

【“月光下的诗歌汇”诗词朗诵会】 9月11日晚，承办浙江有礼·衢州先行——衢州市我们的节日“月光下的诗歌汇”诗词朗诵会，朗诵作品全部为柯城区当地诗人、诗歌爱好者原创，并由本人朗诵，由民族器乐演奏家现场伴奏。

【“南孔圣地·崇贤有礼”开蒙礼活动】 9月16日，在孔氏南宗家庙大成殿外“南孔圣地·崇贤有礼”开蒙礼活动，并在柯城区34所小学设分会场，全区各小学一年级新生代表参加仪式。9月28日由孔子第76代嫡长孙孔令立亲自释义的“南孔圣地·崇贤有礼”宣教片在至圣先师孔子

2573周年诞辰纪念日，举行首发仪式。

【余东农民画金名片】 打磨擦亮文艺品牌，持续擦亮余东农民画金名片。围绕余东农民画这一具有代表性的文化品牌，发挥文联的带动引领作用，举办农民画交流研讨活动，区美术家协会成员参与农民画创作，进一步提升余东农民画在文艺界的知名度与美誉度。助推非遗文化高质量传承传播。立足人类非遗九华立春祭、国家非遗邵永丰麻饼、衢州白瓷、赵抃廉政精神等文化遗产，将非遗主题纳入文艺创作，进一步扩大非遗文化传播力，形成一批具有柯城辨识度、引领潮流的特色文化品牌。举办区廉洁文化沙湾美术展、“衢州有礼、廉孝先行”“诗画颂清廉”“家庭助廉”等群众性活动。以文艺力量助推柯城经济社会发展。围绕党的二十大、省第十五次党代会、市第八次党代会等重要会议精神，举办文艺精品创作比赛，举办文艺志愿服务专场演出，激励全区文艺工作者持续创作，展现当下柯城百姓生活，助推柯城经济社会发展。

【组织机制建设】 持续强化组织机制建设。开展区文联所属各文艺家协会换届工作，紧扣区委、区政府的中心工作，通过配强配好协会班子，进一步推进文艺精品创作，培养“德艺双馨”文艺人才，优化文艺事业发展做境，为促进全区文艺事业繁荣发展作出更大贡献。区作家协会、区美术家协会、区戏剧家协会、区民间文艺家协会完成换届工作，研究确定当前和今后一个时期各文艺家协会的工作目标、主要任务和具体举措，修改并通过各文艺家协会章程，选举产生新一届协会领导班子。全区所有乡镇（街道）成立文联，为乡镇（街道）文联工作开辟新路路径。

（金　萍）

柯城区残疾人联合会

【概　况】 2022年，全区各级残联落实党的二十大精神和习近平总书记关于残疾人事业的重要论述，围绕残疾人社会保障、教育、康复、就业创业、文体、宣传、信访、残疾预防和无障碍环境建设等方面，补齐短板，筑牢残疾人民生保障网，完成各项任务，进一步提升全区残疾人的存在感、安全感、获得感、幸福感和归属感。是年，副省长王文序调研柯城区肢体残疾人徐琦就业创业服务工作；省残联调研组先后到柯城多层面开展残疾人工作调研；区委书记蒋国强调研府山街道残疾人之家（豆浆小屋）工作；江西省鹰潭市残联考察学习组到柯城进行学习交流。

【组织建设】 印发《关于全区乡镇（街道）残疾人联合会换届工作的意见》《衢州市柯城区残疾人联合会召开第八次代表大会实施方案》等文件，聚焦强“三性”（政治性、先进性、群众性）、去“四化”（机关化、行政化、贵族化、娱乐化），持续深化残联群团改革，着力优化领导选配、人员结构、运行机制，提高区乡残联基层和一线人员比例，区残联和全区18个乡镇（街道）残联完成换届选举。当好三个“第一者”，团结凝聚广大残疾人听党话、跟党走，对年度任务细化分解并纳入年度目标绩效考核，打通服务残疾人的“最后一公里”。联合区人社局开发公益性岗位53个，增加基层社会管理和公共服务岗位人员，提高残疾人就业率和收入水平，壮大基层工作力量。

【社会保障】 全年为12109名持证残疾人办理残疾人意外伤害综合保险，实现全覆盖。为12名柯城区籍的个体盲人按摩机构的残疾人法人代表，按基本养老保险个人参保正常缴费额50%发放

2021年盲人按摩养老保险补贴4.40万元。为全区169名低保的法定劳动年龄段内缴纳灵活就业养老保险的持证残疾人，按缴纳金额50%发放2021年灵活就业补贴约11.60万元。为98名符合机动轮椅车燃油补贴补助的残疾人，发放燃油补助2.548万元。全年累计办理中华人民共和国残疾人证967人次，其中上门评定办证服务210人次，为当事残疾人免除残疾评定费2.40万余元。

12月17日，衢州市柯城区残疾人联合会第八次代表大会召开

【公共服务】 在已经建成17家残疾人之家的基础上，新建七里乡残疾人之家，完成残疾人之家建设全区乡镇（街道）全覆盖，动态庇护306名劳动年龄段残疾人。在原计划星级提升2家残疾人之家的基础上，又新增完成3家，超额250%完成省民生实事建设任务。规范化提升“衢州市妇幼保健院（儿童康复中心）”（承接省级民生实事市妇保院提升改造项目），实施航埠镇健康公园、石梁镇卫生院等重要公共服务场所无障碍改造11个，白云街道新湖社区成功创建2022年浙江省无障碍社区并获得省残工委命名。荷花街道新荷社区创建区级残疾人文化艺术示范基地。

【教育助学】 全年安置柯城区学前教育年龄段残疾儿童59人，2人因残疾程度深，无法接受教育及康复无效果未安置；义务教育年龄段226人通过特殊学校就读、卫星班开设、送教上门等方式全部安置完成，高中年龄段残疾学生已安置64人，未安置7人（残疾程度深，无法接受教育）。对18名残疾人大学生补助学费和住宿费 22.074万元；对13名残疾学生及困难残疾人家庭子女一次性助学补助2.90万元；对68名其他残疾学生助学补助5.40万元；为28名残疾学生和困难残疾人家庭子女申报市级助学补助4.80万元。为13名残疾人毕业生建立一人一册服务档案，优先牵线搭桥，为其提供就业指导、职业培训等“一对一”服务，除2人拟参加升学考试和1人暂不就业外，其余10名有就业意愿的应届高校毕业生均实现就业。

【就业培训】 发动全区残疾人参加省、市残联举办的茶艺、调饮师及电商客服等各项培训，组织花艺、烘焙与特色小吃等3期残疾人培训班，累计培训残疾人140余人次。推荐3名优秀学员参加衢州市调饮师大赛，分别荣获一等奖、二等奖和三等奖，其中一等奖学员还代表衢州市参加全省残疾人调饮师大赛。开发残疾人之家辅助性就业功能，黄家街道残疾人之家开展“为爱烘焙”“为爱编织”活动，组织销售手工、烘焙产品，实现营业收入5万余元；沟溪乡残疾人之家负责人主动与义乌厂家对接，除提高本机构残疾人营收以外，还辐射周边的残疾人家庭，带动更多残疾人就业创业增收；府山残疾人之家创建“憨豆儿”驿站，开设“憨豆儿烘焙坊”“憨豆儿陶艺铺”和“憨豆儿花圃”等特色工作站，与必胜客、麦当劳、622鸡柳等企业商户达成共建合作，并成功推荐1名豆浆店实训的庇护人员进入必胜客南街店工作。

【对口协作】 与四川省北川羌族自治县残联签订《2022年度东西部协作项目协议书》，共同开展北川“强基育人”项目，并拨付北川残联扶贫协作项目资金10万元，消费帮扶2万元。12月初，区残联分管领导、区残疾人综合服务中心主任与市残联相关领导一同前往四川省绵阳市进行一周对接帮扶工作，为两地残疾人事业再添动力。继续对接省内结对单位余杭区残联，签订《2022年度山海协作项目协议书》，并将捐赠的20万元帮扶资金，全部用于区残疾人发展事业。

【康复服务】 为130名残疾儿童进行康复训练，其中听力言语残疾儿童16名，多重及肢体残疾儿童32名，智力残疾儿童42名，孤独症残疾儿童40名。全年为1328名持证重性精神病患者基本用药享受政府兜底免费服务，实现精神残疾人免费服药全覆盖。累计发放辅具器具310台（只），其中助听器110台，轮椅类大额辅具188台，假肢适配12只，15人货币补贴计4万余元。累计开展“家庭病床”服务6201次，其中责任医生服务2793次，协调员服务3408次。全面完成全区18个乡镇（街道）残疾人精准康复数据采集。据统计，全区康复需求8016人、辅助器具需求人数106人，数据采集率、康复服务率和辅助器具适配率均为100%。

【动态更新】 9月，开展柯城区残疾人实际状况调查工作，全区累计调查持证残疾人12256人，调查完成率为100%。其中入户调查12137人，电话调查56人，查无此人10人，已搬迁15人，空挂户7人，外出22人，注销9人，入户调查率达99.54%。

【文化体育】 开展康复体育进百户家庭工作，为残疾人家庭送上体育康复器材208件，价值2万余元。在石梁镇、七里乡等8处场地组织残疾人艺术团开展下乡巡回演出，观看约1100人次。组织盲人开展无障碍阅读、无障碍观影等活动7场次，受益90人。组织34名残疾人参加衢州市残疾人文艺会演比赛，获得2枚金牌、5枚银牌、2枚铜牌的好成绩。组织区钟楼残疾人艺术团下乡开展庆祝建党101周年巡演10场次，受益残疾人约500名。收集全区残疾人摄影、书法、绘画等优秀作品参加市残联文化艺术展览展示活动，其中有3幅作品在国庆期间在衢州市文化馆展

11月18日，柯城区残疾人之家辅助性就业产品进区机关食堂活动现场

示。组织49名残疾运动员参加市第六届残疾人运动会，总计获得11枚金牌、19.50枚银牌、13枚铜牌的好成绩。组织残疾人参加省、市盲人门球、草地掷球等体育运动员筛选，全区选拔至市盲人门球队运动员3名、市草地掷球运动员4名。

【社会助残】 年初，组织慰问工作小组赴各乡镇（街道），进村入户开展节前慰问残疾人工作，累计走访慰问困难残疾人家庭181户，发放慰问金20.40万元。在爱耳日、全国助残日、国际残疾人日等期间，多次开展助残活动。在已有一支南孔助残联盟助残服务队伍的基础上，建立健全第二支柯城区南孔助残联盟助残服务队伍。“南孔助残联盟”平台服务残疾人164人次。柯城区残疾人艺术团团长胡金土被评为衢州市第二季“有礼之星”候选人，航埠镇残疾人孙志荣荣获第三季“有礼之星”称号，进一步弘扬先进人物正能量。

【特色亮点】 打造全区首家残疾人就业创业基地，开展实施“增收共富”一地一试点项目。自7月就业服务一体化平台运营以来，累计举办残疾人小型线上公益招聘会3场，帮助13家企业进行招聘，服务残疾人109名，并成功推荐22名残疾人实现就业。打造全区首家残疾人帮扶性就业基地，为具有柯城区户籍的精神、智力残疾和其他重度残疾的残疾人提供异地按比例就业的一体化平台，促进全区残疾人高质量就业，并于11月初在黄家街道残疾人之家举行残疾人帮扶性就业基地揭牌仪式。开展残疾人文体“一地一品”试点项目，于8月成立柯城区残疾人轮椅舞蹈队和残疾人射箭队，招募队员15名。在全区无障碍建设中注重人性化特点和重要公共服务场所无障碍改造体验，结合视障人士和听障人士的实际情况，新增信息无障碍改造内容。联合区教育局优化资源配置，将与区特殊教育学校——润智学校一墙之隔的原花园幼儿园学生就近分流，腾出500多平方米校舍，通过改建方式创办一所具备教育资质、集残疾儿童康复和幼教于一体的幼儿园，于2023年春季进行孤独症儿童招生并投入正常使用。主动对接衢州广播电视台，达成和实施定期播放报道残疾人事业相关新闻的协议。年初，柯城区残联所报送的《融合发展“非遗”文化走出残疾人创业就业新路》案例获评“2021年度全省残联系统担当作为好案例”优秀案例。

（吴　名）

柯城区红十字会

【概　况】 2022年，区红十字会围绕全区工作大局，开展以“三救三献”为主的各项工作，忠实履职、开拓创新，取得明显的工作成效。

【应急救援】 围绕突发公共事件应急处置，开展现场救援和水上救援演练，加强红十字系统应急体系建设。争取区财政支持10万元经费用于应急救援力量建设，提升救援实力。开展防汛紧急救灾工作，6月汛期，雄鹰红十字救援队闻讯而动，出勤5次，赶赴航埠镇、万田乡等地开展救援，出动队员30余人次，及时疏散转移受灾群众80余人，保护群众生命财产安全，事迹被衢州电视台、柯城发布等媒体报道。

【应急救护】 开展“救在身边”八大专项行动，推动救护培训围绕机关、校园、交通运输、养老、救援力量、志愿者、企业、基层群众八大领域开展应急救护培训。建立信安街道应急救护培训基地和沟溪休闲农业旅游景区、神网谷、碗窑村3个景区红十字救护站，提高群众自救互救能力，全年完成33593人次应

7月17日，区红十字会联合新新街道三衢社区开展暑期防溺水科普活动

急救护知识普及培训和7379人应急救护持证培训。落实“公共场所AED配置”项目，通过广泛征求意见，确定AED设点单位30家，同步完成设点单位救护员培训，全部完成安装并投入运行。同时强化AED智能化管理，落实第三方巡检管理机制，及时维护保养机器的正常运行。

【人道救助】 在1月开展以“红十字博爱送万家”为特色的红十字扶危帮困工作，主动关爱造干捐献者、器官捐献者、红十字志愿者等为红十字事业做出重大贡献的困难群体，走访慰问困难家庭86户，发放慰问款物价值9.95万元。落实各项救助项目。申报中国红十字基金会“小天使”基金，帮助1名血液病患儿和1名先心病患儿。开展“小桔灯”关爱项目，为9名器官捐献者子女发放助学金3.80万元。开展东西部协作，联系爱心企业向北川红十字会和北川人民医院捐赠1批价值15.80万元的医疗物资。

【生命关爱】 建立和完善人体器官（遗体、角膜）捐献工作机制，一次性告知捐献登记流程，实行线上登记为主线下为辅的办法，做好人体器官（遗体、组织）捐献的登记、服务工作。推动造血干细胞、人体器官（遗体、组织）捐献，利用平时主题活动和博爱行活动等，传播关爱生命理念，营造志愿捐献者“个人自愿、家庭支持、单位重视、社会赞誉”的社会氛围。年度完成造血干细胞捐献登记入库71例，完成人器官（遗体、组织）捐赠12例。

【人道传播】 聚焦重大活动、重要节点、重点工作，加大宣传力度，弘扬红十字精神，扩大红十字会影响，动员社会组织、企事业单位、人民群众等各种力量，形成各方参与支持促进红十字事业发展的合力。线上开展“5·8”人道公益日和“9·9”公益日系列公益募捐宣传活动，开设博爱家园、应急救援队、应急救护基地3个项目，募集爱心款项的同时，将红十字日主题宣传活动从线下搬上“云端”，对柯城红十字工作、典型人物和事迹进行宣传，点击近2000人次，并募集到4.4万元善款。在线下举办第23个世界急救日主题活动，联合市卫健、市红会、市急救中心、衢江区红会，开展场内应急救护操作教学、技能比拼和场外寻找AED（自动体外除颤器）两部分活动，有200余人参加，提高红十字知名度和群众自救互救能力。

（郑秋怡）

法 治

政法委与综治

【概　况】　2002年，区委政法委围绕“护航二十大·除险保平安”主线，以数字法治系统建设为牵引，强化维护稳定、平安建设等各项措施落实，积极履行职能作用，狠抓基层治理、执法监督、案件评查等重点工作，确保全区社会大局持续平稳，为党的二十大胜利召开及全区经济发展营造和谐稳定的社会环境。

【平安柯城建设】　把围绕中心、服务大局作为平安建设的重中之重，为全区重点工作推进保驾护航。聚焦平安考核和平安指数攻坚提升行动。以晾晒机制与平安暗访机制为抓手，以开展“降警情控发案”专项行动为路径，建立健全区、乡镇（街道）、村（社区）三级平安建设组织架构，落实平安建设工作责任制，压实各主体平安建设的属地责任、监管责任、主体责任，消除“三不管地带”和平安建设盲区死角。狠抓平安建设执行力，运用诫勉谈话、挂牌督办、一票否决等手段，推动平安创建工作履职尽责到位，形成齐抓共管、执行有力的平安建设良好局面。对平安建设中存在突出问题的乡镇（街道）、行业领域开展挂牌整治，全区未发生“一票否决”重特大事项和较大事故，群众安全感、满意度、参与率不断提升。8月以来，柯城区平安指数从全省末位提升至全省第8位，取得重大突破。组织开展进社区、广场、超市等防范养老诈骗宣教活动944场次，发放宣传册71000余份，制作防范养老诈骗宣传片14个，制作宣传海报横幅44000余张，发送反诈短信43万余条，44000余人参加全省“守住老年人的钱袋子——识骗防骗”有奖答题活动。对收到线索均第一时间组织会商研判进行交办核查，对部分线索涉及的被举报人进行立案查处。持续推动扫黑除恶斗争常态化机制化开展。开展《中华人民共和国反有组织犯罪法》普法宣传活动，区政府常务会书面学习《中华人民共和国反有组织犯罪法》，在全区投放《中华人民共和国反有组织犯罪法》宣传手册等宣传品1万余件，通过LED显示屏滚动播放宣传标语122条，开展《中华人民共和国反有组织犯罪法》专题部署学习会33场，推动《中华人民共和国反有组织犯罪法》相关知识在更大范围传播扩散。做好资格联审相关工作。协助区委组织部摸排“涉黑涉恶”

“村霸”等问题人员，审查1500余人次，营造风清气正的政治环境。

【基层治理】 以深化“县乡一体、条抓块统”、推进“基层智治系统”建设等改革赋能为抓手，推动“141”基层社会治理工作体系建设。制定《“141”基层治理体系迭代升级方案》，将区矛调中心迭代升级为社会治理中心。完成两中心的物理整合和机制融合，区级社会治理中心二期建设项目在7月底完成竣工，并实现常驻部门入驻办公。全面落实《浙江省“141”体系迭代升级工作指南》，协调配强管理力量，采用“常驻+轮驻+随驻”模式，入驻中心内部的人员做到人员固定、业务熟悉、专岗专用。每月出台社会治理中心运行情况研判分析报告，汇聚“基层治理综合信息平台”、“110”情指中心、民呼我为等系统平台数据，提升中心运行监测、预测预警的能力。迭代原四平台为党建统领、经济生态、平安法治和公共服务4个平台，全面涵盖乡镇（街道）核心业务。牵头梳理平安法治平台核心业务需求清单，加快社会治理侧“单跑道”向全领域转型。印发《柯城区乡镇（街道）综合信息指挥室工作机制》，指挥室与党建办联合办公，按“4+X”模式设置综合协调、信息研判、流转督办、督查考评+若干机动岗，发挥指挥室枢纽功能，实现四平台模块高效协同运行。定期召开平安法治平台联席会议，健全完善联动协调机制，推动平安法治平台“装满做实”。加强网格化服务管理指导，制定出台《关于常态化开展矛盾纠纷大走访大处置工作的通知》机制文件，针对基层社会治理突出问题，开展风险隐患常态化排查化解，提升网格团队合力以及发现问题、解决问题的能力。优化调整全区网格总数为1036个，其中，农村网格482个，社区网格533个，专属网格21个。联合民政、财政等部门出台《2022年度网格员误工补贴及相关经费发放管理办法》，进一步完善专属网格建设，加强网格化服务指导管理。构建全面覆盖的网格化管理体系，设立“微网格”基层治理单元3797个，形成平时组团服务、群防群治，战时快速集结、组团作战的网格治理格局。根据市域社会治理验收工作要求，将白云街道白云社区、信安街道斗潭未来社区等社会治理点“串珠成链”，着力打造一批市域社会治理精品示范点。

8月22日，柯城区除险保安百日攻坚行动工作推进会召开

【数字法治】 坚持全面牵头抓总，推动各成员单位认识再提高、定位再明确，应用建设成效有所展现。7月，柯城为全省“大综合一体化”行政执法改革暨深化基层管理体制改革推进现场会提供展示点。8月，全省“助企纾困·数智禁毒”涉毒物品管控服务现场推进会活动召

开。易制毒化学品监管应用成功揭榜认领全省数字赋能社会治理现代化应用场景项目，获得省委政法委90万元资金补助。柯城区作为"除险保安"晾晒应用——风险管控应用的协同单位，明确纳入"一本账S3"。在重点应用培育方面，"e充停"电动自行车充停监管应用线上完成对电动自行车监管系统的多次迭代，已上架浙政钉和浙里办，并作为典型应用参加全省除险保安工作座谈会，获得省委书记袁家军好评。在创新应用方面，柯检特色应用"检警+"入选"一本账S3"，改名为"检警侦查监督协作应用"。成果产出方面，出台《社区矫正对象就业帮扶协同配合机制》，5篇理论文章刊登于《检察日报》《法治日报》，6篇信息简报刊发于《检察工作》《浙江政法（数字法治）》《衢州政研与改革》等多家刊物。其中，《衢州市上线"易制毒化学品监管"应用 实现易制毒化学品全链条精密管控》（第5期）入选2022年省数改工作动态，并获省领导批示肯定。

【队伍建设】 以"六治六提"作风建设为主抓手，将思想政治教育作为队伍建设的"第一要务"，学习贯彻党的二十大精神。开展主题学习教育，以"理论学习中心组学习"+"周一夜学"形式，实现委机关全员参与。全面落实省委《八个多跨制度》相关文件要求，印发《八个多跨制度分工抓落实方案》《关于加强政法干警依法履职保护工作的通知》，成立柯城区滥诉联合甄别委员会，提升政法工作和队伍建设水平。针对性开展刑事诉讼涉案财物处置，整合3家公安与法检资源力量，推动陈积多年的涉案财物全面梳理、彻底处置。抓好涉法涉诉信访积案化解，并针对群众多次信访的案件，开展案件质量评查，以评促改提升办案质效，锻造业务能力高质高效的柯城政法铁军。

（黄琼杰）

法治政府建设

【概　况】 2022年，区市场监督管理局贯彻落实国务院《法治政府建设实施纲要（2021—2025年）》《全面推进依法行政实施纲要》文件精神，深入推进依法行政、加快建设法治政府工作。

【法治思想学习】 为营造浓厚学习氛围，夯实干部法治思想基础，向全体干部职工发放《习近平法治思想战略》，发挥领导干部示范带头作用，组织机关全体干部职工参加《习近平法治思想学习纲要》学习动员会。各办案单位法制员参加《习近平法治思想学习纲要》读书会，各党支部分组开展《习近平法治思想学习纲要》学习,基层所开展《市场监督管理行政执法责任制规定》自学。对重点单位开展巡回宣讲，以案促学、以学促进。依法依规履行职责，开展尊法学法守法用法。参与2022年度"学法考法"、每月学法和季度考法，参加法律知识考试4次，深化"大综合一体化"行政执法改革，实行"局队合一"执法体制，完成市市场监管行政执法队原柯城队26名干部编制隶转柯城区市场监管行政执法队，组建柯城区市场监管行政执法队，依法开展柯城区市场监管领域的行政检查、行政处罚、行政强制职能。通过制作普法宣传片、"以案释法"专题片、开通"老程说法"栏目直播讲法等形式，做好普法宣讲，提升依法行政能力，以柯城区石梁所所长刘苏华在执法办案过程中的英勇事迹为故事原型的作品《初心，不忘》获"中宣部社会主义核心价值观主题微电影"三等优秀作品。以党支部为载体，以"8090"宣讲团为阵地，举办"线上宪法知识竞赛，答题领积分"活动，多渠道开展普法宣讲，提升民众法治意识。

【营商环境法治化】 做细做实服务企业，营造法治化营商环境。商事体系改革，纵深推进登记领域重塑。围绕市场主体准入、准营、退出全生命周期，落实企业开办标准化便利化、“准入准营”一件事改革、歇业备案等制度。全年新增个体工商户6220家，企业2184家，注销个体工商户与企业1101家，实行首套印章政府买单，为企业节省费用477360元。知识产权赋能，全链条激励创新创业发展。成立省级知识产权品牌指导服务站1个，累计服务企业180余家；兑现企业和个人政策奖励139家206.16万元。质量标准引领，全方位助力产业提升。深化质量品牌培育，实施“千企创牌”计划，培育“品字标”企业5家，组织各级政府质量奖10家，完成“品字标”认证企业1家。通过乡村振兴省级标准化战略重大试点项目，制定各类标准16项。规范市场秩序，全力优化法治环境。守牢“四条红线”，加强风险闭环管控。推动食品小作坊提档升级；保障食品安全，全年未发生重大食品安全事件；开展特种设备安全监管和整治；开展食品抽检、药品、医疗器械、化妆品、产品质量抽检220批次。抓实消费维权，优化放心消费环境。全年接收各类投诉举报4903件，为消费者挽回经济损失270.40万元。牵头电动自行车综合治理集成改革。开展电动自行车淘汰置换活动13场，全区完成备案非标电动车淘汰13.70万辆。持续加强队伍建设，提升执法能力水平 。严格规范执法行为，促进依法行政。全年办理行政处罚案件338件，罚没款227.16万元，大要案25件，移送公安6件。强化案件审核、复核、听证工作。全年听证1件，复核案件15件，负责人集体讨论25件。做好行政复议、诉讼工作。全年行政复议案件14件，办结12件，其中1件经司法局复议维持，1件由司法局驳回，10件以当事人撤回复议申请告结。推进普法工作，强化法律监督职责。全年组织和参与案卷评查4次，规范性文件清理2次，省局案卷评查中获评全省优秀案件。

6月8日，省药品监督管理局工作人员到天福堂大药房连锁总部开展药品安全专项整治工作

【法治建设第一责任人】 党政主要负责人切实履行推进法治建设第一责任人职责，持续推进法治政府建设，带头尊崇法治、敬畏法律，不断提高自身与全局干部职工依法行政、依法办事水平。坚定崇高理想信念，始终做到讲政治品德。遵守政治纪律和政治规矩，持之以恒推进全面从严治党，带头遵守执行全面从严治党各项规定。带头贯彻落实民主集中制，严格执行主要负责人“五不直接分管”、“三重一大”集体决策、“一把手”末位表态制度，把党要管党、从严治党落到实处。坚持一切从群众利益出发，维护群众合法权益，坚持依法执政、依法行政，接受社会监督。带头模范遵守社会公

德，发挥党员先锋模范作用，明礼守法，成为一个“精神富有”，有益于他人和社会的人。坚持以习近平法治思想为统领，健全法治工作机制。学习贯彻落实习近平法治思想、省委有关建设法治浙江的工作部署，全面实施市委有关建设法治衢州的规划和意见，坚持履行推进本单位法治建设第一责任人的职责。学法普法工作纳入全局工作，增强全局干部法治观念和依法行政理念。完善法治建设保障机制，建立本单位法治政府建设（依法行政）工作领导小组，建立执法办案“事前告知、事中管控、事后跟踪”制度，落实案件评审、案件负责人集体讨论制度，完善《柯城区市场监督管理局关于促进执法办案工作的若干规定》《柯城区市场监管局投诉举报闭环处置管理规定》，确保全局依法行政工作落到实处。持续推进普法与依法治理。

（郑梦慧）

9月30日，“全警大巡防　除险保平安”集中统一行动启动仪式举行

衢州市公安局柯城分局

【概　况】　衢州市公安局柯城分局辖区行政区域总面积约为495.66平方公里，下辖航埠镇、石梁镇、九华乡、七里乡、万田乡（除下方村）、华墅乡、沟溪乡、府山街道、荷花街道、信安街道、双港街道2个镇5个乡4个街道，34个社区，124个行政村，常住人口28.42万人，流动人口5.95万人。2022年，聚力聚焦市局“1123”战略体系建设，围绕“党的二十大安保维稳”这一主题主线，在捍卫政治安全、深化平安建设、撬动警务改革、夯实基层治理等方面取得显著成效，推动新时代公安工作跨越式发展，为加快构建四省边际共同富裕先行示范区保驾护航。全年接有效警情24572起，同比下降3.97%；刑事立案1458起，移诉破案1041起，对610人采取刑事强制措施；受理行政案件3734起，办结894起，行政处罚1345人。分局有3名个人荣立二等功，2个集体、8名个人荣立三等功，13名个人受到嘉奖，2名个人和7个集体获区“十条军规”通报表扬；分局2次被市公安局授予季度流动红旗，年终综合绩效考核获区委、区政府一等奖、市公安局二等奖。府山派出所被评为平安浙江建设先进集体、创成全省“枫桥式派出所”；全市公安大比武获5项团体第一、3项团体第二、2项团体第三，民警王宁获评“全国优秀人民警察”。

【党的二十大安保维稳】　柯城分局将党的二十大安保维稳作为贯穿全年的工作主线，高规格搭建基地安保指挥部，按照“双想”机制要求，每日9时、19时启动情报会商，实现异动风险第一时间知晓、第一时间掌握、第一时间介入、第一时间处置。中共二十大期间，辖区刑事治安警情同比下降19.97%。

【护航区域高质量发展】 按照“精细、精准、精配”要求，创新绘制“两图一清单”，常态开展“全警大巡防”，推动全区开展“治安大巡逻”。参与寺桥水库建设及城北宫宝地块征收，落实“项目警官制”，促成重点项目平稳有序推进；联合区金融办研发金融风险防范处置应用，预警高危风险企业20家，清退资金5500余万元，实现全年非吸（非法吸收公众财产）案件“零增长”。开展“树正打歪、拔钉清障”专项行动，办理非访案件15起，有效净化辖区信访生态。

【打击惩治违法犯罪】 常态化开展扫黑除恶斗争，紧盯涉黑涉恶问题线索，深挖彻查背后违法犯罪。全年接收上级下发线索14条，核结12条，破获涉黑涉恶案件22起，抓获犯罪嫌疑人58人。严厉惩治“盗抢骗”“食药环”等违法犯罪，打掉一特大POS机洗钱团伙，抓获犯罪嫌疑人88人，采取强制措施68人，涉案资金达1.40亿元；破获“4·19”医保诈骗案，查明套取医保基金400余万元，涉案人数达355人；破获全省“百日行动”第一批黄赌督办案件——“5·28”强迫未成年人卖淫案，采取强制措施20人，抓获违法嫌疑人73名；全年查破各类案件1041起，采取强制措施610人，移送起诉562人，罚没收入15345.90万元。

【打响“两大品牌”】 推进“警务融治”和“铁军护航·警助共富”两大品牌建设，致力打造“家门口的派出所”，各派出所相继建成联勤警务站（室）、融治中心，培育平安类社会组织9个，组建“大融合”巡逻队35支，水亭门联勤警务站、斗潭未来社区警务站、清莲里社区融治理中心等在全市打响品牌。探索构建“铁军护航·警助共富”“1343”体系，启动“企业信用修复一件事”改革，典型经验做法获省、市领导批示肯定。

【公安数字化改革】 以“一号工程”力度推进“公安大脑”建设，投入1300余万元新建续建25个核心应用项目，有3个入围全省S3“一本账”名单。其中电子数据智治共享应用汇集各县（市区）8.07亿条电子数据，实现一地创新、全市共享；“平安通”上线浙江公安合成作战平台，各地可通过链接进行实时登录。

【公正规范法治环境】 常态运行执法监督管理委员会议事制度，定期听取相关警种和各派出所的执法情况汇报，研究分析面上问题，探讨落实整改措施，建立起执法问题“发现—通报—会商—整改—追责”的责任链条。年内召开执法监督管理委员会7次，对28起疑难案件开展集中会

5月31日，柯城公安分局专业工作室揭牌仪式举行

商。落实“日清、周结、月通报”闭环监督机制，线上每日对办案区开展全天候巡查，对前24小时警情、案件进行“体检单”式检查，线下围绕刑事案件办理、现场执勤执法等五个方面，按月对执法状况开展系统性评估。全年发布法制质效指标周报255期，执法预警指令36期，所有问题均当日通报、当日整改完毕。

【“一站式”检警协作】 联合区检察院成立“检警+”工作室，配备《商情检察院提前介入侦查工作机制》等6项制度机制，便于沟通协调、联络共商，打通执法理念上的堵点卡点。在全省率先研发“检警+”侦查监督与协作系统，可在线就案件协作发起双向邀请，对未成年人性侵案件等九类事项进行一键通报，减少严重执法问题发生。全年收到检察院提出补证意见29条，全局纠正违法类、侦查监督类数据同比下降84%。

【“两区两城”管理体制调整】 对应“两区两城”行政规划，全面测算警情案件、实有人口、治安要素等重要指标，核定辖区范围、人员编制、硬件设施等资源配置，在保留分局原有总体架构基础上，整建制划入派出所2家、划出1家，调整管辖区域5处，转任交流民（辅）警178人，规划新建派出所1家（城北派出所）。

【锻造公安铁军】 实施“人才飞鹰”计划，建成九大专业工作室并举行揭牌仪式。组织大练兵、大比武，在全市夺得5项团体第一、3项团体第二、2项团体第三。深化“三能”主题教育实践活动，推出考核计分“三能画像”，按季度对典型民（辅）警进行推选表彰，年内有24人被评为“三能之星”，巡特警大队防疫突击队获评省公安厅“三能榜样·最美浙警”第一季度最美警队，民警王宁获“全国优秀人民警察”，民警徐星亮获评“全省优秀人民警察”、“三能榜样·最美浙警”。

【“美丽警营、幸福警队”建设】 2022年，投入1500余万元用于基建类项目建设，府山派出所完成对食堂、办案区等改造，成功创成全省“枫桥式派出所”；荷花派出所“三室一中心”、民警之家等相继落成；信安派出所完成过渡性用房搬迁并投入使用；城站派出所案管室、综合指挥室布局重新调整优化；航埠公安综合楼基本完成一期建设；石梁公安综合楼建成并完成搬迁；分局机要室、融媒体中心全面竣工，合成作战中心物理空间进一步重塑升级。

（方佳慧）

衢州市公安局智造新城分局

【概　况】 衢州市公安局智造新城分局（以下简称智造新城分局）成立于2022年7月30日，通过公安体制调整，优化调整原柯山分局辖区，融合归并原开发区分局辖区而设立的分局。智造新城分局位于衢州市城区东南面，管辖面积约156.40平方公里，对应管辖智造新城全域以及石室乡和新新街道、花园街道、衢化街道、黄家街道、东港街道、樟潭街道（部分）6个街道，共有88个行政村社，常住人口111106人，流动人口89674人。2022年，聚焦党的二十大安保维稳主题主线，锚定“走前列、创一流、拼首善”目标，谋划实施分局“11246”工作布局，抓好保安全、护稳定、促发展等各项工作，确保辖区社会面大局持续平安稳定。全年辖区有效警情17449起，受立案件3208起；采取刑事强制措施370人；移送起诉犯罪嫌疑人304人。分局获得全市公安机关综合实绩评估三等奖、衢州市抗击“3·6”“3·13”新冠疫情突出贡献集体等荣誉称号。

【搬盘调整】 7月30日，智造新城分局启动体制调整，全面开展搬盘调整各项工作，成立体制调整领导小组，搭建“一办六组”工作架构，组建5支攻坚队，两天内完成全局网络调试以及便民中心等29条公安网专线的迁改，解决办公用房、休息室等25项刚性需求，全面收集过渡期衍生的问题事项43件，按照“三化三制”标准，由局领导分片包干，开展化解攻坚、消除隐患，解决问题22个。

【维护社会稳定】 围绕党的二十大安保工作主线，搭建“一部六组”安保架构，运行“双想”“双化”等机制，以“情指行”一体化机制改革为切入，构建“155N”合成作战架构，创设“一报一表”等战法，每日围绕“五情”（警情、社情、疫情、舆情、访情）开展“早点名、晚调度、日会商”，通过组织化、体系化提升合成作战能力。攻坚突出安保问题21个，高效推进“双百行动”，抓获各类违法犯罪嫌疑人210名，破获涉黑涉恶类案件22起。推进“全警大巡防、除险保平安”行动，每日动员机关、派出所警力，联合党政以及社会力量，全面提升见警率和管事率，其间刑事治安警情同比下降48.85%。

【护航高质量发展】 立足辖区经济主战场实际，一体推进“铁军护航·警助共富”“警务融治”两大品牌建设。在高新园区等地布建5个助企中心、站、室，在全市率先打造实体化亲清助企（警务融治）“双中心”，联合人社、应急、执法等部门运行“1341”融治模式，实行“驻点办公、吹哨响应”等六大机制，构建园区治理共同体。推动政府自助服务终端和实体入驻，将136项公安服务事项、113项政府服务事项下放至中心，配套运行“警务直通车”等机制，出台代办、约办等措施，构建园区“15分钟涉企办事服务圈”。全年，共办理服务事项5614件，满意率100%。围绕时代锂电、吉利“三电”等44个重点项目，深化“项目警官”制，开展“树正打歪”专项行动。严打涉企违法犯罪，成功破获省督“2·22”非法经营等重大案件，挽回企业经济损失5000万余元。围绕跨越人口集聚、企业财会集聚实际，打造全市首个反诈主题体验馆；搭建“六个一”反诈融治体系，全力守护企业群众“钱袋子”。全市公安首个“铁军护航·警助共富”品牌现场推广会在分局召开，创新做法连续两年入选全省公安机关优化营商环境现场会经验材料集锦。

【创新改革】 依托“公安大脑”建设，统筹推进技术、机制、体制“三轮驱动”，警务创新改革赋能提效。重点迭代易制毒化学品监管应用，配套建成全国首家易宣馆，打造“四个一”监管模式，实现“无感监管、有

9月30日，智造新城分局举行“全警大巡防·除险保平安”暨“奋战四季度·决胜全年红”攻坚行动启动仪式

感服务”的良好效果，通过应用平台提醒逾期证件993件、不规范行为19732次、监测处置风险5513个，节约企业经营成本704万余元。相关经验做法入选省委数改动态，获得国家禁毒委高度认可及副省长、公安厅厅长王成国等领导批示肯定，在全省涉毒物品管控服务现场会中作典型发言，获评省公安厅“优秀应用”等。研发“执法码”，构建数字执法监督评价闭环体系，入选全省数字法治“一本账S3”。易受骗、易制毒区域风险、单位执法3个指数获评全省公安机关“公安大脑”建设最佳指数。

9月6日，智造新城分局组织开展“全警实战大练兵”

【打击违法犯罪】 坚持依法严厉打击违法犯罪，开展“断卡”“断流”等行动，抓获涉诈类犯罪嫌疑人173名，其中采取刑事强制措施136人，移送起诉新型犯罪嫌疑人101名；开展线上线下反诈宣传737场，制作宣传品15批次，受众群众32万人；全领域有效铲除滋生犯罪土壤，对71名涉诈重点人员落实管控措施，从境外教育劝返6人；冻结账户930个，冻结资金3559.47万元，资金返还300.27万元；常态化开展扫黑除恶斗争，破获涉黑涉恶类案件20起，抓获涉黑涉恶类犯罪嫌疑人31名；侦破各类黄赌刑事案件15起，抓获犯罪嫌疑人27人；查处黄赌毒治安案件93起，治安处罚273人；办理食药环知案件15起，对22人采取强制措施，移送起诉12人，其中办理的“4·21”假冒注册商标案被评为省目标案件，查冻资金170万余元；创新“131”快侦机制（1小时专业勘查、3小时研制落地、1天实施抓捕），成功侦破“8·23”金店被抢夺等系列案件，有效提升打击质效，3天内快破案件占比达33%。

【执法规范管理】 聚焦法治公安建设目标，抓实“清积案、强监管、提能力”各项措施。强化移交案件清理力度，充实专业化办案力量，按照“一案一策”模式，攻坚6起非吸（非法吸收公众财产）案件，完成515名受害人调查取证；推进伤害案件“去存量、清积案”“案件不跨年”以及信访攻坚化解系列专项行动，实现信访积案清零，推动执法隐患“动态清零”。压实民警“首接”、中层“首审”、警种“首诊”等责任，常态运行“五查五看一注重”工作法，对接处警、受立案等重点环节全面监管，确保执法抓早抓小抓日常。全年发布巡查指令266期、警情等通报提醒43期，申请行政复议4起，实现“零撤销”。依托“教科书式执法”创新实践活动，成立全警实训、新警雏雁教培基地，运行“模拟+实战”“教员+警师”机制，运行《执法等级星级制实施办法》，推动执法综合能力素质提升。执法考核位列全市第一，获得全市案件审核比武团体第二、法律应用比武团体第一。

【打造群雁公安铁军】 围绕“三能”要求，夯实党建铸魂、文化聚心、练兵提能三大工程。严格落实“第一议题”制度，以“五要四先”党建品牌示范支部创建为抓手，构建一套标准化、规范化、体系化的党建评价机制，涵盖9个方面14项43条的工作内容，推动党建、队建、业务的深度融合，相关经验做法被《人民公安报》等媒体报道刊发。深化“群雁文化”品牌建设，围绕战力重塑这一课题，深化“群雁文化”体系，统一共识、凝聚合力。常态组织“周学月考季比武”活动，完善“警师+实训基地”等练兵模式，推动民警素质综合提升。在全市比武中，分局取得5项第一、15项前三。坚持“严管+厚爱”理念，第一时间更新完善“严管24条”等31项制度规范，形成以制度抓人管事的良好态势。出台爱警惠警“十项举措”，落实战时家访、深夜食堂等措施，营造干事创业的良好氛围。先后涌现出全国成绩突出女民警、浙江好人等一批“三能”榜样，10个集体、71人次立功受奖；智造新城分局获得柯城区职工篮球等团队赛事冠军。

（刘恺威）

检　察

【概　况】 2022年，柯城区人民检察院坚持以习近平新时代中国特色社会主义思想为指导，深入贯彻习近平法治思想，以“走在前列、争创一流”为目标，各项工作取得新进展。在全市检察工作绩效评价中位居第一，被评为全省成绩突出的基层检察院。人才队伍建设取得新成绩，3名干警获评市级优秀公诉人，15项理论成果在省级以上刊物发表，12人入选市级以上人才库，21人次获得市级以上荣誉表彰。

【平安柯城建设】 保障平安柯城建设，依法批捕、起诉各类刑事犯罪906人。从快从严追究多次严重扰乱公共秩序的翁某某刑事责任。抓实涉疫履职和疫情防控，组织500余人次深入一线，依法惩治干扰、破坏抗疫的各类刑事案件5件5人。用心书写抗疫答卷。推进反腐败斗争，依法起诉监委移送贪污、受贿等职务犯罪9人。依法查办司法工作人员渎职犯罪2人。

【法治化营商环境】 深化涉案企业刑事合规改革，优化法治化营商环境。2022年，依法起诉非法集资、金融诈骗等犯罪17人，监督立案洗钱、非法吸收公众存款等犯罪8人，挽回损失近1000万元。依法起诉合同诈骗等犯罪2人，职务侵占等企业“蛀虫”5人。探索检察办案适度容错机制，对犯罪情节轻微的企业

5月6日，区检察院深入涉案企业开展“涉企案件回访”工作

主和骨干不捕不诉20人。

【参与社会治理】 落实宽严相济刑事司法政策，依法不捕不诉565人。强化不起诉刑行衔接，发出督促行政处罚检察意见书5份。实践“个案办理—类案监督—系统治理”的数字检察之路，促进危化品监管等问题综合治理。两个数字应用建设被纳入省数字法治“一本账S3”，自行开发的“检警+”数字应用获全省检察机关创新成果。

11月18日，区检察院进校园举办“珍爱生命、远离毒品”知识讲座

【刑事检察】 审前主导，刑事检察向“优”升级。对侦查机关开展监督立案29件，监督撤案31件，纠正漏捕漏诉6人，发出纠正违法意见书3份。立案监督一起特大贩卖毒品案，2名监督对象均被判处无期徒刑。加强刑事审判监督，提出抗诉4件。加强刑事执行监督，监督收监5人。

【民事检察】 推进生效裁判监督，提请抗诉15件、发出再审检察建议6件。开展不动产查封等民事执行领域专项监督，提出检察建议11份。坚持监督与支持并重，对审查后认为法院裁判正确的，依法作出不支持监督决定8件。

【行政检察】 开展行政审判和执行活动监督，发出检察建议4份，实现行政程序违法精准监督。探索推进行政违法行为监督，发出检察建议4份，助力法治政府建设。开展行政争议实质性化解，联动区司法局成功化解某餐饮公司工伤认定行政争议，共促社会和谐。

【公益诉讼】 聚焦生态环境与资源保护，起诉11人，追缴生态环境功能损失、应急处置费用562万元。开展耕地占用税征管专项监督，督促收回耕地占用税4000余万元。聚焦个人信息保护，督促整改存在个人敏感信息泄露隐患的政府公开信息8万余条。

【守护人民生活】 全年办理有毒有害食品、假减肥药等犯罪4件8人，督促主管部门整顿违规药店4家，下架7个厂家消字号产品。办理电信网络诈骗及关联犯罪142人。办理投资养老产业等侵害老年人权益犯罪20人。向16个困难家庭发放救助金29万元，确保因案致贫群众检察环节“应救尽救”。

【信访件办理】 深化落实院领导包案办理信访件、信访事项案件化办理等制度。做好检察公开听证，邀请社会各界参与听证9场。监督纠正阻碍律师行使诉讼权利案件15件。对诉讼能力偏弱的农民工讨薪等案件支持起诉5件。

【呵护未成年人】 从严惩治侵

害未成年人犯罪，批捕11人，起诉22人；最大程度挽救涉罪未成年人，对情节较轻、悔罪表现较好的不批捕5人，不起诉38人。针对未成年人违规进入酒吧，引发斗殴等问题，发出检察建议，帮教17名迷途少年回归社会。针对“问题少年”背后普遍存在的家长管教不严等问题，发出督促监护令4份。推出网络安全等法治教育套餐，筑牢校园法治安全防护墙。

（俞 杭）

法 院

【概 况】 2022年，区法院坚持以习近平新时代中国特色社会主义思想为指导，深入学习贯彻习近平法治思想，学思践悟党的十九大、十九届历次全会和二十大精神，坚持服务大局、司法为民、公正司法。全年接收各类案件12788件，办结13033件，同比分别上升3.05%、10%，收结案数居全市首位。一线法官人均结案392.85件，居全市第1名、全省第14名，是全市平均办案量的1.57倍。各项工作取得新进展，特色工作获各级领导批示肯定22次，被授予“全国法院行政审判工作先进集体”等荣誉称号，员额法官刘斌、章文荣获“全国法院办案标兵”称号。

【服务保障中心工作】 服务辖区重点项目建设，靠前提供法律咨询服务181次，参与协调化解矛盾纠纷67起。护航地方发展专项行动，响应航埠镇综合整治，推动区生态工业园区低效企业清退。审理辖区重大案件，深化府院联动，完成开关厂市中心核心地块处置工作，市、区两级执行“十条军规”正面典型通报表扬。创新融入基层治理，为18个乡镇街道出具“法治体检报告”，助力地方党委政府研判风险、科学决策。助推法治政府建设，审结全市首例行政公益诉讼案件，督促行政机关依法履职。连续15年发布行政审判白皮书，区主要领导多次批示肯定。

【持续优化营商环境】 常态化开展“送法进企业”“法治进园区”等系列惠企暖商活动。以司法大数据为参数，为重点企业定期“把脉问诊”“开药施方”，被《衢州日报》头版报道。举办优化营商环境新闻发布会、亲清法企座谈会，发布司法助企纾困二十条意见，多维度、深层次解决企业急难愁盼问题。发挥破产审判职能，推进衢州首家客运企业安达旅游汽车有限公司破产重整，将“破”事做成好事。加大“僵尸企业”司法处置力度，支持保障供给侧结构性改革，全年出清土地资源498.62亩，厂房面积17.08万平方米，清理债务总额16.05亿元，化解银行不良贷款1.28亿元，安置职工335人，清缴税款1126.92万元。试点推进执行合同“一件事”改革，实行买卖合同案件集中审执模式，让涉案企业收获用时更短、服务更优的司法体验。

【纵深推进除险保安】 常态化开展院领导大接访、大走访、大调研活动，将上级交办的67件信访件全部提前化解、核销，获评全市法院“积案清零”专项工作正面典型。抓好迎接党的二十大维稳安保工作，精准研判，靶向施策，全年妥善化解涉法涉诉风险143个。以寻衅滋事罪判处翁某某有期徒刑一年，起到“审理一案、教育一片、规范一方”的良好效果。与公安、检察等部门协同配合，妥善审理全市近年来涉案数额巨大、社会影响重大的涉“亚博平台”跨境赌博系列案件，追缴到位违法所得1.60亿余元。在诉讼服务中心打造全封闭全闭环安全通道，提升机关安保水平，成为全省法院标杆工程。

【惩处刑事犯罪】 2022年，新收刑事案件484件，审结515件，判处罪犯702人，其中判处三年以上有期徒刑163人。常态化推进扫黑除恶斗争，做好《中华人民共和国反有组织犯罪法》的宣传与实施。审结非法吸收公众存款、非法经营等破坏市场经济秩序案件34件77人。依法严惩养老诈骗犯罪，一集资诈骗案人选浙江法院打击整治养老诈骗犯罪典型案例。审结故意伤害、强奸等侵犯人身权利、民主权利案件55件62人，保障社会安定有序。审结电信网络诈骗、抢劫、盗窃等侵犯财产案件113件134人。审结寻衅滋事、赌博等扰乱社会管理秩序案件139件203人，对盗掘省级文物保护单位荥阳侯夫人墓的12名盗墓者判处四年十个月至十年二个月有期徒刑，事件被“长安剑”等国家级政法新媒体平台报道。审结涉危险废物、野生动物等破坏环境资源案件3件11人，严惩吴某等人跨市非法倾倒有毒有害垃圾犯罪行为，坚定不移守护衢城绿水青山。审结贪污贿赂、渎职等职务犯罪案件12件17人，其中处级以上干部4人。坚持宽严相济，加强人权司法保障，对256名具有法定从宽情节的被告人依法宣告缓刑或免予刑事处罚。

12月4日，在第九个国家宪法日，柯城法院宪法宣誓仪式举行

【调处化解民商纠纷】 2022年，新收民商事案件7427件，审结7494件，标的额18.24亿余元。审结婚姻家庭案件560件，秉持柔情司法、能动司法理念，家事法官联动多方力量，为一名未成年人募集善款，并获政府部门长期结对帮扶，社会反响良好。审结劳务合同、劳动争议等案件285件，确认“网约工”孙某同平台存在劳动关系，为新业态劳动者合法权益撑腰。审结民间借贷、金融借款案件2487件，将20人纳入职业放贷人名录，规范借贷秩序，保障金融安全。审结交通事故、医疗损害等侵权类案件278起，维护受害方合法权益。审结房屋买卖、租赁等案件489件，妥善处理壹号院、花涧樾等批量案件，保障房地产市场有序发展。

【依法行政】 2022年，新收行政诉讼案件286件，同比下降9.21%，审结292件。将司法阵线前移，建立健全行政争议联合调解、败诉风险提前预警等机制，化解涉双西港集体土地征收、黄家街道补偿安置等行政争议案件，区委区政府通报表扬。抓住“关键少数”，行政机关负责人出庭应诉率达100%，让老百姓“告官见官”。制定《正确行使行政诉权指南》，引导行政相对人依法维权。发布《柯城区依法行政法治体检报告》《依法履行行政协议典型案例》，助推行政争议源头治理及社会治理现代化水平提升。

【攻坚破解执行难题】 2022年，受理执行案件7171件，执结7343件，执行到位金额6.59亿余元。加大强制执行力度，开展“破晓”集中执行行动3次，其中“破晓二号”吸引18万人次在线关注，执行到位金额17万元。强化失信惩戒舆论攻势，将

3278人纳入失信被执行人名单，倒逼自动履行9500余万元。秉持善意执行理念，开展“助企纾困保民生”专项行动，10天跨省执行到位824万余元，入选浙江法院“助企纾困保民生”十大典型案例。开展被执行人失信专项清理行动，为193家企业、823个自然人实现信用修复。创新优化执行流程，推进执行案件繁简分流，终本案件合格率保持100%，执行平均天数、案款发放平均天数优化明显。强化律师参与执行工作，省高院执行局局长两次批示肯定，并在全省层面作经验交流。

【司法为民新举措】 全年为农民工讨回欠薪1780余万元，对生活困难当事人减缓免交诉讼费12.39万元，发放司法救助款36万元。诉讼服务中心整体入驻区社会治理中心，让当事人涉诉纠纷“只进一个门，最多跑一次”。在智慧新城数字经济产业园谋划设立智慧新城人民法庭，揭牌运行智造新城人民法庭，形成布局完善的“东西南北中”大法庭格局，在服务城市发展战略的同时，为辖区群众提供更为便捷高效的司法服务。成立“红青庭”少年审判工作室，挂牌运行法治教育实践基地，为未成年人健康成长保驾护航，省高院信息刊发推广。在全省首创“和姐”家事调解成长营，以“和姐”促“和解”，推进“平安家庭”建设，省妇联主席高度肯定，《中国妇女报》报道。

【办案质量】 健全案件质量监管和评查等工作机制，组织开展案件质量评查活动，评查案件95件，发挥监督管理效能，一审判决改判发回瑕疵率为0.06%，同比下降0.12%，位居全省前列。持续开展打击虚假诉讼、扰乱诉讼秩序、拒执三大专项行动，维护诉讼秩序和司法权威，一案例入选浙江法院“防范和打击虚假诉讼”典型案例。锚定各项质效指标在全省法院“保五十争三十拼前十”、在全市法院“保三争二拼第一”的目标，通过日通报、周督导、月小结，将考核任务分解至庭室、压实至个人，自动履行率、程序比等核心指标逐月优化。

【有礼社会新风尚】 组建“8090新时代理论”宣讲团，开展普法198场次、巡回审判106次，受众达20万余人。以公正司法裁判引领良好社会风尚，让司法有力量、有是非、有温度，先后审结的带孙费案、人身保护令案等案例经多家主流媒体报道，普法效果显著，其中“宠物抚养权”离婚案件获116家媒体转载，阅读超3.8亿人次。创新线上普法模式，构建法院新媒体宣传阵地，以群众喜闻乐见的形式，讲好法院故事，传播法治声音。全年在市级以上媒体发布稿件261篇，其中省级76篇、国家级105篇。

【数字法治建设】 以无纸化应用、数字化项目、智能化服务为抓手，以“数据多跑路，群众少跑腿”为目标，推进“浙江全域数字法院”改革，数字法治建设在全市基层法院中排名第二。借助人民法院在线服务等线上平台为14500余人次提供网上立案、远程开庭、线上调解等诉讼服务，发放执行案款6.88亿余元，打造以“共享法庭”为底座和支撑，各种法治元素融合互促，助推基层治理的法治共同体，获市、区两级人大常委会主任批示肯定，白云未来社区“共享法庭”入选全省示范“共享法庭”，为全省“共享法庭”集成应用2.0衢州唯一试点法院。

（徐 珏）

司法行政

【概 况】 2022年，区司法局围绕党委政府中心工作，聚焦司法行政系统“12357”工作体系，锚定法治政府示范区创建总目标，拓展服务领域，提高服务质量，为衢州在建设四省边际中心城市中争当“两个先行”示范窗口、柯城争当全省山区26县跨越式高质量发展“排头兵”营造良好的法治环境。区司法局荣获全省“七五”普法工作先进集体称号、全省司法行政系统法治建设工作成绩突出集体称号；1人被评为“2016—2020年全省普法与依法治理工作”先进个人，2人被评为全省社区矫正工作成绩突出个人，2人分别被评为全省民主法治村创建工作、行政复议工作成绩突出个人，局机关党支部书记在全市“有礼先锋”清廉机关“赛马”比拼中，摘得“强基之星”荣誉称号；《柯城区司法局延伸社区矫正工作“末梢”》获省司法厅领导肯定批示。全年获柯城区委、区政府“十条军规”正面典型表彰2次；在全市率先成立依法治乡委员会及办公室，实现全区18个乡镇（街道）全覆盖，经验做法被人民网、《衢州日报》等中央和地方媒体报道；普法宣传做法入选全国普法先进案例，被司法部“中国普法”官方微信公众号录用。

9月15日，社区矫正对象学历提升班开班仪式在斗潭未来社区举行

【普法与依法治理】 印发《柯城区2022年法治建设社会满意度提升攻坚活动实施方案》，年度法治浙江建设社会满意度继续保持前列，总体满意度位居全市第2、全省第17。在城区建成青少年宫宪法实践教育基地、“崇法苑”24小时法治便民中心、礼贤青少年法治文化园地和宪法主题公园等多家法治文化阵地。针对主城区重点项目多，征地拆迁任务重、矛盾纠纷突出等特点，整合法院、公安、司法、村（社区）网格等调解“主力军”队伍，开展释法说理工作。围绕全区营商环境建设，开展法律进企、服务暖企、送法进企等系列活动。出台《关于做好2022年度村（社区）“法治带头人”“法律明白人”培育工作的通知》。经个人和家庭自荐、村委会推荐，司法所审核，区委守法普法协调小组综合评定，最终认定柯城区“法治带头人”281人、“法律明白人”845人、“学法守法示范户”851户、“法治农家院”1个。做好民主法治村（社区）的创建工作，截至年末，有3个国家级、77个省级、237个市级民主法治村（社区）。在全区“1+7+60（1个区级综合体、7个街道示范点、60个社区服务站）架构驿站中融入法治元素，在已建成的1个区级综合体、7个街道示范点、60个社区服务站，实现精细化普法教育、一站式法律服务、随单派普法宣传全覆盖。培育法治农家乐、法治民宿。通过开展普法剧本，提高游客吸引力。围绕“法助共富”，探索“法律明白人”培育工作与金融服务相融合。联合区营商办、柯城农商银

行，构建法治乡村信用评价积分体系，开发“法治信用贷”金融产品。全年办理个人授信400余人(户)，累计发放贷款9600余万元。

【社区矫正】 加强社区矫正对象管控和帮教，守住安全底线。《柯城区司法局延伸社区矫正工作“末梢”》获省司法厅领导肯定批示。在全市率先开展社区矫正对象学历帮扶工作，与衢州开放大学合作，为该群体提供免费或低学费学历教育，有多名社区矫正对象报名并接受初中升高中学历教育。全年无脱管、漏管和严重再犯罪情况。打造四省边际监地协作“浙里见”视频会见中心，组织视频会见253次。

【法律服务】 以满足群众法律需求为标准，打造“半小时公共法律服务圈”，实现全区275个村（居）法律顾问全覆盖，让群众在家门口就能享受优质高效法律服务。深化人民调解协会实体化运行，整合调解资源，建强调解专家库，实现人民调解区、乡、村三级联动。全区有人民调解机构307家，其中行业性专业性调委会5个，乡镇（街道）调委会18个，村（居）调委会284个；有人民调解员1553名，其中乡镇（街道）调委会调解员人数126人，村（居）调委会调解员人数1398人；调解员中专职调解员71人，由政府购买服务。创建个人品牌调解工作室8家，其中省级“金牌”调解工作室3家、市级个人品牌调解工作室1家；等级调解员126名，其中，一级6名，二级56名，三级53名，四级11名。全年排查化解矛盾纠纷1998件，化解率成功率为99.30%。注重律师政治意识、法治意识、诚信意识引导和培育，局党组班子成员逐一约谈重点律师，加强重大案件代理律师的教育和管理。加大党建引领律师行业发展力度，履行党建第一责任人职责，举办首届律师行业党建工作现场推进会暨“领雁强基、法润柯城、亮剑比拼”活动，在律师行业营造“守底线、高站位、重实效，做党和人民满意的律师”的浓厚氛围。推进法律援助惠民生，全年受理提供法律援助案件900余件，提供法律咨询服务4000余人次，组织参与调解“农民工讨薪”群体性矛盾纠纷25件，涉及800余人，追索劳动报酬280多万元。

【法治政府建设】 围绕深入贯彻落实习近平法治思想，紧扣解决法治领域突出问题，推进科学立法、严格执法、公正司法、全民守法，持续深化法治柯城建设，各领域法治化水平进一步提升。强化法治建设统筹谋划。制定《关于打造柯城区法治政府建设升级版的实施方案》，实施法治政府建设“八大工程”，落实晾晒、通

10月21日，“法援惠民生 助力农民工”法律援助志愿服务活动在荷花街道荷西苑社区开展

报、交办、点评、督察五项机制,为全区经济社会高质量发展奠定坚实法治基础。坚持“法治是最好的营商环境”理念，加强重大行政决策事项目录编制工作，实现区乡二级100%全覆盖。加强政府合同合法性审查，建立行政机关合同后评估管理体系。全年审核招商引资类、国有资产利用类合同123份，提出合法性审查意见870余条，从源头降低政府涉法风险。发布《关于司法助企纾困助力经济稳进提质的20条意见》，帮助企业解决急难愁盼问题。“大综合一体化”行政执法改革纵深推进。数字法治改革成效显著，行政执法改革经验全省观摩学习。落实乡镇（街道）法治化综合改革，率先在全市实现乡镇（街道）党（工）委依法治乡镇（街道）委员会及办公室全覆盖，打通基层法治建设的“最后一公里”。法治人才队伍建设不断提升。由区委组织部牵头，下发《关于全面落实“两专工程”建设高素质法治队伍的三年规划方案》，每年按比例招录法律专业干部。年内全区新招85名公务员和事业编干部，其中法学类专业19名，占比22.35%。柯城区被列为全市3个司法所综合改革试点县之一。联合七部门制定下发《司法所综合改革的实施意见》，各乡镇（街道）完成配备1—2名法制审查员，增强合法性审查力量，实现乡镇（街道）合法性审查实质性全覆盖。出台《柯城区公职律师考核办法》《关于全面推行公职律师跨部门统筹使用机制的实施意见》，鼓励符合条件的机关事业单位人员申请担任公职律师，实现新增公职律师人数同比翻倍增长。发挥行政复议主渠道作用，加强与龙游县法院对接，在全市率先设立“共享法庭”，将行政争议引导至复议途径解决，有效降低新发诉讼案件数。强化行政争议源头化解，健全败诉风险案件包案化解机制，全年受理行政争议调解172件，调解成功139件，调解成功率80.81%。

（谢梦婷）

交通安全管理

【概　况】 2022年，衢州市交通警察支队柯城大队围绕市委、区委中心工作，全面落实全市公安会议的总体部署和工作要求，聚焦除险保安、服务民生、护航发展三大目标任务，推进强“三能”大练兵、除险保安、中共二十大安保、文明城市创建等工作，维护辖区道路交通安全、有序、畅通，保障人民群众生命财产安全，护航辖区跨越式、高质量发展。全年累计查处各类交通违法总量约19.30万起，受理处置警情32063起，出动警力3900余人次，完成各类警卫安保任务170余起，其中三级以上警卫任务6起，办结群众信访、投诉、举报等1442件。

【除险保安行动】 聚焦除险保安行动，全力守牢安全底线。打赢综合治理提升战，完成道安办实体化运作，建立会商研判、通报考核等工作制度，推动开展全域隐患排查整治，实践创新老年人“三色预警”管理机制。累计完成320国道、351国道等10个事故易发多发路口80余处、3处市级隐患点排查整治工作，排查重点车辆5万余辆，老年人风险预警管控2万余人次。打赢减量控大攻坚战，组织开展夏季整治“百日行动”“守护系列行动”，累计查处各类违法62871起，其中查处非机动车违法行4.40万起、货车超载438起，酒驾707起（其中醉驾232起），行政拘留7人，移送起诉17人；重点车、重点人“三率”实现月月达标。打赢非标车淘汰歼灭战，通过“党政聚力+专班专干、让利惠民+勤查严管、宣传引导+热情服务”三个“加法”的工作模式，推动非标电动

1月13日，2022年柯城区道路交通安全工作会议暨春运交通安全工作会议举行

车提前淘汰置换，淘汰注销135417辆，注销率达98.60%。

【秩序管理】 聚焦保发展保民生，全力做好秩序管理。开展全警大巡防，推行“全天巡防、全警处警、边巡边查、巡中备防”勤务模式，开展“日分析、日评估、日研判”，精准指导中队勤务安排。平均接警量同比下降17.78%，处置效率提高20%。推行项目警官制，建立“护企”工作小组，推行“项目警官制”，“点对点”做好施工企业服务。项目平均施工周期缩减12%，周边警情下降19%，居民满意率同比提升27.3%，收到锦旗、感谢信10余件。实施“一校一策”治理，联合街道、交通、教育等部门，构建以学校为中心的交通微循环系统，发动学校家委会力量，创新“家警校”联防联治机制，学生头盔佩戴率提升至98%。巩固深化创文成果，聚焦“停车难”，深入“城区违停一件事”改革，创新“汇民智”圆桌会议机制，优化小区周边交通组织10余处，增设夜间停车位150余个；聚焦“行车难”，开展信号灯“路口革命”，分时段优化配时，完成府东街、白云达道等5条“绿波带”建设。

【队伍建设】 组织开展“扬三能、励斗志”全警健步走竞赛、“最美岗亭”评选、党员上门帮扶服务等主题党日活动；制定“队伍、业务、内务”精细化管理清单，实行“日通报、周晾晒、月考核”；定期组织业务培训和体能训练，开展法律、业务知识测试、实战模拟演练、中队长“比晾晒”、执法办案“互学互看”等活动。组织开展集中学习56次、民主生活会3次、专题研讨会4次、主题党日活动12次，观看专题、警示教育片7次，开展社区服务3次，全警学习教育参与率、合格率均达100%。

（杨可萱）

军 事

人民武装

【概　况】　2022年，柯城区人民武装部党委贯彻党中央、中央军委主席习近平决策指示，按照上级部署要求，高举旗帜铸忠诚，聚焦主业抓备战，对标先进争一流，加压奋进当窗口，全面从严正风气，实现党委领导坚强、内部建设扎实、任务完成圆满、总体安全稳定的目标，全面建设呈现出向上向好、稳步发展的良好势头。区人民武装部被军分区表彰为军事职业教育先进单位，政治工作科被军分区评为“机关服务基层先进单位”，保障科职工胡科被军分区表彰为“优秀职工”。

【思想政治建设】　对表上级理论学习和主题教育方案，周密制定学习教育计划，落实年度3个阶段和4个专题的学习教育活动。深入学习贯彻党的十九届六中全会精神，铸牢绝对忠诚的信念，党委班子成员带头完成2课以上的专题党课授课。学习贯彻党的二十大精神，落实“学、思、践、悟”要求，连贯开展“十个一”系列活动，10篇相关报道被军地各类媒体刊发。将每月理论学习日、主题教育、经常性学习教育和经常性思想政治工作融合起来抓，不断夯实理论根基。按照上级要求制定本级党委工作规定，党委议事决策程序规范。全年召开党委会议52次，研究重大战备训练事项14项，涉及重要事务10件，研究解决棘手难题10余个，推进全面工作开展。严格按照“三下三上”程序落实各级党代表选举工作，全体党员充分行使政治权利，党组织战斗堡垒作用发挥明显。围绕党委核心，把住建设方向，树牢“一家人、一条心、一盘棋、一股劲”理念，确保全体人员心往一处想、劲往一处使，助力工作整体推进。落实管党治党“三个责任”、监督执纪“四种形态”，常态开展军地交叉地带“十三个防范”清理整治，军地交往纯洁规范，正气新风持续充盈。参加军地隐蔽斗争和网络安全防范协作工作会议，与辖区公安、国安、驻军单位签订联防联控协议，从源头上控制多领域风险隐患，有效落实意识形态工作责任制。引导全体人员加强政治历练、思想淬炼、实践锻炼，形成争当“两个确立”的忠诚拥护者、“两个维护”的示范引领者、军委主席负责制坚定执行者的积极氛围，聚力推进柯城国动事业高质量发展。

【党管武装工作会议暨国防动员委员会全体会议】　8月5日，全区党管武装工作会议暨2022年国防动员委员会全体会议召开，区委书记、区人武部党委第一书记、区国动委第一主任蒋国强出席并讲话。区委副书记、政法委书记、区国动委副主任张钢宣读2021年度武装工作优秀单位和优秀个人名单，区委常委、区人武部部长、区国动委副主任田志伟总结部署武装和国防动员工作，区人武部党委书记、政治委员、区国动委副主任张桂宝传达上级重要文件精神，石室乡、府山街道就履行党管武装职责情况进行述职。

【推进国防动员】 响应国防动员体制和国防教育领导架构改革，军地联合现地勘察重要目标和交通设施重要节点，实时更新防卫方案预案。全年完成国防动员和国防教育宣传活动20余场次，常态化开展国防教育日、国防教育宣传周进广场、进学校、进役前训练基地活动，在“9·3”中国人民抗日战争胜利纪念日组织应征青年和中小学生参观侵华日军细菌战纪念馆活动在当日央视《新闻联播》报道。完成“一年两征”任务，全年新兵征集“五率”和“新三率”指标较上年度大幅提升，全年无退兵、无廉洁征兵案件问题；对接协调辖区公安分局，完成全市超过1/3数量的军校、定向培养军士和人武学院招生政考工作。按照上级要求，科学优化民兵编组，配备合理民兵分队干部骨干。制订民兵工作方案、计划，按照上级考核细则，对各乡镇（街道）民兵工作进行检查验收，全年两次代表军分区接受省军区民兵工作检查考评，总体成绩优良。

【提升备战援战能力】 党委每月召开议战议训会议，分析研究战备训练形势，围绕上级指示部署和本级重难点问题开展专题讨论。战备制度常态落实，值班执勤秩序正规，战备方案计划和战备物资配套齐全，区应急连圆满

8月5日，全区党管武装工作会议暨2022年国防动员委员会全体会议召开

完成军分区战备值班任务。结合值班分队交接、节前战备教育训练等时机组织值班分队拉动演练，人员战备意识强、出动速度快，多次因任务完成出色受到上级首长表扬。以集中组训、行业自训、以勤代训等方式相结合，保质保量完成应急民兵、支援民兵训练任务，做到人员、内容、时间、质量“四落实”。积极协助地方党委政府，高质量完成抢险救灾、疫情防控任务。

【开训动员演训活动】 1月4日，以遂行过境保障任务为牵引，按照同一背景、上下联动，在军分区编成内，组织部机关带值班分队参加新年度开训动员演训活动，开展动员集结、机动行军、指挥所开设与通联保障、学习聆听习近平主席训令、野外热食制作、警戒防卫、轻武器射击等科目一个过程训练演练，完成军分区主会场布设勤务、现场无人机拍摄及饮食保障等任务。

【党史学习教育民主生活会】 1月21日，组织召开党史学习教育民主生活会，部党委班子成员按照“学史明理、学史增信、学史崇德、学史力行”和“学党史、悟思想、办实事、开新局”的目标要求，结合工作实际，对照“五个带头”深入检查剖析，逐项查摆存在的突出问题。按照“一人讲、大家评、逐个过”的办法进行对照检查，相互开展批评与自我批评，查找剖析党委自身建设存在的问题不足。

【水上搜索与救援专业集训】 4月12日，根据年度训练计划及南方汛情来临的实际，组织民兵开展为期5天的水上搜索与救援专业集训，提高民兵水上应急救援分队遂行抗洪抢险能力。根据境内水情特点，制订训练方案和计划，开展抗洪抢险安全常识、操舟机挂机与撤收、舟艇启动离岸靠岸、快速救援、定点打捞、翻舟自救、编队航行（搜救）等水上救援应急课目训练。

【抢险救灾行动】 6月19—21日，因辖区雨量连续激增，组织险情研判、兵员潜力摸排与动员，出动民兵在航埠镇北一村、北二村，双港街道孙姜大桥、黄家街道下卢新村，以及万田乡、九华乡等重点受灾乡镇，执行搜救转移受灾点人员与物资、洪峰过境时节备勤值守、排内涝清淤、灾后恢复生产生活秩序等任务，成功救助转移落水被困待援群众1人、洪峰前转移洪水淹灌涉险群众27人，转移安置灾害风险点群众240余人，为100户群众转移物资700多件，最大限度降低洪涝灾害带来的损失，确保人员零伤亡。被区委、区政府授予集体三等功一次。

6月20日，柯城区民兵开展汛期抢险救援行动

【“学典型榜样、砺报国之志”系列活动】 8月1日，组织民兵

代表参加“老兵心向党 喜迎二十大”——衢州市“六十佳”发布颁奖晚会为契机，召集应征青年同步观看“六十佳”评选事迹视频，从各类典型先进事迹中汲取能量、坚定信念。组织辖区专武干部和优秀民兵代表现场上台表演歌舞《若有战 召必回》，体现老兵、新兵的薪火相传，展示衢州老兵时代英姿。同步安排分会场应征青年发表观演心得体会，在交流讨论中增进新兵对军旅生活的向往。

【全民国防教育宣传周系列活动】 9月12—18日，紧扣新时代爱国教育使命任务，主动对接有关部门单位，通过不同时段、地点、形式的方式，组织开展为期1周的形式多样、内容丰富国防宣教系列活动。依托“准新兵”役前训练契机，紧密围绕“当兵为什么，当兵干什么”开展讨论，提振思想，搞活教育；组织“筑我长城 强我国防”主题授课和国防教育展板宣讲活动，分析我国周边安全形势、介绍我国武装力量、讲述革命英雄抗战故事等，引导“准新兵”深刻认识强军目标重要性，激励“准新兵”建功军营报效祖国。走进礼贤小学开展国防教育展板巡展，分批次向学校师生讲解人民军队伟大征程、军民团结血肉联系的光辉事迹。组织师生开展“学习国防知识 争做爱国少年”主题班会，观看国防宣传片、分享个人感悟，提高学生爱党爱军爱国热情。主动牵头城区广场、公园等公共场所负责人，开展国防教育展板宣传活动，普及国防教育知识和兵役知识，努力营造出关心、支持和参与国防建设的浓厚氛围。

【军事日活动】 12月8日，柯城区举行区委常委议军会暨四套班子过“军事日”活动，区委书记、区人武部党委第一书记蒋国强、区人武部部长田志伟及四套班子等军地领导参加。野战指挥帐篷内，蒋国强主持召开区委常委议军会，传达学习党的二十大报告中有关国防和军队建设的重要论述，并就习近平强军思想进行专题宣讲；区人武部部长田志伟传达上级有关文件精神，并汇报年度武装工作情况。实弹射击靶场上，区四套班子领导组织开展“军事日”活动，体验军旅生活，接受国防教育。参训人员严格按照射击讲解要领，规范地完成卧倒、子弹上膛、据枪、瞄准、扣动扳机等系列动作。

【开展“守护戎装”专项行动】 5月上旬，区人武部牵头组织区教育局、公安分局、市场监管局等10个部门，军地联合开展“守护戎装”专项行动。区委网络安全和信息化委员会办公组织对淘宝、京东、天猫等网络购物平台以及新浪、搜狐等网络平台，开展涉军服网上宣传和舆情监控，清理封堵违法违规信息。市区军地联合对军用品店、劳保店等行业领域进行专项检查巡查，清查军警用品及服装，没收现行军服及其仿制品，查处“军”字招牌违法广告，并责令限期整改，有效整治市场秩序。区市场监管、公安等部门检查社会面中物业保安、餐饮服务、场馆解说等行业违规订购穿着类似军服制式服装；区教育局重点纠治在学生军训教学、升国旗仪式中购买使用现行军服及其仿制品情况；区文旅体局突出查纠团队旅游、户外活动等场合中穿着军队制式迷彩服及其仿制品现象，纠治军服穿着使用。“守护戎装”专项行动有效提升军服管理法治化、规范化、专业化水平，营造柯城党政军警民拥军爱国、崇尚荣誉的社会氛围。

（金鸣春）

人民防空

【概 况】 2022年，区住建局（人防办）加强防空防灾安全教育，推进柯城区人防工程建设前期工作。人防产权制度改革和数字化系统运用，按照省市2022年人防数字化改革目标任务和市政府出台的《关于衢州市人防工程产权制度综合改革的实施意见》，厘清竣工的人防工程项目，并草拟《柯城区人防工程产权制度改革实施细则》，为改革前人防工程的确权做好基础准备。构建柯城区人口精准疏散方案及数字化系统应用平台，“邻礼通”社区智慧治理平台实现全区全覆盖，导入用户16万余户，激活用户10万余户，涵盖近300个小区。

【防空训练演练】 按照衢州市人防办统一部署，经前期拟写、修改完善演习方案和导播计划，以及后期按照市办要求进行多次演练、预演及各县市集体合练，12月23日，开展演习活动，开发并启用“衢州防空码”APP，居民通过手机移动端防空码即可查看对应区域威胁等级，并自动推送掩蔽场所规划行进路线，同时搭载在线警报预听和宣传教育功能。在2022年“9·18”国防纪念日的防空警报试鸣活动中首次发布并应用于小区群众疏散，取得不错的反响。

【防空袭警报试鸣】 按照省、市人防办关于警报设施工作要求，设置防空防灾警报数字中央站系统，在“5·12”全国防灾减灾日和“9·18”国防纪念日的防空警报试鸣中固定警报发放统控率和参鸣警报完好率均达到100%。

【人防工程安全管理】 在工程建设过程中，区质安站要求施工单位、监理单位应按照《建筑施工安全检查标准》（JGJ59）以及《浙江省建筑施工安全标准化管理规定》做好现场安全防护和安全管理，不定期前往施工现场进行安全检查及安全资料审查。全年区质安站对辖区内报建人防工程进行安全监督管理。

【人防宣传教育】 开展“3·1”国际民防日、“5·12”人员防护演练暨人防宣传周及国防纪念日等系列宣传活动。通过发放宣传资料、组织观看人防宣传展板、现场知识抢答和线上直播等形式宣传人防知识。充分利用省人防办网站、电视、电台媒介进行相关工作宣传。并通过进党校开课，向学校发放宣传读本《小学生防空防灾知识》《中学生防空防灾知识》等形式开展人防宣传工作，突出中小学生人防宣传。

【人防工程防汛抢险】 全面落实应急抢险响应工作。做好地下人防工程检查，为落实区防汛Ⅰ级应急响应工作要求，6月20日前往印象西城、奕谷、合屹大厦、梦捷大厦等人防地下工程检查防汛工作，重点检查抽水排水设施设备运行及人防地下室排水通畅情况。同时接应急局和消防指令，柯城区民防应急救援大队立即赶赴黄家街道全面参与防汛救援，连续奋战14个小时，出动冲锋舟3台、队员25人，转移群众170余人，完成救援任务。

【人防工程建设】 为加强人防工程建设管理，区质安站对12个辖区内的报建人防工程，实行严格的质量监督管理。施工过程中，采取随机抽查的方式对施工各阶段的钢筋混凝土、人防设备、构件、水、电、暖通等工程实体质量，工程文件，现场管理，各方责任主体的质量行为及质量责任制落实等情况进行检查。主要验收节点为底板、墙板、顶板钢筋绑扎，结构验收，竣工验收。

【重要经济目标防护】 加强对全区三级重要经济目标防护机制和队伍建设的监督检查。10月，组织为期一周的重要经济目标单位集中走访活动，督促各重要经济目标单位及时调整人防指挥机构和人防专业队伍建设。

【人防产权制度综合改革】 根据嘉兴等地改革试点经验，探索建立所有权归属清晰、使用权流转有序、开发利用灵活自主、维护保养落实到位、老旧工程退出有序的人防工程资产管理新模式。年末，区人防办还在探索辖区人防产权制度改革实施方案。

【救援队伍建设】 按照省人防“十四五”规划专业队伍建设要求，完成城镇户籍人口1.50%的专业力量整组任务。10月，在全市率先开展人防专业队点验工作，并按照省、市人防防指挥部统一部署，完成全省人防专业队云点验工作。

【通信警报设施管理】 常态化调试和保养应急指挥中心卫星通信、短波电台、视频会议等设备，保障每周视频会议联训工作正常，视频信号和音频信号正常收发，确保与省、市人防指挥部视频会议联调、短波电台呼叫和卫星通信互联，并在通信指挥日常训练工作中做到出勤率100%，联训100%的联通要求。做好移动通信指挥车的正常保养及车载卫星通信设备的维护，确保与指挥中心的通信畅通，并做好移动指挥通信的应急响应，做好应急保障工作。

（祝小娟）

经济管理

发展与改革管理

【概 况】 2022年，柯城区发展和改革局（以下简称区发改局）按照自身职能和区委、区政府年初工作任务目标，在项目建设、扩大有效投资、加强能源管理、推动产业升级、规范价格管理等方面，取得明显成效。全区实现地区生产总值651.20亿元，按可比价格计算，增长6.10%。三产业发展良好，一产、二产、三产增加值分别增长1.90%、8.30%、4.70%。农业生产保持稳定，工业经济快速增长，服务业稳中向好。全区固定资产投资同比增长26.40%，从结构指标看，民间项目投资、高新技术投资、生态环保投资、制造业投资实现正增长，其中民间项目投资同比增长112.10%，增速位居第一；生态环保投资同比增长53.60%，增速位居第三；制造业投资同比增长104.20%，增速位居第一；高新技术投资同比增长220.50%，增速位居第二；交通

2022年柯城区国民经济和社会发展主要预期目标一览表

表7

指标名称	计算单位	2022年目标	2022年实绩	
		比上年增长(%)	绝对值	比上年增长(%)
1.地区生产总值（按可比价）	亿元	8.50左右	651.20	6.10
2.投资（同比）				
民间投资	%	10	—	112.10
交通投资	%	基本持平	—	-13.10
生态环境和公共设施投资	%	15	—	53.60
高新技术投资	%	15	—	220.50
3.社会消费品零售总额	亿元	8	229.70	3.30
4.外贸出口总额	亿元	20	12.60	26.30
5.一般公共预算收入	亿元	10	14.30	10.70
6.居民收入				
城镇居民人均可支配收入	元/人	9	61822	5.80
农村居民人均可支配收入	元/人	10	33521	7.60

说明：1.2022年实绩为初步统计数据，最终以统计年鉴数字为准；
2.地区生产总值绝对值为当年价，增幅按可比价计算

投资同比下降13.10%。消费平稳增长，社会消费品零售总额229.70亿元，增长3.30%。全年完成出口额12.60亿元，增长26.30%。三大收入稳中向好。一般公共预算收入达到14.30亿元，同比增长4%；居民收入稳步增长，城镇居民可支配收入61822元，增长5.80%，位居全市第二，农村居民可支配收入33521元，增长7.60%，位居全市第三。

【项目投资】 紧盯全年投资目标，推进重大项目建设。2022年，全区完成固定资产投资129.30亿元，同比增长26.20%，排名6个县（市区）第一。五项投资结构均实现正增长，其中制造业投资同比增长59.60%，高新技术产业投资同比增长158.30%，民间项目投资同比增长14.70%，生态环保投资同比增长17.80%，交通投资同比增长16.20%。获得2022年三季度投资“赛马”激励。重点项目建设稳步推进，通过大项目统筹办凝聚合力，实行“一周一报告”“一月一例会”“一季一攻坚”机制，协调项目推进中的堵点难点问题。全区138个重点项目，开工132个，开工率95.65%。70个重大政府投资项目开工67个，开工率95.71%。省市县长工程项目落地率达100%。

（注：上述投资数据为柯城区本级实施项目投资，不包含智慧新城、智造新城数据）

【聚焦政策争取支持】 2022年，争取中央预算内资金4219万元。其中，双西港园区基础设施改造提升项目——巨化西排出口段改线工程获得1937万元城市排水设施中央预算内资金支持，落马桥安置小区、曙光路2个项目争取到保障性安居工程中央预算内投资2182万元；3个项目争取到100万元托育类中央预算内资金。争取地方政府专项债券21.13亿元，用于柯城区双西港基础设施改造提升、高级技工学校等22个项目。争取省诗路文化带建设资金575万元，用于支持大花园相关项目建设。8个贴息贷款项目通过国家审核，项目总投资40.35亿元，通过审核贷款需求2.74亿元。提前争列2023年

11月29日，柯城区新型城镇化建设暨农民集聚工作推进会召开

省公建项目计划，获批资金额度1000万元，争取资金列全市首位，连续3年领跑全市。项目争取，寺桥水库、金沃精工轴承套圈产研园等12个示范性、引领性强的项目列入省重点项目计划，申报拟保障农转用指标4926亩。东巨康项目被列入2022年省重大产业项目清单。

8月3日，柯城区“群团共富 领雁先行”最佳项目PK赛举行

【改革创新】 推进数字社会系统建设，锚定跑道实现争先进位。柯城区在3—4月全省数字社会系统90个县（市、区）双月综合评价中排名第七，首次进入全省前十梯队，获评区“十条军规”，受通报表扬1次，5—6月排名第八。重视并形成理论成果，获上级领导批示肯定或刊登于省级刊物。重大应用谋划对接推广工作，做好“邻礼通”、浙里民生“关键小事”、医保“病贫共济”应用、“浙里基本公共服务15分钟服务圈”试点、乡村生活馆试点、山区26县共同富裕创业带头人服务应用等多个重大应用的谋划对接、推广及迭代升级工作。未来社区（乡村）取得一定成效。新荷、花港、金河湾未来社区被纳入全省第五批未来社区试点名单，沟溪片区（碗窑村、碗东村、余西村、斗目垅村），九华乡妙源片区（妙源村、茶铺村），航埠镇严村片区（严村村、上河东村、下河东村），石梁镇麻蓬村被纳入全省第二批未来乡村试点名单。斗潭未来社区、白云未来社区完成省级验收命名。争取改革试点荣誉，完成大花园示范收尾。通过省级大花园示范实地验收评估，柯城区被命名为全省第二批大花园示范县。打造柯城区乡村运动农村产业融合发展示范园。结合柯城发展特色，以一、二、三产业深度融合发展为切入点，乡村运动农村产业融合发展示范园被纳入第一批省级农村一、二、三产业融合发展示范园认定名单。建设“土地合作社”助农链农富农。全年收储耕地面积2.60万余亩涉及农户2700余户，发放分红1500余万元，户均增收5000元。区块分布集中在沟溪乡、航埠镇、华墅乡、九华乡、石梁镇、石室乡和万田乡。“两山合作社”金融规模不断提质增效，柯城农商银行开展“两山强村贷、两山富民贷、两山农创贷”等特色金融业务29笔，累计贷款资金2.71亿元，2022年新增贷款4800万元。

【共同富裕惠民生】 高质量发展建设共同富裕示范区。在全省公布的共同富裕年度考核情况中，柯城区共同富裕工作获得考核良好评价。健全完善共同富裕工作体制机制，制定下发“2022年工作要点”，明确34项省级指标、27项重点任务和33项重大改革，推进缩小三大差距、提高公共服务优质共享、数字社会建设三方面重点工作。全年获得省级以上领导批示18篇，全区争取省级以上试点78个。在全省城乡社区工作会议、全省乡村振兴（26县）十大助力行动启动仪式等省级以上大会作典型发言13次；承办省级以上共富相关活动12次。区主要领导参加省级以上共富新闻宣传活动接受采访4次，柯城区“零废生活”优秀案例被列入浙江省高质量发展建设共同富裕示范区最佳实践（第二批）名单，余东未来乡村共富大场景建设好经验好做法入刊省共富办唯一编刊《浙里共富》，共富宣传被省级以上主流媒体宣传报道362次。柯城区在2021年度全省山区26县跨越式高质量发展实绩考核中勇夺第一名。年内继续牵头做好全省山区26县跨越式高质量发展实绩考核工作，成立26县工作专班，协调成员单位落实相关任务。滚动更新26县考核各项指标情况，建立绿、黄、红“三色”指标图，动态跟踪，分析研判，与区审计局共同做好省审计厅对开展的全省山区26县跨越式高质量发展专项审计工作。

【聚焦民生保民安】 参与疫情防控。在“3·13”疫情防控战役中，快速响应调拨应急物资。调拨疫情防控应急物资帐篷722顶，警戒线330盒，行军床610张，被子1983条，床单、垫被、枕头1753套，生活物资包1081个，编织袋380个，应急手电218个，雨衣2100件，雨鞋400双。高质高效配发医疗物资，全体干部参与应急支援装配、打包医疗物资。助力粮食企业畅通绿色通道。帮助天茂粮油有限公司等粮油公司申请开辟绿色通道，为全区粮食充足供应提供有力保障。能源革新，有序推进抽水蓄能项目，完成预可研报告编制，顺利通过预可研审查会。整区推进分布式光伏试点工作，完成并网装机2.06万千瓦，全年在建项目预计装机3.2万千瓦。聚力聚焦新能源汽车充电难整治。完成47个充电桩、5座充电站建设。安全生产及保供，长输油气管道安全。印发《柯城区长输油气管道安全工作手册》，与沿线各乡镇及管道企业签订安全生产责任书，组织参加管道安全业务知识培训。定期进行管道安全巡查，全年共开展联合检查5次，下发限期整改的函，要求责任单位按期整改到位。建立专家评审制度，牵头召开涉辖区长输油气管道施工安全评审2次，确保科学安全施工。粮食及应急物资储备工作，按照相关要求落实应急食品、应急物资两大储备工作，多渠道充实应急物资储备，确保关键时刻拿得出、配得齐、调得快。6月20日，为迅速支援汛期险情，调拨救生衣200件、应急生活包107个、应急手电50个等多种防汛防台应急物资，获区“十条军规”通报表扬。

【优化营商环境】 项目审批，依托投资在线审批监管平台3.0系统，赋码项目463个，其中审批类项目176个，备案类284个，核准类3个；办理事项536件，其中政府投资项目建议书审批85件，政府投资项目可行性研究报告审批37件，政府投资项目初步设计审批159件，一般企业投资项目备案248件，一般企业投资项目核准3件，协助能源科完成节能审查批复4件。价格工作，出台电力接入工程费用分担机制，每年可为企业减负200余万元；出台义务教育阶段学校课后服务财政补贴和服务性收费标准，每年为家长减轻负担约500万元；会同教育局出台公办幼儿园课后托管收费标准，有效缓解幼儿托管老大难问题；受理并备案兴运家园、振兴家园等8个住宅小区的前期物业服务收费。

（兰少靖）

国有资产经营与管理

【概　况】 2022年，区国资服务中心（国资公司）围绕“保三争二拼第一”的总体目标，贯彻上级部门决策部署和要求，梳理工作重点，分解考核指标，进一步推动柯城区跨越式高质量发展迈上新台阶。

【国资国企改革】 深化改革，推进国资国企市场化运作。以“打造四省边际共同富裕示范区”为目标，以“打造四省边际中心城市”为抓手，结合省、市化解地方政府隐性债务要求，配合国企改革三年行动，由原先“1+4”母子公司体系优化为“1+3+3”母子公司体系，3家副科级国企重点扶持区级工业平台、商贸平台和文旅平台。推动区属国有企业由“地方融资性平台公司”向“实体化、市场化运营公司”转变。探索围绕“城市有机更新、乡村振兴、工业园区建设、水资源开发、重大产业发展、文旅体综合业务拓展、能源经济开发”等多领域参与市场化竞争，如乡村振兴公司和建投公司已完成AA评级，乡悦旅游公司承接全区干部职工疗休养业务，民欣物业公司承接“公务餐”“公务仓”，建投公司承接“公务用车”业务等。紧抓考核，发挥中心监管效能。以健全管理制度为抓手，对八项监管制度中涉及的审批流程进行调整，出台《柯城区国资国企权责事项清单》等规范制度15个，发挥国资中心监管效能，规范国企决策体系。联合广泽会计师事务所制定15个项目的全生命周期考核方案，包括11个政府代建项目和4个企业投资项目，实现“一项目一方案”。

【资本运营】 2022年，投资业务稳步提升。股权投资方向严格遵循区级产业布局，主要面向规划中重点产业、数字经济、文旅优质企业，以及航埠工业功能园等，通过投贷结合等方式支持地方产业经济发展。完成浙商信安资产项目股权投资1.50亿元，收回投资（委贷）款约7400万元。其中，中巨芯科技股份有限公司预计于2023年上市，届时将是区国资公司对外参股的第一家上市公司。融资担保稳中向好。发挥为子公司担保职能，截至年末，区国资公司为下属子公司累计提供担保总额为46.50亿元，在担保额为20.56亿元，其中2022年新增担保额为14.39亿元，支持各子公司融资担保需求。

【资产管理】 全面落实安全生产责任。区国资公司名下76处资产，每月按时走访，定期消防巡查，签订安全生产责任书76份。全面梳理待划转资产。柯城国资公司及下属子公司完成70宗资产注入，注入房屋房产面积75479.96平方米，土地面积58412.19平方米，市场价值约3亿元。全面完成低效无效资产处置。累计排查39项任务，完成率100%，总账面值16168.83万元，回收值13950.52万元，全面完成低效无效资产处置任务。同时，房租催缴应收尽收，足额收取，收取租金1381万元。

6月29日，柯城区国资服务中心开展区属国有企业赛马比拼活动

5月5日，区国有资产公司首单非公开公司债券（第一期）在上海证券交易所成功发行

【项目建设】　区国资公司有建设项目4个，其中营商大楼项目于4月12日完成项目竣工验收。完成南区市民立体停车库建设项目从项目备案到发布施工招标公告，获得区“红榜”通报表扬。其余项目稳步推进。

【债券发行】　为拓宽融资渠道，提升公司直接融资能力，启动发行10亿元非公开公司债券工作。在2021年募集全套资料提交上海证券交易所受理的基础上，强化系统衔接，破除各项政策壁垒，配合做好财务数据更新，重新梳理发债资金用途等，将符合乡村振兴概念的用途进行单独包装，进一步保障发债顺利进行。突破性采用线上路演“云推介”的方式，吸引多家外地银行及其他非银机构参与认购。4月22日取得批文后，实行一天一报制，每天定期与各银行沟通，了解审批进度，确认其认购金额及价格等。5月第一个工作日，通过5个小时的竞价，以认购倍数3.86倍、发行利率3.63%成功发行10亿元非公开公司债券，利率创近一年AA主体平台全国最低利率水平。

【创新发展】　柯城区“两溪”流域EOD（生态环境导向的开发模式）试点项目，在2021年取得首批试点批文后，多次与国开行对接，推动该项目实现市场化融资。与可研编制单位、相关部门就项目资金拼盘情况、还款来源、砂石收入情况及项目调整进行交流沟通。同时与各部门通力合作，倒排计划，精准对接，实行一周一报制，定期上门制，推动融资进程。于9月通过国开行上会审议，获得9亿元融资授信，贷款期限为20年，贷款利率为LPR（贷款基础利率）同期基准利率下浮30BP，即按现行基准，贷款利率为4%，是全市近年期限最长、利率最低的项目贷款，保障柯城区重大项目建设资金需求，20年的长期贷款也减轻项目还款压力，为项目如期建成运营提供有力的资金保障。

【国企采购平台】　与政采云公司对接，完成柯城国企“乐采云”平台搭建并运行，成为衢州市首家国企领域线上集中采购平台。同时积极征求各区属国有企业意见建议，结合实际情况撰写并发文《关于规范，〈柯城区国有企业采购审批工作流程〉（试行）的通知》《关于规范区属国有企业投资工程项目、企业货物（服务）采购的相关意见（试行）》，规范国有企业采购行为。至年末，审核审批企业确认书152个，金额共计36677.54万元，其中电子卖场采购金额346.57万元，项目采购金额36330.97万元。

（朱雅婷）

财　政

【概　况】　2022年，柯城区实现地区生产总值651.19亿元，按可比价格计算，增长6.10%。其中，第一产业增加值8.91亿元，增长1.90%；第二产业增加值288.07亿元，增长8.30%，其中工业增加值253.28亿元，增长10.80%；第三产业增加值354.21亿元，增长4.70%。三次产业结构比为1.37：44.24：54.39。按户籍人口计算，人均生产总值147233元，增长6%。城镇居民人均可支配收入61822元，增长5.80%；农村居民人均可支配收入33521元，增长7.60%。全年固定资产投资增长26.40%。全区财政总收入23.15亿元，增长4%；一般公共预算收入14.25亿元，增长10.70%，其中税收收入10.68亿元，增长4.40%；全区一般公共预算支出67.15亿元，增长16.70%。全区财政收支平衡。

【强化收支管理】　加强收入征管，强化部门联动，建立每月财政收入形势研判工作机制，优化乡镇（街道）财政预算管理考核办法，做大税收收入盘子，做好非税征缴入库。全区一般公共预算收入占地区生产总值的2.20%，占财政总收入的61.60%，税收收入占一般公共预算收入的74.90%。全区非税收入39.94亿元，同比下降5.90%，其中纳入一般公共预算管理的非税收入3.57亿元，同比增长35.10%。全年向上争取各类政策试点资金32.58亿元，其中专项债券资金21.13亿元，一般债券资金6亿元。树牢过“紧日子”理念，压减一般性支出1.65亿元。建立健全结转结余资金收回使用机制，清理收回资金2.67亿元。

【服务经济发展】　集中财力做好重大项目、产业平台的资金保障工作。安排生态工业园区基础设施建设、水系连通及水美乡村建设、寺桥水库等政府投资续建项目建设资金4.50亿元。坚持首位战略，财政科技支出1.59亿元，增长21.30%。统筹各类资金做好惠企政策兑现，构建惠企政策资金预拨机制，采用“免申即享、即申即享、快申快兑”等方式，通过“政企通”平台兑现资金6.57亿元。按照“应退尽退、能退早退”要求，顶格落实减税降费退税1.70亿元，增值税留抵退税3.57亿元。促进服务业领域困难行业恢复发展，减免全区行政事业单位国有房屋租金100万元。投入各类促消费活动7260万元，拉动消费10.30亿元。

【保障民生福祉】　全年民生支出45.38亿元，增长1.90%，占一般公共预算支出的67.60%。教育支出9.40亿元，同比增长27.20%。安排义务教育阶段生均公用经费标准提标790万元，推进学前教育普及普惠县创建。卫生健康支出6.69亿元，同比增长26.80%。履行疫情防控经费保障职责，争取省级补助2000万元，投入财政资金2.53亿元。社会保障和就业支出7.27亿元。支持“育儿友好型社会”建设，新增普惠托位一次性补助66万元，提升普惠托育服务能力，入选浙江省普惠托育基本公共服务试点。支持“老年友好型社会”建设，通过“财政投一点、集体担一点、社会捐一点、家庭出一点”模式，推动养老服务“爱心卡”省级试点工作。推进“扩中”“提低”行动，助力共同富裕，合理确定保障标准动态调整机制，做好困难群众托底保障，投入救助补助资金1.12亿元。探索将低收入家庭纳入专项救助范围试点，安排专项资金用于特殊困难群体救助500万元。

【深化数字改革】　推进预算管理一体化改革，形成资金从预算安排源头到使用末端全过程闭环管理。初步建立符合预算管理一体化规范的预算调剂办法，强化预算刚性约束，规范预算管理流程。推动省级应用落地，率先实现“浙里报”应用全区预算单位140家全覆盖，报销总额23.75亿元。率先上线浙江省非税和票据管理一体化系统，提高非税收入征管质量。推进统一办案系统与公共支付平台深度融合，实现罚没款收缴数字化运行。推进医疗收费电子票据省集中模式改革，全区医疗机构上线医疗收费电子票据业务21家，打通医疗业务“最后一公里”。

【强化财政监管】 创新公款监管模式，制定《区财政专户资金公款存放管理实施办法》《区行政事业单位公款竞争性存放管理办法》，构建“制度引领—数字赋能—阳光操作—监督检查”闭环管控机制，公款存放事项纳入“三重一大”集体决策机制，防止利益输送，最高利率存放公款33.97亿元。加强绩效管理和监督检查。以“整体+重点”探索部门整体绩效评价指标体系框架，总结提炼“投入、过程、产出、效果”一级共性指标4个，聚焦公办幼儿园扩容、老旧小区改造等重大项目政策，突出个性指标。严肃财经纪律，开展项目招引财政扶持政策等省市区联动专项检查11项、公务接待和执行财经纪律情况等区级监督检查5项。规范优化政府投资项目评审流程，着力提升评审质效，完成项目评审1007个，送审金额98.20亿元，节约资金约7.89亿元，核减率8%。创建柯城“公物仓”，推进全区资产共享，按照“应调尽调”原则形成“集中管理、循环共用”管理模式，节约资金1353万元。严控单一来源采购，项目数下降27.90%。

【防范化解风险】 兜牢“三保”底线，坚持“三保”支出在财政支出中的优先顺序，确保预算安排不出现“三保”支出缺口。全区安排“三保”预算26.20亿元，综合财力覆盖倍数达1.90倍。完善“三保”预算执行动态监控机制，预警运行风险。强化债务风险管控，建立债券资金专户管理机制，保障资金使用安全。严格落实政府投资项目“三个不得立项”，从源头防范债务风险。加强社保基金风险管控，按照“收支平衡，适当留有结余”的原则编制社保基金年度预算，分析社会保险基金支出变化趋势，完善社保基金预决算管理。

【加强队伍建设】 推动干部能力素质提升。通过局党组理论学习中心组带头学、党支部“三会一课”示范学、“8090”青年宣讲互动学等形式，学习贯彻习近平新时代中国特色社会主义思想和党的二十大精神。以

12月30日，柯城区财政局到寺桥水库工程项目施工现场查看项目情况

"班子成员+中层骨干"双导师帮带制度为载体，干部PK赛为平台，提升青年干部塑造变革能力。构建"班子成员先锋队+中层骨干攻坚队+青年干部突击队"团队文化，打造变革型财政组织，获全省财政系统变革型财政组织创建优秀试点单位。注重将干部放在急难险重事件上锻炼。疫情防控期间，下沉社区1500余人次，"巾帼红"志愿服务队获评柯城区疫情防控正面典型。助力高耗低效企业整治、礼贤片区安置房交付、全国文明城市创建等区委区政府中心工作。获全区经济社会发展工作目标综合考核经济发展类一等奖。加强财政廉政文化建设，对干部苗头性、倾向性问题及时约谈，开展各类谈话共70余次。

（郭 映）

税 务

【概 况】 2022年，柯城区税务局以"释放新活力、提升首位度"为工作总目标，加强党对税收工作的全面领导和干部队伍建设，依法组织税费收入，全面落实减税降费政策，持续优化税收营商环境，崇尚实干、担当作为，完成各项税收工作，为全区经济高质量发展贡献力量，全区税务局"'棋'头并进 税耀柯城"文化品牌被评为全市"有礼先锋"党建服务品牌，全区税务局工会获评衢州市模范职工之家。

【税收收入】 2022年，组织各项税收收入17.05亿元，比上年下降3.21%，扣除留抵退税因素后（全年留抵退税3.57亿元），比上年增长11.45%；办理出口退税1.31亿元，比上年增长26.63%。

2022年柯城区规模以上工业企业一览表

表8

项 目	收 入（万元）	比上年增加（万元）	同比增长(%)
一、税收收入合计	170541	-5647	-3.21
1.国内增值税	84180	-9350	-10.00
2.国内消费税	239	-74	-23.64
3.企业所得税	39982	-5886	-12.83
4.个人所得税	10572	4329	69.34
5.城市维护建设税	4811	-1035	-17.70
6.城镇土地使用税	2437	527	27.59
7.土地增值税	1753	-1888	-51.85
8.房产税	4571	1273	38.60
9.印花税	1814	-431	-19.20
10.契税	18584	7968	75.06
11.耕地占用税	1600	-596	-27.14
12.其他	-2	484	-100.41
二、出口退税	13137	2763	26.63

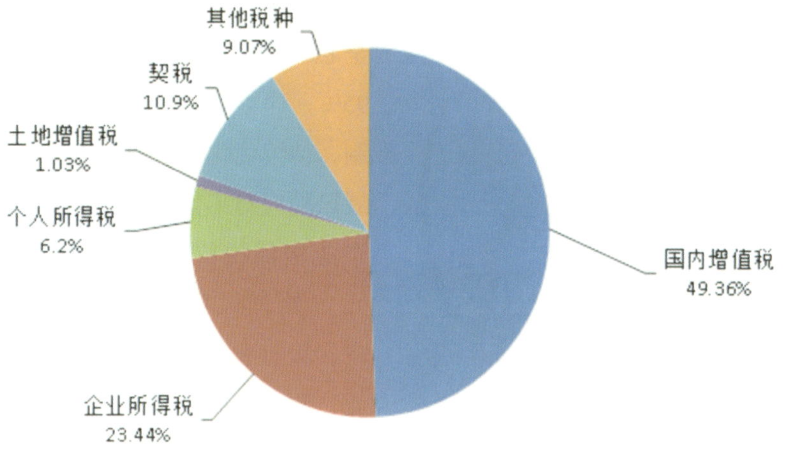

2022年柯城区税收收入分税种结构图

【社会保险费和非税收入】 2022年，组织征收社会保险费收入17.79亿元，其中养老保险费收入11.32亿元，医疗保险费收入4.95亿元；组织征收非税收入11.24亿元。推进优化调整社会保险费申报缴纳流程改革，实现金税三期社保费标准版上线。推进社保费日常征缴，全年申报率、入库率、网办率“三率”指标平均达99.50%以上。接收森林植被恢复费、草原植被恢复费征收职责，土地出让金征收进一步规范高效。

【税务法治】 推行行政执法公示制度、执法全过程记录制度、重大执法决定法制审核制度，累计公示税务执法信息3832条。构建“学法普法、守法用法、执法护法”的依法治税工作体系，定期开展领导带头讲法、干部会前学法等特色活动，召开依法行政工作领导小组会议4次，研究相关事项10余项。深化“税务+司法”协作，持续推进企业破产便利化、重大税务案件审理等法治建设。开展“税收宣传月”和“八五”普法等税法宣传活动。深化内控机制建设，强化内控平台运用，持续优化网格化内控制度建设。

【税费政策】 按照税务总局工作要求，坚持“全面顶格+第一时间”快准稳好落实落细一系列退税、减税、免税、缓税等政策。依托网上直播“云辅导”、征纳沟通平台“精准推”和咨询热线“答疑惑”等做实政策辅导和业务指导，推动政策红利精准落地。全年累计为1638户企业办理增值税留抵退税3.57亿元，11789户纳税人享受“六税两费”优惠政策减免2989.52万元，办理制造业中小微企业延缓缴纳税费5078.66万元。

【税种管理】 推进各税种精细化管理。在货物和劳务税方面，加大发票增版增量、成品油消费税管理、增值税纳税申报比对、

7月15日，区税务局举办增值税留抵退税、出口退税“走流程 听建议”活动

9月26日，国家税务总局浙江省税务局副局长许祖原（前排右二）考察柯城区税务局党建文化展厅建设情况

增值税优惠政策享受等重点事项风险防范力度，按季开展自查工作。在所得税方面，组织开展自然人股权转让核实工作，重点核查股权转让中零价转让、低价转让现象。在财产和行为税方面，发挥土地增值税清算专业团队作用，采取“半月一更新一报送”方式，推进清算审核进度。

【办税缴费服务】 持续提升办税便利化，推进高频民生事项从“网上办”向“掌上办”升级，实现代开私房出租普通发票业务和增量房、存量房交易申报业务“掌上办”，全区综合网上办税率达97%以上。连续第九年开展便民办税春风行动，针对性推出129项便民办税服务举措和6项创新工作。通过征纳沟通平台精准推送各项税费政策通知，覆盖企业超6万户次。推广“办问协同”服务模式，推进热线咨询“问答服务”向“问办服务”转变。创新升级“蓝柯直播间”和纳税人学堂，开展各类专题专项培训6场，惠及纳税人缴费人1500余户次。围绕纳税人缴费人关注的更正申报、股权转让、发票增版增量等高频事项，形成流程清单、措施清单、问题清单，建立“收集—响应—反馈—改进”闭环处理机制，持续提升服务效能。

【征收管理】 2022年，根据数字化改革要求部署，全面推行电子发票的申领和应用，深入交通、医疗行业等电子发票推广重难点领域，加快推动出租车发票和新办纳税人专票电子化进程，全区增值税发票电子化率超95%。建立常态化风险防控机制，持续优化税收监管方式，开展风险应对工作，全年追回70户企业增值税留抵退税1698.26万元，处理风险任务56批次215户，查补税款及滞纳金838.12万元，调减留抵221.02万元。

【税务纪检】 全面深化税务系统纪检监察体制改革，严格执行加强对“一把手”和领导班子监督的16项实施意见，落实“两个责任”。对标中央八项规定及其实施细则精神，加强警示教育、以案促改，全年组织开展警示教育6次，发放廉政宣传书籍200余本(册)。开展干部经商办企业专项整治“回头看”工作，深化“四风”问题整治。

【政务管理】 坚持靶向思维，做好组织绩效和个人绩效的考核管理。落实信访工作责任制，推动依法及时就地解决信访问题。强化税务工作秘密管理，严格遵守保密和对外公开制度，加强涉密载体管理，做好保密宣传教育。严格执行财经纪律和财务制度，加强日常审核管理，严格审核把关，把握过“紧日子”的要求。

（谭裕和）

金融服务中心

【概 况】 2022年，区金融服务中心加大金融助企纾困力度。为贯彻落实稳住经济大盘一揽子政策，参与制定金融支持助企纾困稳经济行动方案，协同联动财税、产业等支持政策加码加力。出台《柯城区金融机构履行职能考评细则》，对8家银行柯城支行和柯城农商行、6家保险公司柯城支公司实施考核。加快惠企政策兑现。向区财政申报中巨芯公司上市挂牌奖励资金250万元；审核并由市财政兑现衢州市信保融资担保有限公司政策性融资担保补助资金234.33万元。争取上级政策资源。协助浙江浙商信安资产管理有限公司、柯城区桢诚股权投资公司在航埠注册。引导金融机构主动对接困难行业融资需求，增大信用贷款，帮助柯城区口乐心食品公司调整融资结构1000万元，降低企业融资成本。帮助柯香物流有限公司解决融资2000万元，区建园人力资源企业在浦发银行融资1000万元。举办多场次的政银企业对接会，面对面帮助解答企业心中的问题。开展“金融三服务”活动，组建金融顾问工作组，开展政策性融资担保支持汇率避险服务。

【实施企业上市计划】 围绕市政府的“3030行动计划”，出台推进企业上市工作机制，年内新增签约规范企业1家（恒业部件），新增股改企业1家（伟荣药化），新增报辅导企业（企业指定有关机构对拟上市的公司进行规范化培训、辅导与监督）1家（伟荣药化），新增报会企业1家（中巨芯），新增股交中心科创助力板2家（泓芯半导体、上易节能）、新增智造板3家（恒业汽配、实达实、三源汇能）。助推企业上市签约。入企服务促成恒业汽配公司有意向上市，对接合作券商财通证券多次上门洽谈终达成合作意向。财通券商、中汇会所、君合律所入企开展现场尽调，并进行详细的反馈。恒业汽配完成与三大服务机构的上市规范签约。持续跟进已报证监会（上交所）企业的上市进度。中巨芯通过科创板上市委会议审议，完成证监会的问询答复。浙江鸿盛于6月完成证监会的第一轮反馈，11月完成第二轮反馈。推进企业辅导进程。解决伟荣药化改制中的历史沿革确认事项，伟荣药化向区政府提交《关于企业改制中涉及的相关历史沿革事项的请示》，金融中心牵头召集区经信局、区市场监督管理局、区国资服务中心等单位共同商讨，调查取证，完善材料，将论证相关材料及论证结果转报衢州市政府，协助市国资委对此事项的认证。协助企业对接市级市场监管局完成企业股改，企业按计划向省证监局上报辅导材料，公司董监高通过辅导考试，完成辅导验收，通过证监局辅导验收。服务企业。对接资本投资公司为企业解决资金不足问题。联系股权交易中心、建信投资、立昂微、金控投资等上门服务佳农果蔬、泓芯半导体，洽谈投资合作事宜。泓芯半导体完成立昂微投资机构的注资1650万元。争取省金融局“凤凰丹穴”推广试点。“凤凰丹穴”是省金融局推进企业上市的一个数字化项目，柯城区率先承接省级数字化应用推广工作。直接融资情况。国资融资情况。区国资公司成功发行10亿元的企业债，区建投公司通过AA评级，区乡村振兴公司通过AA评级。民营企业融资情况。金沃股份可转债发行通过创业板上市委第48次会议审议，完成可转债发行路演并成功发行3.10亿元可转债。

【维护良好金融生态】 坚持在经济高质量发展的基础上，防范化解金融领域各类风险。落实金融风险处置机制，落细落实“1+7+N”财政金融风险处置机制，加强与中央金融管理部门工作协同，共同落实好防范处置金融风险主体责任、行业主管责任、监管责任和属地责任。制订出台《柯城区防范和处置非法集资实施方案》，建立成员单位之间的协作联动机制。开展相关领域的排查。根据省市的统一部署，联合公安、市场监管和所属街道，有针对性地对养老、健康和新金融领域开展风险排查活动，重点关注六早大健康等养老健康机构。各乡镇街道也在各小区、楼堂馆所进行提醒宣传。完成各类金融企业年检。邀请市银保监分局和区市场监管、财政部门共同组成的检查小组，走访查阅辖区内小贷公司、融资担保公司、典当公司，通过自查和现场检查的方式，完成对金融企业的年度检查和评级有序处置各类风险点。协助区住建局开展对恒盛名苑房开项目风险情况调查，推动柯城区航埠生态园区除险保安“百日攻坚”专项行动。

（毛沛楠）

审 计

【概 况】 2022年，区审计局围绕工作中心，紧扣主责主业，统筹做好常态化“经济体检”和区委区政府主要领导交办的重大任务，依法忠实履行审计职责，全面提升审计工作的首位度。围绕区委、区政府重大决策和重要工作部署，开展常态化“经济体检”。全年开展审计项目10个，共查出主要问题金额81228万元，其中管理不规范资金81222万元，非金额计量问题124个，审计处理处罚533万元，审计促进整改落实有关问题资金471万元，审计后挽回（避免）损失3万元，核减投资额9万元，审计提出意见25条；编发31期审计专报，移送问题线索4起，专报得到区委、区政府主要领导批示13篇次。

【经济责任审计】 完善《柯城区党政主要领导干部经济责任审计实施办法》，重点突出对经济决策权、执行权、管理权和监督权等关键岗位领导干部的审计。健全完善领导干部经济责任审计工作机制，领导干部经济责任审计情况先后被纳入政治生态建设状况评价监测体系和区委组织部干部管理系统。组织开展3个经责审计项目，截至12月底，各经济责任审计项目收回财政资金共计3.14万元，撰写审计专报6篇。对3家单位7名党政主要领导干部开展任期经济责任审计，全年共查出管理不规范金额142.79万元，提出审计建议10条，审计专报获区主要领导批示6篇次，促进出台制度8个。

【民生审计】 围绕民生保障改善，组织开展柯城区教育均衡化建设情况专项审计调查，重点关注促进均衡相关政策建设及执行、财政投入的分配和使用、义务教育学校标准化建设等情况。审计撰写专报4篇，揭示部分幼

7月12日，区审计局局长许捷（正面1）到松园社区宣讲省第十五次党代会精神

儿园采购项目过程违规问题，进一步规范采购监管工作。

【资源环境审计】 组织开展钱塘江流域水生态保护开展专项审计调查，重点关注钱塘江流域水污染防治、水环境综合治理、水生态保护修复、相关资金筹集、管理和使用等情况。提出审计建议3条，促进多付工程款等资金收回140.26万元，促进老旧车辆淘汰奖励专项资金拨付45.90万元，撰写审计专报5篇，促进钱塘江流域水生态保护长效机制建立健全。

【审计整改及落实】 围绕省市区委“七张问题清单”工作要求，结合实际，落实重大审计问题清单建设。主动向上对接。对照重大审计问题标准，着力研究分析清单指数计算法，与市审计局内审指导处建立良好沟通桥梁，助力柯城重大审计问题清单指数评价在全市名列前茅。聚焦打造示范榜案例，要求审计整改责任单位及时落实整改措施，同时做好举一反三、建章立制工作，推送的《实施“强村行动”，助力共同富裕》入选市级示范案例。建章立制强规范。5月，区委审计办出台《柯城区关于重大审计问题整改督察督办管理办法（试行）》，对清单化管理、挂账销号制度、整改责任划分、整改督查督办等工作作出了具体要求。结合年度重点项目和热点问题，梳理拟进入“重大审计问题清单”蓄水池问题库的事项，每月召开局班子会议专题研究，研判问题重要性、整改可行性，确保“入池”决策的准确性和科学性，最后经区委常委会审议后纳入区级问题清单。

【内部审计】 完善内部审计工作指导员制度，重新梳理对口联系指导单位，实现对市本级重点部门（单位）指导督导全覆盖；制定内部审计培训计划，全年面向乡镇（街道）、机关事业单位、国有企业、金融系统分期举办内部审计培训班，分层分类进行业务指导。

【审计队伍建设】 把建设一支信念坚定、业务精通、作风务实、清正廉洁的高素质专业化柯城审计队伍作为基础性工作。优化人员力量配置。面对干部队伍断档、专业力量薄弱的问题，通过公开招聘招录1名“95后”年轻干部，优化干部队伍结构。优化干部教育培养，提升“两勤两专”。实施“四力”提升工程，通过开设审计大讲堂、建立审计业务特训营等方式，促学习强交流，比业绩晒成效；通过实施青蓝工程，优化青年干部培养机制，一线干部主审覆盖率100%。选派10人次骨干参加省市重大审计项目、各类专项检查等工作。

（周 静）

统 计

【概 况】 2022年，区统计局准确把握新时代统计工作要求，对标“两勤”“两专”，以优化服务水平为导向、强化业务指导为抓手、夯实基层基础为保障，全力服务经济社会高质量发展。科学谋划部署统计预警预判与统计分析工作，提升对全区经济运行形势的预判能力，围绕争先创优等重点工作做好经济指标数据的测算评价工作，当好党委政府“参谋部”、经济发展“晴雨表”、社会公众“信息窗”。2022年，获全市三季度“作风之星”集体荣誉称号，获区级“十条军规”正面典型通报3次，1人荣获“全国统计系统先进个人”称号。

【优化统计服务】 发挥统计信息、咨询、监测三大职能。以统全、统实、统准为原则，依法开展统计数据生产，提高经济运行分析水平。针对主要经济指标短板弱项，研究起草《柯城区经济稳进提质攻坚行动实施方案》

《全区经济运行关联性指标监测预警机制》等方案机制，增强经济工作的前瞻性和针对性。年内撰写统计分析60余篇、《柯城统计专报》19期、《争先创优建议专报》4期、《争先创优战报》36期，获区领导批示7期，为区委、区政府决策部署提供重要依据和数据支撑。着力分析全区消费品市场运行情况，重点招引培育服务业、商贸、电商等企业，主动与区驻外招商组、区经信局（商务局）等单位多方联动、靠前服务，推动成功签约衢州勤鉴天下纸品再生资源、浙江融欣钢铁再生资源等2个贸易型总部经济项目，成功招引4家服务业（贸易业）企业入驻。

【统计业务指导】 强化统计业务指导，筑牢数据质量“防火墙”。提请区委常委会会议、区政府常务会议传达学习《关于更加有效发挥统计监督职能作用的意见》和统计造假不收手不收敛问题专项纠治工作动员部署会精神，抓住领导干部这个“关键少数”，营造遵守统计法治的良好氛围；针对申报系统迭代升级、统计人员新成分多的实际，采取“小班化”培训与“一对一”指导相结合的形式，结合统计报表制度，有针对性地讲解报表填报方法、要求和注意事项，抓细、抓实统计工作要点，破解统计数据报送过程中的堵点难点问题。全年开展业务培训1800余人次、走访指导单位（项目）1000余家次，构筑统计数据质量防线，杜绝对统计工作的违法干预。严格执行统计数据质量签字背书机制，全区固定资产投资，规上工业产值，规上服务业企业营业收入，社会消费品零售总额，限上批发、零售业商品销售额及住宿、餐饮业营业额等月度统计数据上报前，均经区政府分管领导和有关部门主要领导签字确认，力求以最大限度压实防范和惩治统计造假、弄虚作假工作主体责任，确保统计数据质量。以“双随机”形式针对30家单位（项目）开展统计执法检查，查处统计违法行为2起，掌上执法率达100%，并依规进行处罚结果信息全公开。

【基层基础建设】 深化基层基础建设，构建“统计e家”体系。推动构建“党委领导、政府主导、统计机构主体指导、行业督导”的共治共管统计大格局，全面加强统计基层基础工作。搭建由区政府分管领导、有关部门（单位）、乡镇（街道）领导和统计业务骨干、企业统计人员组成的三级网格架构，建立“统计e家”服务体系。以“一周一通报”“一月一研判”等形式常态化督促各条线各区块变真用、实用、熟用，用出经验、用出成效，保障“统计e家”常态化运行。截至年末，全区搭建统计网格架构77个，建有网格队伍

9月20日，第十三届“中国统计开放日”活动现场

12月14—16日，区统计局举办柯城区2022年统计系统干部综合素能提升专题研修班，图为开班仪式现场

1600余人，网格覆盖率、企业账号激活率、系统人员覆盖率均达100%；研究制定《柯城区基层统计工作考核办法》，对在库规上（限上）单位和村（社区）等统计人员开展争先创优考评，重点围绕基础工作、统计业务和学习培训等三个方面给予量化赋分，并给予一定的物质奖励，以此激发广大基层“统计人”的工作积极性。

【统计普查】 组建“五经普”筹备工作领导小组及办公室，负责起草普查工作计划、有关文件和领导讲话，协调组建普查机构，将“五经普”组织情况纳入统计督察内容，落实经费预算、采购普查物资、提供后勤保障等工作。落实村边界更新维护工作，以召开协调会、实地调查、查阅行政区划图等形式，做好村边界更新维护工作的同时,解决区域划分中的难点问题，为“五经普”划区绘图和普查区域划分工作打下坚实基础，与区有关部门及村（居）委会进行沟通，掌握争议地区的实际情况与最新信息，有效解决争议地区的划分归属。编制区级经费预算，执行国家统计局和财政部联合制定的《统计部门周期性普查和大型调查经费开支规定》精神，研究专项经费预算编制办法，钻研财务开支规定，科学评估，合理测算普查宣传经费、设备经费、人员劳动报酬和补助经费等支出费用。

【统计队伍建设】 创建“五心统计，数铸柯城”党建品牌（红心向党，培养政治过硬的“先锋队”；匠心做事，打造善思善谋的“参谋部”；暖心助企，开辟排忧解难的“直通车”；诚心为民，构建准确快捷的“信息窗”；谨心守责，筑牢数据质量的“生命线”）。加强和创新党建工作，强化党对统计工作的领导，加强党建工作与统计业务的

10月27日，柯城区2022年统计工作会议召开

融合。围绕为区委、区政府当好参谋助手、为群众提供优质高效服务的理念。严纪律正风气，广泛开展作风建设行动。建规章立制度，强化统计干部队伍建设。融入基层治理，发挥党员先锋模范作用，参与社区微治理项目。推动荷花街道清莲里社区“融治理中心”微治理项目落地落实，参与疫情防控，推动礼贤“未来社区”交房工作。

（孙嘉明）

市场监督管理

【概　况】　2022年，柯城区市场监督管理局（以下简称区市场监管局）紧紧围绕区委、区政府中心工作，立足市场监管的职能定位，完成各项工作任务，积极推进市场监管事业再上新台阶。成立全国首个农民画知识产权共富联盟，获评2022年度市场监管系统改革创新最佳实践优秀实践项目。推进民生药事服务站改革，区市场监管局被省药监局确定为11个浙江省“社区药事服务站”建设试点单位之一，并作为全区唯一成功入选首批“浙江有礼”省域文明新实践为民办实事项目。在全省率先完成全辖区药店“浙里药店”接入工作，被省药监局列为“浙里药店”试点单位。保障全省“大综合一体化”行政执法改革暨深化基层管理体制改革，列入区级“十条军规”正面典型。

【优化营商环境】　2022年，全区新增企业2184家，新增个体工商户6220家。“双随机、一公开”全面推行，布置“双随机”抽查任务180个，参与跨部门抽查任务数97个，抽查2603次，任务完成率100%，检查结果公示率100%。开展涉企收费工作专项检查，清理政府性收费情况涉及项目数5个，建成2022年度浙江省商业秘密保护示范点1家。聚焦惠企政策落实落细，及时传导新一轮国有房屋租金减免政策红利，督促履行租金减免义务，全年减租683.81万元，惠及市场主体192户。

【质量品牌培育】　申报柯城区农合联品牌指导服务站成为2022年省级品牌指导服务站，累计服务企业180余家。兑现国网浙江省电力公司衢州供电公司等139家企业和个人政策奖励资金共计206.16万元。成立浙江省农创客知识产权联盟，承办全省农创客知识产权现场观摩会，省市场监管局局长为浙江省农创客知识产权联盟揭牌。打造“农民画+知识产权”数字化平台，该项目被省市场监管局列入市场监管赋能山区26县跨越式高质量发展“一县一策”清单。实施“千企创牌”计划，培育“品字标”企业5家，组织申报各级政府质量奖10家，完成“品字标”认证企业1家。开展产品质量安全伤害信息监测点的建设，新发展监测点3个。乡村振兴省级标准化战略重大试点项目通过验收，制定各类标准16项，取得显著的社会效益、经济效益和生态效益。加快实现柯城区地理标志“零的突破”，指导培育地理标志“衢桔”“七里茄子”，其中，“七里茄子”地理标志申请被国家局受理。

【安全监管】　护航校园食品安全、重大活动食品安全，完成21次重大活动的餐饮食品安全保障任务，全年全区未发生食品安全事件。加大食品安全整治力度，推动食品小作坊提档升级，完成“5S”现场管理食品小作坊8家，文化特色食品小作坊4家；推进食品生产领域“GM2D”在线应用，实现上链数据质量完成率、上链品种完成率、重点产品品种实体转码率“三个100%”；建成外卖商家“阳光厨房”921家。加强药械安全监管，药品零售、医疗器械经营许可现场核查49家次，完成药品、医疗器械、化妆品监督抽检132批次；

开展专项行动，关停整改各类经营主体9家次。加强质量安全监管，开展生产、流通领域产品质量抽检220批次。深化电动自行车综合治理集成改革，完成电动车淘汰置换13.90万辆。加强特种设备安全监管，梳理重点特种设备使用单位98家，特种设备176台，检查特种设备使用单位150余家次，全年发现并整改安全隐患140项，连续3年实现特种设备“零事故”。

6月29日，省市场监管局刘璇总工程师到柯城区市场监管局宣讲省第十五次党代会精神会议

【民生服务】 推动监管“数字化”建设，实现“药店360°”迭代升级，将全区136家药店、295名执业药师、初级药师纳入监管，核查药品购销数据969.30万条，审核处方13万余单。探索构建“药事服务”体系，新建成“民生药事服务站”2家，“未来药房”2家，与12个社区结对开展社区药事服务，开展药事服务45145人次。通过物联网、云计算、大数据分析等技术，整合数据资源，实现自动识别电梯安全风险，阻止电动自行车“进梯入户”，增强电梯应急管理及处置能力，构建电梯安全综合集成、物联应用、多元共治的智能化管理体系。全年完成电梯智能化监测设备安装2513台，超额完成市、区两级民生实事项目任务数，被省市场监管局列为现代社区建设电梯质量安全提升三个县（市、区）试点。全年接收各类咨询举报投诉4903件，为消费者挽回经济损失270.40万元。落实放心消费单位量质并举，服务培育放心消费单位1860家，服务指导维权站点31家，新培育沟溪乡余东村消费维权联络站1家，指导放心消费商户整改500余家。指导衢州市农商城开展食用农产品批发市场食品安全规范化建设，顺利通过省市场监管局验收，建成A级食品安全规范化建设单位。

【市场秩序维护】 2022年，办理行政处罚案件338件，罚没款227.16万元，其中大要案25件，移送公安6件。姜某某非法添加药品的食品案，被省市场监管局列为“铁拳行动”典型案件。“7·27”无证生产医用口罩案，扣押涉案口罩2794万余只，涉案金额超2700万元，该案件获省药监局领导批示肯定，并被列为省局督办案件。与多部门开展联合执法，对生态工业园区高耗低效企业开展集中摸排，对27家存在市场监管领域违法行为的企业开展专项整治，并对2家企业立案调查，其中1起移送公安部门处置，形成部门联动、执法协同闭环处置体系。非法加油专项整治，协同多部门成立联合执法组，对全区乡镇全覆盖、地毯式检查，重点对建筑工地、重点道路沿路沿线等区域进行非法加油集中巡查整治，检查疑似非法加油点4个、加油车2辆，扣押疑似非法加油车辆1辆，抽检油品6批次。

【食品安全“包保”】 9月，按照国务院食安委部署，各级食安办积极落实建立健全分层分级精准防控，末端发力终端见效工作机制，进一步压实食品安全属地管理责任和企业主体责任“两个责任”。调查核实全区食品生产经营主体存续情况，完成11392家食品生产经营主体层级划分，其中B层级46家，C层级306家，D层级11040家。构建责任清单、任务清单、督查清单、承诺书制度的“三单一书”工作体系，推动各级包保单位督导检查工作高效开展。全年各级包保干部承诺书累计签订1768份，实现签订率100%；完成督导9000余次，实现督导率98%。

（郑梦慧）

公共资源交易监督管理

【概　况】 2022年，区监管办围绕区委、区政府中心工作，聚力重点项目推进，聚焦政府数字化改革新突破，聚势招投标全周期监管，以项目建设的大突破，推动经济发展的大提速，为争当全省山区26县跨越式高质量发展排头兵积蓄强劲动能。全区完成招标项目806个，交易额40.14亿元，节约资金6.60亿元，节约资金率14.12%。

【管理机制】 完善管理机制，提升招投标业务水平。依法依规应公开尽公开，全区法定限额400万元以上项目，严格开展公开招投标；限额以下项目参照执行，对采用非公开招标形式的，须经业主班子会研究集体决策，对符合补充条款的项目经由区监管办审核后予以实施。2022年，全区限额以上项目136个，限额以下项目670个。严格执行相关法规制度，深化“放管服”改革，进一步营商环境，加快打造整体智治的招标投标体系，利用电子交易信息大数据，构建智慧监管场景。厘清项目交易和管理两个维度，梳理职责清单。强化长效管理机制，完善限额以上项目评标专家抽取、评价机制，制定出台《区监管办关于执行专家评标劳务报酬标准》等制度文件，进一步统一标准，规范省库专家劳务费管理。加强专家日常考评工作，实行评标专家信用评价制度，建立评标专家信用档案。

【数字改革】 加快市区一体，深化数字改革创新。融入以省公共资源交易服务应用为核心的全省公共资源交易体系，构建全省公共资源交易“一张网”。坚持数字化改革方向，结合疫情防控工作，继续完善、深化全流程电子化系统。谋划省级改革试点项目“远程异地多点评标”的系统测试和项目测试。6月30日，柯城区首个工程建设远程异地多点评标的区现代农业园区建设项目石梁镇苦狮线沿线丘陵山地宜机化建设项目，在区公共资源交易中心完成开评标工作。

【服务重大项目】 服务重大项目，助力本地企业发展。梳理《区监管办2022年度重大项目清单》，明确项目时间节点，倒排时间表。通过“提前介入、提升服务”，加强重点工程项目的前期业务指导，对部分重大项目提前开出“提醒函”，明确招投标各环节注意事项、时间节点，确保责任落实到人；实施容缺受理，加快重点项目招标进程，及时与业主或其他相关行业主管部门进行联系和协调，确保各交易流程环节办理全程绿灯、优质高效。降低招标“门槛”，对招标文件中资信分设置加强指导审核，减少企业资质、业绩、奖项要求，缩小建筑企业与外地建筑企业在资信分差距，实现好中选优、优中选低的目标，增加企业中标率。全年全区658个项目中，九华安置房、农业科创园、两溪流域EOD（生态环境导向的

8月25日，区监管办工作人员全力保障柯城区有礼青年社区项目工程总承包（EPC）顺利开标

开发模式）项目、技工学校配套等规模较大项目均由本地企业中标，重大项目本地企业中标率逐年攀升，中标总额达20亿元。

【监管机制】 强化监管力度，构建全过程监管机制。强化项目招标环节现场监督，落实电子招投标环境下企业围标串标行为的审查，做到第一时间系统预警、比对核实、现场确认、结果处理，优化电子招投标环境。全年累计发现围标串标嫌疑问题10起，现场核实企业情况18家，移送行业主管部门2起，处理涉嫌串标企业2家，调阅电信网络记录4次，限期整改2家，约谈企业负责人5人。延伸项目施工环节监督，部署多部门常规联合检查工作，重点突出对村级小额项目过程管理资料检查和建设单位日常监督检查工作。拓宽在建项目线上监督检举渠道，运用“二维码+动态管理”方式，扩大项目监督群体，倒逼施工整改，规范在建项目管理。受理和协同工程项目施工环节举报投诉，会同住建局处理项目标后履约不到位情况1起，工程存在质量问题1起。强化项目标后履约管理，联合住建部门对全区限额以上在建项目开展标后履约情况“回头看”，确保建设单位对工程的设计、施工、全过程咨询项目部人员到岗履职、分包、变更、质量、安全、进度及合同履约等情况全面管理，落实日常检查工作。强调建设单位项目管理职责，村监会日常监督职责，行业主管部门依法履行标后监管法定职责，依法依规对施工、监理等单位和人员作出处罚、处理决定和记录不良行为。开展重点项目红黑榜检查，联合区住建局下发《柯城区在建重点项目推进“红黑榜”评比方案》，开展“红黑榜”检查，根据评比要求集中筛选出一批投资额较大、涉及面广、社会影响大的全区重点项目，从项目推进、现场管理、监理履职等方面进行检查打分，落实“红黑榜”检查问题整改，发布两期区重点项目“红黑榜”通报。

（施斐婧）

农　业

【概　况】 2022年，区农业农村局贯彻落实省、市、区委关于“三农”工作的决策部署，以“乡街治理大比拼”为抓手，聚焦农业“双强”、乡村建设、农民“共富”三条跑道，推动“三农”工作取得佳绩。聚焦农业升级，助力农业现代化发展。贯彻落实上级关于遏制耕地“非农化”、防止“非粮化”的决策部署，耕地“非粮化”整治成效显著。谋划农业产业提升、创新平台建设，不断推进数字农业发展。聚焦乡村建设，打造新时代美丽乡村。推动未来乡村建设走在前列，全方位整体性提升诗画风光带风貌和产业发展。聚焦农民增收，打造强村富民共富样板。组建余东未来乡村共富联盟，带动乡村共富。把巩固提升村级集体经济作为助力共同富裕的有效抓手，推进村集体经营能力提升，全区村集体收入大幅提高。

【农村工作】 农业产业迭代取得发展。聚焦“3+X”特色产业，推动柑橘、蔬菜、中草药、鲟鱼等产业转型升级，打响“南孔圣柑”区域品牌，“浙里柑橘”获评全省农业农村数字化改革“优秀应用”。引进华农无核椪柑、鸡尾葡萄柚、红美人、春见等柑橘优新品种9000亩。坚持以农业“双强”行动为主抓手，以工业化思路推进农业强区建设，集中力量投资8.60亿元，打造柯城农业“主芯片”——数字农业科创园，构建以科创园为核心的“一核八园”现代农业发展新体系。争当省级农业标准地改革示范县，确定航埠、石梁、姜家山、华墅等乡镇片区的4个改革试点地块，总面积7700亩，招引寿光蔬菜、明辉科技等农业龙头企业5家，规划建设各类现代农业产业项目47个，总面积2.90万亩，总投资5.60亿元，形成“总部+基地”的模式。

【和美乡村建设】 按照“一统三化九场景”要求，实现美丽乡村共建共享，推进四省边际共同富裕先行示范区建设挖掘柯城农民画、立春祭、金庸武侠、西安高腔等特色文化资源，完成省级第一批未来乡村沟溪乡余东村，省级第二批未来乡村九华乡妙源片区、石梁镇麻蓬村、沟溪片区、航埠镇严村片区的创建，并全部通过省级验收，其中余东村获评优秀，妙源片区获评良好。柯城区获评全省城乡风貌整治提升工作（未来社区、未来乡村建设）年度考核优秀。

【农村人居环境整治】 全面开展农村生活垃圾分类治理工作，推进农村生活垃圾分类体系建设，分类覆盖面达到100%，建成农村生活垃圾资源化处理站点11处。年度产生农村生活垃圾约5.80万吨，回收利用率60.40%，易腐垃圾处理率100%，农村生活垃圾基本实现无害化处置。截至年末，累计建成380座农村公厕。持续做好易腐垃圾就地减量化工作，11处站点运行情况良好，全过程进行密闭化、智能化管理，垃圾处理设施周边基本无恶臭排放，受到省环科院专家高度赞赏。柯城区获评2022年度全省深化“千万工程”建设新时代美丽乡村（农村人居环境提升）工作优胜县、全省农村生活垃圾分类处理工作优胜县。

【农民增收】　2022年，全区低收入农户人均可支配收入19748元，同比增长17.70%，绝对值排名全市第一、26县第一；增幅排名全市第一、26县第二。农村居民人均可支配收入33521元，同比增长7.60%，绝对值排名全市第二、26县第三，增幅排名全市第三。为全面巩固脱贫攻坚成果，采取以下措施，加大就业岗位政策扶持。整合财政资金1000万元用于开发低收入农户公益性岗位，实现有劳动能力、有劳动意愿的低收入农户就业全覆盖。开设低收入农户公益性岗位730个，带动每位低收入农户增收9130元，全年提高低收入农户工资性收入996万元以上。强化产业增收政策带动。发动40余家农业龙头企业，新带动1924名农户发展农业产业或参与就业，户均增收3400元。创新助农扶农政策帮扶。通过“雨露计划”和“低收入农户子女教育补助计划”，成功帮助620余人渡过求学难关，发放补助资金达180万元。帮助低收入农户拓宽信息互通渠道，实现线上办理业务、销售农产品，全年为1800余户低收入农户补贴63万元通网补助。

【强村富民改革】　深化以集体经济为核心的强村富民乡村集成改革，打破区域限制，走“抱团发展”之路。强村带弱村，以市场化运营模式，承接项目，实现“村村成股东、村村有分红”，村集体“零掉队”；深化利益联结，走“村民共富”之路。推广

5月20日，区新新街道白沙村“鲁志春家庭农场”进行单季晚稻测产验收

10月12日，九华乡上铺村“集体托管+五五分成”庆丰收

“集体托管+五五分成”的“上铺模式”，村集体统一代耕代种农户闲置土地，推动小农户与现代农业有机衔接，同时做好“土地+”文章，提高土地附加效益，形成“风险村担、收益分成”的经营模式。强化数字赋能，走“科技强村”之路。依托农村产权交易平台，盘活农村闲置资产资源，推动全区产权交易成交金额达1.21亿元。截至2022年底，柯城区村集体经济收入2.42亿元，集体经济经营性收入达到1.22亿元，村集体经济总收入20万元以上且经营性收入10万元以上村数205个，占比96.24%，50万元以上的村62个，占比29.11%。

【种植业】 守牢粮食安全底线。全区粮食播种面积6.71万亩，水稻种植面积4.52万亩，同比目标任务增长26.97%，其中早稻种植面积2.54万亩，同比上年增长18.14%；晚稻种植面积1.98万亩。全区粮食总产量25341.50吨，其中水稻总产量20401.30吨（早稻总产量9929.60吨）。水稻播种面积、产量同比增幅连续三年在全市排名第一。推动蔬菜规模生产，以健全监管、推进蔬菜标准化生产和规模化发展为举措，全区蔬菜总播种面积8.99万亩，同比增长4.79%，总产量16.44万吨，同比增长4.40%。迭代柑橘产业发展。以推进“无核椪柑示范基地”“柑橘无病良种繁育基地提升”“推广优新特色品种”建设为抓手，持续推动柑橘品种培优、品质提升，通过引进新品种和扩大新品种种植面积，进行品种改良，柑橘产业“增效益、提品质、优结构”，新发展无核椪柑、红美人、鸡尾葡萄柚等柑橘优新品种1300余亩。建成无核椪柑生产示范基地2个，无核椪柑智慧示范园1个，辐射带动无核椪柑种植1000余亩。浙江韵泽盈农业发展有限公司的鸡尾葡萄柚获评“2022年浙江省精品杂柑产品”。全区柑橘种植面积达8.60万亩，产量13.61万吨。

【畜牧业】 确保畜牧业稳产保供。全区保留规模生猪养殖场10家，存栏1.87万头；湖羊养殖场1家，存栏0.60万头。出台畜牧业高质量发展扶持政策及生猪产能调控实施方案，以数字畜牧应用系统为支撑，坚持预警为主、调控兜底、及时介入、精准施策，促进畜牧产业绿色健康发展。推广经济效益高、零污染、群众能参与的短平快养殖项目，开展养殖产业示范村创建，创建中蜂产业示范村2个、土蛋禽放养示范村5个，新建1家省级美丽牧场——牧子家庭农场（衢州柯城）有限公司，以点带面，进一步提高低收入农户参与特色畜牧业养殖积极性，提高低收入农户经营性收入。

【农产品安全】 守护农产品质量安全。全年完成省、市、区农产品定量检测683批次，省级例行抽检（蔬菜、水产品、畜产品）种养环节97批次，合格率100%。全年未发生重大农产品质量安全及农业安全生产事故。加强产地农产品安全监管，根据农产品不同品种风险性，开展草莓、韭菜、豇豆、鸡蛋专项抽检60余批次，未发现不合格样品。加强普法宣传，营造良好社会氛围。持续开展农产品质量安全宣传活动，通过“三服务”、农民培训等开展农产品安全普法活动。编印《国家禁限用农药名录》《禁止使用的药品和其他化合物以及停止使用的兽药清单》，并向种植业、畜禽（水产）养殖主体发放600余份。

【渔政管理】 推动鲟鱼产业健康发展。围绕农业“双强”行动和“渔业产业高质量发展数字化转型升级”任务目标，以新模式扩面、新技术入户、精准帮扶、精准测报、水产品质量安全建设为工作重点，推动渔业产业转型发展，建成省级鲟鱼主导产业园区，推动渔业产业向智慧化、品牌化、规模化和现代化迈进。鲟鱼产业基地面积80公顷，全年养殖量4600吨，鲟鱼鱼子酱加工200吨，附加品1300吨，鱼子酱出口占全球总产量的1/3，国内销售市场占有率80%以上。

（王　萱）

林　业

【概　况】 2022年，区林业局围绕全面推进林长制工作，持续实施国土绿化行动，创新探索“一村万树”碳汇行动，发展绿色富民产业，强化林地保障和森林资源保护，做好松材线虫病防治、森林防火等工作，取得较好的成效。牵头负责的《乡村绿化绿色期权实施与管理规范》省级地方标准通过省级专家评审。牵头申报的七里乡林业共同富裕综合体获评2023年省林业推进共同富裕试点，获得省财政竞争性奖励资金1000万元。2022年，区林业局获评全省林业重点工作表现突出单位。

【林长制】 建立由党委、政府主要领导担任总林长的区、乡、村三级林长制管理体系，有区级分片区林长30人、乡村两级林长1756人、区级警长1人、乡村两

6月24日，柯城区第一次区级总林长会议召开

3月9日，市、区四套班子领导参加“3·12”义务植树活动

级警长88人、护林员84人。发布柯城区第1号和第2号总林长令，召开全区第一次区级总林长会议，将各乡镇（街道）纳入林长制工作考核，形成工作闭环。在全区18个乡镇（街道）设立18块乡镇（街道）级林长公示牌，213块村级林长公示牌。完成浙江省林长智治应用场景数据完善工作，争取打造一体化林业数字管理平台。

【绿化造林】 全年完成新增森林认定2133亩以及新增百万亩土地绿化任务4510亩，累计完成土地绿化面积6643亩，为历年之最。总投资1051万元的中央财政诗画浙江大花园核心区国土绿化试点示范项目有序推进，各子项目主体工程基本完成。申报国家储备林项目，完成千万亩森林质量精准提升工程五年规划方案编制，完成森林抚育、美丽生态廊道等提升任务8000余亩。创建石室、华墅、万田3个省级森林城镇，落实“一村万树”提升村10个，创建省级“一村万树”示范村7个。

【一村万树”林业碳汇】 创新开展“一村万树”林业碳汇试点工作，探索区域性碳汇收储认购新模式。开展碳汇计量研究，与省林业科学研究院搭建院地合作平台，以“高碳汇导向一村万树绿化模式研究”为主题成立博士创新站，在试点村设置标准样地对各碳层进行调查采样、测试分析、计量测算。完成5个试点村“一村万树”碳汇林调查计量，种植樱花、浙江楠等珍贵树种5.02万株。探索创新“一村万树”林碳期权收储认购机制，依托“两山银行”进行收储认购，接通“衢州市林业碳账户”“衢州市居民碳账户”和柯城区“零废生活”等平台。首期“一村万树”林碳期权1351.20吨由两家企业认购，为村集体增收6.75万元。“一村万树”碳普惠应用场景开发被列为衢州市林业碳账户试点。新姜村“一村万树”碳汇林入选“杭州2022年第19届亚运会碳中和林”名单。

【森林资源保护管理】 全年完成各类林地报批49件，使用林地面积111.87公顷，向上争取林地定额70.35公顷，保障全区光伏等“涉林”重点项目落地。为加强使用林地方面政策法规、报批条件、办理流程等方面宣传提醒，特制作《占用林地许可服务指南》，将申请材料清单、工作流程等内容详细地列出。开展森林公园勘界立标工作，完成外业调查测绘工作，已形成数据库。全年共调查古道26条，长度共计149.12千米，其中衢徽古道被评为“浙江最美森林古道”，大岭背古道被列为浙江省文物保护单位。联合公安、乡镇、新闻媒体等部门，开展“清风行动”“黄蛤蟆保护行动”等野生动物保护活动，救治野生动物96次。全年查处林业案件13起。

【林业产业】 全区实现林业总产值8085.37万元，同比增长4.52%。完成林下养蜂、林下种植多花黄精等“一亩山万元钱”示范基地1001亩；油茶新造面积任务516亩；改造抚育面积任务1179亩。开展林产品质量抽检，全年可食林产品抽检40个批次，农业投入品检查4次，合格率100%。开展科技大讲堂专题培训2次，举办油茶良种栽培、香榧栽培管理等技术培训，受训115人次，印发技术资料400多份。组织12家涉林企业组团参加第15届中国义乌森林产品博览会，其中7个产品获得金奖，5个产品获评优质产品。

【林业有害生物防控】 落实“护林员+无人机+专业检查”的多层次空天立体监管格局，开展疫木清理动态跟踪，实现源头清理质量监督。2021—2022年度全区松材线虫病枯死松木清理面积1.53万亩，清理枯死松树8031株，注药松树20840株，有效保障石室乡烂柯山景区、九华大荫山景区和通景公路沿线、余东村等重点地段的松树景观资源。

【森林康养】 推进浙江省林业局重点工作任务——灵鹫山森林康养项目建设，完成森林康养步道、森林康养驿站等一批项目建设，并投入运营。谋划国家储备林贷款项目，通过项目实施，完善提升灵鹫山区域森林旅游、森林康养基础设施，助力国家旅游度假区创建。七里乡林业共同富裕综合体项目被列为浙江省林业推动共同富裕试点，通过推动七里乡竹产业的一、二、三产融合，促进山区共同富裕。

【森林消防与林业执法】 全年创建市级森林防火示范村4个，在航埠镇航埠村、七里乡治岭村、沟溪乡河山村、华墅乡三官岭村新建森林火情早期处理队伍4支。在万田乡顺家路边和石梁镇荞麦坞村新建以木荷为主的森林防火生物隔离带5公里。在各有林乡镇街道新建森林防火蓄水桶200个。在沟溪乡新建森林防火防控系统1套，包含森林防火宣传监控设备40个，将现有的森林消防探头等视频监控内容集成至林长智治应用场景，对森林火险区进行智慧数字化管理。

（赖雅婷）

水　利

【概　况】 2022年，区水利局围绕“大干项目、大干民生”目标要求，全力推动水利工作争先创优。寺桥水库导流洞顺利贯通，主体工程进入全面实施阶段。美丽幸福河湖工作成效显著，水系连通及水美乡村试点县建设全面开工，省级幸福河湖试点县成功验收，建成省级美丽河湖2条。省级民生实事高质量完成，“三类坝”全面清零，农饮水县级统管工作进一步加强。水文化工作走深走实，8个水文化节点入选《浙水遗韵——问“衢”那得清如许》。在全省水利系统“强宣传”工作专项考核中，名列所有县（市、区）第二；在全市水利“争先创优”考核中，名列所有县（市、区）第一。

【水利建设投资】 推进寺桥水库工程、常山港综合治理、水系连通及水美乡村试点县建设等重点项目，全年实现水利投资11.66亿元，首次突破10亿元大关，在全市排名第二，全省所有县（市、区）中排名第十三，26县排名第二。在上年实现水利投资89%高增长率的基础上，投资增长率达到45%，实现连续正增长。争取省级以上资金51935万元（包括中央资金6092万元），同比增长105%。

【寺桥水库项目】 寺桥水库工程项目位于衢江左岸支流石梁溪

上游，坝址位于石梁镇。项目总投资23.5122亿元，2022年完成投资5.25亿元，累计完成投资9.85亿元。其中，用地报批流程于10月初完成，待国务院批复；全年完成还建公路部分，大源山一号、二号大桥、寺桥村大桥下部结构96%的施工，桥梁面板预制完成70片等；导流洞开挖于12月26日贯通，主体工程进入全面施工阶段。上坝公路部分完成下村隧道进口开挖累计进尺241米，坎底隧道完成隧道开挖262米。

【常山港综合治理】 位于钱塘江南源衢江上游常山港流域，是全区最大的防洪排涝工程。工程项目起点官庄溪河口，终点九润公馆，综合治理总长12.5千米。工程坚持以产业需求为导向，挖掘河流文化元素，融入畲族蓝氏宗祠文化、乾隆罚戏与杜立特行动等，打造常山港“一脉、三区、六心、多点”的格局。全年完成投资1.22亿元，左、右岸的水工挡墙及大块石叠砌完成，主河道基本形成防洪能力，航埠闸站具备排涝能力。同时，左、右岸形成水清樟湾、孔氏码头、河东古埠等重要景观节点，沿线景观得到跨越式提升。

【水系连通及水美乡村建设】 依托水利部水系连通及水美乡村试点县和省级全域幸福水网试点县建设，将七里乡、沟溪乡、石梁镇等7个乡镇划分为“两大片区、四大组团”，总投资4.03亿元，其中水利项目总投资3.14亿元。全年完成总投资2.33亿元。项目涉及石梁溪、庙源溪、大俱源、关溪、棕仁溪、大候溪、马脑源、余东溪、济源溪等9条溪，共17个标段已全部开工。其中，万田乡、石室乡水系连通项目已完工验收，棕仁溪、马脑源、2标石室乡标段、1标七里乡标段等进展已超过计划进度，预计2023年全面完成项目建设。

【民生实事项目】 至9月底，总投资7200余万元的18项省级水利民生实事项目全面完成，7座

2022年，整治后的常山港河西堤风貌

病险水库顺利“摘帽”，“三类坝”全面清零；完成7座机埠、堰坝改造，有效恢复和改善灌溉面积6000余亩；完成3项农村饮用水提升工程，改造农村供水管网17公里，受益3474人，农饮水县级统管工作进一步加强，农村群众喝上优质“放心水”。

【河湖长制】 印发《关于建立柯城区全面推行河湖长制工作联席会议制度的通知》，建立由全区24个部门组成的河湖长制联席会议制度，下达总河长令2个，河湖长制工作无缝交接。动态调整公布河（湖）长234名，构建起县、乡、村三级河（湖）长管理体系；区内28条河道均纳入“河湖长制”管理，三级河长巡河率99.96%，县级河长年度平均履职积分排名全市第一。至年末，推进河湖保护六大任务，发送三级河长履职通报11期，上报河湖长制平台问题283个，核实整改碍洪问题41个，河湖“清四乱”问题72个，均已完成整改；区域内3个国控断面、1个省控断面均达到Ⅱ类水标准，出境水断面水质达标率100%；捧回2021年度浙江省“五水共治”“大禹鼎”银鼎；区水利局获评第六批国家生态文明建设示范区、长江保护修复攻坚战工作成绩突出集体。

2022年，石室乡堰水闸风貌

【水资源水土保持管理】 落实最严格水资源管理制度工作成效显著，编制《柯城区水资源节约保护和开发利用总体规划》，严格取用水管理，2022年用水总量2.55亿立方米，万元地区生产总值用水量39.10亿立方米，相比2020年下降率11%。全年收取水资源费219254.44元，减免54813.61元。完成1个节水标杆企业、1个节水标杆酒店和1个节水标杆小区的创建工作。开展落实水土保持工作要求，完成水土流失治理面积为3.01平方公里，完成46个生产建设项目的水土保持补偿费征收工作，总计99.20万元，减免60.32万元。开展图斑复查工作，全面复核排查全区疑似扰动点位142个，11月底全部整改到位。

【水　文】 锚定“自动化、信息化、数字化、协同化”四大目标，以“智慧+服务”的理念为抓手，按照《衢州市柯城区水文防汛“5+1”工程建设实施方案》，2022年新建水文站10座。至年末，全区累计完成水文测站新（改）建70座，三年建设任务顺利完成，加强小型水库山塘安全度汛“三个责任人”“三个重点环节”落实，确保全区安全度汛。

【水利数字化改革】 以数字化改革为契机，在全区河道配备高空瞭望视频监控、普通视频监控、智能界桩、漂浮物检测视频监控、红外感应式广播、智能升降防撞柱、水雨情遥测站等，同时完成10座水库数字化提升改造，通过闭环化提升河湖问题整改机制、数据化构建河湖健康评价机制、立体化完善区域防洪预警机制等措施，丰富河湖现代化管理手段，全方位构建柯城区河湖管理“智慧大脑”。

（张凌燕）

乌引工程管理

【概　况】2022年，柯城区寺桥水库管理中心承担乌引干渠管理范围内的防汛、防旱、防洪发电、供水、养殖、调度等，承担管理范围内水资源开发、保护和利用。

【工程管理】　2022年，为确保水利工程安全运行，严格执行乌引管理办法，遵循“安全第一、科学规范、讲求效益”的原则，贯彻落实工程安全管理责任制。坚持“预防为主，保护优先”原则，提高安全责任意识，确保干渠安全运行。干渠实行分段巡视管理负责制，严格按照制度巡查渠道，发现问题及时处理，建立长效保洁机制，实行“清理渠道”专项行动，治理“四乱”现象，禁止在渠道上开缺、阻水、挖洞等危害乌引工程安全的活动。渠道两侧新增标牌、防护栏及防护桩，并和市乌引管理中心等5家单位联合与太平洋财产保险公司衢州分公司签订乌引工程公共水域安全责任险。做好标准化信息管理平台运行维护工作，泉水溪管理站闸门维护、干渠巡查等工作，由专业技术力量较强、维修养护经验丰富的队伍负责管理，保证设备正常运行。通过“十四五”乌引续建配套与现代化改造工程，总投资1800多万元，改建干渠1.5公里，渠顶道路2.5公里，闸门改造2座，渡槽改造1座，桥梁重建4座，管理站修缮1处，新建启闭机房1座。通过各类工程措施，防止渗漏，保障了沿线水质安全，为安全生产和防汛工作提供坚强的保障。

2022年，改造后的柯山垅机耕桥

【安全度汛】　防汛安全，重责如山，区管理中心组建防汛应急抢险领导小组，签订工作责任书，划分责任段，确定第一责任人，做到责任到岗到人、分段管理、各负其责。汛前由陈坦依主任带队对乌引干渠进行地毯式大排查，做到非汛期每周巡渠不少于2次，汛期每周巡渠不少于5次，非灌溉期每周不少于2次，灌溉期每周不少于4次，如遇台风暴雨等情况，应加强巡查频次。雨后对干渠平台积水处开沟排水，对影响干渠安全的障碍物进行及时清除，确保工程安全运行，接受市乌引中心指导，制订防汛预案、应急预案，落实抢险救灾物资准备，做到可随时调用。管理站实行24小时值班，保证通信畅通。做到及时发现干渠重点建筑物、填方段、排涵、闸门、备用电源汛前处理等存在的问题，处理到位、汇报督查到位，保证乌引工程万无一失。

【供水管理】　2022年，为保证受益单位生产生活正常提供服务，严格服从市乌引中心集中调度、执行水调指令，令行禁止；确定专职水调员，负责联系市乌引中心和灌区乡村、企业调水工作。区管理中心与灌区分管调水领导联系，告知供水日期、供水时段，宣传节水，防止抢水、分水纠纷；用水乡村、企业每月报送用水计划，实行计划限量、以供定需的科学水调度。2022年，向衢州煤矿机械总厂、浙江通天星公司制革厂、衢州市南方水泥厂等企业年供水12万余立方米、向金华供水2200万立方米、向龙游供水400万立方米。加强"分水口管理"确保农灌送水到村到田，保障农业用水需要。

（叶黎霞）

寺桥水库工程

【概　况】　2022年，衢州市寺桥水库开发建设有限公司寺桥水库工程完成固定资产总投资3.30亿元，连续3季度荣登柯城区季度投资贡献红榜，成为柯城区重点项目推进单体投资贡献最大项目。水系连通及水美乡村建设试点县项目总投资3.16亿元，2022年3月开工以来，累计完成投资 1.70亿元。

【公路施工】　3月12日，寺桥水库工程花木线还建公路施工项目（寺桥水库淹没段）开工，工期为两年，总造价1.01亿元。大源山隧道是关键控制性工程，6月3日动工，采用二级公路单洞双向两车道，总基本宽度11米，全长804米。全体参建人员克服地质条件差，隧道口残坡偏压，洞身受区域构造作用，局部节理密集，形成节理密集带等各种难题，于12月12日实现贯通。

12月3日，副省长刘忻（前排右二）一行到柯城区调研寺桥水库项目建设推进情况

【水利惠民】　秉承"绿水青山就是金山银山"理念，推进水利惠民工程。全区水系连通及水美乡村建设试点县项目启动实施，总投资约3.16亿元，先后推动11个标段实施建设。12月11日，东溪流域治理、石室乡水系连通和结余资金等3个合同项目通过验收。

【资金申报】　2022年，衢州市寺桥水库开发建设有限公司，完成各项材料的申报工作，成功获取国开行9亿元贷款授信额度，并于12月14日发放首笔贷款资金2500万元，保障柯城区"两溪"流域生态环境导向开发模式试点重大项目建设资金需求。

（朱秋媛）

工 业

【概 况】 2022年，柯城区经信局响应市委、市政府“产业为王、工业强市”战略决策，聚焦稳企业保存量、引投资扩增量、强要素保供给，高规格推动工业全域整治，突出产业数字化赋能，加快推进企业转型升级和拓展市场，工业经济呈现总体呈现稳中向好趋势。受平台划转、“四个一批”工业全域治理、能耗双控、要素成本上升、同期高基数等因素影响，规上工业主要经济指标呈低位运行态势。规模工业企业库内企业37家，全年实现规上工业企业累计实现总产值97.60亿元，同比增长12.50%；累计实现增加值31.10亿元，同比增长4.80%。

2022年柯城区规模以上工业企业一览表

表9

序号	企业名称	法人代表	主 要 产 品
1	浙江丰禾粮油有限公司	梅红良	大米
2	衢州市航埠粮油有限公司	梁宗福	大米
3	衢州鲟龙水产食品科技开发有限公司	王 斌	鲟鱼鱼子酱及鱼肉
4	衢州市口乐心食品有限公司	王渊鸿	柑橘浓缩果汁、果酱
5	浙江可可佳食品有限公司	郑国星	食品生产、农产品收购
6	浙江金明生物科技有限公司	方 瑜	柑橘、胡柚囊胞、果粒橙原浆、柚子皮加工
7	衢州杰丰服装有限公司	高礼根	服装
8	浙江佰意智造服饰有限公司	叶晓红	羽绒服
9	浙江圣丰工艺品有限公司	林旭升	节日装饰品
10	浙江俊峰健身器材有限公司	翁秀峰	甩脂按摩机，健腹器
11	浙江益佰包装材料有限公司	裘继东	薄膜
12	浙江多力塑胶有限公司	温作平	塑料薄膜
13	衢州山河建材有限公司	姜达清	混凝土/砂浆
14	衢州开隆建材有限公司	魏昌华	商品混凝土
15	浙江根根陶瓷有限公司	王书根	建筑陶瓷制品制造

续表9

序号	企业名称	法人代表	主 要 产 品
16	浙江莎贝尔陶瓷有限公司	徐玉妹	瓷砖
17	浙江泓芯半导体有限公司	兰　锋	石英制品
18	衢州市圣宝建材有限公司	沈新龙	瓷质瓦
19	贝德科技集团有限公司	闻建花	水泵、水资源专用机械设备、阀门
20	浙江亿迈达泵业有限公司	胡　辉	水泵、电动机、阀门
21	浙江金沃精工股份有限公司	杨　伟	轴承套圈及汽车零部件
22	衢州市建沃精工机械有限公司	郑小军	轴承套圈及汽车零部件
23	浙江开关厂有限公司	杜锡仁	电气机械和器材制造
24	浙江辉博电力设备制造有限公司	徐建清	配电开关控制设备制造
25	浙江纪超自动化技术有限公司	黄建红	仪器仪表制造
26	衢州普星燃机热电有限公司	金国新	发电企业
27	衢州市巨江航运建设开发有限公司	范洪浩	水力发电
28	衢州市同景新能源有限公司	徐水升	光伏发电
29	衢州杭泰光伏发电有限公司	厉　健	电力业务
30	国网浙江省电力有限公司衢州供电公司	黄宏和	电力供应；输变电工程的设计施工
31	衢州市东巨康光电科技有限公司	刘建文	电子元器件制造；电子产品销售；移动通信设备销售；移动终端设备销售；通信设备销售
32	浙江博森电气有限公司	王　玲	输配电设备及变压器；电动工具、电器研发
33	浙江飞宇新能源有限公司	陈秋燕	新能源技术开发；EVA胶膜制造
34	浙江立炙机械有限公司	王个永	矿山机械及配件；橡胶制品
35	浙江海贝机电科技有限公司	朱刘炜	阀门、液压动力机械制造
36	浙江安地科技有限公司	郑献军	技术服务、技术开发、技术咨询、技术交流、技术转让、技术推广；软件开发；计算机系统服务
37	浙江咏正新型材料有限公司	罗志良	建筑工程机械与设备租赁；园林绿化工程施工

【工业强区】　2022年，成立工业强区工作领导小组和工作专班，出台《柯城区加快工业高质量发展行动方案》，对照落实《衢州市工业强市十大专项行动方案》中涉及六大专项专班化开展工作。“腾笼换鸟　凤凰涅槃”攻坚行动。实施“腾笼换鸟　凤凰涅槃”攻坚行动，围绕各项攻坚指标，加快淘汰落后产能，高规格推动高耗低效企业整治，全年完成74家高耗低效企业整治工作，实现规上亩均税收25.16万元/亩。专项行动得到省经信厅认可，相应的做法在《浙江经信简报》第137期刊登。

【数字经济】　依托“两院一会一平台”智库和专业机构，开展“一企一档”数字化个性化诊断，建立数字化项目储备库全力推进企业数字化转型。建沃汽车轴承套圈数字化车间、泓芯半导体石英玻璃制品数字化车间列入省第一批智能工厂（数字化车间）名单。泓芯半导体、中梁门窗等8个项目被列入2022年度区级产业数字化备选项目库。2022数字经济综合评价结果列全省第26位，山区26县首位，连

7月9日，省经信厅厅长姚高员（前排左二）到浙江金沃精工股份有限公司调研

续4年居全市6个县（市、区）首位。

【数字化改革】 数字经济推进专班实施例会制度、定期会商的联动机制，加快现有应用迭代升级和自建应用谋划推进，“浙里柑橘”、实达实工业购等一批迭代升级类应用初步显示应用成果。“浙里柑橘”应用场景入选为2022年度全省农业农村数字化改革“优秀应用”，“浙里技师”应用持续深入。年度数字经济系统考评全省排名第39，全市排名第三。

【工业项目投资】 全年累计完成工业投资同比增长87.20%，完成制造业投资同比增长104.20%，增速均为全市排名第一。完成技改投资同比增长47.80%；完成工业投资53441万元，同比增长26.10%；完成制造业投资48993万元，同比增长59.60%；完成技改投资44295万元，同比增长78.30%。

（赖如峰）

生态工业服务

【概　况】 2022年，区生态工业服务中心贯彻落实市委“六治六提”作风建设行动，开展“六比六晒”活动，坚持“大抓落实、快抓落实、狠抓落实”的工作导向，中心对部署的工作，明确时间节点、闭环推进落实。强化干部的服务意识，完善企业服务保障机制，做到企业反映的问题件件有人管、件件有落实、件件有结果，做好企业管家。全年园区52个项目累计完成投资90849万元，同比增长55.49%。其中，民间投资完成70887万元，同比增长56.34%；高新技术投资完成29370万元，同比增长58.94%；制造业投资完成48531万元，同比增长58.35%。29家规上工业企业总产值29.02亿元。

【招商引资】 锚定光电产业和高端装备制造两大主导产业，推进强链补链延链工作，加大优质项目招引力度。准确把握深圳等地光电产业转移的机遇，加强与驻点招商组的对接，加快布局光电产业，引进关联配套企业。全年累计接收上报工业项目30个，其中通过决策咨询项目24个（万洋小微园项目15个），总投资106.66亿元，其中亿元以上项目8个，10亿元以上项目4个。项目引进后，完成土地出让6宗240余亩。东巨康项目百天实现落地到生产，当年产值突破3亿元。8月成功列入引领性重大产业项目，赢得351亩土地指标奖励，占全市重大项目奖励指标一半（全市779亩）。百豪、洲驰、中唯、元森等一批好项目也陆续入驻园区。

【低效整治】 按照“四个一批”整治要求，组织网格员对园

6月1日，柯城区召开高耗低效企业整治动员大会

区企业进行全面摸排，对标2021年度亩均税收3万元/亩的标准，结合43家2021年整治扫尾企业，梳理形成113家园区2022年度高耗低效整治企业清单，落实到各责任单位，启动实施园区高耗低效企业整治工作。落实属地责任，配合各包干单位开展整治工作，为园区高耗低效企业整治营造氛围。园区内上年签约扫尾的29家企业，除齐邦工贸（法院诉讼）、嘉华包装（拟改征迁）外，签约22家；14家关停搬离扫尾企业均关停搬离或签订关停搬离承诺书。整治企业中，23家回购收储企业签约19家（含整治提升6家）；47家关停搬离企业中，全部关停搬离或签订关停搬离承诺书，累计收回土地440余亩，土地腾退初见成效。

【营商环境】 强化基础设施配套。启动凤凰山片区拓展道路建设，完成主干道规划道路一设计招标及方案设计，启动主干道规划道路二设计招标工作。完成凤山路，刘山一路，兴航一路、兴航二路、兴航三路等9条道路改造新建任务，新开工凤山三路、通航一路、凤山路延伸段等道路建设，启动通航二路、兴航三路东段等道路设计招标工作。持续完善生态工业园区服务功能配套，完成小微企业孵化园设计招标，人才公寓项目开工建设。做好疫情防控常态化管理工作，从严从实做好人防、物防工作，抓好安全生产工作，与企业签订安全生产消防安全目标管理责任书152份；以有限空间、涉爆粉尘、危化品使用企业安全生产大排查大整治等行动为抓手，对园区开展安全风险评价及6轮次安全隐患排查，累计出动900余人次，检查企业156家，发现隐患1307条，完成整改1056条，实现园区未发生较大以上事故。全面落实省、市、区关于环境保护工作要求，做好园区环境保护、“污水零直排”日常监管；参与生态环境问题“大排查、大整治、大曝光”行动，及时上报自查问题，累计检查企业304家次，发现隐患427个，下发整改通知书282份，完成整改365个，未完成整改问题均督促企业限时整改到位。开展“三服务”工作，建立领导班子联企制度、网格化管理服务制度，领导、干部持续常态化开展“上门服务企业”活动，打通服务企业“最后一公里”，多渠道、多方式宣传惠企政策，及时解决企业的困难问题，不断提高服务的有效性和针对性，优化营商环境，为企业发展提升动力。

（严 晨）

招商引资

【概 况】 2022年，区招商投资促进中心围绕柯城高质量发展，打开格局、积蓄动能、创新方法，招商引资。中心及招商组累计获区“十条军规”通报表扬8次，夺取三季度争先创优“流动红旗”。重大项目招引的突破和项目的快速推进,让光电产业链进一步积聚，未来柯城也将成为手机、智能穿戴、平板电脑、显示模组的重要生产基地。

【招商引资】 全年引进亿元以上项目15个，其中鑫元电子、元森光电等总投资20亿元以上项目4个，到位资金15亿元。航电信息、中唯精工等一批项目实现当年签约、当年建设、当年投产。东巨康项目从谈判签约到落地投产用时100天，一个季度实现产值3亿元，创下招商项目落地新纪录。其中，航电科技、鑫元电子、振东光电产业园项目实现当年签约，当年入库。

【重点项目】 持续开展“一对一”项目跟踪落地服务工作，推行“一个项目、一个分管区领导、一个方案、一个倒排工作表、一抓到底”服务机制，主动为企业答疑解惑、解决实际问题，确保招商项目全流程生命周期推进。总投资38.50亿元的东巨康项目，6月8日正式投产，被列为省重大产业示范类项目，为柯城区获得建设用地指标奖励351亩。7月1日，后续招引的2个20亿元以上制造业项目——航电信息、鑫元电子项目签约，航电信息10月28日投产，鑫元电子11月投产，实现柯城区光电产业布局逐步成型。

【要素资源】 抓好土地要素保障，助力确定的项目加快落地。推进邦瑞齐户外、海宏电器、浙岩家居、西丞电子等项目尽快供地。精准招商，力争引进更多“大、好、高”产业项目，形成新的经济增长点，加快新旧动能转换。

【外派招商】 2022年，选派20名专职招商员赴北京、上海、杭州、深圳等地开展驻外招商，配备专项经费460万元。围绕产业链补链强链，通过专业招商、以商引商、乡贤招商等方式，招引一批前景好、市场好、效益好项目。招商组赴近220家企业进行宣传推介，组织企业到区实地考察对接132次，招引签约项目9个。

【山海协作】 坚持日常工作规范抓，重点工作创新抓，难点工作聚力抓，推展山海协作工作。柯城区3个工作案例入选浙江省《山海协作升级版实践案例选编》，其中《山海引流赋能产业数字转型》《推行“智多张西”模式 加快乡村振兴步伐》被评为山海协作升级版“最佳实践案例”，《柯城余杭“消薄卡”模式打开消费帮扶新窗口》被评为山海协作升级版“典型案例”。10月22日、11月10日，柯城区分别在全省26个县高质量发展座谈会和全省山海协作工程推进会上作交流发言。截至11月，柯城区新签约山海协作产业合作项目17个，到位资金20.03亿元；实施群众增收、乡村振兴和社会事业合作项目5个，到位资金660万元；实现培训转移就业劳务3621人次；山海协作产业园完成

2月26日，柯城区举办年产6000万件手机配件生产项目投资合作协议签约仪式

固定资产投资35.03亿元，同比增长7.80%。规上工业总产值完成29.70亿元，同比增长8.40%。

【产业飞地】“产业飞地”共建加快推进，先后签订框架协议、备忘录和正式共建协议，完成飞地申报评审。举办“产业飞地”揭牌及企业入园签约仪式，招引杭州可帮基因科技有限公司、浙江纯青节能科技有限公司等11家企业入驻，计划总投资8.90亿元。特色生态产业平台建设成效初显，全域开展低小散整治，清退能耗高、产能低企业142家，投入近1.80亿元开展园区环境整治提升，平台完成申报评审，签约落地亿元以上项目8个。招引入驻企业42家，其中年内新增7家。“消薄飞地”项目招引稳中有进，高税源企业“平安保险”重新进驻，实现返利1901.05万元。

【特色生态产业】完善联合招商工作机制，强化龙头带动，打通上中下游，聚焦智能装备产业、光电产业等板块，谋划一批具有产业带动、提升、示范作用的重大项目，增强工业可持续发展，加快项目推进，抓紧形成投资，形成新增量、新产能。两个平台力争进入省级考核优等生序列。向上争取更多、更好的政策的同时，借力余杭、临平的产业、科技、金融和人才优势，做畅拓宽产业合作和市场融通的渠道空间，合作探索走出一条两地产业共构“1+1>2”的实践之路。

【飞地运营】优化“科创飞地”和“消薄飞地”。科创飞地招引入驻企业42家，其中年内新入驻企业7家。“消薄飞地”的项目招引稳中有进，高税源企业“平安保险”重新进驻，全年“消薄飞地”实现返利1901.05万元。

【乡村振兴】坚持“花小钱、办大事”，管好用好市、区两级山海协作援建资金，聚焦帮助村集体和农户有效增收，从“建、产、供、销”全链条助力乡村振兴。谋划建设一批优质援建项目。在“智多张西”的基地上升级打造“沟溪乡村振兴共同体”“余东画村”“功夫麻蓬”“瓷画碗窑”。涌现德门龙面条、余东农民画、少岭坞竹根鱼、麻蓬功夫虾等山海协作特色农产品，生态养殖、种植和农产品加工等农业产业不断壮大，乡村振兴示范点村均收入均超50万元，部分村逾100万元。2022年新建市、区级乡村振兴示范点5个，区级援建项目5个。导入人才智力资源。实行乡村振兴示范点点长和指导员制度，由乡镇分管领导担任点长，部门分管领导和挂职干部担任指导员，其中挂职干部指导员实行驻村指导。打造销售运营平台，成立柯城区供销惠农有限公司，并组建消费帮扶小组，主要负责山海协作消费帮扶产品品牌培育、销售推广等。升级打造“5026”50个发达县区市和26个欠发达县区市山海协作商城，与余杭、临平20余家食堂5000余名用户实现平台对接，拉动优质、特色农文旅产品的销售。全年开展线上线下展销6次，完成订单6500余笔，带动柯城农文旅产品销售额1527万元，惠及180余户柯城农户。

【社会事业合作】拓展社会合作领域，丰富合作形式，实现优势互补、成果共用。2022年，与杭州市余杭区、临平区以及杭州市、宁波市有关部门单位，在教育、医疗卫生、文化、部门乡镇以及群众团体等多层面，开展合作交流，取得明显社会效益。

（谢嘉能）

交通·电力·邮政·通信

交通运输

【概　况】 2022年，柯城交通局以乡村振兴及建设共同富裕示范区为契机，高起点规划轨道交通布局，加快“市区一体化”建设；高水平推进公路网络化建设，建设内畅外联的公路网；根据“四个区”建设的要求，创新性地做好“公路+文化+旅游”的文章。为加快实现乡村振兴，建设“活力新衢州、美丽大花园”提供更加有力的支撑与保障。

【重点项目推进】 2022年，交通统计入库项目15个，完成交通投资5.64亿元，同比增长16%。其中，衢州市沿江公路柯城段、柯城区万坞线半山至茶铺段公路（提升改造）、建德至江山公路衢州市横路至航埠段3个项目已完工通车；谋划和启动320国道柯城区百家塘至航埠段改建工程、淳安至江山公路衢州市柯城区七里至石梁段公路工程等10个新项目，计划累计总投资116.90亿元；在建交通工程花园岗至杨家源公路等8个项目有序推进中。

【安全生产】 紧盯重点领域、重点环节，树立安全生产理念，压紧压实工作责任，坚决守住安全生产底线。加强道路安全隐患整治、在建工程风险管控，确保辖区路段行车和工程建设安全。加强公路治超，保持超限超载治理高压态势，320国道大塘头临时治超点检车辆853辆，扣3754分，卸载货物31072.01吨，拆除擅自改装车辆118辆。

【公路养护】 对辖区多个乡镇（街道）内70多条线路的实施提升改造，总里程约135公里，总

12月21日，区交通运输局召开项目政策处理会

投资约1.90亿元，打造“四好农村路”的升级版；加强日常养护巡查与道路小修保养，改善通行、保障安全，全年实施养护工程44公里，安防工程13.50公里，完成路面坑洞修补14000余平方米；强化路域环境整治，沿线风貌整治提升，辖区内的沟直线获省级绿化美化精品道路及特殊精品道路称号。

【路政管理】 规范路政巡查，全面提升交通行政执法能力和水平，实现执法规范化、效能化，累计开展路政巡查304天1841人次，清理堆积物315立方米，拆除非公路标志197套，整治马路市场20处，缴纳公路赔补偿费22.93万元，联合办理大件运输1374件；全年办理涉路施工许可16件，好评率达100%；及时答复办理“12345”、网上舆情、来信来访等153件，办结率达100%，有效化解纠纷和矛盾，维护交通行业和谐稳定。

（金 超）

公共交通

【概 况】 2022年，衢州公交集团公司强化公司党建，勇担社会责任，提高服务质量，实行拓展业务减亏增效，做好安全防范，迈上公司高质量新发展之路。公司连续9次在集团“亮绩赛马”评比获得项目及服务性公司中的第一名，被评为全市清廉建设成绩突出单位，公司党委被评为市国资系统“强基之星”，“一路有礼，幸福到站”党建品牌被选为市国资系统“红色根脉强基工程”首批基层党建观摩点，纳入全市“红色根脉强基工程”四季度赛马比拼现场会党建观摩点名单。公交驾驶员周国花当选浙江省第十五次党代会代表和党的二十大代表。

【减亏增效】 通过拓展包车业务、拍租闲置资产、降低能耗成本、剥离低效无效资产来合理开源节流。积极对接政府单位和企业，拓展定制公交和包车业务，实现包车收入1016.29万元，同比增加534.51万元。4月，先后完成对公交广告经营权和石头坪枢纽中心站、斗潭场站、新桥街等相关开放式铺位及闲置房屋的拍租，年租金收入总额近300万元。11月，在石头坪、航埠、上方、巨化等场站自建充电桩15个38个枪位，拓展经营范围，合理安排车辆充电时间，降低充电结算价至0.40元/千瓦时，节约电费179.20万元。对公交参股子公司快客公司下属的江山通衢和龙游通衢两家专线公司完成撤并，剥离低效无效资产。

【优化公交线网】 配合城市发展优化调整公交线网。公交通过线网优化、考核优化、创文攻坚、公交带货、设备升级、增加乘车支付方式等打造高质量服务。9月，公司结合四省边际中心医院客流需求、衢州高级中学搬迁、“两中心”启用等，优化、调整、加密公交线路15条；7月，配合劳动路、霞飞路等道路施工改造，临时调整线路走向32条。4月，建成启用石头坪公交枢纽中心站，持续提升站内秩序管理和设施环境。结合文明城市巩固工作，集中开展车辆、站点保洁和文明劝导志愿服务；开展员工服务提升专题培训。在岭洋线客货邮试点的基础上，公司与市邮管局和邮政快递对接，将举村线作为新的客货邮试点线路，拓展公交带货的覆盖范围，为偏远地区村民收送货物提供便利。12月，投放60辆纯电动新能源公交车，车辆配置升级提档，“儿童友好专线”投入运行；10月，开发实现第三代社保卡刷卡乘车和衢州人才码、浙里老兵扫码免费乘车功能。

【智慧公交】 10月，在已有的综合支付、智能调度、安全监管、机务管理、电子站牌、公共自行车等六大系统的基础上，公交按照“1+3+N”的顶层设计思路，建成统一的公交数字管理平台。打通公交原有的运营调度、通用卡和移动支付等数据，归集支付宝、社保卡等实时消费数据，扩充互联网OD（组织发展）数据，通过大数据自主分析转变传统的客流调研方式，提高公交服务的精准度和营运效率，实现运力资源的优化配置和企业管理的降本增效。

【除险保安】 6月，公交结合安全生产月组织开展防恐应急演练、减事故“金点子”征集和消防安全、行车安全、安全法知识等系列主题教育培训活动，征集“金点子”25条，开展安全主题培训5场、驾驶员心理健康教育6批次，修订完善3项安全管理制度和2项应急处置预案。开展多轮次的隐患排查整治，问题整改到位率100%。2022年，公交百万公里事故率同比上年降低28%。

（金之金）

铁　路

【概　况】 2022年，衢州市境内有衢州、龙游、江山、龙游东、衢州东、后溪街、上铺、贺村、新塘边、常山、辉埠、开化、杨林、全旺、龙游南15个火车站，分别位于杭长高铁、沪昆线、衢九铁路、衢宁铁路，属中国铁路上海局集团有限公司金华车务段管辖。主要担负衢州市及周边地区的旅客运输、货物运输和沪昆线区段的列车解编任务。其中，位于柯城区城站西路1号的衢州站是办理客运业务的高普混合车站。

6月，衢州公交集团公司组织开展消防安全演练

【安全生产】 2022年，安全生产保持总体稳定。树牢总体国家安全观和大安全观，扎实开展安全大检查和专项整治行动，严格落实“十五条硬措施”，分系统研判管控“灰犀牛”“黑天鹅”风险。坚持科学防洪，有序应对强降雨、强台风、持续高温等恶劣天气，确保了高铁和旅客安全万无一失。全面履行消防、反恐、护路等职责，开展火灾等隐患排查整治，重点做好北京冬奥会、全国两会、中共二十大等特殊时期安保检查。截至2022年12月31日，车站实现安全天5491天。

【旅客运输】 2022年，旅客运输展现积极作为。密切跟踪市场变化，抓住节假日客流高峰期契机，主动进厂区、进旅行社，开展团体票营销活动。不断完善常态化客运营销机制，强化车站客运营销分析，用数据说话，客运分析更加理性、客观，经营效益稳步提升。全年，衢州站共发送旅客335.07万人次，客运收入3.58亿元。

【客运服务】 2022年，服务品

2022年，衢州站候车大楼

质迈入新的台阶。聚焦创一流目标，持续深化客运服务提质升级。将客运服务工作与“城市窗口”建设深度融合，创建“i浙里·衢州有礼”党内客运服务品牌，践行“用心用情 一路畅行 爱在这里”的服务理念，将“五心 五爱 五畅”特色服务法融入客运服务工作，持续做好老、幼、病、残、孕等特殊重点旅客服务，强化军人、学生、旅游团等团体旅客组织，努力打造一流的车站客运服务。截至2022年12月31日，车站实现无“有责投诉”473天。

（刘珂妤）

民用航空

【概　况】 2022年，衢州机场全年保障航班5898架次，同比下降6.50%；旅客吞吐量316570人次，同比下降32.68%；货邮吞吐量732.20吨，同比下降27.04%。安全生产形势总体平稳，没有发生重大差错和不安全事件，完成重要时期的航空安全保障。通过“平安民航”考核等相关工作，实现第30个航空安全年。对标管理成效显著，“衢州中转通程产品”课题被评为浙江省机场集团优秀课题。“礼航”党建品牌被评为省机场集团“党建优秀品牌”。法治建设效果突出，衢州机场被评为浙江省机场集团法治建设先进单位。

【中共二十大安保】 研究制订“中共二十大安保专项行动”和“中共二十大航空安全保卫”两个工作方案，并在“中共二十大航空安保专项整治”工作基础上，聚焦核心风险管控，全面分析机场空防安全总体态势，并形成报告，进一步强化和安排安防工作。9月7日至10月31日，安排公司领导和中层以上干部实行24小时值班。

【安全生产】 完善安全管理制度。完成《机场使用手册》的全面修订，建立完善《机场使用手册实施细则》《公司安全管理体系（SMS）手册》《飞行区场地管理手册》《外来物防范手册》等40多个制度程序，完成10个航空器突发事件应急预案、15个非航空器突发事件应急预案的修订。高质量开展安全专项工作。开展风险隐患排查治理工作，动态管理“两个清单”，及时对排查出的37个隐患，21个风险点进行评估并落实有效管控。开展房屋安全专项整治工作，6月完成机场重点区域内房屋排查，7月完成民航餐厅漏水屋面防水施工。开展安全大检查和民航专项检查工作。开展“小旧偏特军托”风险排查整治工作。逐条对照风险排查清单开展风险排查整治。做好岁末年初安全生产工作。制定《“找短板、查漏洞、强措施、保安全”岁末年初安全生产专项行动方案》《岁末年初安全生产“四大行动”和督导检查方案》，开展安全风险隐患排查治理。加强岗位培训标准化。开展“岗位微视频”数字化培训。录制“岗位微视频”，明确规范安全操作标准，覆盖11个岗

2022年客货运输量统计表

表10

航　线	客运量（人次）	客座率（%）	货运量（吨）
北　京	21993	45.60	28.90
深　圳	32141	34.40	375.60
大　连	770	8.40	2.30
青　岛	7850	33	2.60
昆　明	10720	45.30	17.10
济　南	11343	33.80	1.20
海　口	29126	47.20	26.80
西　安	8265	49.90	2.30
阿克苏	2189	5.10	1.80
重　庆	38792	56	43.80
成　都	26036	47.50	109.60
贵　阳	25638	45.20	1.90
广　州	27530	41.40	82.50
舟　山	17978	40.50	22.60
武　汉	2628	19.10	0.10
珠　海	2538	36.90	1.20
郑　州	11033	49.20	0
太　原	10388	49.50	7.20
厦　门	6852	46.70	0.30
南　宁	10006	48	3.20
三　亚	5736	56.50	0.50
天　津	3639	45.40	0.30
北　海	2572	36.10	0.30
兴　义	785	4.50	0
包　头	22	0.70	0

位，培训员工78人，“岗位微视频”教学入选集团安全示范项目。加强安全作风建设。通过网络平台组织开展安全作风宣教，完成宣教4000余人次；建立作风问题识别程序，动态管理作风负面清单，实施作风考核。推进平安民航建设。衢州机场公司制定年度机场平安民航建设计划，各部门紧密配合，10月27日，完成平安民航考核。

【品牌建设】 2022年航班放行正常率达96.34%，同比增长5.18%，没有发生机场责任原因造成的航班放行不正常。开通特殊旅客“绿色通道”，提供优先、全流程协助与陪伴等服务；开设团队值机柜台，协助团队快速办理；推出“晚到旅客助你行”服务，为晚到旅客出行提供特殊保障；衢航家综合服务柜台经改造后全新亮相，将机场公安综合窗口及华夏航司服务窗口统一优化管理，实现多业务“一站式”办结；对标空港贵宾服务有限公司贵宾部，制定“衢航家”

2022年，中国南方航空开通衢州—青岛—大连航班

规范窗口岗位服务用语、礼仪等标准，开展文明规范专项培训，全方位提升旅客体验感。开展各类主题活动；推进“民航服务创新增效主题活动”和“民航服务规划实施年”主题活动；举办“提技能、强服务、展风采”衢州机场首届服务技能大赛，推进技能素质双飞跃。

【主营生产】 2022年，夏航季局方审批时刻量为226个/周，比上年增加34个/周，同比增加18.95%。冬航季局方审批时刻量为200个/周，增加8个/周，同比增长4.16%。依托华夏航在衢网络优势推出衢州机场通程中转产品，按照中国民航局中转五项标准，细化提质服务，实现旅客“一次支付、一次值机、一次安检、行李直挂、无忧中转”的便利化出行，于7月25日正式开通。

【科技创新】 搭建航站楼设施维护维修管理平台，简化传统维修申报流程；创新机坪作业在线填报反馈，实现机坪无纸化监管；推进“浙里飞”旅客服务平台项目的落地，开通“无纸化”乘机服务，实现“一码通”出行；临时身份证明自助办理场景应用落地；完成中国电科成都天奥数字内话系统中数字甚高频电台安装；完成空管A-CDM系统终端、防火墙、交换机等硬件安装调试；推进数字化改革科技创新项目，完成道面激光除胶线机器人小样制作。

（王 颖）

电 力

【概 况】 2022年，国网衢州供电公司柯城供电分公司（以下简称分公司）坚持以习近平新时代中国特色社会主义思想为指导，坚决贯彻落实市公司和区委、区政府各项决策部署，围绕打造“高品质现代化中心城区”发展战略和“释放新活力、提升首位度”总目标，瞄准“三大定位”，打好“三大攻坚战”，聚焦“四大主抓手”，真抓实干，攻坚克难，在电网建设、电力保供、营商环境、节能降碳等方面持续发力，经受住了迎峰度夏持续高温高负荷、电力供应紧平衡和疫情冲击等大战大考，全力保障了安全稳定和电力可靠供应，以实际行动践行“人民电业为人民”的企业宗旨，攻坚克难，主动作为，为柯城区争当全省山区26县跨越式高质量发展排头兵提供了坚强的电力保障。分公司先后获得柯城区“十条军规”通报表扬1次，集体嘉奖1次；3项创新成果获浙江省优秀QC（品质控制）成果一等奖；石梁供电所获评浙江省“农民画乡”示范区；柯山供电所获评浙江省青年文明号、获浙江省质量信得过班组典型案例二等奖；营销室获浙江省质量信得过班组典型案例三等奖，获评衢州市巾帼文明岗。

【安全生产】 严格落实安全生产责任，健全分公司“一岗双责，齐抓共管”的安全生产责任体系，修订安全责任清单，逐级签订安全责任书，压紧压实压细各级安全生产责任。建立健全分公司三级安全监督网络体系，强化安全生产梯级管控。开展班组自主安全管理专项活动，有效提高班组员工辨识风险、管控风险能力。确保安全教育入脑入心。扎实有效开展“双学周”“三个一”“安全生产月”活动，重点宣贯《国网公司关于进一步加大安全生产违章惩处力度的通知》《国网公司严重违章释义》等上级文件精神，深入学习“4·9”“4·16”“4·22”“9·1”等安全事故通报和网省公司的反违章工作通报，召开分公司安全警示教育大会，深刻吸取安全生产事故教训，真正做到警钟长鸣。强化现场安全作业管控。加强作业计划刚性执行和现场风险管控，开展分公司三级反违章自查自纠，实行安全稽查、到岗到位、“四不两直”检查“三管齐下”，加大反违章稽查力度，实现“四个管住”。全年累计现场督查2679人次，到岗到位267次，查处违章103次、问题65个。

【电网建设】 聚焦“碳达峰、碳中和”和共同富裕先行示范区建设，滚动修编“十四五”配电网规划，结合变电站布局，分城区、园区、乡村电网根据不同特点及问题对电网进行优化，聚焦航埠、万田、专业市场、巨化等区块发展需求，专项储备配套项目超1亿元。高效完成220千伏九华输变电工程、时代锂电配套工程、杭衢高铁外部供电工程等主网前期工作以及110千伏产业变的选址选线和110千伏白沙变跨铁路协调等相关属地工作。做实“双高”配电网建设，全年完成配网项目投资1.35亿元，核心城区配网智能化水平得到增强，航埠工业园区、石梁、九华等网架结构进一步优化补强，工业企业和城镇化用电需求得到保障，山区线路抵御自然灾害的能力明显提升。配电自动化水平显著提升。严格按照配电自动化“一线一方案”推进电缆线路数据传输单元的安装联调工作，配电自动化有效覆盖率提升至94.14%，实用化指数提升至59.71%，明显提升电网应急响应和“自愈”能力。

【乡村振兴】 全省率先落地电力接入工程费用分担机制，并创新研制高压产权分界设备，为5419家低压小微企业免费提供电力接入服务，节约投资1120余万元；开展企业综合能效诊断222户次，降低企业用能成本。首个定点驿站——石室乡红船光明驿站挂牌运营，将电力服务进驻便民服务中心，为社会救助对象提供小家电维修、表后线路检查等特殊服务，保障用电安全，助力脱贫致富。

【优质服务】 常态化开展助企纾困，超前服务重大项目，实行“1+1+2”工作模式，由领导挂帅、专班推进、部门协同，高效完成华友、巴莫、吉利、中唯精密、柯城抽蓄等重大项目电力配套投产，其中柯城抽蓄临时用电仅用7天完成送电。深化“供电+能效”服务。服务企业用能预算管理，深挖27家重点工业企业节能降碳空间；推动能源托管，完成5家公共机构建筑用能查勘，打造节能降碳示范场景。开展充电难专项治理。成立“党建+易充电”专项工作小组，联合区住建、发改出台规范小区充电治理支撑性文件，完成5个小区充电桩“整体加装”、6个小区“统建统营”工作，满足450余个充电桩接入需求，市本级首个可移动快充舱落地后坞高速服务区。

【社会责任】 积极落实“政府主导、电力主动”保供机制，精准实施10天需求响应和19天有序用电措施，最大程度保障企业限电不限产。聚力空调负荷感知能力建设，通过技术改造实现柔性调节，累计完成118家负控试跳，有序推进空调感知能力建设，完成施工45户、调试28户，为工业企业腾出用电空间0.66万千瓦。完成保供电任务。坚决守牢电网安全生命线和民生用电底线，平稳应对“3·13”“11·19”疫情和“6·20”汛情抢险，完成党的二十大、国家领导赴衢州调研等保电任务52项。

（蒋博宇）

12月11日，柯城抽水蓄能电站预可行性研究报告审查会召开

邮政业管理

【概　况】 2022年，衢州市邮政管理局按照“服务全领域、激活全要素，打造双高地、畅通双循环”工作思路，服务衢州经济社会发展，完成各项目标任务，为建设四省边际中心城市提供有力支撑。全年，邮政行业寄递业务量完成18006.70万件，同比增长6.80%，增速位居全省第二。快递服务企业业务量完成11857.20万件，同比增长5.10%。新增批准设立快递法人企业5家，分支机构36个，备案快递末端网点391个。

【“快递进村”工作】 衢州市邮政管理局指导、配合各县（市、区）推动三级物流体系建设。全市主要快递品牌平均进村率达82.40%，开通12条客货邮线路。全市农村地区快递投递量完成3189.71万件，同比增长13%。助力常山胡柚销售产值1895.30万元，江山猕猴桃销售产值3.10亿元。“江山猕猴桃”“常山胡柚”2个项目入选2022年浙江省快递服务现代农业银牌项目名单。

【行业安全监管】 开展安全隐患排查、场所规范化提升、市场秩序整顿、机要通信检查、“扫黄打非”检查、“除险保安百日攻坚”等专项行动，强化邮政快递行业市场监管。深化与公安、国安等部门的联合检查，开展安全检查379次，发放责令改正通知书127份，立案处理31起。全市邮政快递行业总体安全平稳，未发生安全生产事故。在衢州市年度安全生产和消防工作目标管理责任制考核中为优秀等级，获评省级“扫黄打非”示范点9个、“扫黄打非”示范标兵1个、省级邮政普遍服务网点示范窗口2个。

【保通保畅】 疫情期间审核发放259张干、支线车辆通行证，解决快递车辆通行难题。疫情期间，发动各快递品牌企业提供50余辆配送车辆，200多名快递小哥志愿者加入到民生保障、防疫物资运输队伍，为市疫情防控指挥部运送应急物资7800件，为医院配送药品4200件，建立“一对一”送药服务模式，为特殊病患者送药35单。

【绿色发展】 推进“四化”建设（包装绿色化、操作规范化、中转循环化、回收资源化），全市“9917”工程（采购使用符合标准的包装材料比例达到90%，规范包装操作比例达到90%，可循环快递箱达到1000万个，回收复用瓦楞纸箱7亿个）完成情况良好，实现采购使用符合标准的包装材料比例达到92%，规范包装操作比例达到93%，可循环快递箱（盒）应用规模达到5.46万个，回收复用瓦楞纸箱155万个。获评省级邮政业绿色分拨中心2个，绿色网点3个。

【信访申诉办理】 加强质量监管，应民所呼，着力保护快递服务消费者合法权益。年内，全市邮政业消费者申诉中心“12305”热线接听各类消费申诉9381件，挽回经济损失342998.73元；受理“12345”及信访平台转办752件，挽回经济损失65070.16元，电话呼叫有效接通率100%。

【暖蜂行动】 不断凝聚各方力量关心关爱快递小哥。组织100名快递员参加疗养、评定“三衢工匠”143名、省级“最美快递员”2名。开展暑期爱心托管班、“慰问快递小哥及其家属”露营音乐节、趣味运动会、夏季送清凉和冬季送温暖走访慰问等系列活动。12月，在购药紧张的情况下为一线员工筹集发放紧缺药品等“防疫礼包”。

（黄俊士）

铁　塔

【概　况】 2022年，中国铁塔衢州分公司柯城办事处全面提速柯城5G基站建设，立足建成全国一流、全省领先的5G网络目标，践行市委八届二次全会精神，助力打造四省边际中心城市中争当“两个先行”示范窗口。

【基站建设】 围绕数字产业发展，加快5G建设。坚持“政府主导、铁塔主责”机制，全年累计建成5G基站1532个，共享建站比率96.50%，通过700M、2.60G、3.50G的5G网络融合建设，实现衢州城区、县城、乡镇、行政村以上区域的5G网络的覆盖。加快5G配建标准落地实施，实现5G网络建设与重点项目建设同步规划、同步设计、同步施工、同步交付，保障衢州体育中心、衢州“两中心”等大型项目的5G同步覆盖。推进“多杆合一、一杆多用”的5G网络建设模式，建设衢州府东街等一批5G站点。逐步推进利用新建的路灯杆挂载5G小微站，快速高标准地满足热点区域5G网络覆盖。

【网络安全】 实现行业降本增效，巩固网络安全。有效保证网络的高质量、高稳定和低成本运营，巩固网络运行安全和质量。推进“四个专项行动”，累计完成115站转改直，转供电平均单价0.87元，直供电比例93%。实现12个站场租零增长，单站造价管控全省前列。建成“全智能化”网络保障体系，网络指标稳定提升，退服率下降至0.52%，退服时长降至0.22分钟，居于全省前列。

【服务社会】 赋能数字化改革，服务社会发展。通过新建需求整合利用、存量资源共享，有效节约土地资源和建材资源，累计减少重复建站1215个，减少土地占用近200亩，减少钢材消耗1.1万吨，节约电能194万千瓦时/年，共享率从14%提升至89%，累计投资超2亿元，拉动就业岗位超500个。拓展铁塔的共享价值，变通信塔为社会塔。服务品牌推广，联合市大花园打造视联智看平台，开启“铁塔直播”旅游新模式，助力“南孔圣地、衢州有礼”城市品牌推广。服务城市治理，构建“铁塔探头、卫星遥感、无人机”三位一体的监管体系，耕地智保项目承建摄像头149个，可监控覆盖耕地面积8.64万亩，通过“人防+技防”让耕地保护更加精准有效。服务新兴产业，协助快递小哥E站建设。

（许　青）

柯城电信

【概　况】 2022年，中国电信股份有限公司衢州柯城分公司（以下简称柯城电信）坚持党建统领，深化变革创新，聚焦数字经济，勇当数字化改革主力军。全年柯城电信主营业务收入1.60亿元。柯城电信获中国电信衢州分公司优秀经营单元、中国电信浙江公司先进基层党组织等荣誉称号，荣获浙江公司2022年度“卓越奖。

【重大项目保障】 融入地方党委政府促发展，带头做好重大项目保障，主导全区重大项目开工、重大活动保障30余次。配合区委、区政府做好市疫情防控通信保障工作，带动500万元的主营收入，柯城电信获柯城区疫情防控先进单位荣誉称号。投入创文、抗洪等的应急攻坚行动中。做好通信线路整治、通信应急保障等工作，柯城电信荣获区政府“6·20”汛情应急救援集体嘉奖。

【便民服务】 践行“人民邮电为人民”的公益活动，提升衢州电信社会形象。建成“爱心翼站”12家，为环卫工人、快递小哥等户外劳动者以及老年人、残疾人、孕妇、军人等群体，提供助老助残产品体验、“爱心大使”专人接待等特色服务，提供进厅休息、饮水供给、手机充电、手机消毒、餐食加热、洗手间使用、轮椅和雨伞借用等12项基础服务。在衢州电信厅店、在社区开展“幸福课堂”20余场，为老年朋友开展智能机应用、反诈防诈等宣讲，开展免费贴膜公益活动，年累计服务500余人次。

【安全屏障】 提高网信安全意识，加强数据安全保护，筑牢网络安全基石，争当网络强国主导者。组织全员学习培训网络信息安全意识、《中华人民共和国反电信网络诈骗法》、国家网络安全宣传周等数据安全和网络安全的相关资料和视频，安装“国家反诈中心”APP，把涉诈防诈工作落到实处，严把数据关和网络安全关。在平时业务发展过程中，把涉诈防诈宣传工作融入街道、社区和乡村，通过营业厅的“幸福学堂”、微信朋友圈等多种形式，学习和推送防诈骗宣传知识。

【安全生产】 坚持“安全第一、预防为主、综合治理”的方针，柯城电信内各办公场所设立楼长、楼层长落实安全生产责任，各部门和关键岗位严格执行条线安全生产和信息数据安全相关规定。开展系列安全宣传教育活动和网信安全规章制度宣贯落实，通过会议、宣传栏、标语、条幅等形式，向职工宣传安全常识和安全理念，进一步增强了职工的安全防范意识。开展安全生产检查行动，加大对分支局单位安全检查力度，与上级公司一起按月定期检查和不定期抽查方式开展安全生产检查、信息安全检查、各类安全隐患排查、落实安全生产责任。

（占丽娟）

柯城移动

【概　况】　2022年，中国移动通信集团浙江有限公司柯城分公司（以下简称柯城移动）围绕“一三一六”年度工作思路，锚定“数智化转型创先、高质量发展创优”目标要求，内强素质，外树形象，实现经济效益和社会效益的同步增长。全年实现运营收入4.36亿元，同比增长9.27%，服务手机客户43.60万户、有线宽带客户16.70万户、政府企事业单位客户1.20万家，收入规模与客户规模均居本地区行业第一。

【通信基础建设】　推进新型通信基础设施建设，累计开通5G基站1357个，实现城区、工业园区、乡镇、国家AAAA以上旅游景区、主要高速高铁的5G网络连续覆盖，并实现行政村5G网络100%覆盖。完成城区千兆光纤新增覆盖18506户；新增44个自然村千兆网络建设，千兆覆盖率达到99%；完成16个机房千兆能力升级，千兆接入能力实现全覆盖。在各项重要活动、赛事等通信保障工作上，勇挑重担，全年完成重大活动通信保障32场次。

【“工会户外劳动者服务站点暨移动之家”揭牌】　5月17日，衢州市首批“工会户外劳动者服务站点暨移动之家”揭牌仪式在柯城移动北门营业厅举行。年底，柯城移动打造“移动之家”服务站点8家，面向全市的交通警察、环卫工人、快递（外卖）小哥、志愿服务者等户外劳动者及周边群众，提供便民暖心服务。柯城北门营业厅被中华全国总工会评为2022年“最美工会户外劳动者服务站点”。

【优质服务】　坚持从客户角度出发，开展流程穿越、环境优化，打造“全位”“全程”“全员”客户服务体系，以触点必满意为目标，持续提升前台人员业务水平。以“新春温暖回家路”“学雷锋纪念日”“5·17”世界电信日等为中心开展志愿服务活动5场，了解客户需求，优化服务流程。通过“党建和创”“党员i家”等场景，开展防诈骗知识、红色通信故事、乡村振兴政策“8090”宣讲186场，服务用户15000余人次。推进“银龄跨越数字鸿沟”科普专项行动，面向老年群体开展智能机使用公益教学志愿服务30余场。

（童　英）

12月23日，衢州电信公司走进沟溪乡沟溪村文化礼堂开展电信防诈骗宣传教育

衢州联通

【概　况】　2022年，中国联合网络通信有限公司衢州市分公司（以下简称衢州联通）全面贯彻集团新战略，实干争先、踔厉奋进，各项工作取得明显成效。至年末，衢州联通移动网用户数34.5万户，互联网宽带用户数5万户，实现主营业务收入2.6亿元，同比增长12.9%。

【网络建设与保障】　坚持打造5G精品网、千兆宽带网、政企精品网和云算力建设，保障网络安全，支撑市数字经济高速发展。打造5G精品网，深化5G共建共享，实现城区县城、重点场景5G网络连续覆盖；加快900M打底网建设，移动网行政村覆盖率达100%、人口覆盖率达98.5%；建设千兆宽带网，完成136个小区千兆宽带建设，新增宽带端口1.5万个，实现城区县城、重要乡镇千兆网络接入能力。推进政企精品网和云算力网络建设，完善衢州联通数据中心全市一体化布局，包括云数据中心、5G本地数据中心、边缘计算数据机房布局，构建技术领先、绿色低碳的新型数据中心发展格局。10月28—30日，2022年全国田径大奖赛（第2站）在衢州市体育中心开赛。该届大奖赛是2022年国内田径界等级最高、规模最大的赛事，也是衢州首次承办的国家级田径项目竞技体育赛事。大奖赛网络保障期间，衢州联通以“零重大网络事故、零重大安全事件、零重大客户投诉”为目标，将覆盖基站列入重保清单，每日安排现场巡检，机房24小时值守，实时监控小区负荷、KPI（关键绩效指标）。在衢州联通全力保障下，活动现场联通网络稳定、网速流畅。4G网络平均速率达到45Mbps，5G网络平均速率达到500Mbps，有效确保竞赛活动顺利开展。11月10日下午，“千万工程”建设新时代美丽乡村现场会在龙游县东方文岚饭店召开，浙江省委书记袁家军、省委副书记省长王浩及省内各地市有关部门领导人出席会议。为保障大会现场网络通信畅通，衢州联通加班加点新建5G站点15个，优化站点32个，优化测试60人次，落实技术专家实时开展4G/5G网络监控和保障。在龙游团石未来乡村，衢州联通现场向省内各级领导演示了联通5G无人机+VR智慧医疗项目，通过5G专网远程会诊杭州邵逸夫医院，画面、音质流畅清晰，赢得了现场领导的肯定。

【4G“一张网”建设】　截至3月底，衢州联通顺利完成江山市域共建共享4G“一张网”建设。4G“一张网”建成开通后，江山市域内联通站址提升71.11%，江山城区、2个街道、7个乡镇实现4G全覆盖，江山北区域，尤其是农村乡镇长期无4G问题得到妥善解决，江山区

6月28日，柯城公安分局联合8090“徐徐道来”宣讲团、衢州移动公司等单位开展反诈禁毒活动

域联通MR（移动通信）由87%提升至95%，4G共享流量吸收6.25T,总共节约投资成本1435万元，有效改善江山市域网络覆盖情况。

【项目建设】 4月，衢州联通充分发挥5G技术在AI、AR以及边缘计算方面的优势，为浙江华友钴业量身打造了一个5G+MEC+AI化工安全生产智能化平台，以应对企业在安全生产管理方面的挑战，实现企业在安全生产管控领域网络5G化、数据本地化、安全可视化。该项目主要是在整个生产区域部署5G专网，通过对感知层、物联层、通信层全面整合，将无线侧进行切片，可分别保障生产制造、生产安全、办公生活等不同方面的需求，为市重要企业安全化管控保驾护航。9月，在工信部举办的第五届“绽放杯”5G应用征集大赛浙江区域赛中，该项目荣获浙江区域赛决赛三等奖。5月10日，衢州联通中标浙江省文物安全应用场景（龙游县古塔及牌坊沉降监测模块）建设项目。该项目从“文物保护一件事”角度出发，以一体化智能化公告数据平台、省域空间治理数字化平台为基础，运用物联网技术、大数据技术、BIM（建筑信息模型）等数字化手段，构建龙游古塔及牌坊沉降监测模块，打造龙游县文物保护数字化应用，对国、省、市、县四级文物单位进行精细化保护。该项目推进了原有线下古塔牌坊沉降勘测向数字化文物治理转型，推动龙游县文物保护数字治理走在前列。8月24日，衢州联通中标常山县油茶产业大脑项目。该项目是全省联通系统内首个农业智慧大脑标杆项目，主要以山茶油产业为突破口，依托5G、云计算、物联网、区块链等新一代信息技术，围绕油茶“产研销”全环节，开发产前、产中、产后一条龙服务和管理应用，搭建“1+5+N管理服务架构”，其中“1”是指1个油茶产业数据仓，整合气象、邮政、金融、保险等部门政策、业务数据；“5”是指绘制产业资源“一张图”、油茶加工一张图、销售流程一张图、要素服务一张图、碳汇主题一张图形成油茶产业的驾驶舱，通过地图、图标、坐标等形式形成数据分析；“N”是品牌管理、种植生产数字化、油茶主题服务、病虫害应用等N个应用模块。油茶产业大脑建成后，可实时进行土壤墒情监测、气象监测、油茶种植面积变化监测、油茶病虫害监测等，为领导决策者提供整个产业态势分析，为农户提供科学、高效的种植培育指导。项目计划于2023年上半年建设完成。

【战略合作】 5月7日，衢州联通与衢州市退役军人事务局在衢州东方大酒店签订拥军优抚战略合作协议，双方在为衢州市退役军人和其他优抚对象提供优先、优质、优惠的通信网络服务方面达成合作。针对衢州市退役军人和其他优抚对象，衢州联通特推出“联通拥军卡”，为退役军人和优抚对象定制专属化个性通信服务产品。同时，衢州联通与市退役军人事务局约定，凭军官证、士兵证、优待证等有效证件，衢州联通将为现、退役军人和优抚对象提供专属客户经理接待办理，提供优质、高效、贴心的服务体验。

【通信抢险保障】 6月20日，衢州市气象台发布暴雨红色预警信号，当日8时50分，衢江区防汛应急响应等级由Ⅲ级升至Ⅱ级；14时，柯城区防汛Ⅱ级应急响应提升至Ⅰ级。当日19时，衢州联通接到衢州市应急管理局紧急保障通知，支援强降雨受灾最严重的航埠镇北一、北二村的网络通信保障。衢州联通立即组织抢修人员和物资，出动橡皮艇、对讲机、海事卫星电话、移动油机等应急装备迅速赶赴一线。经

6月15日，兴航社区联合耄耋社会组织服务中心、衢州联通公司开展老年人智能手机使用培训活动

过抢修人员4小时高效配合协作，成功修复柯城航埠北一、北二村受灾基站，确保通信网络的畅通。截至6月21日上午，衢州联通累计出动移动油机、橡皮艇等应急装备15台次，抢修67人次，抢修车辆31辆次。

【反诈直播宣传】 8月18日，衢州联通携手柯城公安在衢州市大润发警务室开展以“防范通信诈骗 保障资金安全”为主题的反诈宣传直播。此次反诈宣传直播通过哔哩哔哩网站（B站）“浙江联通客服”进行，重点介绍并分析出租或出借自己的银行卡电话卡身份证，微信 、QQ、支付宝账号等可能存在的风险。秋季开学季在即，考虑到学生社会阅历浅、容易相信陌生人等情况，直播间专门介绍冒充熟人诈骗、高校入学诈骗、新开学诈骗的相关内容。整场直播1.4个小时，弹幕数2000多条，取得良好的防诈宣传效果。

【调研指导】 11月10日至11日，中国联通集团公司党组成员、副总经理梁宝俊一行赴衢州联通开展基层党建专题调研。11月10日下午，梁宝俊一行与衢州联通领导班子、基层一线党建工作者召开座谈会，听取公司现阶段重点工作汇报，肯定衢州联通2022年以来做出的努力和成绩。11月11日上午，梁宝俊一行先后走访调研了衢州智造新城、浙江华友钴业股份有限公司，与衢州智造新城管委会党委书记、主任方世忠，浙江华友钴业股份有限公司副总裁方圆就加快推进“5G+工业互联网”建设与发展进行了座谈交流。调研期间，梁宝俊一行还与衢州市委副书记、市长徐张艳进行会谈与交流。

（徐红燕）

商贸·服务业

商贸流通业

【概　况】　2022年，柯城区经信局聚焦促消费扩内需稳外贸，通过开展促消费系列活动，加大电商企业招引培育力度，加快推动商贸流通发展。

【商贸流通】　2022年，商贸业：实现累计社会消费品零售总额229.70亿元，同比增长3.30%；实现限上社会消费品零售额104.70亿元，同比增长8.50%。其中，按消费形态分析，商品零售实现零售额101.77亿元，同比增长9.10%；餐饮收入实现零售额2.93亿元，同比下降10.10%。按商品销售类别分，限额以上汽车类实现零售额37.31亿元，同比增长4%；石油及制品类实现零售额35.83亿元，同比增长27.80%；家用电器和音像器材类实现零售额3.92亿元，同比下降0.10%；服装、鞋帽、针纺织品类实现零售额1.66亿元，同比下降31.30%。

【外向型经济】　全区有进出口实绩外贸企业147家，其中生产型外贸企业23家，贸易型外贸企业124家。累计实现进出总额15.33亿元（人民币），同比增长23.28%，其中实现出口总额15.04亿元，同比增长29.70%，实现进口总额0.29亿元。

【电子商务】　2022年，全区实现网络零售额124.40亿元,同比增长11.50%。在重点监测第三方电子商务平台上有各类活跃网络零售网店730家，相当于注册零售网店总数的29.60%，店铺活跃度在全市排名第一。柯城区被列为浙江省第二批数字生活新服务样板县，府山街道、石室乡入选为数字生活新服务特色镇。

（赖如峰）

供销合作经济

【概　况】　2022年，新建村级综合服务社15家，15家村级综合服务社遍布6个乡镇1个街道15个村落。新成立柯城区航埠农合联，完成航埠农合联第一届理事会、监事会选举，提升航埠区域“三农”服务水平。新建基层供销社1家（万田乡供销社），改造百强基层社1家。

【社有企业】　8月，区社有企业供销惠农有限公司参华墅乡供销社，改造升级薄弱基层社1家（石梁镇供销社），实现基层组织在全区乡镇全覆盖。区供销社系统完成商品销售总额82812.50万元，其中销售农产品40440.90万元。与发起成立衢州市柯城区优农农业科技有限公司，组建石梁镇农事服务中心，为全区各类农业生产主体提供农事社会化专业服务。9月，区供销惠农公司完成对区农合联资产经营公司的进一步股权优化，成为其唯一事实股东，并变更公司名称为衢州市柯城区农合联资产经营有限责任公司。10月，区供销惠农有限公司响应市供销社号召，共同参与组建白云社区供销社，探索尝试供销社进未来社区。区社通过供销惠农公司入股三衢味农业科技发展有限公司、柯城区农合联资产经营有限责任公司、优农科技有限公司，实现生产、供销、信用3个服务平台实体化运作，提高为农服务水平。

【依托“三衢味”品牌促增收】 2022年，新开设“三衢味”门店5家，新增授权企业9家，新增授权产品13个。全区有授权企业36家，授权产品88个，举办“三衢味”品牌推广活动4场，三衢味公司增加配送服务单位，有市人民银行等11家单位。与省内高校浙江农林大学洽谈“三衢味”产品合作事宜，召开“三衢味”授权企业亚运专题培训会，动员农业主体增强农产品质量意识，提升产品附加值，借势打通渠道，实现销量增收。

【流动供销】 先后开通共富大篷车6辆（其中农资农技下乡1辆，日用消费品下乡1辆，农产品进城销售4辆），配备服务人员10人，开通2条线路7个站点，4个农产品进城销售点，形成覆盖2个乡镇30个行政村1万余名群众的流动供销服务网。大篷车党建联盟帮助偏远山区农户销售蔬菜500余吨，收购金额300余万元。

9月1日，省供销社副主任郭峻（前排左三）到柯城区农事服务中心调研指导

【农资应急储备】 全区2022年农药化肥应急储备总量为化肥1400吨，农药5吨。应急储备时间为4月1日至9月30日。分别与5家承储单位签订农药化肥储备协议。其中，化肥4家，农药1家，召开推进会3次，现场承储单位承储环境实地抽查3次。各承储单位进货产品生产厂商经营证照及资质完善，承储单位进货渠道稳定，进销货台账、进销货发票等票据齐全，承储仓库环境符合要求，仓库内各类安全生产设施齐备。

（郑敏霞）

农合联合作经济

【概　况】 区农民合作经济组织联合会（以下简称柯城区农合联）成立于2016年5月，其性质是注册登记的民间社会团体组织。主要承担生产服务、供销服务、信用服务三项基本合作功能，承担政府及区财政、农业农村、科技等部门委托或购买的部分公共服务。区农合联实行党委政府领导、农办牵头、供销社执行，相关部门定期会商的运行机制。同时注册柯城区农合联资产经营有限责任公司和柯城区农民职业培训学校。区农合联有区乡两级会员535家，是一个由柑橘、蔬菜、小水果、粮食、生产

6月29日，柯城区农民合作经济组织联合会第二届会员代表大会召开

资料、来料加工、农家乐、乡里乡亲、中药材、食品、养殖业11个产业合作经济组织的会员单位，农民专业合作社、龙头企业、家庭农场、种养大户以及参与为农服务的单位组成。

【生产服务体系】 庄稼医院“农业专家联建”建设。通过“线上+线下+云上庄稼医院”模式，打造农合联庄稼医院“农业专家联建”，发挥农合联庄稼医院疾病诊治、技术培训、咨询服务等作用。“线上”采用电话联络的方式，保证农情病情早知道早预防；“线下”实行庄稼医院总院坐诊+巡诊结合的方式，开展农业专家坐诊巡诊、农业科技大篷车下乡宣传、农业书籍发放等各种形式的惠农活动；“云上庄稼医院”通过组建庄稼医院技术交流群，将农合联会员与专家联建成员集中在一个群里，通过及时交流情况，及时解决问题，避免或降低农业风险。全年接待农民咨询131次，下访产业基地92次，农业科技大篷车下乡镇宣传25次，送出技术书本456册。成立农合联品牌指导服务站。区农合联品牌指导服务站主要职能是开展品牌培育、战略咨询、宣传培训等工作，为区农合联会员企业提供商标注册、专利申报、标准制订、知识产权示范企业创建指导和知识产权维权等一站式服务，助推“柯城产品”走向“柯城品牌”。走进全区50余家专业合作社、家庭农场、农家饭店等农业经营主体提供精准服务。数字农合联特色应用场景。完成搭建柯城区数字农合联基础平台并成功上线。新建的柯城区“浙农服”特色应用场景（数字蔬菜示范基地），实现蔬菜从种植、生长到采摘的数字可视化，生产种植科学化。完成对柯城区七里乡少岭坞村、石室乡横路村以及营盘山3个蔬菜示范基地的VR全景采集。柯城数字农合联线上专家库7人，主要从事柑橘类栽培工作、病虫害预报，蔬菜瓜果栽培技术研究与推广工作、具有丰富的基层实践指导经验。组织开展数字农合联基础平台用户培训会2期，平台注册用户数量631户，点击6863次。推进柑橘无病良种苗木繁育中心项目建设。2019年，通过邓秀新院士团队的牵线搭桥，与华中农业大学签订5年的柑橘无病良种苗木繁育中心项目合作协议。建立大棚面积100亩，柑橘砧木苗圃、柑橘品种展示园总计80亩。总计育成柑橘无病毒幼苗50万株，通过华中农业大学组织培养技术，新引进柑橘脱毒新品种20个，包括“宣恩白柚1、2、3”、海南无籽蜜柚、“安远早”、“赣南早”、“Tango”、“龙回红”、“多籽宣恩白柚”、“少籽宣恩白柚”等。2022年培育新品种：“阳光一号”、“黄美人”、“大分四号”、“日本香橙”约25万株。

【供销服务体系】 建立“消薄卡”消费帮扶模式。依托柯城—

余杭山海协作平台，以柯城区供销惠农公司为运营主体，聚焦培育壮大村集体经济和帮助农户扩大农产销售，探索建立"一卡""一店""一批强村公司""多渠道"的"1+1+1+N"消费帮扶新模式，通过两地联手，将柯城农产品通过"消薄"平台销往余杭区。

【信用服务体系】 借力"政银担"试点，提升信用服务。贷前对增贷会员基地进行实地考察，做好贷前风险评估，贷中加强定期审查，掌握基地种植情况并了解会员经营情况，强化贷款诚信体系建设。开展贷款贴息核查工作，委托第三方审计机构，对2021年、2022年超300万元需贷款贴息户及2022年300万元以下（含）需贷款贴息户进行核查，确保财政资金在农业投入中发挥最大作用。全年，区办事处向省农担公司推荐贷款笔数159笔，贷款余额1.8亿元。8月，柯城区农合联资产经营公司在全省农担体系推进会上作典型经验介绍。

（曹伊楠）

服务业发展中心

【概　况】 2022年4月，根据区委机构编制委员会《关于印发衢州市柯城区服务业发展中心主要职责、内设机构和人员编制规定的通知》和《关于撤销区专业市场建设管理委员会的通知》，撤销柯城区专业市场建设管理委员会，整合组建衢州市柯城区服务业发展中心。2022年，区服务业发展中心立足柯城区服务业工作实际，按照"疫情要防住、经济要稳住、发展要安全"总体要求，聚焦重点经济指标，攻坚重大项目建设，全力除险保安，助力柯城区服务业经济高质量发展。规上服务业营业收入106.75亿元，全区其他营利性服务业营业收入28.73亿元，市场园区规上服务（限上贸易业）实现营收67.04亿元，完成固定资产投资总额1.52亿元，市场园区规上服务业营业收入1.67亿元，市场园区限上零售销售额4.56亿元。

【招商引资】 11月25日，与江苏森联实业发展有限公司签订《衢州森联新能源汽车综合体项目投资协议书》，计划总投资约10亿元，主要建设新能源车集聚区、汽车4S店集聚区、精品二手车集聚区、运营配套生活服务区四大功能区。项目构建集互联网+汽车交易平台、大数据中心、平行进口汽车交易平台、汽车金融、汽车保险、汽车文化休闲区生活配套服务等于一体的多元化全周期汽车后运营服务链。计划总投资约10亿元的衢州红星美凯龙商业综合体项目达成意向投资协议。

【项目建设】 2月，数字经济中心项目启动方案设计；6月24日，衢州广联仓储投资发展有限公司竞得数字经济中心项目用地，7月1日签订建设用地使用权出让合同，10月19日，数字经济中心项目正式开工建设。4月6

10月19日，柯城区数字经济中心项目启动建设

日，四省边际顺丰丰泰智慧物流产业基地项目土方工程和施工围墙开工，建筑方案于10月28日公示结束。广汇国际（衢州）家居广场项目于6月主体工程完工。融信商务中心项目于7月完成竣工验收，投入运营。协调推进解决衢州凯泰汽车贸易综合体项目二期3号地块停滞未开工建设的问题，5月25日启动开工建设。

【企业服务】 落实上级“防疫情、稳经济、保发展”政策，牵头制定服务业高质量发展政策。启动“市大商贸政策”兑现工作，涉及77家企业，合计468万元。完成上台阶奖兑现，涉及3家企业30万元。完成衢州市大商贸政策中关于健全快递业末端网络建设和智能化改造奖励政策兑现，涉及2家企业29.50万元。

【除险保安】 联合第三方安全服务公司开展安全消防安全知识培训和消防应急演练，开展专项安全检查。7月15日，完成凯泰汽车城17家汽车维修店涉及的省级问题隐患清单整改任务；9月15日“七张问题清单”重大安全生产清单省级问题整改完成办结销号。全年排查出安全隐患229个，完成整改212个。以“融警务治理中心”“矛盾调解中心”为依托，开展“群企议事堂”工作，探索建立综合应急救援队，完成综合应急救援队办公选址。

（张霞艳　段艳逢）

金融业

中国工商银行股份有限公司衢州柯城支行

【概　况】　2022年，中国工商银行股份有限公司衢州柯城支行（以下简称工行柯城支行）围绕“释放新活力，提升首位度”总体目标，以“创业创新创先，落实务实严实”的奋进姿态，打造四省边际共同富裕先行示范区，争当山区26县高质量发展排头兵。支行各项存款总量191.57亿元，当年新增101.09亿元；各项贷款135.54亿元，当年新增15.75亿元。在金融助力现代化衢州建设新征程中，实现自身经营发展的提质增效，彰显国有大行应有的责任担当，为柯城发展新格局贡献工行力量。

【项目贷款投放】　推进项目贷款投放，助力美丽大花园城市建设。根据“市区一体”理念，围绕城区老旧小区和衢化片区的拆改、百家塘片区的城中村改造、双西港片区的旧厂区改造、杭衢铁路沿线安置点建设、南孔古城片区城市和国有土地危房实质性解危治理工作等城市有机更新项目，持续加大中长期信贷支持。加大金融贷款投放力度，以金融手段支持航埠镇政府以“聚”“治”“散”推进小微企业园建设，提升工业园区品质，改善园区面貌提升园区形象、完善公共服务设施配套，整体带动区域活力的提升。结合工业功能区高碳低效企业“升级换代”和“腾笼换鸟”等碳排放碳达峰行动，加大融资支持力度，持续加大信贷投放力度，相继投放杭衢铁路安置点建设项目贷款、石梁镇美丽城镇建设项目贷款、航埠生态工业

5月，工行柯城支行与政府部门开展业务沟通洽谈

园“腾笼换鸟”一期等项目合计10.39亿元。

【支持实体经济发展】 推进制造业贷款投放，支持实体经济发展。聚焦实体经济发展，持续加大信贷投放力度和金融综合服务，在建设“四省边际中心城市”进程中发挥“国家队”“主力军”作用。全年，支行在严守风险底线前提下，主动发力、应贷尽贷、尽早投放，解决企业迫切的金融需求，向企业输送“源头活水”，助力实体经济发展。在具体业务推进方面，全年单边新增制造业贷款1.70亿元，利用科技创新再贷款这一货币政策工具，给专精特新“小巨人”企业带来利率下调，从而降低企业融资成本。在其他制造业企业贷款方面，支行也积极向省行争取优惠利率，助力实体经济发展。辖内企业综合融资成本在4%以内，企业融资的可获得性以及融资质效取得进一步提升。

【推进小微企业贷款】 推进小微企业贷款，支持提升美丽乡村振兴。支持乡村振兴和普惠金融发展，丰富面向农村市场金融产品，推出“农企e贷”“农户e贷”“村社e贷”兴农贷系列产品，推进普惠金融支农支小。支行通过加强与政府端源头对接，走访市农业农村局和柯城区农合联、乡镇、街道等形式，宣传兴农贷系列产品及相关政策，优先选择经济条件和资信情况较好的经济强村镇，为农业龙头企业提供一系列金融支持，重点对接绿色生态种养业、观光休闲、山地园艺、农超对接等具有一定规模或地方特色的现代农业。对于超过信用额度的贷款，创新“银担”合作模式，开展涉农融资业务项下的银担业务合作，有效解决农企融资担保难问题，提升服务效率与客户体验。与衢州市供销合作社、柯城区航埠镇等签订战略合作协议，创新开发“衢州椪柑”地理标志商标质押融资以及“光伏共富贷”特色贷款。年末，柯城支行普惠贷款余额25.03亿元，2110户，较年初分别新增4.87亿元和533户。其中，投放10084万元兴农贷产品用于支持美丽乡村振兴，“农户e贷”813户，金额8743万元；“农企e贷”27户，金额1341万元。

（张 宇）

中国农业银行股份有限公司衢州柯城支行

【概　况】 2022年，中国农业银行股份有限公司衢州柯城支行（以下简称农行柯城支行）坚持以习近平新时代中国特色社会主义思想为指导，学深悟透中共二十大精神，履行好管党治党政治责任，把“四责”的横向协同与纵向传导相结合，紧扣“七讲”“七个坚持”等工作要求和方法，强化党建引领，坚持“一抓三促”，有效推动党建与业务融合发展。截至年末，柯城支行实现各项存款54.84亿元，其中对公存款30.46亿元，个人存款24.38亿元；各项贷款92.35亿元，比年初新增10.23亿元，同比增长10.77亿元；全行营业收入25013万元，同比增加1117万元，净利润13183万元、拨备前利润为20896万元，存贷利差2.56%，同比下降24BP；成本收入比15.11%，同比下降1.14%。

【助推区级项目建设】 完善工作机制，实现“一区一策”金融合作模式，分别与柯城区国资公司、航埠镇政府、石梁镇政府签订战略合作协议，针对柯城区规划的重点工程和项目，进一步加大信贷资源投入，优先保证信贷规模、提供绿色通道服务全面支持区政府的发展战略。全年，对全区各重点项目持续发力，累计为衢州市柯城区建设投资发展集团有限公司、衢州市柯城区生态资源开发运营有限公司、衢州广联仓储投资发展有限公司、衢州市乡村振兴发展有限公司、衢州市双西港城市有机更新有限公司等柯城区属国有企业新增授信总额40.7亿元，新增贷款11.19亿元。涉及柯城区内城市有机更新、农业产业升级、移民安置、美丽乡村建设、园区配套建设等多个领域，助力柯城区社会经济高质量发展。

【服务实体经济】 聚焦主责主业，服务实体经济。柯城农行作为柯城区内大型国有银行，践行服务“三农”、实体经济的社会责任，发挥国有大行的头雁作用。2022年，为柯城内企业累计投放各项贷款61.32亿元，较上年增长46%。其中，为小微企业累计投放贷款29.53亿元，较上年增长32%；涉农贷款9.05亿元，较上年增长448%。各项业务较上年均实现高速增长，助力柯城区内企业稳健发展。

【服务乡村振兴】 推进“两个先行”，服务乡村振。落实政府乡村振兴，聚焦乡村振兴重点领域，服务“三农”，支持建设共同富裕的决策部署，巩固拓展脱贫攻坚成果。谋划对山区26县差异化政策和“一户一策”金融服务方案，落实国家新型城镇化和乡村建设部署，加大对乡村公共基础设施建设的支持力度。2022年，对柯城区石梁镇美丽城镇建设项目给予美丽乡村贷2.50亿元，杭衢铁路慈张上下蒋安置点建设项目给予农村生活基础设施建设1.11亿元支持。为巩固“三农”业务与农业银行业务的高度融合，农业银行柯城支行分别向航埠镇、石梁镇两镇派驻干部挂职，并专门在航埠镇以及姜家山设立二级支行。

10月，农行柯城支行客户经理向客户介绍金融项目

【参与公益活动】 坚持金融创新，参与公益活动。柯城区双西港片区城市有机更新项目为衢州市重点城市有机更新项目，柯城农行利用国家城市有机更新相关政策的窗口期，快速反应，制定项目方案，积极向上级争取金融创新产品及差异化信贷政策，最终该项目成功获批授信27亿元，为全市金融机构中首个获批授信的银行。推动该金融产品在柯城区域先试先行，支持区政府征迁改建工程的实施推进。投身柯城区公益事业，近5年均捐款柯城区“领头雁”教育基金，其中2022年对该基金捐款2万元，对沟溪乡碗窑村捐款3万元。

【数字化转型】 推动数字化转型，提升服务竞争力。依托下辖6个物理网点、自助银行，企业掌银、远程银行建立立体式服务体系，在抗击疫情的大背景下，通过数字化线上服务，以网银线上理财、O2O线上融资申请、抵押e贷、小微网贷等产品为抓手，发挥科技优势，推动线上线下渠道融合，从客户角度出发搭建丰富多元的数字化场景，让客户足不出户完成业务申请等相关手续。

（肖敏洁）

中国银行股份有限公司衢州柯城支行

【概　况】　2022年，中国银行股份有限公司衢州柯城支行（以下简称中行柯城支行）围绕国家宏观调控和监管政策，践行金融工作的政治性、人民性，全力推进服务实体经济、防范金融风险、加快改革创新三大重点工作，助力稳住地方经济大盘，履行国有大行的责任和担当，各项工作取得良好成效。年末，支行本外币各项存款余额87.63亿元，较年初新增16.68亿元，增长23.51%；各项贷款余额111.20亿元，较年初新增7.43亿元，增长11.74%。

【助力制造业和民企转型升级】　围绕“工业强市、产业兴市”战略，聚焦六大产业链提升工程和产业群。抢抓国家设备更新改造专项再贷款和扩大制造业中长期贷款政策机遇，积极联系客户，做好内外联动，加快贷款项目落地。2022年末，民营企业贷款余额27.99亿元，新增4.78亿元，增长20.58%；制造业贷款余额21.48亿元，新增5.94亿元，增长38.19%；制造业中长期贷款余额5.41亿元，新增2.83亿元，增长109.68%。

10月11日，中行柯城支行到衢州正谊学校开展反诈宣传活动

【支持地方重点项目建设】　重点营销区政府基础设施项目，加强区政府基础设施项目营销和对接，已批国资企业振航建设7.80亿元，待批复信安资产的不良资产盘活项目，拟续做柯城区重点企业建沃精工，航埠新城滨港花园建设项目。重点梳理清单，推进政策性开发性金融工具配套融资项目的营销，以加大对区基础设施项目的支持力度。

【助力乡村振兴发展】　把推进总行“一体两翼”和“八大金融”战略与助力柯城区乡村振兴紧密结合，突出“增速”和“特色”，做大规模，做出特色，跑出加速度。截至2022年末，涉农贷款余额3.26亿元，较年初新增0.97亿元，增长42.35%。

【普惠金融扩面提质】　强化产品创新，推出全省首个区域公用品牌贷款产品“三衢共富贷——三衢味”，提升普惠服务质效。产品入选2022年中国乡村振兴典型案例征集，入选商务部“诚信兴商”典型案例。结合前期已推出的“双碳贷”“亩均英雄贷”“知识产权贷”“科技金融贷”等六大场景。截至2022年末，普惠金融余额5.18亿元，较年初新增1.23亿元，增长31.13%。

【助企纾困稳经济大盘】　根据分行出台的《中国银行衢州市分行助力稳住经济大盘行动方

案》，建立“连续贷+灵活贷”工作机制。针对经营困难企业应延尽延，持续加大无还本续贷业务的发展力度，累计发放122笔，发放金额达2.99亿元，为企业节约转贷成本。

（柴 玲）

中国建设银行股份有限公司衢州柯城支行

【概 况】 2022年，中国建设银行股份有限公司衢州柯城支行（以下简称建行柯城支行）立足柯城、面向全市，为客户提供存款、融资、结算、代理、投行等各项金融服务。坚持以“三大战略”为动力，以转型创新为动力，以全面风险管理和合规经营为保障，各项工作取得良好成绩。至年末各项存款余额35.14亿元，各项贷款余额51.61亿元。

【乡村振兴普惠金融】 积极贯彻落实党的二十大报告关于全面推进乡村振兴的任务要求，着眼农村经济发展需要，完善农村金融服务体系，深度围绕乡村振兴和普惠金融，奏响新时代农业农村发展新乐章，通过裕农通服务点，振兴乡村，发挥金融便利店解决金融服务“最后一公里”作用，不断提升农村金融服务水平，累计发展柯城区航埠镇、墩头、三山村等村委服务点55户，覆盖自然村60余户，始终支持特色种植养殖、旅游农业、专业合作社、新型农业主体；扎实推动特色农业产业发展，积极创新产品和服务模式，加大信贷投放力度，当年累计发放涉农贷款超39亿元，其中发放个人乡村振兴共同富裕贷款超7亿元；同时，2022年建行柯城支行积极与区文旅局合作对接，创新推出浙江省山区二十六县特色贷款——“非遗贷”，为柯城区内20余家“非遗”文化传承项目和传承人提供融资渠道，助力产业振兴。

【助力小微企业】 助力柯城区企业抗击疫情、复工复产，支持地方重大项目建设，支持小微企业发展，创新信贷产品，满足各类企业和客群信贷需求，为超过200家小微企业输送金融活水，当年累计投放小微企业普惠贷款18亿元，投放区属国资企业和政府重点项目8.16亿元，10月，为物流行业批复专项再贷款3000万元，11月为区内重点制造业企业投放流动资金贷款千余万元，有力推动区政府响应浙江省建设共同富裕示范区建设和衢州建设四省边际中心城市建设的美好愿景。

【党建统领】 建行柯城支行在业务发展和组织建设上强化党建引领作用，进一步强化党建和业务的有效结合、双融双促，陆续与区内多家政府单位、医院、企业、村委等达成党建共建合作意向，深入推进“党建+”合作模式，服务柯城区域经济，并推动建行生活、建易贷、二代社保卡等多项重点业务进乡村、进校园、进机构。

【战略合作】 建行柯城支行顺利上线衢州市二手房资金监管系统，不仅率先完成监管系统创新开发、对接、调联、测试上线，通过验收，并真正实现衢州市二手房交易资金全额监管和信息互通，推动衢州市存量二手房买卖交易行业规范将迈向新的阶段，有力支持地方政府公共职能发挥；5月同柯城区文旅局达成战略合作，签订期限3年的合作协议，着力帮助区文旅局打造推出七里乡“一乡千宿”民宿发展模式，支持民宿发展，开发用于扶持民宿经济发展开发文旅系统；6月，为柯城区人民医院投入医共体信息系统集成平台项目金融科技社会化平台建设；8月，同柯城区工商联正式达成全面金融服务战略合作，旨在为柯城区内中小微企业提供量身定制融资渠道，充分体现了服务本地建设，推进数字化改革，贴近本地社会

8月16日，建行柯城支行举办合规风险大讲堂

经济长远发展的服务中心。

【服务中心工作】 近年来建行柯城支行不断推进政务服务便民化，深化“智慧政务+金融”合作，推进政务服务便民化、智能化、集成化，打造政银合作新模式，本行立足便民、利民、惠民，充分发挥金融科技的作用，将智慧柜员机全部接入“一网通办”系统，企业、群众仅需一部手机就可进行人社、医保、税务等几十余项政务服务事项和便民服务事项办理，实现了“让数据多跑路，百姓少跑腿”的政府号召，极大提升业务的办理效率和客户满意度。

【风险共担机制】 2022年，建行柯城支行与衢州市柯城区中小企业融资担保有限公司创新银担模式，设立风险分担机制，构建新型银担合作模式，最大限度提升银行放款额度，提高金融机构防御风险能力，同时降低企业贷款利率，积极组织开展银企对接会，宣传信贷产品、担保公司优惠政策，年内合作投放贷款千余万元，为小微企业、新型农业经营主体等注入金融活水。

【服务宣传】 建行柯城支行始终紧跟区政府脚步，做到实时响应，有效运用行里的条屏数显和跑马灯，做好疫情防控、预防火灾、拒绝烟花爆竹的广泛宣传；进一步加大防范电信网络诈骗宣传力度，驻点房开发项目部、衢州活力生活节、社区乡村、西区学校10余次，宣传“断卡”行动，抵制账户买卖，传递最新房贷利率政策导向，打造特色“银龄跨院数字鸿沟”宣讲团队，获浙江省“银龄跨院数字鸿沟”科普专项活动成绩突出集体奖；践行社会责任，奋战打击治理电信网络诈骗一线，发放电信网络诈骗和跨境赌博宣传手册，讲解金融诈骗表现形式和预防措施，提高全民风险防范能力，掀起反诈热潮，2022年共堵截3起电信诈骗违法犯罪行为，获柯城区打击治理电信网络新型违法犯罪联席会议办公室颁发突出表现奖；下沉服务重心，深入田间地头，主动走进社区、走进村庄，承担使命，发力乡村金融，服务乡村振兴，打造白云街道、玉龙湾社区、沟溪乡、航埠镇农村文化礼堂、乡村振兴讲堂，构建起深入基层农村的宣讲队伍，以实际行动践行社会责任和履职尽责的担当，将激发的热情转化为推动区域经济高质量发展的强大动力。

（胡 悦）

浙江衢州柯城农村商业银行股份有限公司

【概 况】 2022年，浙江衢州柯城农村商业银行股份有限公司（以下简称柯城农商银行）围绕区委、区政府重大决策部署，把据省行“改革落实年”以及衢州管理部“十二大专班”工作要求，持续推进大零售转型和数字化改革，聚焦稳经济大盘、服务乡村振兴、助力共同富裕等大事要事，推动各项业务平稳健康发展。

【发展主营业务】 柯城农商银行落实“疫情要防住、经济要稳住、发展要安全”的工作要求，聚焦“调结构、夯基础、强赋能”，在业务经营、转型发展、精细管理、风险管控等方面砥砺深耕。年末，全行各项存款余额264.20亿元，比年初增加20.05亿元，增长8.21%。各项贷款余额210.08亿元，比年初增加32.21亿元，增长18.11%。纳税1.48亿元，获区财政贡献奖，获评纳税前十强企业等荣誉。

【服务实体经济】 柯城农商银行与市营商办签订全面战略合作协议，将“小微智库”建设与市企业信用管家应用开发工作相结合，构建一套动态评分和无感授信系统，对4万户企业进行无感授信，授信金额达到189.25亿元，自10月开始运行，用信79户，金额2.58亿元。此项工作入选2022年度全省信用数字化改革应用场景评选活动“十大示范案例”。加大对重点企业的帮扶力度，如对衢州市东巨康光电科技有限公司授信3000万元，为其量身定制“存货易融贷”产品，将存货作为抵押物进行融资，并将抵押率由30%提升至60%，满足企业大额资金需求，助力该企业成为衢州市唯一一家评为全省特别重大产业项目引领型企业。

7月，柯城农商银行承办“柯城农商银行杯”2022年度柯城区职工篮球比赛

【助力乡村振兴】 打造以“农户家庭资产负债表融资模式”为核心的农户小额普惠贷款3.0版，实行全流程闭环管理，提升农户贷款便捷度和满意度，对全区214个行政村、92026户农户进行额度提升，授信总额近240亿元，人均授信额21.13万元，较年初提升9.68万元，用信29230户，覆盖率31.76%，较上年提升2.71个百分点。将“强村贷”支持对象由村集体延伸至强村公司，助力村集体经济发展，对全区214个行政村和11个强村公司授信7亿元，用信6户，金额890万元。加大新型农业经营主体及农创客的支持力度，对1295户新型农业经营主体建档和授信覆盖面均达100%，授信5.94亿元，用信4.84亿元，用信率81.48%。主动对接农创客377户，授信177户、1.88亿元，用信62户、1.23亿元。

【融入基层治理】 “3·13”疫情期间，柯城农商银行响应政府号召，组建200人的抗疫志愿服务队，累计开展服务850人次，其间向社会捐助物资11万元，获区政府第二批疫情防控正面典型通报表扬。文明城市创建期间，进一步优化网点服务环境，组织100余名志愿者参与创建工作，达到区委、区政府下达的“零失分”目标。创新推出“安置通”专项产品，助力姜家山、礼贤未来社区、衢化昌和家园等居民实现安居梦，累计支持拆迁安置回迁居民263户，金额7783万元。

（金　瑞）

申万宏源证券衢州中心营业部

【概　况】 2022年，申万宏源证券衢州中心营业部围绕“做衢州人投资理财首选顾问”和“争当企业转型发展好帮手”两大战略目标，“立足衢州、面向浙江”，发挥专业优势，以满足人民群众和实体经济多样化的金融需求为己任，履行社会责任，勇扛“金融担当”。年内新开账户8839户，客户累计7万户，全年股基交易量834.30亿元，为国家和地方实现税收216.38万元。

【助力实体经济】 以“衢上会3030计划”为契机，全年走访企业50余次，助力龙游恒盛能源在上海证券交易所主板挂牌上市，实现龙游本土企业A股上市“破零”；为拟上市企业提供股改、新三板业务、北交所IPO（首次公开发行股票）上市等综合金融服务，一路陪伴中小企业共成长，助推企业做优做强，同时为营业部带来综合业务收入。

【银行渠道建设】 浙江农信“丰收优享”系列销售规模5.08亿元，与本地3家农商行签署投顾服务协议，投顾业务规模合计10亿元。

【财富管理转型】 以客户为中心，提供金融资产配置服务，2022年产品保有规模18134万元，其中公募基金保有规模10686.92万元，私募基金保有规模4252.65万元。

【党建共建促融合】 与合作单位开展联学共建、党建经验分享、主题党日活动等，增进彼此沟通与交流，为下一步业务合作夯实基础。

【献爱心传递正能量】 做好“六稳”“六保”工作，开展扶贫帮困工作。全年组织购买扶贫帮困产品2.66万元，鼓励营业部全体党员干部参与公司“爱心结对帮难扶困”活动，募集2000元捐款。

（姜　薇）

城乡规划和建设管理

住房和城乡建设

【概　况】　2022年，区住建局贯彻党的二十大、十九届七中全会和省委十四届十一次全会精神，围绕柯城区“释放新活力、提升首位度”的工作目标，加快推进项目建设、两业转型升级、城乡风貌提升等，保障柯城区住房和城乡建设事业高质量发展。

【未来社区建设】　柯城区作为首批全域未来社区试点地区之一，集中力量推进城镇社区公共服务集成落地改革是推进共同富裕示范先行的关键举措。自未来社区建设项目启动以来，累计申报的6个批次17个社区项目被纳入省级未来社区试点名单，计划总投资达150.30亿元。开工项目10个，完工4个，其中斗潭、白云社区通过全省首批未来社区验收并公布授牌，回龙、新荷未来社区通过第二批未来社区验收。未来社区建设推进也获得2021年度省政府督察激励。

【无物业小区清零】　无物业管理小区清零难，难在经费难筹、经营难持久。将无物业管理小区清零行动与“强社惠民”集成改革有机结合，统筹谋划。政府层面谋改革、兜底线，社区层面拓渠道、增补贴，市场层面优服务、强造血，有效解决经费不足的难题，共同保障清零行动的运营。坚持因地制宜、系统思维、守正创新，“一小区一方案”，定模式、谋运营、促长效，分类推进、攻坚克难，全面完成291个住宅小区（片区）无物业小区清零任务。

【强社惠民】　以现代社区建设为突破口，实施具有柯城特色的

9月6日，省建设厅厅长应柏平（前排左三）到柯城调研未来社区建设工作

“强社惠民”集成改革，探索城市社区集体经济发展的路径模式。五个试点社区，通过改革加快提升社区综合服务能力，探索资产复合利用，引导社区有效经营；激活集体经济“引擎”，推进“强社惠民”集成改革试点工作。拓展普惠服务外延，加强社区需求保障，以此增强社区服务功能。五大社区对照“强社”“惠民”两大方向，努力打造自身优秀案例，做大做强社区实体经济。

【建筑碳账户】 建筑领域碳账户系统26个既有建筑项目完成融合，监测结果显示总体运行较好，其中13个优秀，6个良好，6个中等，1个偏差。全年完成可再生能源利用率大于8%的建筑应用面积11.87万平方米，2022年新开工装配式住宅面积15.07万平方米，当年新开工装配式建筑面积33.64万平方米，既有居住建筑节能改造面积5.90万平方米，既有公共建筑节能改造面积0.62万平方米，太阳能光伏建筑一体化装机容量4.40兆瓦。

【居民碳账户】 以生活垃圾分类回收资源化利用为“小切口”，通过制定生活垃圾分类回收资源化利用碳减排核算标准，配套个人碳积分应用激励政策，打造线上零废博物馆、线下沉浸式体验馆，引导居民参与垃圾分类回收。发布由区住建局主导起草的《居民碳账户——生活垃圾资源回收碳减排工作规范》。针对原本装修垃圾运输市场个体经营，管理松散的情况，结合实际，开展全区装修垃圾运输行业整治，将全区170余辆装修垃圾小保洁车，整合成12家运输企业，实现装修垃圾运输“企业化管理”“数字化监管”。推进垃圾分类高标准小区建设。全年完成16个高标准小区的创建工作。

【无障碍设施】 由区住建局牵头，区残联、区文旅体局、区经信局、区教育局等多部门及属地参与，开展无障碍建设工作，年度要求改造37个点位，完成11个。

【路网管网】 完成旧住宅区新建和改建污水管网2公里，污水管网排查5公里。全区50个农村生活污水处理设施新建改建项目全部开工，完成90个新建改造项目竣工。生活小区污水零直排“回头看”项目涉及9个街道（乡镇），衢化街道、信安街道完成验收，其余7个已完工。完成清淤排水网管80公里，雨水管网建设4公里，提标改造管网3公里，雨污分流管网改造6公里，增加应急设备0.03万立方米/时。新建供水管网2公里，改造供水管网2公里。完成航埠1.10公里道路起伏不平等病害点段整治。

【建筑业挖潜增效】 建筑业产值挖潜增效。省内建筑业产值完成申报84.81亿元，同比下降12.94%；任务目标不低于67.13亿元，同比增长高于25%。

【成立建筑业协会】 11月3日，召开柯城区建筑业行业协会成立大会。建筑业协会的成立，践行“改革创新，做大做精，兴业强区”的总战略方针，推进建筑行业高质量发展，企业间良好的沟通联系，在相互学习和良性竞争中不断提高企业素质，增强企业竞争力。

【企业走访服务】 为贯彻落实市委组织部牵头的“千名干部助千企”机制，深化“放管服”改革，坚持问题导向、目标导向和效果导向，对网格20辖区的29家企业，利用周二无会日进行常态化走访，走访记录均在“浙政钉”打卡并填写走访记录。同时为提高全区154家建筑业企业的密切度、贴合度，利用企业相关负责人有空闲时间进行走访，及时了解他们的心声和发展困难，对反馈的问题及时归集、实时分析，将更多的服务成果转化为决策成果，打造“服务在身边”的新理念、新格局。

【集成土地出让】 根据集成土地出让管理要求，压缩环节，减少办事流程，快速推出航埠人才公寓地块、万田青年有礼小区等一批大项目，整合老旧小区改建、市政道路修缮、园林绿化等体量小、数量多的项目，“应入尽入”统计库，增加入库总体业绩。

【房地产惠民新政】 推广房地产惠民新政，加快房地产销售数据入库步伐，以高频率的向上对接换取市级部门的大力支持，实现三季度商品房销售面积指标全市排名第一，在助力柯城区夺得第三季度全市流动红旗工作中，住建作出贡献。截至10月末，完成全区商品房预（销）售备案2208套，预（销）售金额达20.10亿元。1—10月区（小柯城）统计总网签面积约21.22万平方米，同比增长217.19%；市、区（大柯城）统计总网签面积约51.02万平方米，同比减少33.77%。

【选房与征收】 3月15日，开启礼贤未来社区的选房摇号工作，670户的安置户选房工作全部完成。宫宝地块国有土地上房屋征收项目所有产权已完成注销登记，并启动安置房摇号选房工作。向区政府提交确定城北片区城市有机更新国有土地上房屋征收范围的请示。“衢化”片区有机更新开工建设衢化昌苑安置小区等项目，“双西港”片区有机更新开工建设落马桥安置小区、曙光路改造、巨化西排出口段改线等项目。

10月26日，省风貌办宣传督导组到石梁镇指导美丽城镇省级样板镇创建工作

【安置房建设】 昌苑安置房地下主体结构完成100%，地上主体结构完成95%；落马桥安置房主体结构全部完成，二次结构完成85%；上下蒋安置房等待通电验收；慈张安置房正在整改中，年底前完成上下蒋、慈张安置房验收工作。

【保障住房供给】 全年完成筹集保障性租赁住房1222套。其中，新建类项目为金沃精工轴承套圈产研园年产5亿件精密轴承套圈项目宿舍楼（265套）、杰丰服饰服装产业综合体一期（216套）、传化公路港宿舍楼（311套）、礼贤未来社区人才公寓（200套）；转化类项目为圣丰工艺品宿舍楼（140套）、金沃精工年产6000万套车用高精度轴承套圈项目宿舍楼（90套）。

【完善保障政策】 完善保障政策，提升保障标准，扩大人才保障范围。提升辖区内的整体保障水平，以年收入、年龄等作为准入审核条件，将住房困难家庭分为3档，按照柯城区年均GDP水平，提升货币补贴的数量与质量；对辖区内12个乡镇、街道，193个社区进行全面筛查，累计完成排查低保等社会救助家庭4328户，截至9月末，在保家庭89户，在保人数128人，前三季度发放租赁补贴49.73万元；以“促进人才安居乐业，保证从业人员素质”为基准，配合区人才办做好人才引进的住房安置工作。全区配租95户，总配租面积4749.95平方米，户型为一居室41户、二居室54户。

（徐　呈）

乡村振兴发展

【概　况】　2022年，衢州市乡村振兴发展有限公司紧扣“党建统领+乡村振兴”主题，以“释放新活力、提升首位度”为目标，以改革创新为抓手，以拓宽市场为着力点，深化公司管理体系构建，着眼柯城实际定位，在发展中扩融资、强项目、稳增长，不断提高公司发展能级，力求成为高质量国有企业。截至12月末，衢州市乡村振兴发展有限公司实现资产总额101亿元，较上年资产总额增加29.94亿元，净资产总额51.04亿元，固定资产投资13.23亿元、融资2.85亿元。获评AA主体信用评级。

【常山港治理工程】　柯城区常山港治理工程是钱塘江流域综合治理的重要组成部分，工程位于钱塘江南源衢江上游常山港流域柯城区航埠、沟溪乡。总投资约9.48亿元，沿岸长度近25公里，2019年8月1日开工，万川护岸、官田堤、航埠堤彭村段、航埠排涝闸站已完成，墩头排渠、河西排渠完成70%。北淤护岸总体完成75%。

【杭衢铁路安置点建设】　项目位于万田乡上下蒋村、慈张村，总投资4.4亿元。上下蒋项目：位于柯城区万田乡下蒋村，总建筑面积48777.47平方米，安置户196户，2020年9月26日开工，2022年8月18日通过完工验收。慈张项目：位于柯城区万田乡慈张村，建筑面积56738.93平方米，安置户282户，2020年9月28日开工，2022年，慈张项目房建工程全部完成，并完成房建工程验收。红线范围内正式电、给排水、天然气施工完成，市政景观完成90%。

【农村饮用水达标提标工程】万田至九华城镇供水管网延伸工程，新建饮用水主管全长5800米，新建2座饮用水加压泵站，总投资2469万元。2022年，完成竣工验收。

【万九线污水管网建设】　新建污水管道北起九华乡苦狮线，南至现状九华北大道。管道收集沿线各村庄地块的污水。新建D300—D500污水重力管，总长约5120米，新建DN200—DN250污水压力管，总长约1120米；新建污水量分别为4000立方米/日、2000立方米/日和500立方米/日污水泵站3座。总投资概算1200.42万元。工程于2020年12月11日开工，2022年2月完工。

【养老机构护理能力改造提升项目】　柯城区社会福利院工程，工程概算总投资16060.95万元。工程设计床位500张，总建筑面积34682.82平方米，建筑占地面积6870.52平方米。土建部分完成90%工程量，进入扫尾阶段；室内装修部分完成60%工程量，室外配套部分完成30%。航埠镇敬老院工程，设计床位350张，总建筑面积为18231.37平方米，建筑占地面积为4622.62平方米。总投资概算8972.54万元。2021年6月21日开工，2022年12月末完工。

【高级技工学校项目】　项目总投资概算57777万元，占地131亩，设计规模为100个班，总建筑面积约106182.62平方米，包括给排水、电气、暖通、智能化、室外配套、景观绿化、道路、运动场及其他相应的配套设施建设。2021年2月开工，2022年底主体工程结束，室内装修完成75%，水电安装完成80%，室外配套看台围挡基本完成，雨污水管网完成75%，铺装及道路水稳开始施工。

【数字农业科创园（孵化园）建设】 项目总投资概算31807万元，建筑面积70060平方米，包括建设数字农业孵化区、柯城数字农业研究院、数字农业科创培训中心、服务中心等内容。基础设施配套工程于2021年11月开工，2022年底完成所有绿化工程，结构栈道装饰装修，完成雨污水管道工程，完成所有主路，完成工程初步验收。植物工厂完成一期主体结构部分竣工验收，完成二期智能设备采购及安装工程。科创服务中心工程于3月12日开工，12月基础与地基部分施工并通过验收。

【村播产业基地项目】 项目总投资额1.2962亿元，总装修面积4760平方米，总建筑面积7433.41平方米。包括直播产业创业街装饰工程和村播中心工程及其他相应配套的零星工程，2021年9月底开始施工，2022年完成施工临时道路，完成主体结构，完成砖砌体及二次结构，完成结构钢屋面。

【无核椪柑生产示范园项目】 项目总投资概算1999.79万元，规划用地总面积75248.96平方米（合112.8亩）。内容包括生产示范核心区、水肥药一体化系统、数字化监管系统、冷库、生产管理区等及其他相应基础配套的零星工程。项目2021年12月22日开工，2022年5月22日竣工。

【农业设施建设项目】 该项目总建筑面积10462平方米，总投资概算3597.79万元。于2022年6月15日开工，2022年底完成设施用房温室大棚主体结构，完成主路及配套绿化工程，12月31日完成项目初步验收。

【农田宜机化改造示范基地建设】 项目改造规模约39270亩，总投资估算122256万元。2022年完成项目前期摸排，完成报备等前期工作。

【灵鹫山国家越野车体验基地建设】 工程总建筑面积42855.31平方米，总投资概算35714.74万元，2022年完成前期立项，预算编制、评审及招标工作。

8月，区乡村振兴公司负责后期种植管护的水稻田现场

【装备研发集成中心工程】 项目总建筑面积49783.29平方米，总投资概算24165.02万元，2022年已完成初步设计批复工作，施工图设计阶段。

【现代农业园区建设】 柯城区现代农业园区建设项目——“互联网”+农产品出村进城工程（沟溪乡后坞）一期:新建农用设施用房面积4500平方米，2022年7月28日开工，是年11月29日竣工。“互联网”+农产品出村进城工程（沟溪乡后坞）二期：新建农用设施用房面积4682.45平方米，及其他相应配套的零星工程。2022年10月24日开工，钢结构主体完成，墙体砌筑完成30%。柯城区现代农业园区建设项目——“互联网”+农产品出村进城工程（九华上铺）工程于2022年8月5日开工，2022年10月28日竣工。

【生态环境导向开发（EOD）项目】 项目总占地面积约90.78亩，建设内容可分为两溪流域污水处理工程、两溪流域生态体验基地建设工程两部分。项目总投资119111.21万元。沟溪污水2022年7月29日开工，完成河山村、欣源村、直力村接户管，斗目垄村接户管完成50%。石梁污水2022年8月8日开工，完成碧云路、金庸大道主管网建设。

【全域土地“后半篇文章”】 做强耕地“后半篇文章”。子公司生态公司负责耕地资源经营，统一收储、统一管护、统一运营。通过公开线上招拍挂，完成8692亩土地拍租工作，与17家种植主体达成合作，较上年成交价上涨200%，成为柯城区首个大面积、长租期、跨区域的种植主体。

（郑雪芳）

建设投资

【概　况】 2022年，衢州市柯城区建设投资发展有限公司（以下简称柯城建投），是衢州市柯城区国有资产经营有限责任公司的全资子公司。公司发展架构沿着设计路径方向逐渐向集团化发展。公司经营范围：一般项目有城市基础设施、公共事业项目建设的投资；政府授权的国有资产经营管理和资本管理；保障性住房项目的投资建设；城乡基础设施建设；土地整理及综合开发；房屋租赁；停车场服务；许可项目；房地产开发经营。

【新建项目】 柯城建投新建项目有11个：柯城区姜家山临时隔离点建设项目，项目总投资3980万元；柯城区社会治理中心改造提升项目，选址衢州市区荷三路南侧，荷花西路东侧，该项目提升改造面积6839.3平方米，总投资概算3502.46万元；柯城区尼山小学改扩建项目，工程投资估算11968万元；柯城区双港街道社区卫生服务中心清莲里分中心建设项目，位于市区荷一路以北，清莲里路以东，劳动路以南，衢化路以西地块，规划建设用地约5.67亩，总投资概算5040.6万元；柯城区双西港园区基础设施改造提升项目——巨化西排出口段改线工程，位于衢州市柯城区双港街道滨港村麻车里大桥北侧、江山港右岸，规划建设用地75.36亩，总投资概算9816.34万元；石梁·桃源溪谷项目用地646亩，项目总建筑面积约120735平方米，总投资14.152亿元；柯城区昌和家园周边基础配套设施建设项目，项目选址于柯城区衢化片区昌和家园南面，西起文昌路，东至衢化路。规划建设用地17.63亩，总投资概算3384.21万元；柯城区石梁镇美丽城镇建设项目，项目规划总用地面积117068平方米，建设低层联建房、多层公寓房，项目总建筑面积共计200924平方米；柯城礼贤片区规划单元改造提升项目，更新改造老旧小区175321平方米，改造景观46000平方米；书院社区改造项目，实施范围总面积20.30公顷，环境整治提升29225平方米，改造沥青道路面积35265平方米，以及排水、强弱电、设备购置等及其他相应的配套设施建设；柯城区电动自行车集中充电站建设项目，完成新建改建电动自行车集中充电站628个，建设智能充电桩4725个。

【续建项目】 2022年，续建项目有9个：柯城区双西港片区落马桥安置小区（一期）、柯城区九华乡乡村未来社区建设项目、柯城区衢化昌苑安置小区（一期）项目、柯城区双西港园区基础设施改造提升项目——柯城区曙光路改造工程、柯城区九华乡乡村未来社区建设（地质灾害避让搬迁及下山脱贫安置）基础设施配套项目、柯城区人民医院门急诊大楼改扩建项目、衢州市柯城区第二人民医院建设工程、杭衢高铁白渡安置点项目（一期）、柯城区公共卫生服务中心建设项目。

【完工项目】 完工项目有15个：柯城区姜家山临时隔离点建设项目、柯城区社会治理中心改造提升项目、衢州市柯城区衢化片区老旧小区及配套基础和公共服务设施提升）改造工程、柯城区石梁镇351国道拆迁安置及基础配套设施建设项目、柯城区双港街道五湖村白凉亭物业经济用房建设项目、柯城区2021年城镇老旧小区改造项目——新新街道世纪花园、怡景花园、新港小区、柯城区2021年城镇老旧小区改造项目——白云街道亭川小区、白云未来社区、斗潭未来社区项目、回龙未来社区、柯城区2021年城镇老旧小区改造项目——府山街道花园巷片区、柯城区机动车违停治理一件事建设项目、花园街道安装副七栋危旧房改造、柯城区双港街道百家塘公寓式安置点建设项目（一期）、柯城区花园街道上下门公寓式安置点建设项目（一期）。

10月，双西港片区落马桥安置小区项目施工现场

【项目前期】 项目前期项目有3个：柯城区有礼青年社区项目、柯城区航埠新城K12学校建设项目、柯城区石梁镇健康养生“坡地村镇”建设试点项目，对接金融机构，重点项目融资工作取得丰硕成果：年度建投母子公司完成银行授信52.4亿元，根据实际进度需求放款17.34亿元。完成AA主体信用评级，开展发债相关工作。完成区“防疫贷”融资并克服困难开展支付工作。

【资产管理】 完成公司低效无效资产处置，拍卖成交时代花园住宅1套1-2-401交易价83.5万元，时代花园28套写字楼交易价681.04万元。完成斗潭菜场综合楼产权证办理，降低柯城区人民医院资产负债率相关方案提交区政府，全资子公司及参股公司出资1175万元，年度对外投资16316万元。闲置及到期资产出租工作，确保无国有资产流失的现象发生和保证资产安全稳定。斗潭未来社区九大场景已全面落位，正式运营。斗潭未来社区商业可出租商铺90间，可出租面积10495.69平方米，已出租49间，出租面积5818.09平方米，出租率55.43%。不动产证办理方面，协调斗潭家园、昌和家园的办证前期工作，在规定时间内，为所有安置户办理产权证书。

（叶小珍）

征迁事务

【概　况】　2022年，在区委、区政府的领导下，区征迁事务中心深入贯彻落实中共二十大精神，以习近平新时代中国特色社会主义思想为指导，全面落实中央、省委、市委、区委工作部署，坚持“党建统领、体系作战、专班攻坚”思路，借势聚力、忠诚担当、埋头苦干，强化前期谋划、流程管控、政策指导、机制创新、难点破题、后期交付等工作闭环，指导完成宫宝宿舍地块国有土地房屋征收“三个100%”，顺利完成杭衢铁路106户的高铁新城安置房集中交付，破解古城双修、尼山小学改扩建、礼贤未来社区、安装小区副7幢征收项目的安置房交付难题，推进征收领域信访积案的化解。

【重大征收项目】　2022年，区征迁事务中心合力推动市区重大征收项目。宫宝宿舍地块国有土地上房屋征收。该项目涉及被征收户229户，征收总建筑面积约2.10万平方米，用时6天完成签约100%。航埠雨灵山村刘家自然村房屋征收。刘家自然村位于柯城区生态工业园区内，总面积约200亩，涉及56户。自8月8日启动签约工作以来，用时6天完成签约100%。

8月8日，航埠镇刘家拆迁工作推进会召开

【市区征迁】　2022年，推进市区征迁后半篇文章。杭衢铁路柯城段高铁新城安置房集中交房。杭衢铁路是省市重点工程，2020年5月签约以来，历经2年多，6月，在市区统一协调下，开展杭衢铁路规控区内集中交房，累计交房106户，332套房，交房手续办结率达100%。协助指导完成古城双修和尼山小学交房。5月22日，启动招贤里安置点交房工作；9月7日启动魁星里安置点交房工作；9月21日启动陶然里安置点交房工作。2个项目涉及744户，中心全程协助府山街道制定交房流程、化解矛盾纠纷等。协助指导完成礼贤未来社区交房工作。6月24日，启动交房工作，涉及被征收户660户，中心全程协助双港街道完善交房流程，紧密对接问题，确保交房工作顺利、有序开展。协助指导完成安装小区副7幢交房工作。该项目是零星危旧房收购项目，自2019年1月启动签约工作以来，历时超过3年，被列入超期交付未安置清单。9月29日，启动交房工作，完成全部交房工作，完成漠视侵害群众利益问题专项治理工作。斗潭片区零星交房工作。自2021年3月、4月启动斗潭家园集中交房工作以来，斗潭项目剩余部分涉法涉诉、家庭内部纠纷、公寓等部分还未完成交房结算，在多方的共同努力下，继续推进部分未交房户的交房工作，截至2022年年末，斗潭住宅回迁户完成交房结算2413户。

【杭衢铁路迁改】 2022年，完成杭衢铁路阶段性任务。推进大小三改确认及政策处理。梳理涉及杭衢铁路项目大小三改109处，完成方案、出图、勘界37处，完成图纸确认（勘界图）21处，完成政策处理21处，施工10处。在踏勘小三改项目过程中，协调处理大量遗留问题。完成杭衢铁路（柯城段）三电迁改阶段性任务，涉及杭衢铁路建设项目的20条高压电力线路迁改和10千伏以下电力迁改143处，通信线路126处，给排水29处。

（周　健）

柯城消防

【概　况】 2022年，柯城区消防救援大队对标上级党委“立稳潮头、勇攀高峰”的新定位、新要求，吹响“提速奔跑争一流、固本拓新走前列”的攻坚号角推进党的二十大消防安保、“除险保安”等专项工作，系统开展经营性自建房、专业市场、商业综合体等领域综合治理，圆满完成上级交给的各项工作任务。大队全年接警1195起，其中火灾扑救453起，抢险救援302起，社会救助388起，其他警情52起。抢救被困人员23人，抢救财产价值400万元，保护直接财产价值超850万元。柯城区消防救援大队被区政府荣记集体三等功2次。

【灭火救援】 结合“一短三快”初战机制改革试点工作契机，实现接警调派、闻警出动、力量到场、战斗展开等作战效能提升，为推进现代化作战指挥体系建设探索实践经验。根据《全市乡镇（街道）应急消防站建设方案》推动建设乡镇（街道）应急消防站，稳步提升基层安全治理水平，辖区所有应急消防站均已完成建设。在市消防救援队伍第三届“火焰蓝”执勤岗位练兵比武竞赛中6个项目中，柯城区消防救援大队取得3个单项第一名、1个单项第二名的好成绩，大队被作为代表参加浙江省总队第三届“火焰蓝”比武。

【火灾防控】 开展除险保安、护航二十大百日攻坚行动，实现“防大火、无亡人、压总量”的目标。“e充停”数字化改革项目建设在全省数字化改革“除险保安”篇专题、《法治日报》、部局简报刊发。持续深化微型消防站“建管训用”机制建设，完成制作微型消防站动画片续集，微站队员技能等级评定培训580余人。微型消防站建设成果在全省防火工作例会和全市星级微型消防站现场会作经验交流。出台便民服务和严格管理“双五

1月22日，柯城消防指战员们扑救浙江天硕氟硅有限公司火灾

条”措施，推动单位消防安全管理水平稳步提升。完成对福苑新村、花园前等区域自建房整治，22个专业市场整治、40个高层住宅小区隐患排查等专项行动，辖区消防安全水平进一步提升。

【防火宣传】 在全区建立消防“五进”工作试点单位35家，其中7家被命名为全省和全市“五进”工作示范单位。围绕重要节点，针对人员密集场所、农村住宅、电气火灾防范，以及孤寡老人、留守儿童等重点对象开展宣传活动300余次。7月，在余东画村举行衢州市消防宣传进农村“十百千万”工程启动仪式暨柯城区余东村暑期亲子夏令营活动。以火焰蓝志愿服务队及民间消防志愿者队伍为依托，打造特色消防志愿服务品牌，府山街道县学街社区“妈妈团社会工作室”被应急管理部消防救援局授予“全国119消防先进集体”称号，构建以“消防员+家属”“消防员+微站队员”“社会团体+在校学生”为单元的消防宣传公益使者队伍。以“老人关爱工程”“敲门入户”“百万员工大培训”等活动为抓手，开展各类宣传教育培训6500余次，累计培训“七类人员”1.7万人次，受众达28.3万人次。完成1个区级教育馆、2个乡镇街道体验室、5个村社宣传点提档升级，完成万达消防屋试点建设。参与《小柯小鹿说消防》首部消防主题动漫宣传片以及动漫IP公仔的制作，其魔性的主题曲《119之歌》，利用动漫儿歌的形式教会小朋友正确拨打“119”和一些实用防火知识，得到广大群众的喜爱，“IP形象+内容+衍生品”的开发模式，开创衢州消防独有的特色宣传品牌。

（戴文辉）

10月18日，柯城消防大队联合乡镇（街道）开展“流动型”消防安全宣传

柯山消防

【概　况】 2022年，柯山消防救援大队按照“调研定任务、载体促推进、机制保落实、考核严问效”的路径方法，锚定目标、加压奋进、赶超图强，完成党的二十大消防安保任务。做好防汛抗旱抗台应对准备，投身疫情阻击行动，成功处置“1·22”天硕氟硅新材料危化品仓库火灾、“6·20”抗洪抢险救援、“9·1”嘉禾管业仓库火灾等急难险重任务。队伍建设和各项工作呈现出“全面进步、整体提升、向上向好”的发展态势，大队先后获得支队冬训体能比武团体总分第二名、政工岗位练兵团体第二名，被总队评为2022年度安全工作先进大队、基层建设先进大队；春城路特勤站被总队评为基层建设先进消防救援站、执勤训练工作先进单位；春城路特勤站党支部被总队表彰为先进基层党组织，团支部分别被总队、团市委表彰为先进基层党支部、“衢州市成绩突出团支部”；大队党委被支队表彰为先进大队党委、年度好班子。柯山消防救援大队荣获集体三等功1次、1人荣获个人三等功。余军健被团省委表彰为省优

1月22日，柯山消防救援大队官兵扑救浙江天硕氟硅有限公司火灾

秀团干部并当选省团代会代表，并获得“衢州市十佳退役士兵”称号；姚宇杰获衢州市“产业兴市”优秀青年岗位能手、衢州市成绩突出共青团员、首届最美柯城人等称号，展示新时代消防救援队伍青年指战员的风貌和担当。

【实战练兵】　围绕实战谋打赢，开展全员岗位练兵和专业队建设工作。以“打基础、抓规范、强素质、保安全”为主线，制定《精细化专业队年度训练实施方案》，坚持“两个一天”专业队实战化训练模式，严格落实“3+1”组训模式，通过日常装备操作、安全训练、理论学习等个人综合能力训练全面提升履职能力。完成蓄水调蓄一期工程建设，并被省生态环境厅在衢州高新园区管委会开展的现场会推广；完成重点单位数字化预案编制与辖区重点单位三维建模任务；完成园区233个消火栓维修保养工作，排摸园区16个天然水源取水口建设，并设立辨识牌；5辆泡沫车全部安装车辆供水汇聚模块，完成供水智控平台测试，完成58家危化企业战情微助手录入工作，且被纳入日常熟悉演练和实战运用范围，强化灭火救援基础工作。紧盯支队“数字化赋能应急救援工作”的发展理念，配合支队围绕接警出动、到场处置、安全管控等重点环节的实战要求，探索形成“1+2+3+4”“空地一体”作战体系建设，多项工作实现由无到有，实现力量调度精准，初战部署科学，现场救援高效和救援行动安全的目标。

【灭火抢险】　坚持一切向专业化聚焦、一切向打赢制胜靠拢，突出精细化工灾害事故处置，全力锻造召之即来、战之必胜的精兵劲旅。开展“师傅带徒弟”“三能提升育才计划”活动，构建人才梯队，先后派出100多人次参加部局总队、支队各类培训，7人次获评市金牌职工、青年岗位能手，30余人取得各类专业救援资格证书。全年，大队共接警出动447次，出动4576人次，营救疏散被困人员32人，保护财产价值1347万元，成功处置“1·22”天硕氟硅新材料危化品仓库火灾、“7·24”后溪镇315省道槽罐车化学品泄漏、“9·1”嘉禾管业仓库火灾等急难险重任务。

【重大救援】　6月20日，全市

遭遇百年一遇的强降雨天气，衢江流域达到自中华人民共和国成立以来的最大洪峰水位。多地积涝，多路冲毁，上百名受灾群众亟须转移。柯山消防救援大队接到报警后，迅速调派力量赶赴现场开展救援，经过20余小时的奋力救援，安全疏散和转移被困群众57人，搜寻遇难群众1名，抢救财产10万余元。在救援期间，水域救援队伍全员24小时在岗在位，高度戒备，严阵以待；召开防汛抗洪研判部署会，分析辖区易发城市内涝、洪涝、山体滑坡、泥石流等灾害事故的地区，摸准洪涝高风险区域和地质灾害风险点，根据不同地区灾害特点，优化力量编成，提升救援水平的针对性和专业性。加强与水利、气象、交通等部门的对接交流，健全完善联合会商、信息共享和预警联动机制，实时掌握水情、雨情、汛情等相关信息，研判可能出现的重大灾情。进入主汛期后，大队落实专人与各地防指沟通对接动态，精准掌握汛情灾情态势，加强针对性预警和统筹指挥，对重点地区实施精准调度。在抗洪抢险救援中，柯山大队被柯城区政府授予集体三等功。

【专业队伍建设】 把应急救援主责主业工作置于核心位置，推动队伍战斗能力大幅提升，重点对化工、水域、地震3支专业队进行提档升级。特别是在精细化工灭火救援专业队提档升级上，开展危化企业专家授课活动，开展26期企业专家进课堂活动。突出培养骨干业务能力，挑选9名业务骨干成立示范班组，赴宁波开展为期1个月的全国化工培训班，学习掌握装置立体流淌火处置战法以及锂电池等新业态火灾扑救措施；注重学习培训成果转化，紧贴辖区灾害事故特点及实战需求，推进空地一体化作战体系建设，研究氟硅类操法战法12个，革新机器人水带拖车等器材装备；在中宁硅业设立槽罐车事故处置教学基地，学习掌握辖区内有毒、腐蚀性、金属等各类槽罐车的事故处置方法，完成2期15人次的培训，提升专业队骨干示教示范能力。制定《精细化专业队年度训练实施方案》，细化训练计划，坚持每周基地一天和危化企业一天的“两个一天”专业队实战化训练，重点开展侦检、警戒、冷却、供液、堵漏等班组、单元、整建制实战化训练，优化调整编队器材装备及人员力量，规范精细化工灾害事故处置的出动编程，提升编队实战打赢能力。9月底，全省浙西化工灾害事故跨区域演练在大队辖区顺利进行。

【监督执法】 围绕“喜迎二十大，全力保安全”及化工企业整治行动为火灾防控工作主线，开展化工企业消防安全整治，探索服务型政府监管模式，提升服务管理社会化、法治化、智能化、专业化水平。辖区未发生亡人和有较大影响的火灾事故，火警起数同比下降10%。开展化工企业、高层建筑、在建工地临时宿舍、违章动火等重点对象的消防安全整治，有效消除各类隐患190余处。开展两轮次43家涉重大危险源企业的消地联合交叉检查，对检查发现的隐患问题，第一时间督促企业制订一厂一册的整改方案，明确责任人员和整改时限。针对涉及新旧规范适用疑难，大队执法人员本着执法与服务并举的原则，一对一帮助企业制定解决方案。检查发现的90余处隐患均已按时完成销号整改。落实支队火灾形势分析研判制度，抓好重点时期、特殊企业的专项检查。汛期开展涉遇湿活泼物质存储的排查检查，指导企业落实防水措施；高温季节制定针对低闪点、高饱和蒸气压、高压储存等季节性风险因素较大的“降温降压”安全度夏的工作方案。

【拥政爱民】 将创满意工作与余军健志愿服务队职责相结合，从消防隐患排查、火灾事故调

5月4日，柯山消防救援大队官兵踊跃参加无偿献血公益活动

查、消防宣传培训、业务训练指导、为民服务5个方面，细化服务内容、落实责任分工。全年开展服务活动50余次，均取得100%满意率。在衢州电视台、航埠镇中心小学的配合下，发起“‘火焰蓝’牵手‘红领巾’一起向未来”助学活动，为15名困难学生送去亟须的生活用品、学习用品。并在学雷锋日、“五一”国际劳动节、国庆等节假日前积极走访结对学生，询问生活、学习情况，截至年底，余军健志愿服务队结对残疾人家庭10户、贫困学生16人。

【安全宣传】　利用“柯山消防”微博、微信公众号、《缤纷火焰蓝》杂志、LED屏、全覆盖公益提示短信等平台和措施进行消防全员宣传，形成消防宣传新媒体矩阵优势，不断提升关注度和影响力。以中天氟硅企业等6家为消防宣传样板，开展“五进”试点推广，做到消防知识“身边绕”，使“消防宣传月”走进、融入企业员工生活。高度重视企业自防自救能力的建设，中天氟硅企业专职队建成运行，华友钴业专职队完成提档升级，“119”启动仪式当日组织第三届高新园区微型消防站大比武，辖区企业在支队举办的全市微型站比武取得总分第二名的好成绩，企业自防自救能力得到进一步提升。全年在中央级媒体上稿1篇，省级媒体上稿10篇，总队网43篇，微信公众号更新286条，原创文章70篇。

（严堪诚）

综合行政执法

【概　况】　2022年，区综合行政执法局推进综合行政执法改革，实现综合行政执法层级由以市为主下沉为以区为主的重大转型，在市综合行政执法局柯城分局基础上组建柯城区综合行政执法局。区综合行政执法局被省司法厅、省综合行政执法指导办评为2022年度“全省综合行政执法工作先进集体”，获评省级先进个人2人；市级先进集体荣誉4项，先进个人5人；区级先进集体4项，先进个人3人。所属航埠中队被评为市级“枫桥式”综合执法中队。

【行政执法改革】　根据省、市“大综合一体化”行政执法改革部署，牵头成立柯城区改革领导小组、改革推进办、综合执法改革专班，协调推进柯城区行政执法改革工作，构建“综合执法+市场监管、卫生健康、应急管理、生态环境、交通运输”的新型“1+5”行政执法体系。全区面上执法力量下沉乡镇（街道）226名，占全区行政执法力量的75.84%。落实综合行政执法、市场监管执法层级从市级调整为区级，于4月24日揭牌成立柯城区综合行政执法局，派驻

4月24日，衢州市柯城区综合行政执法局揭牌仪式举行

11支基层综合执法中队。开展执法事项划转承接工作，将分散在29个领域的2221个项行政执法事项，划转给区级综合行政执法部门行使。改革后，综合行政执法事项占区级全部行政执法事项的45%。制定出台《衢州市柯城区“大综合一体化”行政执法监管协同配合机制(试行)》《关于行政执法领域推行轻微违法行为告知承诺制的实施意见(试行)》《衢州市柯城区综合行政执法案件线索移送工作机制(试行)》等一系列改革配套制度机制。7月13日，成功承办全省“大综合一体化”行政执法改革暨深化基层管理体制改革推进现场会的柯城区和航埠镇现场参观活动。

【城市精细化管理】　按照全国城市管理指数评价体系和全市城市精细化管理“十大专项”行动要求，组织开展人行道违停、不文明养犬、乱倒生活垃圾、城市不文明行为、餐饮油烟扰民、违规设置户外广告、不规范处置建筑垃圾、“六小”行业乱排污水等专项整治，累计查处违反城市市容秩序管理法律法规的违法行为1992起，处置人行道违法停放车辆45100余辆次，处置违规养犬行为5612起，清理乱张贴、乱涂写、乱悬挂61200余处，拆除广告设施944块，保障柯城区通过当年度“全国文明城市”复审测评。在柯城区、衢江区、智造新城、智慧新城中率先完成98个有礼规范点的设计和施划工作。完成中共衢州市第八次党代会、衢州市两会、2022年“文化和自然遗产日”浙江省主场城市（柯城）系列活动、省人大常委会主任、省政协主席到衢州调研、迎接中高考、省检查组到衢州检查南孔圣地文化旅游区国家AAAAA级旅游景区创建工作等重大活动的市容保障任务。

【依法行政】　会同区委组织部，参与制定《柯城区全面落实“两专工程”建设高素质法治队伍的三年规划方案》，通过构建多元培训平台和交流锻炼制度等措施，推动区级综合执法队伍在三年内逐步实现持有行政执法证、具备办理普通案件能力、具备办理8类复杂案件能力的“三个100%”。全年办案3770起，罚没款730万余元。其中，某房地产公司未取得规划许可证进行建设案件，罚没款184.79万余元，为柯城区综合执法局组建以来办理的案值最高的行政处罚案件。改革后办理新领域新事项案件125起，在全市综合执法系统排名第一。全年办理行政诉讼、行政复议案件12件，未发生行政复议纠错、非诉案件裁定不予执行、行政诉讼败诉以及被本级司法行政地区出具行政执法监督通知书或被本级人民政府出具行政执法监督决定书。行政机关负责人应出庭应诉率达100%。

（李　瞰）

环境·资源·气象

生态环境

【概　况】　2022年，衢州生态环境局柯城分局全力创建国家级生态文明建设示范区，打好蓝天、碧水、净土保卫战，擦亮柯城“共富图景”的生态底色，打造绿色生态桥头堡。7月，衢州生态环境局柯城分局被授予全省“五水共治”工作优秀县（市、区）“大禹鼎银鼎”；11月，被生态环境部命名为国家生态文明建设示范区；“无废城市”建设满意度在全省90个县（市、区）排名第一，生态环境公众满意度排名第9；分局3次获区委、区政府“十条军规”正面典型通报表扬。

【环境质量检测】　2022年，全区空气质量优良率92.60%，PM2.5浓度均值为26微克/立方米。区域内3个国控断面（东迹渡、浮石渡、双港口）和1个省控断面（老鹰潭）均达到Ⅱ类水标准，地表水全部优于Ⅲ类水体比例，水质达标率100%。

【环保督察整改】　强化“生态问题清单”牵头部门作用，加强调度对接、跟踪督办，3.5个案例分别获得省、市示范案例。第二轮中央生态环保督察，涉及柯城区的9项整改任务全部完成，14件交办信访件全部销号，省委环保督察交办柯城区信访件6件，全部完成办结。

【信访效能】　构建环境信访“领导包案、逐一化解”工作机制，确保群众投诉问题立查、立改、见效。截至年底，受理信访件12件次，办结率和满意率均为100%。

【督察整改】　开展“绿剑”“除险保安”和亚运保障等各项执法专项行动，全年累计检查环境风险源单位130家次，发现各类环境隐患问题60余个，办理行政处罚案件14起，处罚金额153.99万元。

【污染防治】　开展碧水提质行动，对4个国、省控断面污染源走航分析，编制“一点一策”治理方案，排查涉水企业41家，发现问题105处，“一企一册”推进问题整改销号。完成双港口上游蛇形溪生态缓冲带试点工程，蛇形溪水质得到有效提升。开展涉疫废水检测，指导隔离点做好废水处理，确保废水达标。开展空气清新行动。以PM2.5和臭氧双控为核心推进大气治理，实施VOCs（挥发性有机物）源头替代、低效升级等治理项目。定期开展机动车污染防治，组织路检路查。持续开展国控站点周边污染排查，协同住建等部门加强建筑工地扬尘管控。开展治土清废、工业固体废物专项整治和“雷霆斩污”行动，推进新冠疫情医疗废物调度收集处置，全年调度处置医疗废物31万箱约1500吨，实现“应收尽收、应处尽处、日产日清”。全面开展非标电动车淘汰整治工作，发放《废铅酸蓄电池规范化管理告知单》，逐一签订承诺书，开展常态化督导，提升规范化管理水平。

【生态文明建设】 推进绿色共富。柯城区“两溪”流域生态环境导向开发（EOD）项目获得国开行20年9亿元融资低息授信资金支持，获得区委、区政府“十条军规”正面典型通报表扬。同时，“柯城区创新发展模式，点亮绿色发展新路径”被评选为第二批全省生态环境系统共同富裕最佳实践案例。生态保护与环境治理业完成投资额4048万元，达到考核要求。

【环境执法】 开展“绿剑”行动、“五报五查五”管控、“雷霆斩污”、大排查大整治大曝光、“双打”行动。2022年“绿剑”专项行动开展以来，柯城分局共排查上报各类环境问题47个，其中立案查处8个，处罚金额90.30万元，47个环境污染问题已完成整改47个。2022年全年共办理环境违法行政处罚案件14件，共处罚金额153.99万元，通过大力推进执法监管行动，有效打击了生态环境领域违法行为，保障了区域环境安全。

【项目审批】 联企服务提质增效。深化企业服务，建立局领导挂联服务重点企业、重大项目机制，落实环评审批提能增效服务，完成总投资38.50亿元的衢州市东巨康光电公司建设项目环评审批。支持企业办理排污权抵押贷款，为浙江不老神食品公司办理排污权抵押贷款280万元。

（钱　俊）

6月2日，生态环境局柯城分局举办“共建清洁美丽世界”2022年衢州市六五环境日主题宣传活动

自然资源和规划

【概　况】　2022年，市自然资源和规划局柯城分局应对政策变化，锚定目标，加压奋进，统筹要素保障和资源保护，服务全区高质量发展大局，总体工作稳中有进，重点工作加速突破，全面推进全区自然资源和规划工作进入新阶段，为高水平建设社会主义现代化新柯城贡献资规力量。2021年度乡村全域土地综合整治与生态修复工作获省政府督查激励事项，绩效评价位列全省第一，获2021年度经济社会发展工作目标综合考核一等奖、项目征迁集体嘉奖，在耕地保护责任目标考核中定居全市第一。

【文明城市创建】　派遣志愿者参与乐业社区、三衢社区（后调整为美港社区）文明城市创建工作，社区志愿服务达900多人次。

【结对帮扶】　组织结对干部35人对九华84户低收入农户开展慰问送温暖活动，赠送帮扶物资合计4万多元，了解并帮助农户解决实际困难和问题。

【干部教育】　全年开展“线上”夜学11期，资规大讲堂4期，学习内容涵盖习近平法治思想、党的二十大精神、廉政警示教育、地灾防治、矿产管理等。公开招录公务员6名，聘用人员2名，局机关干部下沉乡镇自然资源所19名。

【用地保障】　向上对接，用足各类专项政策，优化调整指标申报方案，保障项目落地，获批项目总用地面积2108.41亩，保障寺桥水库（淹没区+枢纽区）220千伏输变电工程等3个单选项目。九华变2个单独选址项目890.53亩。完成金沃精工、航埠K12学校等29个区级批次类项目审批1002.22亩，农民建房105户10个集聚点审批84.09亩。全年完成供应土地1783.78亩，其中划拨用地22宗，743.03亩；出让用地22宗，1015.21亩，出让金约14.03亿元；其他用地13宗，25.54亩。开展“五未”土地专项整治，消化历年批而未供土地1412亩，任务完成率213.7%，盘活存量建设用地573.32亩，城镇低效用地再开发553.61亩，低效工业用地连片出清167亩。

【第三次国土调查】　利用高分辨率航天航空遥感影像、现有基础资料及调查成果，通过内外业调查举证，全面查清柯城区土地利用现状及变化情况，包括地类、位置、面积、分布等状况；土地权属及变化情况，包括土地的所有权和使用权状况。准确掌握土地基础数据，建立与国家互联互通的土地调查数据库，完成2021年度国土变更调查。

【国土空间规划】　完成“三区三线”划定工作，确保耕地和永久基本农田第一优先序，科学布局生态保护红线和城镇开发边界，优化全区国土空间开发保护格局；国土空间规划体系逐步完善，双西港片区、衢化片区、上洋市场片区等中心城区控制性详细规划获市政府批复，航埠镇、石梁镇、九华乡等乡镇国土空间总体规划编制形成阶段方案。开展村庄规划评估和村庄布点规划编制，完成213个村村庄规划评估，形成村庄规划编制“三年行动计划”，新宅、源口、下村等3个市级村庄规划试点和10个区级村庄规划编制基本形成方案，沟溪乡余东余西村村庄规划被省自然资源厅评为浙江省“乡村造梦师十佳优秀案例”。规划决策程序逐步完善，成立柯城区国土空间规划委员会领导小组，制定衢州市柯城区国土空间规划委员会议事规则，指导全区项目前期研究工作，确保各类出让和划拨项目顺利落地。

【地质灾害治理】　全面完成地

质灾害“整体智治”三年（2020—2022年）行动。争取年度中央自然灾害补助资金1173万元。实时更新完善地质灾害风险“一张图”，划定地质灾害风险防范区47处。完成“地灾智治”基层管理应用主体功能建设，投资150万余元，新增地质灾害专业监测站20个、简易降雨报警器100个，安装在建工程治理项目视频监控设备8处，设备均已接入“地灾智治”平台并网运行，汛期投入实战，配合地灾“人防”体系，成功预警并转移6户人家。

【处理不动产登记遗留问题】针对原分散登记时的遗留问题，按照尊重事实，实事求是的原则，剖析问题找原因，解决办证难问题，维护群众的合法权益，解决集镇国有土地历史遗留办证问题48户，破解航埠卫生院改变用途集资建房办证问题20户。

【不动产变更及抵押变更组合登记】 推行不动产变更及抵押变更组合登记。针对企业开展不动产权变更登记与抵押权变更登记组合业务、土地使用权抵押登记转在建工程抵押登记组合业务，在建工程抵押登记转房屋所有权及土地使用权抵押登记组合业务。3项优化企业产权、抵押登记服务措施的推行，实现多次登记“无缝对接”，降低企业融资时间和成本，是助力企业发展，优化营商环境的重要举措。

【“公证+不动产”登记】 10月12日开始，继承公证实行政府购买服务，继承公证费用由财政承担，不再向权利人收取。进一步优化营商环境，减轻群众负担，压缩不动产登记办理时间，降低办事成本。

【项目许可“并联”发证，实现“交地即交证”】 在出让土地前，主动对接企业，坚持靠前服务，通过优化各项流程，实行供地、方案审批、发证等并联推进。实现“交地即交证”，企业就能拿到建设用地规划许可证、建设工程规划许可证和不动产权证。

【自然资源领域执法】 全年查处自然资源违法案件2起，均已结案。核查卫片执法图斑458宗，涉及监测土地面积17499.9亩。依申请公开26件，受理网上信访登记110件，均按要求100%答复。派驻矛调中心接待上访和咨询人员44人次，违章认定24件，配合矛调中心信访积案调处2件。审核规范性文件1份，合同48份。收到信息公开件共计9件，全部完成答复。开展普法宣传工作，设立宣传咨询台20余处、发放宣传资料1万多份、现场接待咨询群众600多人次。

【全域土地综合整治】 成立全

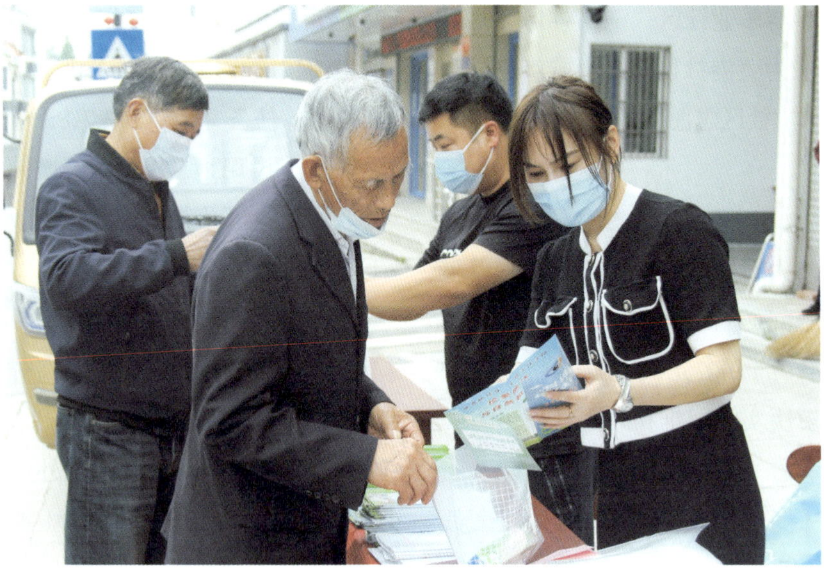

4月21日，柯城资规分局工作人员到九华乡开展地球日宣传活动

域土地综合整治工作专班，区乡村三级专班联动推进整治，开展全域土地综合整治。全年新增垦造耕地4850亩，完成3个全域土地综合整治项目验收。因地制宜推进“十类地”处置，盘活处置低效用地573.3亩、低效用地再开发553.6亩。通过全域土地综合整治复垦、开发、土地整理等项目的实施，实现项目招引、农户搬迁、公寓房建设、复垦整理、生态修复等工作同步进行，有效破解土地要素瓶颈。东巨康项目被列为省引领性重大产业项目，获得建设用地指标奖励77亩。争取乡村振兴综合试点等重大政策资金5.5亿元。

【土地综合服务】 开展土地收储和出让工作。截至2022年末，完成12宗土地收储，合计收储面积547.08亩，支付土地收储款20676.53万元，出让土地10宗，合计出让面积235.35亩，获得土地出让金15418万元。做好区生态工业园区“高耗低效”整治“收购改收储”工作。“收购改收储”涉及企业20家，土地面积418.55亩，建筑面积约151688.90平方米。对接园区做好企业现场实地勘查，建立企业“一企一档”，为推动收储工作提供第一手资料。公开公平公正选择第三方服务机构，及时进场开展企业评估价复核和企业尽职调查报告工作，做到科学、合理、公正地分配工作任务。按程序做好全域工业收储方案呈报表审批手续，为新引进项目提供落地发展空间。加强储备土地管理，落实现有储备土地管理负责制度，确定土地储备管理的工作思路，开发区（园区）管委会、乡镇（街道）、国有企业或相关单位等作为做地主体可开展土地储备前期开发、日常管护工作，土地综合服务中心采用“委托代管”“巡回检查”等方式进行储备土地管理，确保资产安全，做好安全生产工作。

（吴婉欣）

水 务

【概 况】 2022年，衢州市水业集团在市城投集团的领导下，公司完成供水和污水处理的主要任务，民生服务、工程建设等都取得新进展。在城投集团的支持下，加强市场导向和创新驱动，致力于提高供水和污水处理服务水平，全面推进城市水环境治理和生态文明建设。同时，公司通过实施党建工作、优化质量安全管理和履行社会责任等多方面的努力，为城市的可持续发展和人民群众的生活品质提供更加优质、安全、高效的服务。

【经营情况】 2022年，公司售水量为8613万吨，比上年增长5%；处理污水量为4328万吨，增长14.89%。公司主营业务收入（供水、排污费）为1.98亿元，同比增长11.24%。在成本大幅增加的情况下，公司通过节能降耗实现稳定的盈利能力。公司还投入近50万元租用国内最新冰浆清洗管道设备，完成24条共计12.52公里供水管道冲洗，新建供水加压泵站，解决居民用水问题。大力拓展涉水产品、电器、管材市场，全年销售额达1.1亿元，较上年翻了10倍，利润超400万元，创下历史新高。

【党建工作】 2022年，公司实现党建统领有新高度。公司实施党建工作，强化政治信仰，抓紧党的思想建设，加强党的作风建设，展现鲜明特色，搭建成长平台，抓实党的队伍建设。统筹整合党建和业务资源，探索培育符合时代特征、具有行业特点的“红色民生 水润衢城”党建品牌，成立环境科技联合党支部和东港自来水厂党支部，与其他单位共建党建共建单位，加强合作交流。加强学习和思考，组织开展主题教育、专题培训和现场指导，提高党员干部的思想觉悟和业务素质，增强推动公司高质量发展的能力。

【业务拓展】 2022年，公司与绿发集团签订《衢州市第四水厂项目移交框架协议》，实现第四水厂生产运维顺利移交和并网供水，壮大城市供水规模。同时，谋划推动城投建设公司管道业务划入水业集团，不断完善市区水务建管运一体化经营模式。公司还实现建筑垃圾及装修垃圾处置业务和城发公司持有的城建再生资源公司66%股权无偿划转，利用污水处理技术和管理经验，完成衢江农污——先行先试项目代建工作，推进衢江区污水处理特许经营权项目实施，积极拓展污水运维市场。

【质量安全管理】 公司在2022年筑牢安全供水“防线”，确保从“水源头”到“水龙头”全过程安全。公司成功处置原水锰超标事件，全力保障疫情防控期间供水，平稳度过夏季供水高峰。对比行业降漏“标线”，制订管网检漏计划，引入竞争机制，运用“智慧水务”管理平台，扎实推进水表检定工作。严守达标排放“底线”，完成多项技术改造，疏通清淤污水管网，荣获市住建局第三届“匠心市政”养护先进企业，成为建筑垃圾处理领域首个授牌的示范工程。

【社会责任】 作为公益类国有企业，2022年公司投入使用80个公共直饮水点位，盛夏时节免费提供凉茶，50个小区完成二次供水改造，实现抄表到户、计量到户、服务到户。公司缓缴2.79万户用户水费857万元，减免小微企业和个体工商户欠费违约金15.72万元，减征1.5万户用户水费214万元，让群众受益。农市路污水泵站及压力管道建设工程已按期建成。衢州智慧新城生态分布式再生水厂项目（一期）（高铁新城水环境治理项目—再生水厂工程）已具备通水试运行条件。衢州智慧新城生态分布式再生水厂项目（一期）——湿地工程具备通水条件。

（何刘雯）

气　象

【概　况】 2022年，在全球气候变暖和罕见拉尼娜事件大背景下，柯城区极端天气气候事件频发，平均风速2.50米/秒，日极大风速35.60米/秒，平均气温18.90℃，蒸发总量1157.70毫米，平均相对湿度72%，总日照时数1724.40小时，最大小时雨量45.50毫米。

【冬季寒潮】 2022年初共有3轮寒潮天气过程影响柯城，并伴随大范围降温和雨雪冰冻天气，北部乡镇区极端最低气温达到-4.80℃，0℃以下低温天数8天，积雪天数15天，最大积雪深度31厘米（柯城区七里乡大头村），接近历史最大值35厘米。1月29—30日降雪过程最大积雪深度9厘米（七里乡海拔700米），山区最低气温-2.30℃。2月17日最大积雪深度7厘米（雷达站海拔1210米）。山区最低气温-3.30℃。2月22日，积雪深度5—30厘米，最大为七里乡大头村31厘米。最低气温达到-4.80℃。2月17—22日两次连续雨雪冰冻过程的叠加效应，导致道路和电线覆冰、低能见度等对春运交通、城区运行、能源保供、设施农业、电力和区政设施及疫情防控等带来了严重不利影响。2022年12月16—18日柯城区北部山区出现雨（雪）、48小时平均气温过程降温幅度9.30℃，北部山区最低气温-8℃，有冰冻。

【汛期降水】 2022年降水总量为1734.50毫米，降水总日数达156天，其中汛期柯城区降水接近常年略偏少，出现阶段性旱涝。柯城区于6月10入梅，6月26日出梅，梅汛期共历时16天，较常年梅雨期偏少14天，梅期短，强降水集中、强度强。柯城区平均雨量340.30毫米、比常年偏少6%、有1个站（柯城区雷达）总雨量超过400毫米，为423.50毫米，梅汛期共经历两轮强降雨，主要降水时段为6月9—13日，6月18—20日，平均雨量分别为102.20毫米和222.70毫米。其中黄家乡，廿里等乡镇受江山港和常山港汇流，洪峰叠加，造成严重内涝，导致学校停课，居民生产生活受严重影响，给农林业和工业生产造成不同程度损失。

【高温干旱】 2022年，柯城盛夏出现极端高温热浪，并伴随明显持续性干旱过程。极端最高气温升到41.20℃，与历史最高纪录持平（2013年），最高温度达到40℃以上共7天，35℃以上高温日数到68天，38℃以上高温日数分别为33天。均位列历史第一。主要集中在2022年6月23日到9月7日，国庆节假日前期仍有4天最高气温超过36℃，秋冬季赤道中东太平洋形成三峰型拉尼娜事件后，11—12月柯城区降水仍然偏少，由于气温异常偏高、降水持续偏少，致使柯城区大部分地区出现伏秋连旱。农业灌溉压力增大，农作物大面积缺水，部分枯死，减产严重，部分地区生活用水困难，高温干旱给居民生产生活带来严重影响。

【台风活动】 台风“轩岚诺”“梅花”先后影响柯城区，但由于台风路径偏东偏北，台风中心距离柯城较远，未产生明显风雨过程。

（徐小伟）

教育·科技

教育管理

【概　况】　2022年，为贯彻落实中央“双减”文件精神，区教育局牵头开展校外培训治理工作。5月，完成学科类校外培训机构压减清零工作；配合区文旅体局、区科技局行业主管部门开展非学科类校外培训机构审批和监管工作；开展成人文化教育培训机构的审批与监管工作，柯城区校外培训服务质量明显提升。聚焦城乡居民的终身学习需求，建设成人（社区）学校，实现标准化成人（社区）学校全覆盖。

【学科类校外培训机构压减清零】　5月，根据省、市“双减”工作专班关于学科类校外培训机构压减清零工作要求，区教育局联合相关部门和乡镇（街道）仅用8天时间，全市率先完成100%压减清零任务，省“双减”工作专班专程到柯城组织调研表彰，工作经验在省“双减”专班内部刊物发表。

【非学科类校外培训机构审批监管】　区教育局配合区文旅体局、科技局行业主管部门开展非学科类校外培训机构审批和监管工作。截至2022年末，审批非学科类校外培训机构61家，对机构场地消防、场所安保、收费公示、合同规范、教师资质等方面开展常态化及专项监管督查，检查校外培训机构1376家次，出动1124人次，有效提升柯城区非学科类校外培训服务质量。

【成人文化教育培训机构审批监管】　全区审批成人文化教育培训机构6家，主要业务有成人自考培训、专升本辅导等。日常开展场地消防、场所安保、培训合

11月30日，国家学前教育普及普惠区省级督导评估汇报会召开

同、价格收费方面巡查，做到机构实地督查全覆盖，各机构实现三轮次全面督查，累计出动工作人员23人次。

【全国学前教育普及普惠区创建】2022年，柯城区申报创建全国学前教育普及普惠区。5月，对各科室及幼儿园召开工作部署会；9月，进行网上平台申报；11月底，顺利通过省级实地初评。

【浙江现代化学校创建】　柯城区巨化一小、万田乡中心学校、书院中学申报创建省现代化学校。5月开展网上平台申报，7月迎接省级实地评估。3所学校均成功获评省现代化学校。

【审计工作】　配合上级部门完成2019—2021年教育均衡化建设情况专项审计调查工作、“5+4”稳进提质政策专项审计延伸工作、26县跨越式高质量发展专项审计、市审计局审计调研工作，对12所独立法人学校（幼儿园）进行轮审及对5名离任校长进行离任经济责任审计。

【幼儿园办园行为督导评估】全区有39所幼儿园（园区）被确定为规范办园的督评对象。从3月起即组织幼儿园自评、平台系统上报信息、抓实对标整改、组织督导评估等工作，完成39所幼儿园的实地督查和督导评估。

3月11日，柯城区九龙幼儿园开园

【全区学校发展性评价】　5月，布置学校进行自查并撰写自查报告，委托第三方评价公司衢州学院教育评估院。8月，开展学校发展性评价工作，评估所有中小学（包括市直学校）和公办幼儿园，共52家单位。9月，出具各学校发展性评价报告，相关数据报组织人事科用于学校考核。

【政府履行教育职责评价】　根据《衢州市人民政府教育督导委员会办公室关于印发〈2022年对县级人民政府履行教育职责的评价方案〉的通知》要求，市人民政府教育督导委员会办公室开展对柯城区政府履行教育职责评价工作，主要评价区政府履行教育职责情况。10月，教育督导科牵头组织各相关科室自查自评、平台申报，顺利完成该项工作。

【新型教育技术共同体】　6月，区教育信息中心与杭州市余杭区、临平区教育技术部门，以及衢州市职业技术学院签订协议，组建成省内跨地区、跨教段的新型教育技术共同体。按照优势互补、共赢发展的目标，汇聚共同体成员的力量和智慧，通过数字赋能、机制创新、资源共享，以教育技术助力全省共同富裕示范区建设。暑假期间，柯城区与杭州市余杭区开展两地互动研学活动，信息技术赋能新研学成为一大亮点。在全省跨地区城乡教育共同体民办实事项目中，柯城区有6所学校与杭州市余杭区建立跨区域结对关系；区教育局与衢职院商定，以休闲体育运动项目为抓手，借助教技共同体合作契机，开发相关在线课程，促进青少年户外运动开展。

【新型教学空间建设】 继续在技术赋能教学空间创新方面进行探索实践，促进学习方式和育人模式转变。5月，省教育技术中心副主任胡小杰等专家到柯城区考察，对新型教学空间建设的新探索、新实践、新成果给予充分肯定。经推荐遴选、学校答辩、专家培育和综合评议等程序，新华小学下村校区“光合森林”新型教学空间被确定为2022年浙江省基于学习方式变革的新型教学空间典型范例，巨化三小柯山校区等4所学校入选浙江省中小学新型教学空间优秀案例。

【人工智能教育】 柯城区是全省首批“人工智能+教育”试点区，全区共有8所省级“人工智能+教育”试点校。2022年新增巨化一小等7所学校成为浙江省第二批“人工智能+教育”试点校。继续深入推进人工智能教育，加强人工智能教育创新实验室建设，举办人工智能系列赛事活动，提升人工智能师资队伍水平，持续推动人工智能在义务教育领域的深度融合，构建具有柯城特色的中小学人工智能教育体系。2022年，柯城区在第十五届VEX亚洲机器人锦标赛中7人获奖，全国CSP-J/S比赛中5人获奖，全国中小学信息技术创新与实践大赛中2人获一等奖，风华学校余诚尔获得第十三届中国青少年科技创新奖（全省3人），在第二十三届全省学生信息素养提升实践活动中14人获奖，第36届浙江省青少年科技创新大赛有13件参赛作品获奖，在2022年浙江省青少年无线电测向锦标赛中4人获奖。在全省小学教师实验技能和教育机器人技能展演活动中，新华小学陈红霞和大成小学陈弢均获一等奖。

【网络学习空间应用】 2022年，柯城区凭借管理创新、机制创新、资源创新等优势获评教育部“2021年度网络学习空间应用普及活动优秀区域”，同时柯城区大成小学获评优秀学校。兴华中学和礼贤小学成功获批入选国家智慧教育平台应用试点校。在浙江省空间建设与应用活动中，柯城区新华小学和润智学校被评为空间应用优秀学校，徐小贞等5个教学空间入选省级专业教学空间。1门课程入选2021学年名师金课网络同步课程，4门课程入选2021学年专递网络同步课程。黄雪祥、余献虎2名教师被评为省名师网络工作室主持人，大成小学《小学数学》（北师大版）五年级上、下册作业微课团队、《初中英语》（外研版）八年级上册作业微课团队、《英语》（外研版）八年级上册 模块主题写作课程团队、《探寻童话读写密码》课程团队、巨化第一小学王静、王吕等获得省财政2022年度数字教育资源按用付费专项经费奖励。基于省厅“浙里问学”平台，开通柯城区名师在线答疑服务，组建12个学科服务团队，录制12节名师公开课上架名师导学模块，以在线点播观看的形式服务全省家长、学生。10月15日，区教师团队负责全省轮值当天，共计解决全省中小学生的838个提问。

【试点文化艺术网络学院】 2022年，启动柯城区文化艺术网络学院的筹建和试点，建立“一院一室四处N中心”（“一院”指学院，“一室”指办公室，“四处”指教学处、保障处、督促处、技术处、“N中心”指多个课程中心）的组织架构，通过调动区域内优秀教师课程开发团队，开发模块化、系列化、本地化的课程资源，实现教育资源云化共享。借助“四点半课堂”课后托管服务、未来社区“周末享课”活动，依托区教育城域网，共享优质在线课程，实现校内、校外、机构师资及资源融合共享。同时，成立线上线下融合的

“云上名师工作室”，打造网上名师金课教学团队，探索教师专业成长新模式。筹建试点工作启动以来，收获颇丰。在全省假期公益课堂活动中，有15名教师开发网课获奖，15名学生获优秀作品奖，其中姜家山乡中心小学荣获该活动优秀组织单位与教师团队奖，润智学校徐小贞老师开设的网课获得全省浏览量和点赞量第一名。巨化一小《刀儿尖上的黑白艺术》、大成小学《律动一“夏”》课程被评为暑假优秀活动主题，同时有47名参与暑假公益课堂活动学生的作品被评为优秀学生作品。大成小学“云上名师工作室”推出的《指向“五育”融合的劳动周实践与探索》作为典型经验亮相浙江省第二届劳动教育大会。在“基础教育精品课”遴选活动中，7节课程获评省级“基础教育精品课”。新世纪学校《智能“球童”成长记》和鹿鸣小学《鹿鸣记忆》两门课程入选第九届“浙江省义务教育精品课程”。

（万枭雄）

12月15日，区首届课程节在衢州市实验学校教育集团菱湖校区、新华小学、衢州市实验幼儿园3个会场举行

教师队伍建设

【概　况】　2022年，全区幼儿园100所，其中省一级幼儿园13所，省二级幼儿园52所，省三级幼儿园35所，等级园比例100%；公办和集体办园41所，民办幼儿园59所；普惠性幼儿园97所，普惠性幼儿园比例97%。教职工3044人，其中专任教师1625人，持证率100%。在园幼儿19305人，公办园和集体办园在园幼儿占比57.46%，一、二级优质园在园幼儿占比83.33%，学前三年入园率98.51%。2022年，柯城区中小学、幼儿园共有教师2790人，其中初中902人，小学1617人，幼儿园250人，特殊教育21人。全区有省特级教师5人，正高级教师2人。

【拓宽招引路径】　2022年，举行浙江师范大学、杭州师范大学提前批招聘优秀毕业生2场，“聚智柯城”高层次紧缺人才招聘1场，合计招录优秀应届毕业生29人，其中研究生学历16人，“985”、“211”、“双一流”院校毕业生5人。举办面向全省公开选拔优秀教师1场，录用优秀教师15人，其中省教坛新秀1人，高级教师1人，市学科带头人1人，市优质课一等奖2人。举行赴衢州学院、金华职业技术学院提前批招聘公办幼儿园劳动合同制教师，合计招录考生47人。开展公开招聘中小学教师、公办幼儿园劳动合同制教师招聘工作，招录中小学教师17人，合同制教师180人。

【深化人才培育】　2022年，柯城区1人入选教育部乡村优秀青年教师培养奖励计划（全省共5人），1人入选省“万人计划”教学名师，培育浙江省第十三批特级教师4人，1人通过正高级教师评选。7人获评衢州市第八届名师，3人获评衢州市首届名班主任，3人晋升为浙江省第四届网络名师工作室主持人，44人成为省第四届网络名师工作室学科带头人，1人入选为2022年长三角跨省交流骨干教师。评选区第二届名校长、第四届德育导师、第五届名师、第八届学科带头人、第十三届教坛新秀等160名。

【强化梯队建设】 2022年，提拔学校校级领导干部16人，平级转任8人；竞争性选拔公办幼儿园副园长5人，其中合同制教师2人；组织学校中层干部竞聘，246人通过竞聘；进一步优化学校领导班子结构，提高教育管理水平、推进教育教学质量整体提升。

【作风建设】 召开党风廉政建设部署会，建立党员干部廉政档案，制定区教育局党委班子和党委班子成员2022年主体责任清单，指导36位党组织书记完成廉政党课。派驻纪检组对班子、科室长、校（园）长、书记进行廉政谈话10次；累计开展警示教育活动226场。开展教育系统“六比六晒”作风建设行动，组织在职教师开展有偿补课等问题自查自纠。打造“德韵芬芳青年说”专栏，讲述优秀教师感人事迹12个，累计选树各类优秀典型139个。

【班主任队伍建设】 举办班主任基本功比赛，从育人故事、带班育人方略、主题班会和情景模拟四个角度考察班主任各方面能力，推进班主任队伍专业化发展。全区54人获奖，其中小学组获市一等奖3人、二等奖2人，初中组获市一等奖1人、二等奖4人。

（万枭雄）

基础教育

【概　况】 2022年，学前教育方面：2022年柯城区有各级各类幼儿园100所，在园幼儿19305人，学前三年毛入园率98.51%，公办园和集体办园在园幼儿占比57.46%，普惠性幼儿园覆盖率达97%。小学学龄儿童入学率100%，初中入学率100%。义务教育方面：全区义务教育学校45所，其中九年一贯制学校1所、初中9所、小学34所、特殊教育学校1所。另有市实验学校教育集团、衢州风华学校、衢州正宜学校及电子科大实验学校等，共有学生67920人，教师5329人。全区公办义务教育学校在职在编教师2524人，小学、初中专任教师高学历比例分别为100%、98.37%。

【教育设施投入】 围绕义务教育学校提升、公办幼儿园扩容、学校基础设施提升，区政府持续加大教育基础设施投入力度。义务教育方面，完成航埠小学、石室小学危旧校舍拆建工程建设任务并顺利投入使用，全年完成投资4210.42万元；完成城南初中、新华二小新建工程并确保9月开学，完成投资6000万元；尼山小学改扩建、巨化一小老旧教学楼拆建工程开工建设，完成投资5000万元；完成新世纪学校、新星初中等25所学校校舍维修改造项目47个，完成投资3600万元。学前教育方面，根据《柯城区“一乡镇一公办”幼儿园实施方案》，石室乡回购原中心幼儿园改建为实验幼儿园分园，航埠镇回收彭村幼儿园改建为教工幼儿园分园，全区9个乡镇“一乡镇一公办”全覆盖。落实小区配套幼儿园政策，锦西家园和悦鑫府配套园移交后改为公办园分园。落实各类奖补资金，发放省级学前教育奖补资金348.26万元、区级奖补资金200万元、农村幼儿园建设奖补资金119万元、幼儿园生均公用经费补助资金875万元、民办幼儿园防疫补助资金328万元、学前教育资助资金22.925万元。新建幼儿园竣工开园4所：锦西家园幼儿园、悦鑫府幼儿园、楠方幼儿园、航埠镇彭村幼儿园，新增学位1200个。竣工将开园6所：姜家山乡中心幼儿园、花涧樾幼儿园、南堂苑幼儿园、花园街道花园村幼儿园、航埠镇联合幼儿园、巨化厂中村安置幼儿园，预计新增学位1710个。正在建设幼儿园6所：盈川幼儿园、高铁新城2所幼儿园、沟溪乡中心幼儿园、荷一路北侧（未来社区）幼儿园、火车站城南幼儿园，预计新增学位2250个。改扩建3所：石室乡迦南幼儿园利用原供销社改建投入使用；万田乡第一中心幼儿园、九华乡下坦幼儿园开工建设。计划新建幼儿园8所：百家塘地块幼儿园、通荷幼儿园、书院幼儿园、九龙幼儿园、湖拓垅幼儿园、彩虹幼儿园、应家山幼儿园、北三道幼儿园，将在2021—2023年分批开工建设。2022年实施幼儿园建设项目，累计项目总投资39500万元。新增省一级幼儿园1所（安居幼儿园）；省二级幼儿园13所，其中正式评估5所，预评估7所，继承省二级幼儿园资格1所。一、二级幼儿园共计65所，优质园在园幼儿覆盖面达83.33%。

【党建品牌建设】 以新星小学“新星点灯”、新华小学“新华红”、兴华中学“兴华hong”、巨化中学“三彩育德”等优质党建品牌为龙头，持续深化“一校一品”工作。以“领雁强基 亮剑比拼”暨“以抓促学 整校建强”党建品牌提升活动为平台，全区各党组织积极参加赛马比拼。其中新世纪学校代表区教育系统参加全市比拼活动，被评为“强基之星”。以清廉学校建设为载体，新华小学获评省级“清廉学校”示范校，新世纪学校等4校获评市级“清廉学校”示范点，书院中学等2所学校获评全市清廉建设成绩突出单位。以“8090”宣讲为抓手，全年累计举办100余场活动，在各类宣讲比赛中，教育系统选手成绩喜人。

【中考工作】 坚持“抓质量就是抓主责主业”，围绕“三全育人”，通过“目标引领”“平台搭建”“精准施策”“政策保障”四个维度，区校齐心、积极作为、成效明显。全区13所学校5247名中考学生，5235名参加中考，参考率99.61%，为历年来最高。体育和5门文化学科均居全市第一；市实验学校、风华学校、菁才初中、兴华中学居全市第一方阵；所有农村初中都实现有二中录取生，其中航埠初中录取二中11人（正取2人），为10余年来最高；书院中学、新星初中两区均排名前20。

【文明城市创建】 在全国文明城市创建复评工作中，全区教育系统为进一步强化全国文明城市创建复评责任意识，担当意识，把创文复评工作作为第一要务来抓，对创文工作进行再部署、再推动、再落实。其中，组织开展柯城区未成年人思想道德建设工作推进会2次；柯城区教育系统复评动员大会2次；柯城区教育局复评部署会1次；确保各校全面深入学习复评标准。组织文明校园创建实地督查12次，排查各校存在的问题，督查整改，建立局机关干部蹲点学校的“点对点”长效机制，确保落实。确定文明校园创建样板校，组织各校互看互学活动3次，互看互查3次，互促互进。全局机关干部参与开展配合“文明交通岗”“文明劝导”“党员下社区”等志愿服务活动，加大创建全国文明城市的宣传力度，引导局机关干部、学校师生主动参与志愿服务之中，推进志愿服务活动常态化、制度化。全区24所点位校对照标准完成复评布置；区教育局先后组织局机关干部对校内外环境实地督查4次，学校上交自查表1轮，互查表1轮，整改报告2轮。在11月9—11日迎检期间，柯城教育系统高质量完成“教育系统零扣分”的目标，为衢州在2022年浙江省城市文明测评排名第一贡献柯城教育力量。

【数字化改革】 推进“教育魔方”在柯城落地，持续贯通“双减在线”“学在浙江”等省级重大应用，柯城区课后托管服务应用成功上架“浙里办”APP，“学后归巢”“云享数学”等应用持续迭代并延伸扩面，谋划打造“柯城区文化艺术网络学院”，余东未来乡村教育场景案例获省教育厅数改办领导高度肯定。全年11所学校获省级试点，5项改革案例在省级获奖，4篇案例入选《2021年度中国互联网学习白皮书》，3项案例入选衢州市教育领域数字化改革应用集，数字化改革工作在省级及以上媒体中宣传报道近30次。

【“双减”工作】 2022年，继续“双减”工作（有效减轻义务教育阶段学生过重作业负担和校外培训负担）。在45所中小学持续推进“5+2”“1+X”课后服务工作。全区49807名学生、3532名教师中，有48158名学生、3407名教师参与课后服务，分别占比96.68%和96.46%。此外，45所学校开设806个社团、1319门拓展课、107种精品课程、76种校本课程。7家体育俱乐部、24家“白名单”中的校外培训机构进入学校开展课后服务工作，服务学生1.2万余人。白云学校《完善体质管理，护航身心健康》、新华小学《素养导向下项目式构建学科表现性评价的研究》、市实验学校教育集团菱湖校区《以自主管理撬动校园生活形态重构》三个“双减”案例在全省90多个县、（市）、区10批次案例征集活动中入选浙江省100个优秀“双减”案例。全面落实“双减”政策，加强学生手机、睡眠、读物、体质、作业等管理，措施坚决、指向具体。有效推进青少年儿童综合近视防控各项举措，2022年学生近视发生率为53.98%，较上年下降1.3个百分点。

9月22日，2022年浙江省中小学生书法课堂教学评审活动在大成小学举行

【劳动教育】 自2021年11月被确定为省劳动教育实验区后，在沟溪余东乡村未来社区陆续开辟劳动实践教育基地5000余平方米，城区25所小学、幼儿园参与建设。自基地启动后，每逢周末及节假日，学生和家长常态化参与到基地耕作、种植、除草、采摘等活动中，全年累计4700余名学生参与基地劳动。

【艺术工作】 2022年，组织开展学生艺术节活动。4月，举办中小学、幼儿园独唱、独奏、独舞比赛活动，收到作品237件，其中120人在市级获奖。5月，举办柯城区第十四届中小学生艺术节活动，收到艺术表演类作品

73件，艺术作品类千余件，其中61人获市一等奖、75人获市二等奖、50人获市三等奖。在2022浙江省中小学生艺术节上获省一等奖作品18件、省二等奖作品22件、省三等奖作品17件，柯城区鹿鸣小学获2022浙江省中小学生艺术节优秀组织奖。

【少先队工作】 组织区域内教师参与思政微队课的评比，参赛作品聚焦政治启蒙和价值观塑造主责主业，在全市评比中获得1个一等奖、4个二等奖、2个三等奖。柯城区鹿鸣小学林辰瑶同学、衢州市实验教育集团新湖校区大队辅导员陈茜老师分别获评全国优秀少先队员、全国优秀少先队大队辅导员。

【“开蒙礼”工作】 将“开蒙礼”进一步规范为沃盥礼、衣冠礼、尊师礼、启智礼、开笔礼、击鼓礼的“蒙童六礼”，配合六项仪程拍摄制作宣教片，由孔子第76代嫡长孙孔令立亲自释义，从娃娃抓起“有礼教育”。同时，配套开发南孔儿童普适性启蒙课程，为蒙童设计多功能学具“袋”和崇贤有礼“带”，赋予有礼“代代相传”的美好寓意。9月16日，举行2022“南孔圣地·崇贤有礼”开蒙礼，在孔氏南宗家庙大成殿外设主会场，162名一年级新生代表参加；全区34所小学设分会场，全体一年级新生6469人在各校孔子广场同步开展。

【德育工作】 加强学校文化建设。推荐鹿鸣小学、城南小学、航埠初中和姜家山小学参加衢州市2022年度文明校园评选。尼山小学、兴华中学被推荐为衢州市2022年“沐南孔儒风·诵《论语》经典”典型先进学校。参加第七届衢州市“学宪法讲宪法”活动，成绩喜人，演讲比赛获一等奖2人、二等奖4人，知识竞赛获一等奖1人、二等奖5人，其中来自兴华中学的汪辰希同学、市实验悦溪校区的江昕玥同学分别获衢州市初中组、小学组演讲比赛第1名，并作为代表赴省参赛取得浙江省小学组、初中组二等奖的好成绩。依托“全国青少年普法网”平台，发动学生学习法治知识，学习参与率达100%，参与达37733人，位列全市第一。2022全省中小学生《我的家乡在“浙”里》演讲比赛衢州选拔赛中，柯城区学生获市一等奖3人、市二等奖4人、市三等奖3人，其中市实验锦溪校区项桑榆同学获初中组第一名并代表衢州市参加省赛。

（万枭雄）

职业教育和成人教育

【概　况】 2022年，柯城区现有1所区级老年大学，18所乡镇（街道）级成人（社区）学校，标准化成校率达100%。全区成人（社区）学校占地面积16650.97平方米，图书资料60095册。

【教育组织】 区域内户籍老年人口中经常性参加教育活动的老年人比例为11.67%，成人学校社会培训成果存入学分银行的人数占当地常住人口总数的比例为23.18%。2022年度，柯城区万田乡成人文化技术学校获浙江省社区教育示范基，柯城区荷花街道新荷社区和白云街道白云社区获浙江省学习型社区称号。

民办教育

【概　况】 2022年，柯城区共有民办幼儿园59所，民办小学1所。

【学前教育段民办教育】 2022学年，柯城区有民办幼儿园59所，专任教师642人。在园幼儿8213人，在园幼儿占比42.54%。

【义教段民办教育】 柯城区阳

光小学是柯城区唯一一所民办小学，学校面向招收在衢州市区打工的外来务工人员子女。2022学年，全校有15个班级，非编专任教师26名，学生537名，学生来自全国各地。配合全区推进“双控”工作，2022年秋季开学阳光小学已停止办学，并平稳有序完成学生安置和教师分流工作。

（万枭雄）

特殊教育

【概　况】　2022年，全区义务教育段残疾儿童少年为242人，入学242人，入学率为100%。其中，在特殊教育学校就读63人，随班就读140人，送教上门17人，在学前教育、福利机构、康复机构22人。建立健全特殊教育机构（柯城区润智学校）、随班就读和送教上门三位一体的残疾儿童少年义务教育体系。

【党建引领】　学校党支部着力打造“润·融”党建品牌，以校园文化为引领，以课程建设为阵地，以提高孩子生活适应能力为目标，通过开展丰富多彩的实践活动，促进孩子能力的发展。通过“生活为核心”的争章实践体系，让个别化教育成为助力学校发展的强大引擎；以“全员、全程、全方位”为三大育人途径，培育“乐学、阳光、自立”的润智“融立少年”。学校《“云端”课程 助力无界课堂》被推荐为浙江省特殊教育2022年度特色亮点项目。

（万枭雄）

教学科研

【概　况】　2022年，在课堂教学评比中获省一等奖7人次，获市级一等奖22人次。3个“双减”案例入选浙江省100个优秀“双减”案例。2门课程入围省级精品课程名单，12门精品课程入围市级精品课程名单。对照全年工作计划制定的34个点位，完成或开展29个点位，占比85%。

【科研成果】　全区立项课题361项，其中规划课题186项，小课题175项；完成市级129项课题的申报，其中市级重点课题立项20项、一般课题40项、小课题60项；开展省教研课题申报方案修改活动，实现申报省教研课题11项。各级各类学校的课程意识不断增强，课程能力不断提升，12门精品课程入围市级精品课程目录，鹿鸣小学、新世纪学校2门精品课程入围省级精品课程。5月，在白云学校承办衢州市基教成果省级成果推广活动，《小学语文读写教室建设》和《数据驱动 初中学业水平评价改进》两项省级义教成果向全市辐射，增强区域教育首位度；10月，“数据驱动 初中学业水平评价改进”“健康星”两个项目获准参加国家级评审。

【师训干训】　全区完成师训总学分342433学分，其中自主选课完成302300.20学时；全年教师培训总完成率为100%，自主选课培训实际参训率为96.61%，选课匹配率为98.02%，满意率100%，完成全年师训的各项工作，获评市级考核优秀。配合人事、计财等科室，设计、组织开展了校园长、总务主任、新教师等培训项目。9月，组织区属32所学校中小学音乐、美术、体育、信息技术学科教研组长开展两组组长（第二期）的培训。

【“义教段”蹲点调研】　根据“菜单式”蹲点调研工作安排，小学组教研员前往高铁新城外国语学校等11所小学进行教学视导，初中组教研员对全区初中进行两轮蹲点调研。在“二模”后的调研中指导中考复习工作，把握复习重点，明确任务，提高复习效率。全年蹲点调研覆盖17门学科、21所学校，约1280名教师。

【学前段专题视导】　3月起，

11月11日，评估组长省特级教师沈群英（正面左一）在安居幼儿园现场教学评估

组织开展“保教常规落实情况互看互学”专题视导活动。通过普查、分批视导、听取幼儿园工作汇报、现场检查等方式对实验联盟、七彩桥联盟等7个联盟60所幼儿园进行教学视导，覆盖全区1000名幼儿教师。

【教学评价改革】 从制度建设着眼，夯实工作基础。9月，在全市率先出台“学业水平评价10条建议”。从数据规范着手，通过三年努力，建成区域数据分析体例，区域“一生一报告、一科一报告、一班一报告、一校一报告”的数据体例，实现数据赋能改进教学、落实“双减”要求，得到省教研室领导的肯定。从命题队伍着力，围绕素养立意下的命题导向，开展区级命题骨干实践研修活动；5月，组织小学语文、数学、英语、科学四门学科教师开展全区小学2021学年第一学期期末测试卷回评工作；6月，组织区小学六年级和初中七、八、九年级骨干教师进行命题实践活动；12月，组织中小学语文、数学、英语、科学和初中社政九门学科130余名教师开展第二批命题骨干专题培训。

【校本研修实践】 在区域内5所学校（白云学校、新世纪学校、鹿鸣小学、航埠小学、区实验小学）开展一场“U-S”模式下的校本研修实践。5所学校建立“问题设计、教学审计”等6类研修资源、形成322份个人研修报告、5份校本研修报告，启发区域深化“新时代”教师专业发展的新思考，工作案例在“数字创新”背景下全国师干训工作论坛上交流。

【教育信息化科研与培训】 2022年，柯城区《柯城“云”享“数”学智慧教共体平台》《借“教共体”平台 促“多元发展”》《鹿鸣小学人工智能课程登上网络教共体，助力教育均衡》《柯城区巨化中学与北川县永昌中学构建跨省域协作型教共体 助力教育优质均衡发展》4篇案例入选《2021年度中国互联网学习白皮书》。《立足“三个课堂”创新应用场景 推进城乡教育融合特色发展》获教育部“三个课堂”建设与应用入围案例。省级教育信息化课题立项5项，市级教育信息化课题立项9项，5篇教育技术论文获省级奖项。

（万枭雄）

科学技术

【概　况】 2022年，区科技局围绕区委、区政府工作重点，对照全年考核指标，完善创新平台、优化创新服务、强化创新合作，不断提升企业创新能力和平台支撑能力，为争当全省山区26县跨越式高质量发展蓄势赋能。

【科创核心指标】 2022年，新

增国家高新技术企业6家，新增省科技型中小企业60家；规上工业企业研发费用投入29.64亿元，全市排名第三；规上工业企业研发费用占营业收入比重2.17%全市排名第三；高新技术产业增加值占规模以上工业增加值比重46.96%；科研经费支出占地区生产总值的2.02%，全市排名第二；柯城高新技术产业投资增长220.5%，高于工业投资增长87.2%，排名全市第一。

【科创主体】 开展创新主体“扩面提质”专项走访活动，发掘培育对象，完善柯城区创新主体四色管理培育库。培育库纳入企业267家，对具备较强培育潜力的企业采取“一对一”专项辅导，新增国家高新技术企业6家，新增省科技型中小企业60家。全面推进研发机构“全区铺面”行动，择优选择一批条件成熟的研发中心申报省、市企业研发中心，形成较为完善的分级培育机制。认定市级工程技术研发中心1家，认定申报省级高新技术企业研发中心1家，备案省级“众创空间”1个。

【科技项目攻关】 指导金沃精工“轴承套圈高效节能加工技术研究及应用”项目申报第二批省级尖兵领雁项目，推荐贝德科技、东篱生物等7家企业申报市级第一批竞争性科技项目，成功立项2项，获市级科创资金支持80万元。开展柯城区柑橘产业技术攻关，成功立项10个，并配套500万元专项资金。

【科技创新服务】 创新建立“区城联动、柯科翱翔”科技联企服务工作机制，建立区科技局、企事业单位、第三方服务科技服务机构的“亲清”联络关系，实现规上高新技术产业需求走访服务全覆盖，组织召开“区城联动、柯科翱翔”科技联企服务联席会议6次。面向航埠工业园区召开柯城区科技申报业务培训会，指导园区内国家高新技术企业和省科技型中小企业有效填报各类科技年报。

【创新载体建设】 深化产业创新服务综合体建设，赴磐安县等地学习综合体建设经验，多次对接省科技厅和市科技局，提高省级资金使用绩效。牵头召开综合体领导小组工作会议，指导惠农发展中心、农业农村局、农合联和柑橘产业相关主体挖掘收集柑橘产业相关数据、材料，充实绩效评价台账材料，加快创新服务综合体扩面提质。

【科技交流与合作】 高标准创建农业科技园区项目1个，通过绩效考核。加速柯城区人民政府与浙江工业大学共建“浙江工业大学——柯城区光电机械产业发

3月28日，区科技局在美俗坊消防小广场开展2022年衢州市“科学发展 低碳生活 ”科学普及志愿服务活动

展研究院”，与浙江农林大院园艺学院和文法学院达成合作协议。促进创新主体和浙师大、浙江农林大学、浙江理工大学、衢州学院等大专院校开展技术服务合作，达成合作项目3个，组织开展产学研合作对接交流活动2次。重视域外高校创新资源发掘，邀请浙江农林大学、博士、教授孙庆丰等11人的专家团队考察走访柯城数字农业科创园等10个基地，细致沟通技术难点问题，寻找合作契机。开展山海协作（科技协作）工作，组织柯城高新技术企业走进余杭培训交流活动2次。做好“揭榜挂帅”难题征集和发布工作，征集和发布企业技术难题12个，完成网上技术合同交易额8.95亿元。

【科技特派员工作】　全区有省级团队科技特派员2支、省级科技特派员8名，市级科技特派员5名和区级科技特派员9名。实施开展各类科技示范项目25项,引进推广各类新技术40余项、新品种20多个；举办各类培训班25期，培训农民1250人次；建立水稻、蔬菜、柑橘等示范基地25个，为促进农村产业发展、帮助农民群众实现共富发挥积极有效的作用。

【完善科创政策】　出台新的“大科创政策”，重点从研发投入、技术攻关、科技企业培育、载体建设、产学研以及科技金融服务等方面进行奖补，加大各类创新要素向创新主体集聚力度。6月，实现涉企科技政策兑现100%，通过“政企通”兑现2021年度国家高新技术企业、省科技型中小企业、企业研发机构、企业研发经费、科技创新券等补助，惠及企业60余家，累计发放资金1322万元。

【科技类校外培训】　按照“双减”政策细化方案要求，组织专人摸排掌握培训机构的运营规范情况，组织科技类校外培训机构座谈会5场。同时，加快科技类校外培训机构审批工作进度，主动上门走访28家科技类校外培训机构，开展规范办学和防疫防控督查专项行动。14家科技类培训机构完成审批并通过学校课后服务“白名单”。

（姜庆诗）

文化·旅游·传媒·体育

文　化

【概　况】　2022年，柯城区新建3家南孔书屋和3家文化驿站、122个“15分钟品质文化生活圈”及5家乡村博物馆。8月，全部完成年度建设任务并通过省级验收。

【余东乡村未来社区】　沟溪乡余东村依托农民画底蕴以及中国乡村美术馆得天独厚的优势，发展文化业态，以“一幅画”促进乡村产业发展，实现文化繁荣。区文旅体局融入未来社区建设之中，探索乡村未来社区文旅融合文化新业态发展的模式。2022年，余东村入选全省公共文化场馆服务功能拓展先行先试试点单位，是全市唯一的浙江省第一批公共文化国际交流基地。

【非遗名录体系】　将“文化+”融入乡村振兴，利用非遗引领未来乡村场景建设，打造以人类非遗九华立春祭为特色文化的妙源未来乡村、以国家级非遗西安高腔为特色文化的严村未来乡村、以农民画为特色的余东未来乡村、以市级非遗十三太保拳术和金庸武侠文化为特色文化的麻蓬未来乡村、以区级非遗陶瓷制作为特色文化的碗窑未来乡村。

【非遗宣传】　承办“连接现代生活 绽放迷人光彩”2022年浙江省“文化和自然遗产日”主场城市（柯城）系列活动，“柯风遗韵 四季如歌”柯城区非遗主题旅游路线被列入首批省级非遗主题旅游路线行列，策划和举办国庆假期“独具匠心 非同遗般”非遗

1月24日，碗窑国潮美食狂欢节在区沟溪乡余东村举办

9月20日，艺术文化表演在市区坊门街举办

临展活动。组织参与柯城区首届未来乡村艺术季之趣游宋潮夜活动。

【文物保护】 通过完善文物保护投入机制，落实文物安全责任，安排文物保护专项资金用于文物保护利用，推动文物保护有效实施。全年争取62万元用于全国重点文物保护单位北二蓝氏宗祠安防工程提升；通过与财政部门对接追加预算，争取396万元年度文化遗产保护经费预算用于文物保护和非遗传承。

【地方文献馆】 引入民间力量，与衢州民间书店青简社合作，在柯城区图书馆设立“青简社地方文献馆”，珍藏近2000册衢州的地方文献，为全市唯一的地方文献馆。为读者及各界人士提供参考查询1125次，为深入挖掘和开发利用景区、历史文化，为灵鹫山文化课题、非遗传统文化等研究项目提供资料查询。

（姜　晔）

旅　游

【概　况】 2022年，加强融合品牌创建，全年申报各类融合品牌8项：乡村文旅运营“五百计划”、第四批全国乡村旅游重点村(余东村）、浙江省诗路旅游目的地（余东）、浙江省文化产业示范区（邵永丰）、2022年度全国乡村文化和旅游带头人（赖忠卿）、浙江省采摘体验基地（佳禾蓝莓）、浙江省工业旅游示范基地（巨香食品）、省级文化产业示范基地（邵永丰、衢窑）、动漫企业（天空树）。余东村被列入全省首批金AAA景区村庄培育名单。

【露营旅游】 2022年，全区新增露营基地11家，总营位数达300余个，其中魔法密境营地、余东·陌野轻奢露营基地等5家营地入选市级首批露营基地。营业期间天仓岭协众墟度、去山野、在山野等基地满员满座，露

7月22日，“心语星空·邂逅你我”暑期露营生活节在石梁镇举行

营基地承接休闲露营活动、团建、婚礼等，日均营业额为2万至3万元，天仓岭协众墟度日均营业额达10万元。

【“一乡千宿”工程】 2022年，全区新增星级民宿19家，民宿综合体4家，民宿集聚村2个，民宿集聚区1个。开展“你有故事 我有美酒”抗疫英雄免费住活动。活动期间免费预约入住民宿985间，带动餐饮、伴手礼等消费20余万元。同时与建行合作开发柯城民宿管理系统，实现“一平台”民宿宣传、预定、结算等功能。

【微改造 精提升】 以“微改造 精提升”工作为抓手，推进A级景区、景区城、景区镇、景区村庄、旅游饭店、民宿等涉及旅游功能的产品或场所进行改造提升。至9月末，全区微改造、精提升新增项目289个，计划总投资9.6亿元，累计完成投资8.4亿元。8月，在省厅公布的全省旅游业“微改造、精提升”工作情况通报，柯城区微改造综合评价指数位列全省第28。

【品牌营销】 2022年，区文旅体局新增开通“看见柯城”微视频号平台阵地，全局有“柯城文旅体之声”微信公众号、“柯城文旅体”抖音号、“看见柯城”微视频3个新媒体宣传主阵地。利用新媒体平台服务好外宣需求，围绕文旅体活动、灵鹫山度假区、露营、美食和共富等主题内容，持续推出轻成本、高质量宣传推文、短视频。全年推送公众号篇数达484篇总阅读达52.5万人次。其中，年度单篇阅读量1000次以上文章数达到111篇，最高阅读量达7707人次。每周政务新媒体分数保持在84分以上，全区平均排名第3。抖音号保持每周6条，微视频平均每周2条频率。微信视频号总播放量15万次，平均播放量1846次，最高播放量5834次；抖音累计总播放量达12万次，平均播放量958次，最高播放量1.2万次。

【“百县千碗”工程】 柯城“特色菜单”排入职工食堂日常供应菜单，《味道柯城》画册和美食地图上架食堂宣传栏。《味道柯城》美食RAP歌曲发布，提高柯城美食知名度。摸底一批条件良好的餐饮企业参加6月“诗画浙江 百县千碗”省级美食体验店和美食小镇等申报工作，指导衢府、水浒城、衢化宾馆和石室乡迎检工作。9月5日，完成市文旅对市级“诗画浙江 百县千碗”体验店验收。

【数字化改革】 谋划柯城民宿管理服务应用，实现民宿申请设立、民宿运维补助到民宿运维服务管理等民宿全生命周期“一平台”办理和服务。民宿运维服务板块功能在建设推进中，6月30日，完成系统最小闭环建设。谋划“网吧云监管”应用，旨在实现网吧的安全、环境、防疫情况云上监管，提高网吧的整体运行质量。完成项目业务、三张清单梳理，筹备区数字文化和市文旅项目擂台赛。配合区委宣传部开展“云尚非遗”应用建设和试点申报工作，5月30日，“云尚非遗”项目被省文旅厅评为2022年数字化改革场景建设第二批试点。根据创建全域旅游示范区，启动文旅体信息服务平台提升改造。

（姜　晔）

文旅发展

【概　况】 2022年5月，衢州市绿创文旅体育发展有限公司与衢州市柯城区乡悦旅游服务有限公司合署办公，下辖全资控股子公司衢州田园体育旅游发展有限公司。10月，公司更名为衢州市柯城区文旅发展有限公司，以全新姿态开始独立经营，实现全年经营性收入达到9577.4万元。

【项目建设】 2022年，公司实施柯城区森林汽车穿越小道提升工程千里岗森林营道、柯城区灵鹫山森林康养基地等建设项目。其中：柯城区森林汽车穿越小道提升工程，争取专项债2000万元，完成投资1400万元，其中初级赛道工程完成进度85%；会员接待中心及沉浸式体验中心项目完成投保并进场施工；标识系统汽车标定摄像系统完成进度50%；给排水、供配电、消防工程（250千伏安箱变）项目已进场施工，完成建设进度20%。千里岗森林营道项目：争取财政预算资金500万元，完成投资100%，4条新增延伸步道验收完成，标识系统建设完成，智慧引导系统内容更新完成，进入测试阶段。柯城区灵鹫山森林康养基地建设项目：争取市本级诗路文化带补助资金175万元，完成投资300万元。康养基地智慧化旅游系统项目、森林康养游乐体育设施改造提升项目建设完成；邀请省农林大学设计院专家对康养基地标识系统进行设计；森林驿站完成进度100%、康养步道项目完成进度80%。

【资产运营】 公司运营大荫山丛林飞越探险乐园、运动柯城体验中心展示馆、木可集·源春民宿三大文旅资产，实现全年经营性收入227.94万元。其中，大荫山丛林飞越探险乐园项目，位于柯城区九华乡境内。3月，成功创下国家AAA级景区。公司利用“绿创文旅体”“灵鹫山093”2个公众号，以及抖音探店、对接单位团建拓展活动等，多渠道进行活动推广，全年接待游客2.1万余人次，完成营业收入208万元。运动柯城·体验中心展示馆，位于万田乡鲶鱼湾头，公司负责展馆日常运营及接待。接待各类考察30余批次，其中重要考察任务10批次，营业收入30万元。“木可集”民宿品牌，位于九华乡妙源村，于“五一”国际劳动节期间开业，共接待省、市级考察25余批次；完成美团、携程等OTA（线上交易）平台产品上线，策划营销活动30余场，完成营业收入9万余元。山海协作春风动力运动基地，位于95联盟零号驿站，项目规划面积80余亩，利用现有场地建设儿童体验赛道区，于国庆期间试运营，接待游客约1000人次，营业收入近4万元。

2022年，区文旅发展有限公司打造的木可集民宿集群

【重点项目承接】 2022年，负责承接全区疗休养工作，已签订疗休养协议220家，签订完成率达100%，实现进项金额达2364.25万元，实现销项金额达2189万元。

【品牌打造】 2022年，打造“探秘灵鹫山”品牌，制定“探秘灵鹫山”暑期夏令营活动方案，成功举办4期。谋划开展“探秘灵鹫山·一粒稻谷的发声”稻田研学活动。

（杨 茜）

史志工作

【概　况】 2022年，柯城区档案馆党史、地方志工作聚心资政服务，编研成果逐步丰富，抓实一批史志编纂项目，通过提高史志工作科学化水平，更好地发挥党史、地方志“存史、资政、育人”的作用。2022年，全力推进《中国共产党衢州市柯城历史（1985—2012）》（以下简称党史三卷）与《柯城年鉴（2022）》编纂工作，《地方志助力柯城区灵鹫山故景复建》案例入选2022年度全省地方志成果转化应用“十佳”典型案例，全市唯一。

【史志编纂】 做好党史三卷编纂工作。根据省、市、区相关文件规定，党史三卷的编撰时间从1985—2002年调整为1985—2012年，往后扩展10年。经过大量收集兄弟县（市）、区的优秀范例、文件材料等，至年底，完成71家编撰单位的176个专题初稿撰写及完善稿件质量，为正本大纲编撰打好基础。全力推进《柯城年鉴》编撰工作，《柯城年鉴（2021）》于2021年底取得书号，2022年通过出版社三审三校，于10月13日由方志出版社正式出版，全书61.2万字。《柯城年鉴（2022）》在年初下发编纂通知，全年全力推进年鉴工作的开展，完成正文初稿、彩页及封面照片的初步编排，按照出版要求完善全书质量，于12月10日将送审稿发至方志出版社三审三校。

10月13日，《柯城年鉴（2021）》出版发行

【乡镇志启动】 乡镇志编纂工作取得进展。根据《浙江省人民政府办公厅关于加快推进新时代地方志发展的意见》要求，力争到2025年，全省乡镇（街道）志编纂覆盖面达30%以上。航埠镇为柯城区的大镇，具有丰富的历史文化底蕴，2022年开展乡镇志编纂计划摸排以及与航埠镇相关负责人进行研究探讨，确定航埠镇为首个开展乡镇志编纂的乡镇（街道），指导航埠镇于10月31日启动《航埠镇志》编纂工作，为后续其他乡镇（街道）志书编纂的开展开好头、起好步。

【史志编研资政】 丰富各类编研成果，发挥史志资源资政、育人作用。2022年完成柯城区自1985年建区以来《浙江日报》中刊登柯城区的有关报道汇编电子版，为党史三卷编纂提供参考依据。收集1985—2022年历届区党代会报告、区政府报告等重要文件，进行初排整理与文字校对，至年底完成历届区党代会报告汇编的终稿，历届区政府报告汇编的初排稿，持续校稿完善后送印出版，为史志资源利用做好编研基础。此外，衢州、柯城两级方志机构组织开展灵鹫山区域史志文献整理和田野调查工作，提炼、打造灵鹫山立春祭典、佛教主题和休闲康养三大文化IP，赋能衢州“大花园”和美丽乡村建设。浙江省人民政府地方志办公室下发《关于公布2022年度全省地方志成果转化应用“十佳”典型案例和优秀案例的通知》，此项评选在充分推进方志成果转化应用工程、强化修用并重理念、激活方志文化创新活力中发挥重要作用。其中柯城区——地方志助力柯城区灵鹫山故景重建案例入选“十佳”典型案例。

（陈　晨）

媒体宣传工作

【概　况】 2022年，区传媒集团围绕党的二十大、省第十五次党代会、市第八次党代会、市两会、区第九次党代会等重要会议精神和“六治六提”“六比六晒”、重点专项、省级全域旅游示范区创建、弘扬新时代衢州人文精神、疫情防控等重点工作，推出一批重点主题报道和融媒体产品，为全区重点工作推进凝聚社会共识。

【区本级媒体宣传】 全年，《柯城新闻》电视栏目播出新闻157期878条。自11月起，原定每周3期的《柯城新闻》电视栏目延长为每周7期（其中周一至周五为《柯城新闻》，周六、周日分别为《柯视界》和《柯城一周要闻》）。《柯城新闻》广播栏目播出新闻221期663条。《今日柯城》报纸刊出129期、516版，采编稿件2500余篇。“柯城发布”微信公众号发稿1899篇，总阅读量1822万余人次，阅读量为上年的10倍，1万人次以上爆款稿件315条，其中10万人次27条。“柯城发布”视频号发布短视频638条，总浏览量2319万人次。“运动柯城”APP发稿9200余篇，总阅读量超3000万人次；“柯城发布”抖音号总点赞量突破230万人次，抖音号和视频号10万人次以上阅读量爆款稿件合计100余条，100万人次以上阅读量28条，单篇稿件最高阅读量接近1500万人次、最高点赞量突破37万人次。制作的文艺界和体育界知名人士为衢州加油战疫视频《我们从来都不是孤军奋战》引发广泛关注并被省市媒体广泛转载，总阅读量突破160万人次。在市级以上主流媒体平台推出涉柯正面报道1700余篇（条），其中9次被央视《新闻联播》报道、4次被《人民日报》报道、3次被《新华每日电讯》报道、3次被《经济日报》报道，《浙江新闻联播》《浙江日报》分别刊发42条、38篇。7月1日、19日，柯城传媒集团记者发表在《衢州日报》上的稿件《从“增绿量”转向“增碳汇” 柯城“一村万树”借碳变现升级》《“我在七里有块地”引发一场城乡互动 七里乡盘活资源提升旅游体验感》获得市领导批示。8月27日，央广中国之声沉浸式文化访谈节目《跟着声音去远方》推出衢州篇，对桃源七里、碗窑村、九华立春祭等进

10月24日，“贯彻二十大精神·踔厉奋进新征程”大型融媒体采访行动启动

行宣传推介，时长近1个小时，获中央台领导肯定，反映该节目成效的信息《央广“走进衢州”专题节目当晚收听收看四千万+衢州广电传媒集团广播外宣实现新突破》获市委领导批示。

【《今日柯城》】 全年《今日柯城》报刊出129期、516版，采编稿件2500余篇。围绕党的二十大、省第十五次党代会、市第八次党代会、市“两会”、区第九次党代会等重要会议精神和“六治六提”“六比六晒”、重点专项、省级全域旅游示范区创建、弘扬新时代衢州人文精神等重点工作开展重点宣传，开设专栏，营造浓厚舆论氛围。

【融媒平台】 重点加大“运动柯城”APP推广力度，持续开展“幸运大转盘”抽奖、周三“宠粉日”、积分超值换购、点赞评论送福利、有奖答题等活动，提升APP互动性和吸引力，APP用户数大幅提升。开设“童心童创”频道，征集全区广大少年儿童的写作、书画、艺术、视频作品。“运动柯城”APP总装机数由年初的2.9万户增至29.9万户，注册用户数由3.2万户增至45万户，分别增加27万户、42万户。“柯城发布”微信公众号用户数由年初的7.7万人增至12.8万人。“柯城发布”抖音号用户数由年初的9000人增至6.7万人。“柯城发布”视频号用户数由年初的2654人增至10045人。

（朱宇怡）

体　育

【概　况】 2022年，制订出台《全民健身实施计划（2021—2025年）》，贯彻落实省体育局《支持山区26县体育高质量发展的十条措施》，在基层体育指导和服务、竞技体育项目布局和人才培养、优先布局体育赛事项目等方面对接和行动。落实省文旅厅、省发展和改革委《关于支持柯城区跨越式高质量发展的若干举措——加快运动休闲产业发展壮大的通知》，与其中省体育局支持的基层体育场地设施建设、品牌体育赛事举办、重点场馆项目谋划建设、优秀运动员苗子培养等4项政策中积极对接，取得显著成效。

【体育公共服务】 2022年，柯城区建成基层体育场地设施项目16个，投入建设资金1000万元。其中，省级项目11个，区级项目5个，包括10个百姓健身房、5个多功能运动场、1个村级全民健身广场，全区建成体育场地设施1600余个，人均体育场地面积达到2.55平方米，实现“15分钟健身圈”全覆盖，村（社区）体育场地设施全覆盖。健全全民健身组织网格，新成立体育协会2家，全区体育社会组织达40家，其中AAA级以上社会组织20家。

11月13日，柯城区举办青少年游泳比赛

7月23日，柯城区举办幼儿围棋表演赛

乡镇街道建立体育协会分会或运动团组，建成区、乡、村三级体育社会组织网格。新培训三级社会体育指导员100人，全区社会体育指导员1776人，达到每千人3.3人。深化体卫融合，开展体医融合培训，将体质测试项目纳入健康体检。

【全民健身赛事体系】 谋划重大品牌体育赛事，承办“中国体育彩票”浙江大湾区自行车公开赛（衢州站）暨第七届“衢州有礼”诗画风光带自行车骑行挑战赛，拟定中国围棋之乡、灵鹫山百公里越野跑、四省边际中心石梁镇石门山自行车爬坡赛等重大品牌体育赛事。承办浙江省第十三届中小学生校园足球联赛初中女子组总决赛、省幼儿体育大会围棋比赛等省级体育赛事。举办柯城区“8·8”全民健身日系列赛事活动，包括自行车、羽毛球、乒乓球、飞镖、汽车越野等10项赛事活动。各乡镇街道还举办40余场体育进农村文化礼堂等各类体育赛事活动。

【竞技体育】 建设特色运动体系，做好“学校+俱乐部”融合发展。全区有省级阳光体育基地学校6所、市级训练基地学校1所、市队联办单位5家、市队校办学校3所、市级体育阳光学校3所、体育特色学校3所、市“校园足球”4所、区少年业余体校1所、区级传统项目学校12所。华腾青少年体育俱乐部、润达青少年体育俱乐部等11家青少年体育俱乐部与学校融合开展青少年体育，涵盖围棋、足球、篮球、排球、乒乓球、射击、射箭、健美操等30余个项目，有效推进青少年体育和竞技体育发展。区教育局连续下发《关于公布“学校+俱乐部“体教融合模式准入名单（试行）的通知》。加快体育人才队伍建设，全区省注册3547人。在衢州市第六届运动会中小学生田径比赛中，柯城区运动员获得100枚金牌，列县（市）、区组金牌总数、团体总分第一名。体育人才奖励，纳入《关于深化实施“聚智柯城”人才工程推动柯城大发展快发展高质量发展的若干意见》。

【灵鹫山国家级赛训基地】 位于柯城区灵鹫山森林运动乡镇范围，意向建成集射击射箭、足球、棒垒球、羽毛球等项目赛训于一体的综合大型基地，可用于省队甚至国家队进行集训和比赛的场地。

（姜 晔）

卫生健康

综　述

【概　况】 2022年，柯城区有医疗卫生机构395家。其中，区属公立医疗卫生机构21家〔区人民医院、区中医医院、区妇幼保健院和9家乡镇（中心）卫生院、9家社区卫生服务中心〕；乡镇卫生院（社区卫生服务中心）所属的乡村一体化村卫生室（社区服务站）41家；民办医疗机构333家（民营医院21家、社区卫生服务站18家、个体办村卫生室、诊所、门诊部等其他小型医疗机构294家）。卫生系统有在岗职工1793人，其中在编职工1205人，正高81人、副高160人。全区户籍人口出生1932人，其中一孩出生数为1130人、二孩出生数为715人、三孩及以上出生人数87人。

【爱国卫生和健康柯城建设】 贯彻落实《健康柯城2030行动纲要》《柯城区爱国卫生工作要点》等精神，开展健康教育与健康促进活动。在第35个世界无烟日宣传活动中，区爱卫办联合市、区疾控中心在柯城区新星初中举办控烟主题讲座，宣传烟草对青少年身心健康的危害，各基层医疗机构在辖区范围内举办控烟知识讲座、宣传、义诊等活动。举办全区健康家庭大奖赛活动，推荐优秀家庭参加市级健康家庭大奖赛，区爱卫办获得全市

1月13日，国家医保研究院课题组到春江月社区调研“未来社区医保到家”场景应用

优秀组织奖。开展爱国卫生纪念活动，广泛征集历史资料，系统梳理总结全区爱国卫生运动70周年来所开展的工作、取得的成绩、工作中的典型经验等，并开展爱国卫生70周年征文活动。在第35个爱国卫生月活动中，各单位自行组织，分发爱国卫生宣传册、张贴海报9849份，开展文明新实践活动103场，各乡镇、街道结合“周二无会日”，开展巩固提升国家卫生城市、国家卫生乡镇等活动，环境卫生综合整治活动50次，参加整治活动8000余人次，清理楼道乱堆放700余处，清理卫生死角4365处，清除乱张贴750余张；市场整治15次，清理垃圾200余吨。全区建设健康乡镇1个、健康村40个、健康社区8个、健康促进社区1个、健康促进学校14所、健康食堂2家、健康餐厅2家、健康家庭1060户，健康素养进文化礼堂覆盖率达到100%，无烟党政机关创建覆盖率达100%。

【医疗卫生“山海提升工程”】根据浙卫办《关于印发“浙有善育”民生实事项目实施指导意见等文件的通知》关于“救治中心、共享中心和临床专科建设项目实施指导意见”，浙江省肿瘤医院、浙江医院携手帮扶柯城区人民医院重点发展县级医院胸痛、卒中、创伤三大中心救治能力，做强做优影像、病理、检验三大共享中心，肿瘤外科、放疗科、肿瘤内科、康复科等四大专科重点发展方向由两家省级医院予以托管。2022年，省级医院下派专家在岗天数总和4455天，门诊人次3046人，病房查房人次19020人，手术台次576台，带教培训人次7770人，肿瘤MDT（多学科诊疗模式）114人次。开展11项医疗新技术，肿瘤病人收治人数增长27.7%，化疗病人增长55.6%；重点托管专科CMI值、RW≥2占比均明显提升。6月，通过省市民生实事项目——山海提升工程验收。建成柯城区人民医院肿瘤防治教育基地，获评浙江省城市癌症筛查先进集体。科研方面经下沉专家指导，柯城区人民医院获得省卫生健康委科技计划1项，浙江省中管局课题4项，衢州市级课题4项。

【基层医疗卫生服务】完成省市民生实事项目——新（改扩）建15家村级卫生室（站），其中7个项目提前完工，项目总进度达100%，排名全市第一。6月15日，村卫生室建设的经验，在浙江省卫健委召开的全省“优质服务基层行”活动工作会议上作典型经验发言。截至年末，全区有村级医疗机构144家（社区卫生服务站31家，村卫生室113家），达到规范化要求123家（社区卫生服务站14家，村卫生室109家），规范化率达到85.4%。结合省市文件精神和工作要求，7月制定下发《关于做好“优质服务基层行”活动和社区医院建设工作的通知》文件，力争全区基层医疗卫生机构普遍达到2022版服务能力基本标准。9月，万田乡卫生院、石室乡卫生院、黄家街道社区卫生服务中心、白云街道社区卫生服务中心等5家医疗机构，通过基本标准“回头看”市级复核评价。10月，府山街道社区卫生服务中心通过市级推荐标准现场复核、新新街道社区卫生服务中心通过基本标准市级复核、花园街道社区卫生服务中心通过推荐标准“回头看”市级复核评价。11月，府山街道社区卫生服务中心完成省级推荐标准现场复核，花园街道社区卫生服务中心通过推荐标准“回头看”省级复核评价和社区医院创建。区内16.7%的基层医疗机构达到推荐标准，94.4%基层医疗机构均达到基本标准。

【数字化改革】推动医学检查检验结果互认工作，扩大互认机构范围，完成二级以下医疗机构检验检查互认共享。新增互认项目163项（检查140项、检验23

项），全年检验检查提醒493428项次，精准提醒36192项次，检验检查项目调阅81376项次，实际互认15089项次，节省金额61万余元。控制医学检验检查结果数据开放查询质量，加强上传数据质量控制，强化系统运行监控。优化"一老一小"健康服务应用，完成白云街道白云社区卫生服务站智慧化建设，通过三星级智慧化社区卫生服务站评审。在万田乡上下蒋村建设"蒋健康"乡村健康馆，借助村民自助健康检测系统与远程问诊系统，完善自助服务流程，提升村民健康素养与健康自我管理水平。提高医疗收费电子票据流转运用效率和质量，全区政府办医疗卫生机构的HIS（智慧化管理）系统在6月底完成与省、市财政票据管理平台的对接与改造，实现票据使用全流程电子化，全面统一开具横版医疗电子票据。推进医疗机构信息系统实时贯通，通过健康数据高铁，联通区—乡—村三级医疗机构信息系统，实现医疗健康信息实时上传。区人民医院、区中医医院、区妇保院3家公立医院完成西医门诊病历、西医处方与处方明细的数据上传。区中医医院借助"中医处方一件事"改革，完成中医门诊病历、中医处方与中医处方明细的数据上传。

【人口与家庭发展】 依据省人口监测统计，全区户籍人口出生1932人。提升生育管理服务体验，实现生育登记零跑腿，生育登记1300件，网办率达100%，实现出生"一件事"联办，完成掌上办理1132件，线上办件1101件，线上办理率97.26%。"5+X"多元化普惠性托育服务体系基本完善，备案登记托育服务机构达62家，被列为省级普惠托育基本公共服务先行试点县（区）。巩固母婴安全五项制度，全面开展出生缺陷综合防治工作。开设城乡妇女"两癌"筛查门诊，开展将"两癌"筛查送进村服务，开展宫颈癌筛查13171人。实施"暖心行动"项目，新建暖心家园服务站1家，举办暖心家园集体庆生、知识讲座、文体活动、交流联谊、志愿服务等20余场，服务500多人次。高龄老人意外伤害保险统筹推进，为全区14525名80岁以上户籍老年人投保意外伤害保险,参保率达100%。实施老年健康促进行动，开展老年健康宣传周和"敬老月"活动，举办各类讲座56场次、宣传活动47场，开展义诊、健康体检活动24场次，发放各种宣传资料6886份，制作短视频20份，服务12415人次。扩大老年教育资源，多形式开展老年电大教学活动。增强养老机构医疗服务能力和提升医疗机构养老服务能力，基本建成以居家为基础、社区为依托、机构为补充，覆盖城乡、规模适宜、功能合理的具有柯城特色的医养结合服务体系。

【清廉医院】 结合创建实际，提炼出适合本单位的清廉精神内核，打造区人民医院"医柯红心仁愈衢城"、区中医医院"新方党建杏林扬帆"、区妇保院"暖心妇幼医心为民"等一批特色品牌。区人民医院获全市卫健系统"领雁强基、卫健竞驰"党建+清廉医院建设"强基之星"荣誉称号。开展廉政风险防控工作，做好招聘、干部任免、采购、工程建设等领域的全程监督工作。

【行政审批】 2022年，全区新执业登记31家医疗机构；办结医疗机构校验208户次，医疗机构变更55件，医疗机构更换许可证52家，医疗机构注销20家。全市联合通办受理公共场所卫生许可92户次。

【卫生监督】 开展常态化疫情防控监督检查，对疫情防控措施落实不到位的医疗机构处罚97起，关停整改41家医疗机构。使用智慧卫监非现执法系统对

233家医疗机构检查。持续完善医疗机构诊疗行为智慧监管系统和重点传染病非现场执法模块。利用大数据、人工智能和互联网技术搭建预警模型，把面对面监管转型为“互联网+智慧监管”，新手段立案13起。全年出动2300余人次，监督800余户次，行政许可受理307户次，发证239本，市里联合通办受理67户次公共场所。立案251起，作出处罚决定248起，其中简易案件138件，一般程序案件110件，罚没款111.3万元，新手段办案13起。接到投诉举报22起，受理22起，处置22起，反馈22起,查处率100%。其中12起存在违法行为，进行立案查处。

（郑伟晔）

疾控与公共卫生

【概　况】　2022年，全区医疗卫生机构395家，持续做好疾病预防与控制以及公共卫生工作。区卫健局深化家庭医生签约服务工作，发挥医共体总院专家力量，强化家庭医生签约服务质量与居民满意度，以“10+1”形式开展服务，对有需要的居民提供个性化签约服务包，推进国家基本公共卫生服务项目。全区建证建册率达95%以上，重点疾病预防监测持续开展中。

【重点疾病监测】　2022年，对全区重点疾病包括传染病、禽流感、疟疾、鼠疫等进行防治与监测。报告法定传染病2993例，较上年同期上升16.89%，发病率为557.88/10万，其中甲类传染病0例，乙类传染病11种1244例，丙类传染病4种1749例。禽流感监测，对九华乡、石梁镇、石室乡、航埠镇8户禽类养殖户进行了人群血清及外环境采样，采集职业暴露人群血清8份，外环境标本40份，结果均为阴性。疟疾监测，对就诊的疑似疟疾病例、临床诊断疟疾病例及不明原因的发热病人进行实验室疟原虫检测，累计完成血检470人次，未发现阳性者，血检数完成年度任务数的100.18%。鼠疫监测，采集鼠血清603份，鼠肝、脾病原学标本各503份，鼠疫菌均为阴性，鼠疫抗体检测均为阴性。登革热监测，调查城镇流动点2000户，白蚊伊蚊阳性容器数45个，平均布雷图指数2.25；石室村、沟溪村固定点2000户,白蚊伊蚊阳性容器数123个，平均布雷图指数6.15。布鲁氏菌病监测，对18个乡镇街道开展布鲁氏菌病重点职业人群摸排，组织采集重点职业人群血清样本85份，检测结果均为阴性。碘缺乏病监测，收集监测对象家中食盐样本及中段尿样本检测碘含量，抽取学生对象开展甲状腺B超检测，测算学生甲状腺肿大率。统计结果：儿童尿碘中位数为201.07微克/升，孕妇尿碘中位数为150.62微克/升，合格碘盐使用率达90%以上，儿童甲状腺肿大率低于5%。

【血吸虫病防治】　2022年，全区钉螺普查面积72.6191万平方米，查螺投工1152人，灭螺投工60人，全年血防经费投入95.43万元，经费支出86.06万元。石室乡荆溪村2022年查出有螺面积0.148万平方米，其中环境改造灭螺土地面积为0.05万平方米，药物+土埋法灭螺土地面积为0.098万平方米，对石室乡上送的钉螺解剖镜检315份，镜检结果均阴性；九华乡上宅村2022年上年遗留有螺土地面积为0.145万平方米，环境改造灭螺土地面积为0.145万平方米，药物灭螺（反复扩大灭螺）土地面积为6万平方米。全年发现11名血吸虫病血检阳性人员，采集阳性人员粪便标本检测结果均为阴性，暂未发现新增晚期血吸虫病患者，现有晚期血吸虫病患者合计44人，2次随访完成率100%，死亡晚期血吸虫病患者5人。

【结核病防治】　2022年，全区登记结核病人281例（活动性肺结核患者261例），其中病原学阳性患者184例，病原学阴性患者58例，单纯结核性胸膜炎17例，肺外结核20例，其他2例；经上级定点医疗机构确诊并纳入管理的肺结核患者人数236人，已管理236人，管理率为100%。累计处置本地学校结核病散发疫情5起，调查本地肺结核学生5例，开展密切接触者筛查290人。

【慢性病社区综合防治】 2022年，全区18家乡镇卫生院/街道社区卫生服务中心共有门诊患者880717人次。首诊测血压323605人次，首诊测压率97.2%。发现并登记高血压患者48648人，管理46048人，管理率39.3%，血压控制率78.08%；糖尿病患者14139人，管理13328人，管理率41.21%，血糖控制率73.22%。管理14181名高血压高危人群，管理率3.26%，重点人群管理比例71.41%；管理12322名糖尿病高危人群，管理率3.37%，重点人群管理比例73.93%。全区户籍死亡个案3035例。新确诊糖尿病2494例、恶性肿瘤2299例、新发心脑血管发病个案1786例。

【医院、重点场所预防性消毒监测】 2022年，在全区抽取3家医疗机构开展院感消毒质量监测，采集空气样本3份、医务工作人员手卫生样本17份、环境物体表面样本18份、使用中消毒液样本6份、医疗机构污水样本3份，合计各类样品47份，检测合格45份，合格率95.74%。在全区抽取2家幼托机构和1家养老院开展监测，对重点场所的室内空气、工作人员手卫生、环境物体表面、使用中消毒液、饮水进行监测。采集空气样本7份、工作人员手卫生样本9份、环境物体表面样本14份、餐饮用具9份、使用中消毒液样本3份，合计各类样品42份，检测合格39份，合格率92.86%。

【居民饮用水水质与健康素养监测】 2022年，选取石梁镇、石室乡、黄家街道、荷花街道作为省级监测点，新新街道作为市级监测点，选择各辖区内160名15—69周岁的常住人口为监测对象，完成居民健康素养调查问卷814份，任务完成率100%。采集城市居民饮用水样品100份，合格率100%；采集农村居民饮用水样品133份，合格率100%。

【学生常见病与健康影响因素监测与干预】 2022年，完成10所监测学校2629名学生的体检工作。结果显示，全区儿童青少年总体近视率为53.98%，其中男生近视率51.28%，女生近视率56.77%。中小学生总体营养不良率9.83%，其中男生营养不良率8.73%，女生营养不良率10.13%；总体超重率14.86%，男生超重率17.31%，女生超重率12.61%；总体肥胖率9.54%，其中男生肥胖率12.54%，女生肥胖率6.80%；龋齿总检出率为41.33%，其中男生龋齿检出率33.70%，女生龋齿检出率48.32%；恒牙龋齿总检出率为30.35%，其中男生恒牙龋齿检出率22.07%，女生恒牙龋齿检出率37.92%；脊柱弯曲总检出率为4.92%，脊柱侧弯检出率0.27%，脊柱前后弯曲异常检出率2.17%。

【肺结核与结直肠癌筛查】 2022年，全区筛查65岁以上农村老年人21866人，发现疑似肺结核441例，疑似发现率2%，转诊到位367例；肺结核确诊20例，检出率91.47/10万。全区结直肠癌筛查项目完成任务9159例，任务完成率114.49%，全市排名第一。

【免疫规划】 2022年，全区建证建册率达95%以上，乙肝、卡介苗、脊灰、百白破、含麻疹成分的疫苗、流脑、乙脑、甲肝等免疫规划疫苗接种率达到95%以上。报告疑似麻疹/风疹11例，排除麻疹/风疹11例。麻疹监测病例48小时内调查率100%，血清标本采集率100%，检测结果均为阴性；上报AFP（急性弛缓性麻痹）病例1例、AEFI（疑似预防接种异常反应）病例186例。乡镇（街道）报告覆盖率100%。全区累计完成70周岁以上老年人免费接种流感疫苗10100支。

【公共卫生服务】 2022年，区卫健局深化家庭医生签约服务工作，发挥医共体总院专家力量，强化家庭医生签约服务质量与居民满意度，以“10+1”形式开展服务，对有需要的居民提供个性化签约服务包，推进国家基本公共卫生服务项目。电子健康档案建档率达85.71%，管理高血压患者46048人，管理糖尿病患者13328人。与22.70万名居民签订家庭医生服务协议，规范签约率为42.93%。全年户籍死亡个案3035例。全区报告农药中毒病例21例，其中男性15例、女性6例，死亡1例。全年报告新发职业病5例，其中尘肺病4例、噪声聋1例，接尘工龄小于5年的新发尘肺病报告1例。

（郑伟晔）

计生协会工作

【概　况】 区计划生育协会贯彻《中共中央国务院关于优化生育政策促进人口长期均衡发展的决定》和《浙江省人口与计划生育条例》精神，助力打造“浙里健康”“浙有善育”“浙里长寿”三张名片，继续深化推进计生协会群团改革，推进“六项重点任务”提质增效，以助力建设育儿友好型社会、促进人口长期均衡发展和家庭和谐幸福为主线，围绕生育关怀和家庭健康促进两大主题，实施生育关怀和家庭健康促进“八项行动”。

【融入基层社会治理】 指导乡镇街道计生协参与社会治理、服务乡村振兴的渠道，组织发动会员群众参与依法修订村规民约，及时清理取消不符合三孩生育政策的相关规定。

【宣传服务活动】 开展宣传服务活动，弘扬新型生育文化。围绕促进人口长期均衡发展，助力构建育儿友好型社会，加强对《中华人民共和国人口与计划生育法》等各类法规开展宣传服务活动，普及宣传适龄婚育、优生优育、尊重生育的社会价值、破除高价彩礼等新型婚恋观、生育观和家庭观的教育，弘扬“孝”“和”家庭价值观，大力营造生育友好环境。广泛开展群众性宣传教育。发挥“5·29”会员活动日等宣传品牌作用，开展以“喜迎二十大 树婚育新风 促健康和谐”为主题的宣传服务系列活动，发放《婚育新风进万家倡议书》1万余份和张贴婚育新风海报500余份。打造新环境宣传载体。运用网络和新媒体等方式，推动建设新型生育文化。通过“健康柯城”微信公众号，向全区会员和群众发出《婚育新风进万家倡议书》，开展的新型婚育文化宣传100件优秀作品征集和展示活动，组织参与市计生协网络知识竞赛等引导群众树立正确的婚恋观、家庭观、健康观和育儿观。开展各类专题活动。组织各乡镇（街道）通过组织知识竞赛、培训等形式，以青年人群为重点，宣传生殖健康知识和生育力保护，倡导“尊重生育的社会价值、适龄婚育、优生优育、责任共担、代际和谐、破除高价彩礼”等新型婚育文化，推动婚育新风“进村居、进社区、进家庭、进学校、进企业、进机关”。

【健康柯城品牌】 聚焦项目创建，打造青春健康柯城品牌。以落实省第十五次党代会提出“深化健康浙江建设，构建全民全程健康服务体系”为出发点，通过实施省计生协“青春健康深化行动”项目，开展针对青少年性与生殖健康教育，守护花季少年健康成长。对照年初制定的项目目标，针对疫情新常态，创新三大举措，提出“三个不缺位”保障项目工作有效开展。创新师资培养模式，常态化派出学员参加省、市、区师资认证和培训；建立志愿者队伍；吸纳衢州学院青年网络大学生为志愿者，扩充师资。举办区级师资认证和提高班培训，拥有区级以上师资50余人。组建成立志愿者团队，7月1—9日，联合衢州学院青年网络的大学生，在九华乡开暑期社会实践活动，为农村青少年开展青春健康教育等志愿服务活动。创新宣传倡导载体，通过开展主题节日宣传，开发特色化宣传品，统一印制志愿者马甲等使品牌标识化。在航埠镇初中开展青春健康教育基地建设，加强对农村青少年生殖健康的关注。兴华中学省级基地9月通过省级复评，并被推荐申报国家级基地。创新培训讲座模式，为克服疫情影响，通过运用学校直播平台“一课多上”、钉钉群直播、青春健康微课录播等多种直播方式，实现青春健康教育在线转型。全年开展青春健康培训65场，受益人群9500余人。在国家、省、市各平台开展青春健康宣传报道30多篇，“青春健康深化行动项目”在全省做经验交流发言，并被省计生协推荐为健康中国创新案例。用心用情，“暖心行动”更加温暖人心，聚焦计生特殊家庭全方位帮扶，继续全面实施“暖心行动”。

【“暖心家园”服务站】 建设“暖心家园”服务站，把服务触及最基层。在原有2个暖心家园项目点的基础上，在万田乡余家山头失独家庭比较聚集的村建立暖心家园服务站，辐射暖心家园的帮扶人群。全年开展各类集体庆生、知识讲座、文体活动、交流联谊20场，参与活动500余人次，暖心家园逐渐成为特殊家庭交流活动的温馨的“家”。开展“暖心行动”。落实计生公益金、计生特殊家庭保险、计生特扶金发放等政策帮扶。累计发放特扶金、公益金820.8万余元。开展帮扶行动，开展“情系腊八 寒冬送暖”活动，通过骑行的方式为石梁镇计生特殊家庭送去腊八粥和慰问品，春节前夕为全区44户计生特殊家庭送上大米、食用油、口罩、福袋等慰问品。开展为全区计生特殊家庭送健康活动，中秋节开展“情暖中秋与爱同行”联谊活动，重阳节开展“爱在金秋情暖重阳”走访活动，慰问20户家庭成员有疾病的特殊家庭，为每户送上1000元慰问金。各乡镇（街道）慰问走访帮扶计生特殊家庭1500人次，发放慰问品、慰问金价值15.2万元。

【家庭健康促进行动】 围绕关爱全生命周期健康，多形式全方位开展家庭健康促进工作。依托向日葵亲子小屋，打造家门口的育儿服务平台。深入实施“优生优育进万家”行动，黄家街道省级“向日葵亲子小屋”活动10次，培训走访婴幼儿家庭500余人次。省计生协先后到向日葵亲子小屋调研，对小屋建设高度肯定。主动服务疫情防控相关工作，助力筑牢群防群控的坚固防线。发挥计生协会组织网络和群众工作优势，组织动员各级计生协会投身城乡社区防控一线，为全区计生特殊家庭购买3万只医用外科口罩，并组织志愿者上门送口罩同时宣传疫情防控知识，为计生特殊家庭能更好筑牢疫情防控屏障。做好省级家庭健康指导员培训，组织推荐40名优秀生殖健康社工、青春健康师资等骨干力量参加省计生协线上培训，全员获得家庭健康指导师证书。开展“好家风 健康行”系列活动。围绕中国计生协等7个部门提出的2022年度家庭健康主题“好家风 健康行”，围绕家庭家教家风建设、家庭健康知识普及、健康生活方式推广等内容开展健康家风故事征集、“健康家·味道”分享、健康讲座、健康知识竞赛等形式多样的活动，“好家风 健康行”实现乡镇活

6月，柯城区健康知识普及行动——省级专家讲座进文化礼堂活动在上蒋村开展

动全覆盖。加强师资、基地和培训工作，通过实施生殖健康促进行动，减少青少年意外怀孕和人工流产，解决青少年、育龄人群及其他特定人群生殖健康的突出问题。全面实施“暖心行动”，聚焦计生特殊家庭全方位帮扶，全面实施“暖心行动”，协助政府扎牢帮扶安全网，促进联系人等制度全覆盖，建立健全精神慰藉、走访慰问、志愿服务、保险保障等4项服务，做好具有计生协会特色的心理疏导、日常帮扶和临终关怀等各项工作，保障生育政策调整有序衔接。

（郑伟晔）

爱国卫生运动

【概　况】　2022年，区爱国卫生发展中心贯彻实施新形势下爱国卫生工作的意见精神，坚持“大卫生、大健康”理念，围绕新冠疫情常态化防控，开展爱国卫生运动，提升居民文明健康、绿色环保的生活方式，巩固提升国家卫生城市创建成果。省爱卫办组织专家组开展2022年度国家卫生城市省级综合评估，柯城区顺利通过。

【爱国卫生纪念活动】　广泛征集历史资料，系统梳理总结全区爱国卫生运动70周年来所开展的工作、取得的成绩、工作中的典型经验等，征集优秀典型事例7例、优秀人物7名。参加主题纪念活动，组织线上知识竞答，倡导健康生活方式，营造全社会广泛参与的良好氛围。开展爱国卫生70周年征文活动，全区征集50余篇爱国卫生工作的优秀作品，其中报送市爱卫办参与评选20余篇，获得一等奖、二等奖各1篇及三等奖6篇，并获得优秀组织奖。在第35个爱国卫生月活动中，各单位组织分发爱国卫生宣传册、张贴海报9849份，开展文明新实践活动103场，各乡镇、街道结合“周二无会日”，开展巩固提升国家卫生城市、国家卫生乡镇等活动，开展环境卫生综合整治活动50次，参加整治活动8000余人次，清理楼道乱堆放700余处，清理卫生死角4365处，清除乱张贴750余张，市场整治15次，清除垃圾200余吨。

【卫生村镇创建】 动员乡镇、街道申报省、市卫生村建设，全年创建省级卫生村8个、市级卫生村34个。区爱卫办开展卫生村创建工作的指导和检查，通过省、市级评估。对石室乡等7个乡镇国卫乡镇创建和航埠镇、七里乡国家卫生乡镇复审工作的检查、督导，航埠镇、七里乡通过国家卫生乡镇复审，石梁镇等7个乡镇通过省级评估组暗访。

【健康教育与促进】 发挥健康教育宣传栏、黑板报等宣传阵地作用，结合季节性防病重点，定期更新宣传内容，适时为广大居民、单位企业职工、学校师生等提供健康教育资料。结合社区、城中村、企业和学校的实际情况，定期组织讲师团进社区、农村、企业、学校，针对中老年人、青少年、妇女、儿童、糖尿病人、高血压患者等不同群体，开展不同主题的健康教育活动。定期邀请乡镇卫生院、街道社区卫生服务中心等专业人员为群众举办卫生知识讲座，开展健康咨询，卫生保健知识宣传。2022年，全区建设健康乡镇1个、健康村40个、健康社区8个、健康促进社区1个、健康促进学校14所、健康食堂2家、健康餐厅2家、健康家庭1060户，健康素养进文化礼堂覆盖率达到100%。

【城乡环境卫生整洁】 以城乡环境治理、农村改厕为重点，开展城乡环境卫生整洁行动。落实乡镇街道农村户厕信息规范登记，全区完成10万余户的浙江省新版农村改厕信息管理系统数据信息的核对和录入。深化农村卫生户厕的知识普及宣传，区爱卫

4月，区爱卫办开展爱国生月系列活动

办印发宣传资料3000余份，强化农民群众对户厕管护的主体责任，提高农民群众文明卫生意识。全区农村卫生户厕普及率达100%，农村无害化卫生户厕普及率达99.79%。

【病媒生物防制】 开展春秋季灭鼠，夏季灭蚊、灭蝇、灭蟑螂活动，病媒生物滋生和栖息环境排摸和环境卫生综合整治。加强病媒生物防制工作的检查指导，对18个乡镇、街道的病媒生物防制工作开展专项检查，查看病媒生物合同台账情况，重点检查农贸市场、老旧小区、公园等公共场所卫生状况、露天积水容器、“四害”滋生地，餐饮三防设施，第三方公司对承包辖区内的捕蝇笼、毒鼠屋配备、药物投放等，对检查中发现的问题及时下发交办，确保病媒生物防制工作取得实效。开展以灭蚊、灭蝇为重点的除“四害”村建设，将除“四害”村城建设与未来乡村、健康村建设相融合，全年完成5个除“四害”村建设。

【无烟党政机关创建】 开展公共场所控烟宣传，加大无烟党政机关检查力度，营造无烟环境氛围。在第35个世界无烟日宣传活动中，区爱卫办结合世界无烟日活动主题，印制无烟宣传海报400份，下发到各部门单位，营造控烟氛围。在柯城区新星初中举办控烟主题讲座，宣传烟草对青少年身心健康的危害，各基层医疗机构在辖区范围内开展控烟知识讲座、宣传、义诊等活动，向居民讲解吸烟的危害性，提高对烟草危害的认识，养成居民的健康生活习惯。全区无烟党政机关全覆盖。

（陈燕华）

医疗保障

【概　况】 2022年，区医疗保障局围绕抓重点、寻突破、上台阶的总体要求，将医保工作落到实处，以“保三争二拼第一”的争先意识，夯实医保各项基础，构筑多层次的医疗保障体系，为推动高质量发展建设四省边际共同富裕先行示范区贡献医保力量。

【医保基层治理改革】 实施“县乡一体、条抓块统”医保基层治理模式，用活“四维考评”，贯彻落实市委“六治六提”作风建设行动和区委“六比六晒”活动，开展作风建设“六个行动”和警示教育月活动，全面清理、整治干部队伍中存在的“庸、懒、散、慢、推、拖”等作风突出问题，在克难攻坚和创先争优中锻造忠诚干净担当的高素质医保铁军。区医疗保障局荣获2022年度全区机关部门“五讲五比 赛马比拼”活动“强基之星”称号。

【“医保共富港湾”基层治理共同体建设】 创新“医保共富港湾”城乡现代社区微治理，聚焦居民医保的操心事、烦心事，发挥医保共富型制度特色优势，打造“医保共富港湾”城乡现代社区共同体，线上线下齐头并进，提升医保基层治理水平。线下以组团联社的衢化街道滨三村社区为实体试点，结合“周二无会日”，每周二定点为居民开展政策宣讲咨询、居民定期沟通、办事服务教办，与群众面对面交流医保需求和真实想法，拉近医保和居民的距离，解决百姓的医保急难愁盼问题，实现医保事门口办、自助办、明白办。从衢化街道滨三村社区向全区居民辐射，创新开发“邻礼通·医保共富港湾”微信小程序，打造便捷、高效的掌上医保政策宣传、网上办事、基金监管、政民互动、动态资讯、学习交流等现代医保服务平台，实现“‘掌’握小程序，尽解医保事”，将民情档案、民情沟通、为民服务的数字化改革理念生动诠释,为现代社区进行医保赋能。小程序覆盖了全区

18个乡镇（街道）79个社区、23个村和近50万名居民，全民学医保、懂医保、用医保、护医保、爱医保的和谐生态不断提质，得到社区居民的欢迎。

【创新宣讲实践】 为更有效地宣讲党的创新理论和医保惠民政策，经常性地开展“8090新时代理论”宣讲大比拼、“8090新时代理论”宣讲学习沙龙、党的二十大专题研习等一系列活动，为宣讲蓄能。设计医保政策的各种宣讲场景，创作一批主题宣讲，定期开展骨干宣讲员培训，开展10余次，参训530余人次；举办宣讲比选大赛4次，参赛70余人。持续擦亮“医声相伴”基层理论宣讲品牌，以小品、朗诵、快板、脱口秀等生动形式，深入农村、社区、企业、校园、医院、商圈，到群众身边精彩讲述群众的关心事，开展大型巡回宣讲演出5场，受众5000余人，现场医保服务咨询群众800余人次，发放各类宣传资料1万余份。重点打造“小戴说医保”网络直播宣讲品牌，让医保好政策更广泛地触及网民、普惠网民、引导网民。医保直播专场累计在线收看观众达1万余人，收获3万余次点赞和1000余条互动好评。开设“医声相伴·理品铺子”，通过在闹市区域微宣讲形式开展了生动的医保政策知识宣传，吸引了众多市民在铺子前驻足停留和热情交流。积极参与上级宣讲比赛活动，选派优秀宣讲员参加全区“共同富裕·青年说”暨“释放新活力·提升首位度”“8090新时代理论”宣讲PK赛、“喜迎党的二十大 网络普法进万家”2022年网络法治微宣讲大赛。

【“医保到家”应用】 “未来社区 医保到家”应用作为“浙里医保”应用子场景，纳入《全省数字化改革重大应用“一本账S2”》，被省医保局列入浙江省医保系统首批一地创新、全省共

8月16日，衢化街道在滨三社区开展在党的二十大精神指引下“医保共富港湾”聚力创新业活动

享应用项目试点。实现医保业务“在家办”，对接杭州清莲科技有限公司、华数公司、区大数据局、市医保局，9月初完成业务测试并对医保报销票据智能识别审核模块项目进行初验。解决系统对账不平问题，与省“智慧医保”项目组、巨米公司等对接，10月初解决自助售药机与云药店系统对账不平问题。推进慢病用药“在家买”，督促衢州康久医院微医互联医院、微医集团、巨米公司对接省智慧医保系统并进行接口改造。“医保到家”应用上架“浙里办”，部署规划“医保到家”应用上架“浙里办”，完善功能及界面。建立长效运营机制，加强点位运行管理，斗潭“医保到家”派专人进行运营。开展环卫工人爱心健康检查、医保到家推广宣传活动等，在市主流媒体平台上刊登。

【医保防贫减贫】 将医保精准防贫减贫迭代升级，融入“浙里病贫共济”应用。以主动感知、精准识别、梯次减负、保障兜底四大机制为抓手，保障兜底机制为重点，通过多渠道解决梯次减负后自负费用仍较高的困难群众医疗费用，梳理汇总各相关部门帮扶政策和数据，在智慧医保平台实现信息的共享和协同办理；着手准备建立医保暖心无忧基金，草拟暖心无忧基金管理办法、保障兜底机制服务规范、构建防范因病致贫因病返贫长效机制行动方案等；基本完成“浙里病贫共济”场景搭建，依托医保大脑和智慧医保系统一体推进病贫共济场景建设。开展2021年困难群众高额费用化解，经数据筛选和相关部门数据匹配，需化解8人，涉及金额12.68万元。2022年，防贫减贫工作被列入省局“一地创新 全省共享”试点名单，9月在全省医保系统共同富裕工作汇报视频会上作交流发言。

【筑牢基金安全防线】 多方协同，保持打击欺诈骗保高压态势，将专项行动和日常监管、自查自纠、双随机检查有机结合，制定具体实施方案。加强和公安、卫健、市场监管等职能部门的沟通和交流，及时发现医疗机构医保违规情况线索、苗头。与检察院持续对接，针对故意伤害案件当事人员进行复核，从400多人名单中精准识别，成功查办1名骗保人员，并移送司法机关。查处市区1家医院重复收费违法使用基金案件，相关工作正推进中。配合公安部门开展同进同出疑似团伙作案专项核查工作，排查疑点数据逾4万条。营造维护基金安全良好氛围，4月集中开展以“织密基金监管网 共筑医保防护线”为主题的医保基金监管集中宣传月活动。组织召开动员部署会，以《医疗保障基金使用监督管理条例》为重点宣传内容，通过悬挂宣传横幅标语、张贴海报、摆放宣传折页、播放宣传片、发布一封公开信、下社区宣推、签订承诺书、开展专题直播和线上小程序等多种途径和方式，解读相关法律法规和政策措施，展示打击欺诈骗保工作成果。

【提升业务能力】 截至12月底，全区基本医疗保险参保31.79万人，其中职工医保参保11.2万人，城乡居民医保参保20.59人。全区实现城镇职工基本医疗保险基金收入0.13亿元，发生基金支出2.828亿元，累计结余5.54亿元，基金可支付能力23个月。实现城乡居民基本医疗保险基金收入3.27亿元，发生基金支出3.05亿元，累计结余3.75亿元，基金可支付能力14个月。带量药品医用耗材采购进度总体良好，每月带量货款按时结算率100%。加强干部“两专”能力建设，组队参加衢州市医保局承办的2022年度全市医保岗位业务技能大比拼活动，获团体二等奖，2名干部分别获个人金奖和个人银奖。

（严　霞）

柯城区人民医院

【概　况】 2022年，衢州市柯城区人民医院（浙江省肿瘤医院衢州分院）是一家二级甲等非营利性综合性医院，是柯城区医疗、预防、保健、康复、教学、科研及业务指导中心，是全市唯一一家通过JCI（国际医疗卫生机构认证联合委员会）认证的医院。设病区21个，实际开放床位数620余张。拥有医科达医用直线加速器、64排螺旋CT机、DSA（数字减影血管造影技术）、奥林巴斯电子胃肠镜、飞利浦彩色超声诊断仪、飞利浦1.5T医用磁共振成像系统等众多先进医疗设备。

【医疗业务及人才队伍】 全年，门急诊631547人次（其中体检79354人次）；出院25483人次；床位使用率80.73%，未发生重大医疗事故和生产事故，公立医院综合改革重点任务指标排名全省第九名。2022年，引进2名专家担任学科带头人和科主任，招录高级职称10名、硕士研究生30名，新增省医坛新秀1名、市“115”人才2名、市名医1名、雏鹰医学新锐1名。院长朱辉武当选为衢州市医学会血管外科分会副主任委员。全院有众多专家获得社会任职，担任浙江省医学会、衢州市医学会的各分会委员。在全市卫健系统“领雁强基、卫健竞驰”党建+人才建设赛马比拼活动中，医院获得“强基之星”荣誉称号，并荣膺首批“柯城区人才工作示范单位”称号。

【学科建设】 依托省医疗卫生“山海”提升工程，做精做强现有品牌学科，创优打响康复医学科、麻醉疼痛科、心血管内科、骨科、介入科5个优势潜力学科，成立脑科中心、康复中心、微创介入中心。重症医学科作为市级重点扶持学科通过终期考核。重症医学科、肾病科、骨科、放疗科参加衢州市第六批重点学科申报。医院荣获“中国静脉介入联盟理事单位”称号。全方位优化胸痛中心、卒中中心，启动创伤中心建设，启动VTE（静脉血栓栓塞症）中心建设，获批柯城区危重孕产妇救治中心、柯城区危重新生儿救治中心。开设急诊留观病房、EICU（急诊重症监护室），急诊急救能力全面加强，让生命的急救通道更畅通。开展3D打印模板引导下粒子植入技术在恶性肿瘤中的应用、脑血管疾病介入诊疗技术、超声引导下肝脏肿瘤射频消融技术3个限制性新技术新项目，推进13个新技术新项目的临床应用。实施慢性阻塞性肺疾病筛查、“五癌”筛查、“脚踏实地”助残工程肢体畸形矫正等5个惠民项目。医院荣获城市癌症筛查先进集体称号。

【党风廉政建设】 医院开展学习宣传贯彻党的二十大精神专题活动，凝练“医柯红心·美誉衢城”党建品牌，完成党委、纪委及各党支部换届选举,开创新时代党建工作新局面。深化“双培养”机制，新发展党员中业务骨干占100%，在岗高知群体中党员的比例达42.47%，党支部书记是内设机构负责人的比例100%。落实“支部建在科室”，实行党支部参与科室重大事项决策，突出强化医院基层党组织的政治功能，推进科室工作的民主化、科学化和规范化。开展支部考核和党员考核，强化考核结果的合理有效利用，注重在支部活动过程抓党建。建设清廉柯医，打造1360清廉工作体系，亮化“360°医‘廉’体”清廉品牌，实施作风提升、管理巩固、制度长效举措，落实源头治理、阳光治理、制度治理、改革治理、监督治理。在全市卫健系统“领雁强基、卫健竞驰”党建+清廉医院建设赛马比拼活动中，获得“强基之星”荣誉称号。据不完全统计，2022年监察室收到医务人员退“红包”18起，价值19880元。

【守正创新抓项目】 医院全方位优化胸痛中心、卒中中心，启动创伤中心、VTE中心建设，成功获批柯城区危重孕产妇救治中心、柯城区危重新生儿救治中心。开设急诊留观病房、EICU，急诊急救能力全面加强，让生命的急救通道更畅通。开展3D打印模板引导下粒子植入技术在恶性肿瘤中的应用、脑血管疾病介入诊疗技术、超声引导下肝脏肿瘤射频消融技术3个限制性新技术新项目，推进13个新技术新项目的临床应用，开展慢性阻塞性肺疾病筛查、“五癌”筛查、“脚踏实地”助残工程肢体畸形矫正等5个惠民项目，医院荣获城市癌症筛查先进集体称号。

【医共体建设】 院医共体建设成效显著，加强提升分院医疗服务能力。持续推进医共体全专科联合门诊和联合病房建设，向各分院派驻各专科、专家55人次，提高各分院医疗救治能力。开展医共体内“八大管理中心”管理队伍建设。组建医共体总院和分院工作专员群，常态化开展下沉督导行动，采用以理论授课、检查讨论和临床技能实践相结合的交流形式，提升分院管理能力，帮扶新新分院、府山分院、花园分院成功创建优质服务基层行。加强医共体内纵向与横向转诊服务。加强诊疗机制建设，完善规范双向转诊办法，优化流程，畅通渠道，实现转诊患者无缝对接，为患者提供方便。全年上、下转病人530个，做到及时追踪对接。

【品质提升抓服务】 2022年是医疗服务品质持续提升年。跑改工作加速推进，开展门诊综合服务中心一站式服务、入院准备中心建设，门诊患者等待时间呈渐进式缩短，住院患者床位得以合理高效调配。定期开展互联网医院诊疗业务，实现市区药房药物配送到家健康服务。全年门诊智慧结算率72%、病房智慧结算率70%。智慧医院建设初见成效，完成一体化电子病历信息系统的更新上线，完成信息机房改造，更新医疗模块79个，重塑全院报表253张，解决服务需求1407个，通过国家电子病历系统应用水平分级评价四级测评。服务品质显著提升，开展门急诊流程治理工程、行政后勤科室“六比六晒”赛马比拼，实现患者和员工双满意度双提升。公益活动护佑健康，挂牌衢州市优抚医院，为4057名柯城重点优抚对象和退役军人提供精细化医疗服务。牵线“山海协作”“脚踏实地”助残工程肢体畸形矫正项目，帮助10名残疾患者免费提供畸形矫正治疗服务。优质护理用心服务，深化优质护理服务内涵，重点打造“一科一品”服务品牌，提升患者就医体验。延伸护理服务范围，在“浙里护理”平台开展871例居家护理服务。

（肖　琳）

柯城区中医医院

【概　况】 2022年，衢州市柯城区中医医院是一家集医疗、教学、科研、康复养生、预防保健于一体的综合性中医医院。与衢州市中医医院深度合作办医，和浙江省立同德医院建立友好协作关系，浙江省人民医院妇科团队提供技术支持，长期开设专家门诊。2022年门急诊疗72419人次，同比增长37.94%；住院1815人，同比增长63.51%；手术287人，同比增长108%。医院总收入9599.31万元，同比增长9.91%；医疗收入2761.1万元，同比增长83.16%。全年未发生重大医疗安全及生产安全事故。

【党建引领】 围绕区卫健局关于开展“党建主动脉，健康

100分”系列党建品牌创建活动的要求，谋了以“‘新方’党建，‘杏林’扬帆”为主题的党建品牌建设方案。按照党支部标准化、规范化建设要求，全年开展“三会一课”、主题党日活动、组织生活会等政治生活20余场。发挥“8090”宣讲团作用，开展宣讲14场，荣获省级荣誉2项，市、区级荣誉各1项。

【能力建设提升】 团队管理能力提升，推行“红黄绿”三色管理在决议落实、督查督办、业务分析、质量安全监测指标、中医药指标等医院管理工作中的运用。推行SMART原则，具体指明确性、可量化、可实现、相关联、时效性的目标值，完善沟通机制，畅通民主渠道，常态化运行院长接待日、院长信箱等制度机制。观摩等级医院创建工作辅导和模拟评审,为等级医院评审的正式启动营造浓厚氛围。完善医院制度管理体系，制定和印发《医院制度与流程管理办法（试行）》，加强制度标准化、规范化管理。以提升医疗质量与安全为抓手，重点优先加强医疗相关制度建设，制定下发《医院医疗质量医疗安全管理记分细则》，每月对临床科室进行医疗质量检查、反馈、考核，提升科主任医疗质量管理意识。持续推动不良事件上报制度的运行，全年上报不良事件363例。加强中医类指标监测，结合等级医院评审要求制作中医类报表，测算核定分解科室目标，加强过程管理，中医类各项指标显著提升。健全医院内部管理组织，加强跨部门横向沟通机制，成立医院质量与安全管理委员会，下设医疗质量与安全管理委员会等10余个委员会。

【综合实力提升】 加快项目建设，医院一期建设项目工程完成总工程量的86%，完成万田卫生院慈张村卫生室改造项目并通过验收。加大设备投入力度，全年投入2018.85万元，新增配备CT机、DR机、彩超机、移动彩超机、高清腹腔镜系统、胃肠镜系统、超声刀、内镜电刀、呼吸机、肺功能仪、血透机、麻醉机、手术床、检验相关设备等一大批先进设备。为医院新大楼投入使用配套完善的医疗设备。健全人才队伍，通过人才引进、公开招聘、自主招聘等方式，引进内外科、妇产科、基建科、急诊科、肾内科、骨科、放射科、针灸推拿科、麻醉科、检验科、药剂科、护理等专技人才43人，填补相关学科的空白。落实人才绩效奖励补贴。

【学科建设】 建设急诊医学科，加强急救能力建设，成为全市“120”救护网络医院，院前急救站点正式投入使用。通过频繁的模拟演练、业务学习，提升急诊救治能力。开展健康体检服务，打造融入中医药健康管理特色的体检服务。推出中药热罨包、穴位埋针、盆底腹腔镜微创治疗等各类新项目，满足患者多元化需求，进一步提升医院的服务能力和水平。

【医联体建设】 持续落实医联体工作，促进优质资源下沉。持续开展通过远程影像诊断，实现医院CT、DR诊断同质化出具，为临床诊疗提供更多辅助检查技术上的保障。继续对接市中医医院相关学科的专家定期来医院门诊坐诊、指导病区查房、进行学术讲座、协助开展较为复杂的手术，提升本院医生的业务能力，促进学科的发展。根据业务发展需要安排人员到市中医医院进修急诊、内镜操作、妇科、肾内科、呼吸科、血透、中医护理等专业轮训或进修。

【医共体建设】 推进医共体工作，完善医共体运行机制促进一体化、同质化管理。推行联合门诊和查房，由总院下沉口腔、妇科、中医专家至各分院，定期进行联合门诊和查房，增强各分

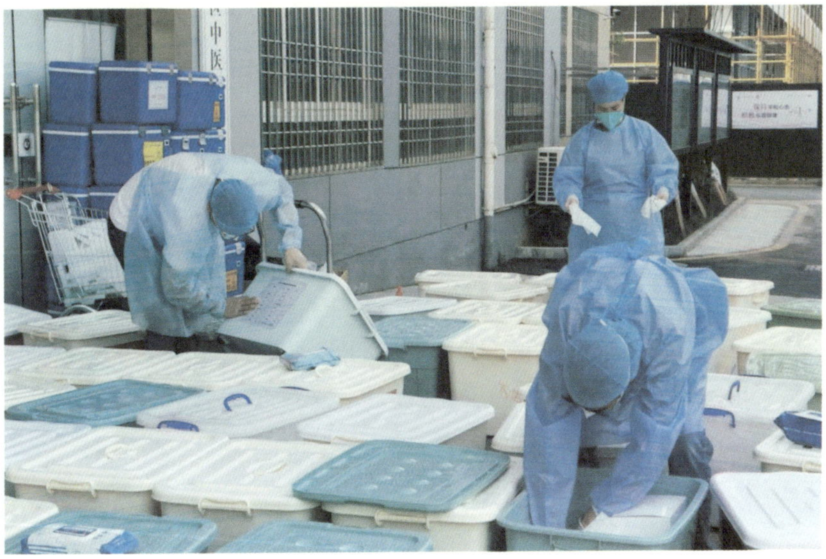

3月，柯城区中医医院医务工作者处理医疗废物

院业务水平；建立白云分院云药房，初步实现药品统一管理；总院下派各行政职能科室，指导分院在医疗质量和医院内控工作，各分院管理水平进一步提升；开展覆盖全医共体的清廉医院建设，各项流程得到规范。

【服务能力提升】 除完成软硬件日常安装、维护外，重点做好医保DRG（疾病诊断分组）上传、中医处方一件事、HIS系统贯通、生物安全眼安装、新大楼信息化建设、病案系统配置，配合疫情防控工作高效落实各项信息化工作，电子病历系统通过省级评定达到四级。“最多跑一次”改革目标初步完成，各项数据向好发展，智慧结算率、预约率显著提高。

【公共卫生】 在完成基本公共卫生任务的同时，总院公共卫生管理中心完成家庭医生签约考核工作。联合疾控专家现场督导+网络督导各2次，四个季度考核各1次。医共体总院作为直肠癌筛查项目的肠镜定点筛查机构，动员各分院到总院筛查170人，其中无痛胃肠镜80人。完成衢州中专、衢州一中、菁才中学、万田乡中心小学、新华幼儿园万田分院、爱心幼儿园共1万余人次的学生体检工作以及5000余人次的PPD（结核细菌素试验）筛查工作。

（韦燕芬）

社会生活

民政事务

【概　况】　2022年，区民政局聚焦民生，务实求效，紧扣“全市争首位、全省争进位”目标定位，把“民生福祉”扛在肩上，聚焦聚力急难愁盼，各项工作提速提效。争取全省“一老一小”优质服务提升行动、全省养老服务“爱心卡”、全省第二批婚俗改革实验县（市、区）3项省级试点，获副省长、民政厅厅长各批示1次，上半年政务信息、社会救助、婚姻登记补证等工作均在全市民政系统排名第一，在全省城乡社区会议作典型发言。

【儿童福利】　加强未成年人保护工作站建设。全年挂牌成立未成年人保护工作站16家，补助资金54万元。

【老年人福利】　发放百岁老人长寿保健金。年末全区有百岁老人30人，其中男性14人，女性16人。年龄最长者为翁亚子（女），生于1919年10月10日。百岁老人每人每月享受保健金1000元，重阳节走访期间，市、区民政局分别发放每人2000元慰问金；老年优待证办理。2022年度全区受理老年人优待证15000余件。

9月30日，区民政局慰问百岁老人

2022年柯城区百岁老人一览表

表11

序号	姓名	性别	出生年月	户口所在地
1	翁亚子	女	1919年10月10日	石梁镇柴家坊村吴家山头自然村
2	舒秋莲	女	1919年10月29日	万田乡余家山头村
3	周荣海	男	1919年12月11日	荷花街道丰林小区2幢5单元201室
4	周竹生	男	1920年4月10日	衢化街道花径76-3-101室
5	叶生倪	男	1920年4月19日	双港街道叶家村
6	叶金妹	女	1920年8月30日	府山街道天颐老人之家
7	李含高	男	1920年7月29日	石梁镇中央方村李家
8	宋大娜	女	1920年10月08日	黄家乡后川祝
9	王治文	男	1920年11月20日	府山街道县学街社区杨家巷19-2-302
10	柴春英	女	1921年1月28日	信安街道荷花64幢1单元201
11	周招凤	女	1921年1月28日	衢化街道昌和小区26幢2单元601室
12	陈正礼	男	1921年4月06日	航埠镇衢州市劳动路世通经贸苑6-2-301
13	钟水法	男	1921年8月08日	衢化街道南苑村7-208
14	姚耀家	女	1921年8月10日	航埠镇三十六亩村莲子铺
15	陈彩姣	女	1921年8月12日	沟溪乡沟溪村083号
16	徐雨莲	女	1921年9月20日	沟溪乡洞头村
17	陈娜倪	女	1921年10月25日	航埠镇里街036号
18	金合香	女	1921年10月27日	信安街道斗潭西区7幢3单元601室
19	鲁荣香	女	1921年11月30日	信安街道信安村
20	陈东凤	女	1921年12月02日	石室乡九龙村
21	谭树生	男	1922年3月29日	府山街道伊甸苑三区4-4-101
22	陈桂玉	女	1922年6月21日	万田乡余家山头村
23	吴连生	男	1922年6月06日	石室乡石室一村1-17号
24	傅献堂	男	1922年8月20日	信安街道斗潭家园东区7-1-705
25	林宝卿	男	1922年8月14日	万田乡文景苑小区23-3-201
26	徐荣桂	男	1922年8月28日	府山街道马站底17幢 1 单元102室
27	许塘娜	女	1922年9月09日	航埠镇上河东村009号
28	王宝香	女	1922年9月15日	万田乡荷塘村
29	郑春福	男	1922年9月19日	九华乡源口村
30	吴耀根	男	1922年10月18日	华墅乡龙泉头村183号

【水库移民管理】 推动水库移民项目建设和“新时代美丽移民村”建设，大力发展农村产业经济，推动移民村产业转型。全年组织实施水库移民项目11个，项目资金补助909.04万元，其中产业转型升级占比74.19%。建成石梁镇麻蓬村、沟溪乡碗东村2个“新时代美丽移民村”，并探索移民共同富裕新思路、新方向，发挥政策叠加作用和区位优势，建设文旅特色花园街道新姜村省级水库移民共同富裕示范项目；开展大中型水库移民后期扶持直补资金年度复核工作，核定直补人口3614人，一次性发放移民直补资金217.78万元；发挥政策叠加作用，建设共同富裕示范项目。

【行政区划】 2022年末，柯城区辖航埠、石梁2个镇，石室、华墅、沟溪、姜家山、七里、九华、万田、黄家8个乡，府山、花园、荷花、信安、双港、衢化、新新、白云8个街道，有213个村，79个社区。

【社区建设】 推进和谐社区建设，面向社区公开招聘社区专职工作者149名，有效缓解社区干部人手紧缺问题，并修订规范社区干部工资待遇。新增运行17个社区，分别为荷花街道2个社区：初荷社区、荷北苑社区；花园街道2个社区：花苑社区、花溪社区；衢化街道1个社区：昌和社区；双港街道2个社区：礼贤社区、百家坊社区；白云街道3个社区：花溪社区、智兴社区、悦溪社区；新新街道2个社区：书香社区、丹桂社区；石梁镇1个社区：衢门山社区；石室乡1个社区：望柯社区；九华乡1个社区：沐宸社区；姜家山乡2个社区：柯安社区、三江社区。全区设79个社区居委会。

【社会救助】 2022年，柯城区民政局坚持以人民为中心，以救助深度、救助准度、救助速度、救助温度的“柯城四度”为标尺，把救助政策主动送到困难群众手中，切实兜住兜准兜牢民生保障底线，以最坚实兜底确保共富路上“一个都不掉队”。截至年底，全区在册低保4281户共5942人，低边659户共1319人，特困271户共274人。7月1日起，城乡居民最低生活保障补助标准调整为每人每月1035元，特困供养标准调整为每人每月1419元。全年累计发放低保金5380.92万元，发放特困供养资金417.92万元；孤儿及困境儿童生活补差发放175.05万元；临时救助159人次，发放临时救助资金45.35万元，增发7月在册低保、特困对象一次生活补贴，发放资金313.15万元。当年启动价格补贴联动机制4次，发放价格补贴累计196.68万元。

【养老服务】 2022年，进一步优化养老体系建设，高质量完成民生实事，建成1家智慧公办养老院，认知障碍照护专区床位25张，提升辖区每万名老年人持证养老护理员占比，乡镇（街道）居家养老服务中心无感服务智能终端全覆盖。高标准抓好疫情防控和养老服务领域安全工作，推进养老服务“爱心卡”试点建设，探索山区养老，着力将我区打造成为幸福颐养标杆区。

【生态公墓】 2022年，开展节地生态安葬点建设工作，建设完成衢州市柯城南片区公益性生态公墓，柯城区万田乡第一生态公墓（二期）以及柯城区九华乡第一生态公墓（二期）等3个生态公墓建设，缓解农村公益性墓地压力。实施节地生态安葬奖励措施，强化宣传引导，鼓励选择散撒、树葬、骨灰堂等生态节地安葬，全年新增骨灰散撒13例，骨灰堂安置2例，合计发放奖金26.40万元。推动移风易俗，引导殡葬观念转变。全年火化2858人，生态安葬率83.50%。

【慈善救助】 2022年，组织开

展慈善募捐活动，共计接收捐赠款收入约364.16万元。“3·13”疫情期间，在区民政局、区慈善总会倡议下，社会各界爱心人士和企事业单位积极参与“抗击疫情，奉献爱心”捐款活动，引导企业等社会力量捐赠资金18.70万元，捐赠物资10件，折合人民币51.81万元。9月，开展“慈善一日捐”活动，由机关事业单位人员捐款，拓展到村社两委成员、党员及居民、乡贤、个体工商户等，募集善款99.70万元。创新理念，积极谋划，以项目引领慈善救助。2022年度完成公益项目15次，项目总支出约434.99万元。开展春节困难家庭走访慰问活动、杭州异地隔离人员关爱工作、“福彩儿童大病救助”项目、大学生圆梦助学项目、发放鲁冠球三农扶志基金（万向集团）“四个一万工程”助学金、“爱心助成长，快乐迎六一”慈善活动、重阳节慰问特困老人活动、临平区慈善总会关爱山区儿童捐衣活动；持续开展柯城—北川东西部协作项目，8月向北川慈善总会捐赠107万元抗洪救灾款。10月，区慈善总会将向北川羌族自治县慈善总会捐赠60万元；11月，柯城农商银行定向捐赠北川50万元，支持帮扶乡村振兴发展。

【婚姻登记】 2022年度向上争取浙江省婚俗改革试点（第二批），提高婚姻登记质量与服务水平。深化婚姻登记机关标准化建设，提供婚姻家庭辅导服务，将常态化颁证与集体颁证活动相结合，强化婚姻责任担当。推进集中补证，以“巡回+专场”形式推动全域覆盖。全年办理结婚登记3085对，离婚登记899对，补发结婚证9576对，正确率、办结率和质量测评满意率均为100%。

（徐子健）

人力资源管理

【概　况】 2022年，区人社局以“务实严实落实”为工作总基调，在“六治六提”（治庸提能力、治懒提精神、治散提干劲、治慢提速度、治推提责任、治拖提效能）中不断提高人社工作水平。7月17日，时任国务院副总理胡春华到柯城调研稳就业工作，对余东村特色劳务品牌带动增收、万田直播产业促进全民创业就业、书院社区智慧“就业e站”数字化应用精准帮扶就业均予以高度肯定。

【人事招考】 推进“两专工程”建设，精准引育“两专”（专业技术能力和专业科学精神）人才，优化“人才引进+高校签约+公开招聘+定向委培”引才模式，实施分类招聘，源头拓展招引各类人才。全年开展各类招考17场次，其中院校招聘4次，公开招聘6次，人才引进4次，选调2次，编外招聘1次。确定聘用对象369人（含编外人员123人），其中引进高层次、紧缺型人才39人，硕士研究生40人。依托“智汇衢州”市县联动契机，推行“一站式”人才服务，通过资格比选、面试面谈、体检、考察等流程，公开引进教师、医技人才，建立“人才引进绿色通道”，引进高层次、紧缺人才9人，其中正高级职称2人，中级职称3人；硕士研究生4人。为满足新增公办幼儿园对教师的需求，改善区内幼儿园教师队伍结构，配合区教育局做好公办幼儿园劳动合同制教师和保育员招聘工作，组织4场专项公开招聘，确定聘用对象142人。

【专技人才培养】 职称评审数字化改革全面落地。通过大数据筛查、点对点通知个人以及发动主管部门等多种方式，全年共3978名专业技术人员完成业绩档案库维护。高级专业技术人才稳步增长，2022年区属企事业单位晋升高级专业技术职称132人。新建1家省级博士后工作站，引进2名博士后。

11月16日，2022年柯城区机关事业单位编外人员招聘资格复审现场

【技能人才培养】 全力办好"浙派工匠"民生实事。深入实施人才强区"首位战略"，大力培养技能人才，通过提升职业技能推动"扩中""提低"共同致富，全年开展职业技能培训14705人次，培养技能人才5267人，培养高技能人才1911人,其中培养技师311人。疫情期间指导企业开展线上职业技能培训，全区共有1871名员工参加，助力企业保生产、稳岗位。创新职业技能竞赛模式。为技能人才搭建竞技平台，克服疫情影响，用时4个月，多场次、分时段举办职业技能竞赛8场，涉及比赛工种19项，参赛1304人。注重青年技能人才培养，营造"人人争当技能人才"氛围，2022年推荐各行业生产一线的技能人才参加"浙江青年工匠""浙江工匠"评选，成功入选"浙江青年工匠"10人、"浙江工匠"1人。成功申报并入选"衢州市技能大师工作室"1家。

【劳动纠纷化解】 持续开展劳动关系"和谐同行"能力提升三年行动。全年开展企业用工法律体检132家，培育劳动关系协调员108名，电子劳动合同网签3030份。受理劳动争议仲裁案件495件，当期结案464件，调解424件，实现调解成功率91.6%，结案率92.2%。区人力资源促进会劳动关系调解中心获第一批省级"金牌劳动人事争议调解"组织称号。开展"大综合一体化"改革，向综合执法局移交劳动保障执法事项90项。成立劳动监察科和柯城区劳动保障管理中心，开展劳资纠纷多元化解。建立覆盖全区乡镇街道、园区平台的劳动保障3支队伍。全面开展浙江省劳动纠纷一体化经办平台和浙江省企业工资支付监管平台应用，实现劳资纠纷数字化处置和在建项目动态化监管。全区投资额500万元以上在建项目全部纳入监管。及时处置无界弥生、凯泰汽配城项目等一批重大欠薪案件，有效维护劳动者合法权益。全年全区处置欠薪案件582件，涉及劳动者3610人，涉及劳动报酬3939.79万元。依法查处违反劳动保障等法律法规并作出行政处罚案件3件。开展人力资源市场专项行动、根治欠薪专项行动。实现人力资源和劳务派遣用人单位书面审查全覆盖。

【工伤预防】 推进"工伤预防五年行动计划"，有效降低全区工伤发生率。截至2022年末，全区工伤参保人数84467人，工伤认定643人次，工伤劳动能力鉴定人次436人，工伤预防考核位列全市第一。人社、应急管理、行业主管部门等部门加强联动协作，实现工伤信息数据共享，合力做好工伤预防工作，2022年开展4次事故处置协作及安全生产会商。结合"柯城人社"微信公众号、安全生产月、法治宣传等方式，线上线下开展工伤宣传。全年发布微信推文8篇，入企宣传30余次，发放宣传资料5000余份。实施建设项目“红黄蓝”三色动态管理，联合住建等主管部门，落实建筑工伤险“应保尽保”，截至2022年末，全区建筑工伤保险参保人数25500人，参保率达80%以上。部门协同开展安全隐患排查，对工伤高发企业进行“一对一”走访，开展工伤“问诊”，督促企业落实问题整改，形成问题处理闭环，确保工伤预防推进实效。全年走访企业28家次，完成安全问题整改58个。

【政府数字化改革】 坚持以数字化改革为引领，持续迭代优化“山区26县共同富裕创业带头人”服务应用，应用被纳入全市数字化改革重大应用“一本账S1”。完成“国统”信息系统上线切换，实现“居民服务一卡通”应用、“重点群体就业帮扶”应用等一批数改应用贯通使用，政务服务一网通办率达96.02%，基层平台和合作银行经办能力进一步增强，人社治理能力和服务水平有效提升。

【法治政府建设】 积极落实行政执法“三项制度”，推进严格规范公正文明执法。全面履行规范性文件审查，全年审查规范性文件1件，提出审查意见3条，开展行政规范性文件清理2次，清理以区政府名义制发的行政规范性文件13件，建议废止的5件；清理以区人社名义制发的行政规范性文件3件，宣布失效的2件，继续有效的1件。严格落实公平竞争审查制度，全年共审查政策措施2件。在2022年7月的全省滥用行政权力实施地方保护和市场分割行为交叉检查中，区人社局工作落实情况得到省公竞办肯定。妥善处置行政争议案件，全年共收到行政诉讼案件4件，其中调解撤诉1件，驳回起诉3件；复议案件4件，其中撤回申请2件，维持决定1件，在审1件。全年无复议被纠错或诉讼败诉案件。

（罗圣霏）

5月11日，柯城区被征地参保指标落实工作会召开

劳动与就业

【概　况】 2022年，区人才和就业管理中心把稳就业、保就业作为最大的民生任务，贯彻落实省市上级部门要求，推进企业用工保障、就业服务数字化改革、加大创业扶持等工作，全方位提升惠民助企服务质效，推动更高质量和更充分就业，助力共同富裕。全区就业形势保持总体稳定，全年城镇新增就业20173人，累计帮扶重点群体5490人，5100人帮扶后实现就业。

【保障企业用工】 建立“一对一”重点企业服务专员制度，变企业用工"需求向上报"为"干部下沉办"，对包含规上工业企业、规上服务业和限上贸易业等在内的350家企业定期开展用工调查，做好用工监测，全面掌握职工分布、工资待遇、用工缺口、培训需求等情况。助力辖区内企业稳定生产，搭建用工对接平台，帮助企业和求职者解决用工、就业难题。全年举办招聘活动26场，开设4场"直播带岗"活动，在贵州、四川、陕西等地建立8个"劳务工作站"，累计帮助企业招工2700人。

11月4日，柯城区人社局和余杭人社局在万达广场举办"余杭—柯城"2022年山海协作专场招聘活动

【助企减负稳岗】 推动"纾困政策"直达助企减负稳岗。通过微信公众号、抖音、点对点短信等方式广泛开展失业保险稳岗返还、一次性留工培训补助、一次性扩岗补助等助企纾困政策宣传，启动"免申即享"经办模式推动补贴直达快享。2022年落实各类涉企补助4340.15万元，惠及企业1.17万家次，涉及职工9.78万人次。

【重点群体帮扶】 打造"就业e站"强化重点群体帮扶。依托"重点群体就业帮扶"应用场景和"邻礼通"平台，打造一站式社区（村）智慧"就业e站"，实施"三色管理"，即单位缴纳社保半年以上的为绿色，一年跟踪回访一次；就业相对不稳定的灵活就业人员为黄色，每季度回访一次；失业人群为红色，一个月回访一次。分别开展送政策、送技能、送服务、送温暖等四类服务，实现精准就业帮扶落细落实，全年累计帮扶重点群体5490人，5100人帮扶后实现就业。加大公益性岗位开发力度，托底安置低保户、残疾人等就业困难人员，联合区农业农村局、残联等部门开发公益性岗位1070个。

【高校毕业生就业】 开展"攻坚服务"促高校毕业生就业。加大离校未就业高校毕业生就业帮扶力度，完成1014名离校未就业高校毕业生信息衔接。通过发动乡镇（街道）就业帮扶力量实施走访摸排、数据比对，摸清毕业生就业失业状态、学历专业、求职意向、服务需求等信息，以开展高校毕业生专场招聘会等方式实施帮扶。组织辖区机关事业单位、国有企业、上市公司推出优质见习实习岗位吸引衢籍大学生回乡发展就业，全年提供见习实习岗位356个，累计引进大学生到柯城就业7802人。

【促进灵活就业】 搭建"零工之家"平台促进灵活就业。为更好地支持灵活就业，为灵活就业人员及时提供就业信息，选址双港、信安搭建2家柯城区"零工之家"，开展灵活就业培训、岗位推荐和劳动维权等服务，将"零工之家"打造成灵活就业人员"用工放心、就业安心、群众省心”的服务平台。自投入运营以来，2家零工之家帮助255家企业及灵活用工单位发布各类求职岗位信息3964条，为求职人员提供求职登记2963人次，就业推荐2781人次。

【共同富裕创业】 推广“山区26县共同富裕创业带头人”应用。通过联合部门座谈、开展优秀村集体项目走访、制定项目评分标准等方式迭代升级，推广“山区26县共同富裕创业带头人”服务应用，服务创业带头人1095人，带头人带动就业增收3007万元。

【沿江就业带建设】 推进沿江高质量就业带建设。拟定打造特色示范带工作方案，对2022年创建工作任务进行分解。全年新创建市级高质量就业社区（村）8个，区级26个。柯城区沿江7个乡镇（街道）建成高质量就业社区（村）省级2个，市级13个，区级21个。推进返乡合作创业，沟溪乡余东村、七里乡桃源村、沟溪乡碗窑村、花园街道上洋村、新新街道官庄村、信安街道沙湾村等6家返乡入乡合作创业村被省人社厅列为考核优秀单位。加强劳务品牌建设，升级打造民宿经营者、柯城村播、余东农民画师等特色劳务品牌，7月，《乡野毕加索——余东农民画师》获得第五届“中国创翼”创业创新大赛浙江省决赛——劳务品牌项目组三等奖。

（祝定元）

社会保险

【概　况】 2022年，区社保中心秉持以人民为中心的发展理念，全面落实中央、省市各项工作部署，实施社保服务提质工程，打造共富型大社保体系，交出一份社保事业高质量发展的高分答卷，为建设共同富裕先行示范区贡献社保力量。

【大社保体系建设】 通过“专班化运作+全领域告知+多方位保障”三步走,实现“国统”(企业职工基本养老保险全国统筹)信息系统上线切换。完成50多批次、30余万条基础数据、200余项系统功能整理、测试与业务验证；落实18个乡镇（街道）、383个村（社区）、95个银行网点的全域宣传告知；确保全区8.5万个领取待遇人员账户逐一摸排，待遇按时足额到位；抓好24小时志愿服务和舆情应对处置，切换期间实现、无投诉，群众办事无影响。提前半年完成实体和电子社保卡扩面任务，新增发放实体社保卡5825张，新增发放电子社保卡签发数约为5.3万张。全区发行第三代社保卡超20万张，人社领域76项应用全部实现社保卡发放，新增社保待遇全部入卡，存量社保待遇社保卡发放率84.67%，存量工伤待遇社保卡发放率85.5%，列全市第一。社银合作网点由29家增加到

2月11日，区社保中心志愿者在春节系列招聘会坊门街专场现场开展“社保卡惠民服务季”专题宣传活动

65家。探索拓展“一卡通”应用，35个省重大应用贯通全市第一。养老服务“爱心卡”应用列入省级试点。社银合作网点由29家增加到65家，群众办事更加便捷。

【民生保障底线】 多措并举推动提标扩面，促进灵活就业人员和新就业形态劳动者积极参保，实现应保未保和法定人员全覆盖。线上依托“柯城人社”微信公众号、“衢州市柯城区人才和就业管理中心”抖音号、“云课堂”直播间、钉钉企业服务群等多平台开展政策宣传；线下组建扩面工作专班，建立企业“一对一”服务专员机制，对350家本区用人单位开展实地走访。全年累计新增参保扩面2702人，平均缴费92152人。精准做好待遇发放工作，完成年度各类养老金待遇调整，城乡居民基本养老保险基础养老金由每人每月225元调整为255元，平均养老金达410.11元/月，待遇保障水平为14.68%；企事业待遇调整惠及全区5.2万余名退休人员，增发养老金3897.8万元。做好被征地农民日常业务处理、相关政策宣传解答，全年征地参保1555人，其中选择城乡养老保险779人。缓解疫情影响，助力柯城区企业纾困，推动阶段性缓缴政策落地生效，通过多种渠道对区内7309家企业进行逐一宣传告知，全年受理单位的缓缴申请111家，累计缓缴金额969.17万元。巩固社保扶贫成果，为全区3867名符合条件的困难群体代缴城乡居民养老保险费用，为2389名满60周岁的困难对象发放待遇，为助力建设浙江省共同富裕示范区兜牢底线。

【被征地参保】 落实被征地参保政策，保障全区重点项目顺利推进。区人社局牵头开展被征地农民社会保障联审工作，协调解决新老政策衔接、历史遗留问题处理及其他与被征地农民社会保障有关的事宜。每月定期召集联审小组成员单位召开联席会议，严把“人地对应”关，确保被征地参保工作有序开展，全年开展联审12次，办理参保1555人。根据《关于进一步做好被征地农民参加基本养老保险有关工作的补充通知》要求，牵头开展存量指标参保工作，协助乡镇（街道）做好政策解答、精准摸排及参保办理，确保应保尽保。截至2022年12月15日，各乡镇（街道）申请存量指标参保168人，审核通过158人，保障被征地农民的权益，解决历史遗留问题。

【优化经办服务流程】 推进服务快办行动，助力经办提质提速。简化群众办事流程，“一网通办”办件率达96.02%，线下“一网通办”率达94.67%，深化一件事联办改革，有效解决群众办事“来回跑”的问题。无感认证完成率创新高，通过数据共享全程无感、宣传培训全覆盖、上门服务零跑动等多举措，实现领取社会保险待遇资格认证应认证尽认证，全区应认证90834人次，认证成功90827人，认证率达99.99%。部分失联、死亡人员全部按规程暂停，有效保障社保基金安全。转移接续转型升级，推动“不见面”转移经办实现全险种覆盖，提升经办效率，全年完成线上跨省转移接续479笔。有序完成缴费基数申报，通过全面摸排、专员服务、直播答疑、骨干下沉等方式做好企业逐一告知与后续指导，快速完成3900余家区内企业申报。

【基金安全】 常态抓好内控稽核，制定完善日常稽核制度和城乡居民养老经办规程，逐月开展关键业务内控检查，月均抽查业务15项，每项业务抽查率达50%以上，累计抽查业务1万余笔。开展工号权限管理、社会保险待遇领取资格认证、违规套取社保基金、计算机终端环境安全检查和杀毒软件安装情况等多个专项稽核，组织开展基金安全警示教育4次。做好数据核查，核查省集中系统稽核平台、部级稽核平台以及服刑人员疑点数据9000余条，重点关注违规参保、重复领待、死亡冒领、涉刑人员违规领待等数据。开展基金追缴，开展社保基金管理提升年行动，全年追缴违规领取待遇人员106人次，追回违规领取待遇近64.8万元。与浙江厚仁律师事务所签订追偿代理协议，采用专业法律手段解决工伤先行支付追偿问题，立案3起。规范工伤定点管理，受理审核全区6家医疗机构申请，并签订定点管理协议书。创新落实“省市县三级联动”检查模式，抽调业务骨干参加省市级协议机构检查组，配合市本级协议机构现场开展专项检查，现场检查完成率达100%。

【专项整治】 开展漠视侵害群众利益问题专项整治，紧盯群众反映强烈、侵害群众利益的突出问题，对企业职工基本养老保险、城乡居民基本养老保险、工伤保险、失业保险政策落实不到位及行风方面问题开展专项治理。2022年，共组织开展自查22次，通过自查、互查、督查等形式，发现问题4个，均已整改到位。

（徐兆真）

退役军人事务

【概　况】 2022年，区退役军人事务局以优质的服务、有力的保障打造退役军人“温馨之家”，让退役军人有归处、有归属。退役军人服务站建设工作全域提升、全面提质，新增27家达到省“新时代枫桥式”创建标准；为退役军人和其他优抚对象完成“建档立卡”，为全市首家完成单位；信息专报《柯城区“高起点、高标准、高质量”完成退役军人建档立卡工作》受到市退役军人事务局领导批示。

【优待证申领】 建档立卡是优待证申领的基础和前提条件，全区在建档立卡工作的基础上同步推进优待证申领工作。截至2022年12月末，全区推出两批次优待目录清单，退役军人及其他优抚对象本人持优待证可以享受相关优惠优待。

【数字化改革】 2022年7月，柯城区退役军人志愿服务一件事及“南孔老兵”场景应用平台初在“浙里办”上线运行，签约上架太平洋保险、普农家电等崇军商家35家，组建应急救援、平安建设、思想政治、社会工作、医疗服务等5支专业化的退役军人志愿服务队。为全省唯一一家承接“浙里老兵”场景中退役军人志愿服务工作的试点项目。截至2022年12月末，有团队注册人数478人、个人注册1471人，承接任务326个，完成271个，参与

9月，区退役军人事务局迎接2022年度自主就业退役军人返乡

9月，区退役军人事务局组织2022年度柯城区自主就业退役士兵适应性培训班

4286人次，获取服务积分26391分。信息专报《衢州市柯城区探索建立“四圈循环”，擦亮南孔老兵志愿服务品牌》受到浙江省退役军人事务厅领导批示。

【退役军人接收和转业军人安置】 2022年全区转业干部行政（参公）岗位安置率100%，转业士官事业岗位安置率不低于60%，军队转业人员安置满意率高。全区接收自主就业退役军人，“军人退役一件事”联合办理办结率100%。

【就业创业】 对近三年接收的退役士兵调查摸底，主动构建单位企业和退役军人求职就业的桥梁，向企业推荐退役军人，达成退役士兵再就业；举办首届退役军人创业创新成果展暨退役军人人才招聘会，16家军创企业参与成果展，展现创业创新成果，同时提供就业岗位200余个，当场达成初步就业意向35人；在全市率先为2022年度自主就业退役士兵开展专场招聘会，会后达成就业意向45人。

【军地共建】 结合春节、八一建军节等重大节日，区四套班子领导走访慰问驻衢州部队、消防单位及区人武部2批次；走访慰问到柯城驻训部队2批次；为现役军人子女协调落实入学入托9人，落实面向随军家属和柯城区退役军人定向招聘社区工作者4人次，推荐军嫂岗位11人。针对驻衢州部队提出的帮助协调处理事项，协调落实为驻军办实事专项资金，协助部队解决历史遗留问题、雷达营完成营区和家属区排污设施改造提升工程。联合区优抚医院，为驻训部队开展“义诊服务”3批次，不断强化军地融合。

【抚恤优待】 开展抚恤优待工

作，为义务兵父母和享受参战定期生活补助的退役军人购买人身意外伤害和医疗补充保险；为全区义务兵家庭发放优待金及一次性奖励；新审批认定残疾军人、带病回乡退伍军人、农村籍60周岁兵龄补贴等优抚对象37名，发放优抚对象抚恤补助和医疗保障经费；开展走访慰问，送新春年画礼包2万余张；连续3年开展柯城籍现役义务兵父母、烈属免费健康体检。

【尊崇工作】 结合清明、“9·30”国家烈士纪念日，举办向英雄烈士敬献花篮活动；持续开展英烈事迹宣讲进校园、老兵宣讲进社区活动；为退役军人家庭送立功喜报36次，其中二等功2人，发放奖励金7.8万元。

【为现役退役军人办实事】 开展落实现役军人子女、烈士子女入学入托优待，为二等功家属开展免费疗养，为现役义务兵父母和享受定期补助的参战退役人员购买人身意外伤害保险、大病医疗补充保险，面向随军家属定向招录社区专职工作者，区委退役军人事务工作领导小组成员单位结对困难退役军人，退役军人享受终身免费职业技能培训、公益性岗位帮扶，面向大学生退役士兵、退役军人提供公务员、事业、编外专项招聘岗位等工作，提升军人军属荣誉感幸福感。

【创建优抚医院】 联合区人民医院，成立全市首家优抚医院，出台针对退役军人和优抚对象的优先、优质、优惠服务。为全区41名抗美援朝老战士上门巡回义诊并赠送健康礼包，498名重点优抚对象建立健康档案，开展2批次100名优抚对象本地短期疗养，37名住院优抚对象享受费用减免和暖心关爱。提高优抚对象的医疗服务保障水平，提升优抚对象的荣誉感和获得感。

（吴之玮）

民族宗教事务管理

【概　况】 2022年，全区有少数民族村4个及民族学校1个，户籍少数民族人口8654人，涉及34个少数民族，数量前五位的分别为畲族5592人、壮族749人、回族389人、土家族338人、满族321人；流动少数民族人口2109人，涉及32个少数民族，其中苗族459人，土家族339人，畲族273人，彝族196人，布依族181人。全区有佛教、天主教、基督教三大宗教，有爱国宗教团体3个，分别是区佛教协会、区基督教协会、区基督教三自爱国会。经批准登记的宗教活动场所34处，其中佛教7处，天主教6处，基督教21处，民间信仰场所24处。宗教教职人员68人，其中，佛教教职人员11人（比丘7人、比丘尼4人），天主教教职人员3人（神父1人、修女2人），基督教教职人员54人（长老5人、传道员49人）。全区信众约1.5万人，其中佛教信众约1.1万人，天主教信众约1000人，基督教信众约2800人。

【民族工作】 2022年，全力推动民族乡村共同富裕。整合各方帮扶力量，重点实施总投资1600多万元的畲寨大门、美丽庭院、文化礼堂、爱心农贸市场等20余个项目，推动民族地区村庄面貌大提升。重点推进航埠镇北二村民族传统文化挖掘和保护，完成全国重点文物保护单位蓝氏宗祠和古街修缮工作，北二村成功入选第四批中国传统村落名录。打造村企共同体，大力发展高山蔬菜、高山畲茶、一村万树等产业，培育直播电商产业。带动民族地区种植农户年人均增收8000余元，带动村集体年增收60余万元，民族地区群众获得感、幸福感不断提升。广泛开展青少年民族团结进步宣传教育。以“两个文化”为主要内容，引导全区青少年自觉做铸牢中华民族共同体意识的维护者、践行者、传播者。全面开展围棋教育、儒学典籍、民族“三乐”（声乐、器乐、舞乐）、民族劳技实践进校园的“四进”活动，编写“民族情中国心”校本课程，与四川、新疆等西部民族地区小学结对交流。支持各中小学开展特色活动，先后开设民族学生围棋培训班、成立“石榴红”宣讲团、绘制《南孔爷爷话民族团结》绘本、开展“共种一块地、共育一棵树”活动、定期举办全区各族学生围棋大赛等。通过长期、持续、点滴的文化浸润和交流交往活动，进一步影响学生家长，促进各民族交流交往交融。白沙小学被授予全国首家“全国少数民族围棋特色学校”称号，大成小学被评为第十批全国民族团结进步创建示范单位，2所学校入选浙江省铸牢中华民族共同体意识教育试点学校。做好城市民族工作。在外来少数民族聚居的城市社区成立“民族团结之家”“之江同心·石榴红家园”等，探索实施组团联心、邻里联情、两地联动的“三联”服务管理机制，提升城市民族工作水平，促进各族群众交往交流交融。城站社区被评为第四批全国民族团结进步创建示范单位。

10月28日，省民宗委主任鲍秀英（右一）到大成小学调研民族团结进步教育工作

【宗教工作】 2022年，开展宗教领域“除险保安”工作。聚焦护航党的二十大、杭州亚运会，贯彻落实省民宗委“除险保安”百日攻坚行动决策部署，推进宗教领域“除险保安”工作。召开宗教工作协调小组会议，明确工作任务，细化工作举措，压实工作责任。累计出动检查人员500余人次，排查出各类安全隐患63处，均已整改到位。推进宗教领域数字化改革工作。推进“宗教场所建筑安全监测预警应用”建设，实现气象、水利等部门数据的接入及物联网监测设备实时预警，并新增线下巡查功能，发动乡镇民宗干部、网格员、宗教场所负责人共同维护宗教场所建筑、人员、活动等安全。安装静力水准仪、裂缝计、倾角计等物联感知设备61个，注册开通线下巡查处置账号200余个。实现线上线下精准、及时监测预警，确保宗教场所建筑安全风险排查到位、整改到位、防范到位。全面完成中央宗教巡查整改工作。指导石梁镇切实落实属地责任，在麻蓬村做好党建统领、思想引领、规范管理、文化浸润、产业带富、便民惠民6篇文章。推进重点寺院改造提升工作。聚焦促进宗教生态和谐，按照“东有普陀山、西有灵鹫山”的理念，加快推进灵鹫寺修扩建项目建设。完成灵鹫寺（一期）古建筑木料加工约2000立方米，其中天王殿、大雄宝殿、钟楼、鼓楼、迦蓝殿、祖师殿等六大殿所需木料全部加工完成，上山道路已打通，完成地基浇筑工作，启动大雄宝殿主体建设。福慧禅寺扩建项目工作有序推进中。探

索民间信仰场所“打包”安置模式。柯城区作为衢州主城区，周边农村大量土地房屋被拆迁，其中涉及不少民间信仰场所，柯城区委统战部（民宗局）积极配合推进项目征迁，有力保障项目平稳有序推进。

（邵文超）

柯城区社会科学界联合会

【概　况】　2022年，区社科联坚持以习近平新时代中国特色社会主义思想为指导，紧扣党的二十大精神和共同富裕主题，借势借力社科赋能山区26县跨越式高质量发展行动契机，聚焦聚力社科课题研究、社科理论宣传和社科成果转化等工作，扛起社科担当，贡献社科力量。区社科联被省社科联评为2022年度市县社科联测评优秀单位。

【拓宽发展思路】　借助专家资源，拓宽发展思路。把握社科赋能机遇，对接邀请省级社科专家领导到柯城调研指导。省社科联副主席陈先春、省社科院何显明等领导先后带队到柯城开展共同富裕专题调研，指导提升共富发展方向思路。主动邀请省社科专家团队帮助提炼区域发展案例做法，为建设共同富裕示范区提供理论支撑和智力支持。张海霞专家团队的《关于大力推广从“种文化”到“众文化”的余本村“强村富民”共同富裕新模式建议》被《浙江社科要报》刊用，并获时任省委书记袁家军等省领导批示。《从“种文化”到“众文化”——衢州余东村“强村富民”道路探索》在《浙江日报》刊发。邀请中国人民大学环境学院开展调研，对柯城区发展提出建议，其学院的苏明明团队撰写的《将余东村打造为文化产业赋能乡村振兴的排头兵》获得市委主要领导批示及肯定。

【营造社科氛围】　调动青年资源，营造社科氛围。区社科联以“8090+”新时代理论宣讲为突破口，营造良好的社科普及氛围，推动创新理论和社科知识飞入寻常百姓家。通过搭建线上线下宣讲阵地，创新打造“1+18+N”共同富裕宣讲联盟，广泛宣传共富新理论、好政策、好做法，传播共富好声音。先后开展“共同富裕青年说”“党代表身边讲”“疫情防控联动讲”“二十大精神共学同讲”等线上宣讲大联动活动。“徐徐道来”宣讲直播工作室被评为省级宣讲名师工作室。中共二十大精神学习宣讲期间，区社科联牵头创设“理品铺子”学习宣讲方式，推出“理品铺子”宣讲集市和巡回宣讲系列活动10余场次，通过互动答题、社科理论微宣讲、红色歌曲接力等形式引导青年群体和广大市民群众学习中共二十大精神，累计覆盖线上线下观众4万多人次，创新做法被《浙江日报》《浙江新闻联播》等省级媒

4月27日，“8090”“徐徐道来”先锋团在柯城区新时代文明实践中心开展宣讲衢州市第八次党代会精神活动

体报道。此外，用好用活衢县第一支部旧址、万田村播基地、妙源立春文化展示馆、余东中国乡村美术馆、“8090”孵化中心等社科阵地，广泛开展内容新颖、形式多样、群众喜闻乐见的社科普及活动，让基层群众在参与中接受教育，提升技能，得到实惠。

【助力区域工作】 挖掘特色资源，助力区域工作。做好省市哲学社会科学规划课题申报工作，2022年申报市课题13个。挖掘本土高校社科专家力量，与衢州学院、衢州职业技术学院达成战略合作，为助力柯城共同富裕开展实打实的具体工作。区政协委员、衢州学院沈小龙带领团队调研撰写《关于加快推进衢州二十四节气世界非遗文化开发的对策建议》在《衢州社科要报》刊用，获衢州市委主要领导批示，并专门组织专家团队根据建议开展后续研讨活动。组织区内社科专家撰写《“以人民为中心”的浙江柯城区“新三民工程”模式与启示》《文化产业视野下的赵抃廉洁文化资源开发与利用研究》等课题报告，助力推动区域重点工作。其中，《衢州市柯城区实施艺术乡建五年工程，谱写未来乡村共富新篇章》被《浙江宣传信息》录用，得到省委宣传部常务副部长批示肯定。与此同时，调动柯城本地专家身体力行地为助力共同富裕的具体工作，由区智库牵引将“稻蟹共养”项目导入金庸武侠文化村——麻蓬村，融入武侠文化、植入共富理念，打响“功夫虾”“共富蟹”特色品牌。

（徐春春）

乡镇（街道）

航埠镇

【概　况】　航埠镇居钱塘江上游、浙西生态屏障内，处衢城西郊门户，夹常山江而筑，历史悠久。全镇面积66.40平方千米，下辖32个行政村，1个社区居委会，户籍人口5.80万人，常住人口7.20万人，是柯城区村社最多、区位最优、人口最集聚、经济最活跃的乡镇，也是全国重点镇、浙江省中心镇、衢州市经济强镇。航埠镇先后被列浙江省小城市培育试点与特色小镇试点，被评为国家卫生乡镇、美丽城镇创建首批省级样板镇等荣誉。航埠距衢州中心城区仅10千米，东接衢州城区，是江西、安徽通衢之“咽喉”，杭金衢高速、320国道、衢常铁路横贯全境，毗邻杭衢高铁衢州西站，与智慧新城无缝融合、一体发展，是衢州中心城区西拓发展的重要引擎。

【作风建设】　坚持问题导向，实现价值取向。深化“六治六提”作风建设向基层不断延伸，做到法治挺在前，规矩立在先，重构治理新格局。坚持党建统领，夯实基层基础。围绕“三联工程”本质要义，全面梳理组团联村、“两委”联格、党员联户架构，夯实基层治理基础。完成“3·13”等多轮疫情防控，航埠“6·19”历史最大洪灾、党的二十大维稳等工作。缪村、雨灵山等9个长期未发展党员的村，发展新党员，干部的战斗力和精气神明显提升。完成孙家村、枧头村、三十六亩村、上河东村、西果源村等7个村主职干部人选，有序调整一批不胜任、不担当、不作为的干部。坚持法治思维，树立规矩意识。结合市委巡察整改工作，镇班子专题召开民主生活会，直面突出问题，全面梳理干部管理、工程招投标、征地拆迁、农村“三资”等六大方面30项规范管理制度。强化执行刚性，重点加强对村级5万元以下零星工程和5万—200万元工程项目的规范管理，严格村级资产出租的程序和流程，从源头遏制工程项目和村级资产管理乱象。其中，工程项目公开招标率从上年的16.3%上升至88.2%。推进综合整治，扭转工作作风。开展综合整治专项行动，3个月内，处置镇村党员干部53名，收缴款项200余万元；通过“开门接访”、信访联席会、“乡镇吹哨部门会商”等机制，将诚信信访纳入村规民约，全镇信访总量下降27.50%。

【产业发展】　2022年，园区52个项目累计完成投资90849万元，同比增长55.49%。29家规上工业企业总产值29.02亿元。其中金沃股份产值破7亿元，东巨康产值破3亿元，山河、开隆、泓芯、普星、益佰、建沃6家企业破亿元。以全域整治重塑新空间。推进新一轮制造业“腾笼换鸟、凤凰涅槃”攻坚行动，整治高耗低效企业67家，占园区企业总数的近一半，清退一批“僵尸”企业、占地面积最大的高能耗企业，腾出工业用地440余亩；完成历时10年的“园中村”整村搬迁任务，新增工业用地100余亩；基本完成凤凰山片区土地征收及基础设施规划工作，计划新增工业用地585亩。以路网改造提升新风貌。启动凤凰山片区拓展道路建设，完成主干道规划道路一设计招标及方案设计，启动主干道规划道路二设计招标工作。完成凤山路、刘山一路、兴航一、二、三等9条道路改造新建任务。持续完善生态工业园区服务功能配套，完成小微企业孵化园设计招标，人才公寓项目开工建设。以项目招引激发新动能。在东巨康光电项目百日投产基础上，开展光电产业链招商，陆续引进航电信息、鑫元科技、元森电子等3个20亿元以上光电产业项目。累计接收上报工业项目30个，其中通过决策咨询项目24个（万洋小微园项目15个）；总投资106.66亿元，其中亿元以上项目8个，10亿元以上项目4个。项目引进后，累计完成土地出让6宗，出让土地面积240余亩。其中，东巨康光电产业园项目被列入省引领性重大产业项目，投产3个月就形成3亿元产值，赢得351亩土地指标奖励，占全市重大项目奖励指标一半（全市779亩）。以产业培育汇聚新优势。金沃精工借助资本市场扎根航埠，发行可转债募集3.12亿元资金，全面开工建设三期项目。泓芯半导体完成B轮融资，进一步扩产增产，启动二期建设。

10月6日，“喜迎二十大 诗画风光跑”活动在航埠镇严村村健身广场举行

【新型城镇化建设】 推进以人为核心的新型城镇化之路，提升集镇公共服务配套和基础设施配套。城镇能级提升。高级技工学校、区第二人民医院、养老院等项目已主体完工；集镇路网、人才公寓、K12学校等项目正加快建设；东方商业综合体、开元大酒店等完成初步选址。全年完成土地征用1870余亩，房屋拆迁76幢。推动人口集聚。结合常山港航电枢纽、污水处理厂建设、集镇路网建设等项目，推动官田、窑里等一批零星自然村整村搬迁工作，推动人口向集镇汇聚。加快推进航埠低碳社区、共富小区等高品质农民集聚小区建设，引导更多农民“上楼”。做精集镇管理。结合“大综合一体化”行政执法改革及文明城市建设等成果，加快集镇智慧化管理建设，谋划建设集镇停车场所，全力解决乱停车、乱堆放等“老大难”问题，提升城镇精细化管理水平。

5月13日，区委工作会议暨航埠镇高质量发展大会召开

西邻常山县，北靠七里乡。总面积119.60平方千米。下辖21个行政村、2个社区居委会，辖区总人口3.07万人，劳动力约1.91万人，外出人口0.89万人。年内，先后被评为全省第三批疫情防控执行力指数评价优秀乡镇、全省防汛防台先进集体，成功创建省级卫生乡镇、全省文化礼堂建设示范乡镇、小城镇环境综合整治省级样板，花木线入选省级精品道路，石梁溪被评为浙江最美家乡河。

【共同富裕】 挖掘航埠乡村振兴潜力，依托工业园区产业优势、毗邻智慧新城区位优势、常山江生态优势，全力推动共同富裕。生态优享共富。结合“两非”整治、抛荒地整治、粮食功能区建设、全域土地开发、320国道沿线沿路整治等工作，常态长效开展重点沿路沿线及各村环境卫生整治工作，全年流转土地4500余亩。产业引领共富。聚焦诗画风光带示范段建设，专班推进沿线村打造，完成严村未来乡村建设验收，初步完成河东片区、下淤头—缪村片区打造。同时，推进金沃精工“共富车间”、“翁家香橙”共富工坊、何双蓬村“基地+合作社+农户”共富模式，帮助低收入农民就近就业。资源整合共富。全面梳理盘点各村闲置集体资产及资金，32个村每个村投资100万元，成立振村发展公司，聘请专业管理团队，完成企业市场化规范化改造。通过收购优质资产、建设物业大楼、管理闲置资产、投资企业股权等，做大做强做优村集体经济。截至2022年底，已低价收购商业物业4000多立方米；投资鸿芯半导体B轮融资和东巨康新一轮原始股增资；启动2处村级物业经济大楼建设。

（叶易彦）

石梁镇

【概　况】 石梁镇位于柯城区西北部，东南距城区10.50千米与白云街道相连，东接九华乡、万田乡，南连航埠镇、姜家山乡，

【党员教育】 对22个村（社）开展红色根脉强基工程调研督查，反馈督查发现的83条问题，及时完成整改。组织8人参加发展对象培训班、21人参加入党积极分子培训班。全年吸收入党积极分子10人，发展预备党员8人，党员转正25人。学习教育支部22名党员开展整转教育，开展党员提醒谈话40人次。每月开设思想政治教育课，乡镇中心讲堂每月4堂课、村级讲堂每月2堂课。完善讲堂设施配置。按照乡、村两级党组织的标准要求，配备相关的教材、资料、教学设备等，为讲师提供良好的授课环境。全镇21个行政村覆盖建设乡村振兴讲堂，张西“智多文旅”、坎底“橘子红了”、麻蓬“精武强村”为3A讲堂。通过

实地培训+空中讲堂等多种形式开展课程650场，将党的理论知识、最新的会议精神、农用技术、科技文化、法律法规传播到村民的家门口。推进“红色根脉强基工程应用”“浙里干部之家应用”“浙里人才之家应用”推广，结合浙里干部之家推广，发挥四维考核作用，提升干部工作积极性。推广“浙里党群心连心”数字化应用平台使用，提高党员干部为民服务效率。

【重点项目】 围绕大干项目，夯实发展基础。将招商引资作为“一号工程”来抓，2022年引进企业19家，注册资金7685万元。开展“政企亲清”恳谈会，为辖区内21家企业解读招商引资政策，优化营商环境。山海协作援建项目持续发力，推进4个项目，到位资金1167.70万元，计划向山海协作申报援建项目3个，申请援建资金770.50万元。树立“大抓落实、快抓落实、狠抓落实”的工作导向和结果导向，把项目推进作为全镇发展的落脚点。完成市级交办项目4个，涉及614户农户政策处理工作；完成区级交办重点项目3个，涉及项目资金60亿元，房屋搬迁260户，坟墓搬迁800穴；完成镇内重点项目2个。

【文旅产业】 推进文化站社会化运营，定期召开文艺团队座谈会，听取群众需求，由运营单位海韵艺术团负责活动开展、队伍培训等工作。组织一批文学爱好者组成文学社，定期开展读书会。“三团三社”队伍提升，形成带动强、聚力强的“石梁礼堂文化”。区文旅体局送戏下乡10场越剧，相继在石梁村、黄荼村等开演；文化站免费电影放映保持每周一场的频率。省级民生实事项目“15分钟品质文化生活圈”涉及石梁镇的8个村社有序建设完成通过验收。吴元庭、廖元龙成功获评区级文化示范户，傅坚、赵雨木、吴秀仙、江纪坤、陈水仙获评区级乡村文化能人，麻蓬村傅坚作为柯城区代表参加2022年衢州市文化示范户和乡村文化能人才艺大比拼。全省文化遗产日现场会、全省文联系统组联干部培训暨艺术乡建工作现场会、省委宣传部“浙风十礼艺路同行”文艺志愿服务专场演出等多场省级活动在石梁开展。动员22个村社报名，上报12个微改造精提升项目。柯城区星级民宿和民宿综合体评定，石梁镇有5家民宿获评，其中大俱源村早田云居和大俱源醉氧民宿获评三星级民宿。“万户农家旅游致富计划”确定扩中对象24个，提低对象9个；示范性旅游公厕改造提升5个；麻蓬村确定为全域旅游示范区调研点。省级文保单位大岭背古道修缮工作进入方案复核阶段，麻蓬十三太保拳申报第六批省级非遗代表性项目。

5月6日，石梁镇第二届村社“互看互学互比”活动暨“领雁强基、亮剑比拼”擂台赛举行

【高耗低效企业整治】 推进高

耗低效企业整治，通过排方案、定人员、保稳定等方式开展企业整治。完成2家企业签约、3家企业评估。前期对辖内所有企业的生产用地、经营状况、用能情况等进行地毯式全覆盖无死角的摸排，将辖区满足条件需完成整治的5家企业列入整治清单。制定“一企一策”，全面梳理企业主内外部关系网，通过工作组主动上门做工作及外围关系突破等方式，一对一沟通好、联系好、服务好企业，为企业整治打下坚实基础。成立由镇党政主要领导任双组长的领导小组，推进高耗低效企业整治。领导小组下设“一办两组”。推进办根据上级文件精神，做好企业综合处置指导，提供地类政策咨询，协调对接上级部门；整治攻坚组按照时间节点，推进5家企业整治；整治保障组对无营业执照、未取得相应许可证开展生产经营活动及存在安全隐患的企业进行查处关停。深化“我为企业解难题”有关活动，为改造提升企业解决实际困难、为腾退企业寻求发展出路、为企业异地转移牵线搭桥。关注整治过程中各类不稳定因素，将矛盾解决在源头，化解在基层，确保整治工作平稳有序推进。

4月9日，石梁镇扫尾清障攻坚会议召开

【安全生产】 石梁镇有各类企业15家，其中4家纸板箱厂、2家酒厂处于半生产状态，仅有6家在维持生产加工；成品销售加油站2家；烟花爆竹销售店10家，根据市、区烟花爆竹管理办法双禁要求，将零售店库存清仓取缔。集镇餐饮业、农家乐、商超经营户、敬老院、农贸城、学校、卫生院等注册在辖区商户2700余户，做好安全生产工作。全镇划分为74个网格，作为村（社）网格区域安全生产工作的责任人；企业各自配备安全员1名，作为各企业安全生产监督、自查和安全生产工作的联系人；为加强安全生产应急管理和队伍建设，在9月底将安全生产、应急消防救援队、防汛防台抗旱、避灾减灾救灾、森林消防、交通安全等领域兼并重组为应急消防站，建立“一委一站一队”，即石梁镇应急消防安全委员会，应急消防站、应急消防救援队。应急消防站具体组织实施开展安全生产工作，安全生产业务战线人员力量得到进一步增强。抓好安全生产，筑牢消防安全屏障，守护道路交通安全，严把防溺水安全防线。

【社会治理】 紧抓意识形态工作责任制，“除险保安”护航二十大。2022年，全镇受理区信访局转送件110件，受理并答复“12345”热线来电257件；镇矛调中心接待来访群众215批800余人次，各级部门交办积案29件成功化解27件。

【民生保障】 为提高居家养老服务能力，陆续新增日间照料与全托服务的示范型居家养老服务中心。坚持“保就业、稳就

8月24日，举行浙江省海港集团、石梁镇白云村“千企结千村”行动捐赠仪式

业”的原则，向市、区两级重点企业推荐劳动力68人次，全年帮扶327人次，高质量就业村麻蓬村通过市级验收。城乡居民养老保险参保人数2.50万人，办理城乡居民养老待遇申领605人，居民养老保险注销登记和待遇申领110人。全面巩固脱贫攻坚成果，着力解决脱贫人口就业问题，为全镇23个村（社）172人提供公益性岗位，补贴金额114.54万元。向市、区两级重点企业推荐劳动力68人次，被录用17人次。帮扶失业人员240人次、就业困难人员22人次以及离校未就业高校毕业生56人次，全年帮扶327人次。办理被征地农民参加基本养老保险9批次，参保770人。

【乡村风貌提升】 以未来乡村建设为轴心，以诗画风光带建设为主线，推动人居环境改善及共同富裕，将沿路沿线1577亩土地纳入重点项目进行全面提升改造。以项目建设带动经济发展，将特色文旅产业打造成为新的经济增长点，引进超市、小吃店、农家乐、手工体验馆等各种业态15家，村集体租金收益达40余万元。未来乡村建设带动村集体增收、村民致富成效显著，“五一”国际劳动节、“十一”国庆节等小长假期间，麻蓬村游客量达到3万人次。老百姓参与摆摊12家，为卖烤饼、鸡蛋饼、叫花鸡、麻糍等，每家店面营业收入日均2000元左右。

【创文工作】 对坎底、派溪头、双溪3个村新时代文明实践站进行全面提升，改善公共设施和人居环境。对花木线、苦狮线、集镇等主干道的路灯公益广告进行更新，安装路灯广告400余幅，在村沿路沿线、各个路口等绿化带、窗口单位及商户的醒目位置安装公益广告，通过国测复审，创文工作取得阶段性成果。

【行政执法】 大联动中心协助日常执法案件的处理。镇综合行政执法队在应急、资规、农林水等领域组织执法检查50余次，全年办理案件20起，其中一般案件处罚7起，限期责令整改13起，处罚金额83800元。劝阻当地村民占道经营60余起，制止露天焚烧垃圾、秸秆30余起，检查辖区内12家烟花爆竹经营点10余次。

【抛荒地整治】 经过镇、村两级共同努力，在7月31日前完成区纪委交办的第一批次涉及8个村14个问题的756亩抛荒地整治工作。9月，结合诗画风光带沿线整治，351国道沿线5个村完成357亩抛荒地整治。

【水利建设】 建立并完善3座小（1）型水库、5座小（2）型水库、9座屋顶山塘、1座高坝山塘、14个小流域村的防汛预案以及21个行政村的防汛防台应急预案，争取维修养护资金70多万元。寺桥水库开发有限公司实施的柯城区全域幸福水网建设工程马脑源流域综合治理工程水系连通及水美乡村建设试点项目石梁镇，涉及全镇10余个村社河道治理、池塘整治、渠道维修、水系连通等，总投资约6000万元。部分进场施工，其余正在进行政策处理。及时更新河长信息，摸排更换镇级河长牌5块，村级河长牌11块。接收关于“五水共治”“12345”交办单10件。

【基层自治】 推进基层自治系统建设，升级“141”基层治理体系，完善“七张问题清单”工作机制。推进“大综合一体化”行政执法改革，发挥四个平台指挥协调作用，推进“一支队伍管执法”，加强矛盾调处化解队伍和执法队伍建设。深化强村富民乡村集成改革，组建石梁强村富民公司，打造农旅融合式“共富工坊”，探索共富发展新途径，通过聚焦产业振兴，实现农业增收。共富工坊带动周边从业人员近100人，每年带动农民人均增收4万元。

【党建联建促共富】 依托党建联建，因地制宜、因村施策，打造“诗画石梁”党建共富示范带，麻蓬稻虾共养、养生香锤，双溪民宿、农家乐等产业初见雏形，建设“功夫虾”、香锤工坊等4个共富工坊，探索“村集体+企业+农户”共富模式，带动相关村集体收入增加近200万元，低收入群体30余人在家门口就业，相关工作被人民日报客户端、《浙江共产党员》杂志报道。

（张　婷）

石室乡

【概　况】 石室乡位于柯城区东南部，境内交通路网完善，石呈线贯穿南北，石安线、石烂线连接东西，衢州南连接线、沙金大道南北呼应。石室乡是省级生态示范乡，具有良好生态优势和优质的水资源，旅游资源丰富，省风景区烂柯山和国家AAA级旅游景区中国围棋谷坐落在乡东北面，东南紧邻九龙湖、药王山、龙门峡谷等旅游景区；乌溪江自南向北纵贯全境10余千米，乌引干渠灌溉全乡良田千顷。境内有市乌引管理局等多家市属单位。石室乡现辖11个行政村、2个社区，地域面积42平方千米，共有农户4286户，总人口2.60万余人。

【社会经济】 2022年，全乡限额以上贸易销售额实现9.73亿元，同比增长21.47%；工业总产值达5.30亿元，同比增长37.45%；固定资产投资全年完成8079万元，同比增长58.81%。招商引资成效明显，投资160余万元谋划落地九龙村山海协作来料加工厂1座，引进配套资金200万元落地石室村电商产业园项目。对接明辉股份有限公司，谋划明辉共富农业产业园项目，投资估算为1.20亿元，计划流转沙埠二村土地150亩，用于建设集研学

10月16日，石室乡组织观看中国共产党第二十次全国代表大会开幕会

基地、农业体验馆、现代化种植大棚、大型冷链仓储中心等于一体的数字化农业产业示范园。深化党建联建和强村公司建设整合资源并进行开发利用，增强造血功能助推集体增收。完成石室村南柯城乡服务公司、响春底村鲟跃乡村旅游公司等2个强村公司注册并开展运营，联合石室农商行开展资金授信，为村集体发展注入活力。截至年末，石室乡所有村完成提升经营性收入的既定目标，经营性收入30万元以上村有7个，其中50万元以上村5个。

【基层党建】 深入学习贯彻党的二十大精神及省市区党代会精神，做到第一时间推动党的二十大精神及省市区党代会精神下村社，进网格，走进寻常百姓中。通过乡村振兴讲堂、文化礼堂，用好主题党日、“8090”宣讲等载体广泛开展学习宣讲活动，开展活动42场次，实现学习宣传全覆盖。以“红色根脉强基工程”为引领，实施“头雁”和“青蓝”两大工程精准助力干部能力大提升。在村社干部培养上，常态开展“领雁强基·亮剑比拼”互看互学互比、村社书记“领雁”擂台赛，搭建五条比拼赛道创新开展“流动红旗”评比机制，形成比学赶超、争先进位的良好氛围，流动红旗经验做法在衢州作风建设专刊刊发；在年轻干部培养上，注重干部梯队培养，深化“导师帮带”制度，多层次全方位强化年轻干部培育。深化“七张问题清单”问题研判机制，推送蓄水池问题13个，完成市级问题整改2个，区级问题整改2个，抓好区委巡察反馈的8个行政村81个问题整改。不断优化党员队伍结构，全年发展党员5人，全面消除三年以上未发展党员村社；利用党员发展“回头看”的契机，完成全乡1248份党员档案的整理；对5人作出党纪处分，其中开除党籍1人。

6月9日，石室乡姜家埠头玉米节暨村企共富联盟推进会启动仪式举行

【重大项目推进】 成功创建美丽城镇建设省级样板，围绕生活美、产业美、文化美、治理美、环境美的“五美”建设，聚焦农业特色，高标准高质量推进美丽城镇省级样板建设。工程项目提速推进，在助企发展上，坚持快抓快干快落实，完成鲟鱼基地项目15亩流转用地签约，获区“十条军规”表扬。在项目建设上，投入460余万元对崇文村上庄垅塘、新东村大塘等7个山塘进行除险加固，投资220余万元推进耕地质量提升，投资140余万元开展石室片区污水零直排“回头看”改造提升，投资410余万元提升响春底村文旅基础设施，荆溪村幸福水网项目完工通过验收。用心用情做好烂柯山开发前期工作。挑选全乡精英力量组建烂柯山政策处理专班，配合市城投集团做好烂柯山“一径”项目风险评估、分户丈量、政策处理等前期工作，保障烂柯山景区开

发顺利推进。

【安全稳定】 坚持实地检查，开展集中安全隐患大排查行动，对17家安全生产企业和52家餐饮业进行实地检查，检查安全隐患29处，现场整改8处，责令限期整改3处。强化道路交通安全综合治理，依托“大综合一体化”行政执法改革，联合交警等部门开展自治巡防，围绕电动车“守法率”和“头盔佩戴率”每月开展至少1次联合整治。持续开展平安建设夜间巡逻，重点响应期间坚持开展夜间巡逻，有效遏制各类事故发生。同时，和石室派出所还联合组建义摩巡逻队，在村内开展巡查，及时发现治安隐患。

【民生实事】 民生事业再上台阶，关心关爱残疾人，组织开展残疾人参加各类文体活动，完成乡残疾人之家改造提升，为残疾人筑起“温馨家园”。重视森林消防，提升基础设施建设，安装森林消防蓄水桶40个。完成“遏重大”整改扫尾，委托九龙村修缮航运小区，并向上对接做好项目结算及移交工作。用心助力招工，召开乡级专场招聘会1场，组织参加市区级招聘会5场，参加推荐超300人次。网格治理提档升级，把网格作为党建工作的最小单元，开展“强五基、赛五格、拼十绩”活动，破解制约网格作用发挥向心力不强、网格建设不均衡等问题，激发网格争先进位，拼抢荣誉，不断提升网格战斗力，该做法被《衢州日报》头版报道。环境秩序不断提升，动员党员、群众在全乡面上开展环境卫生大整治整出村村整洁的环境风貌，新打造村口8个，整治美丽庭院680个，打造美丽庭院示范户15户，划定农产品规范销售点30个。

【共同富裕】 全域推进共富单元建设，以党建联建为抓手打造“姜家埠头玉米”共富工坊、响春底“乌鱼花香”共富庭院、“创作者”数字直播共富工坊、“鲟鱼寻梦”人才共富联盟4个共富工坊，通过渠道资源整合、村企共建等方式推进工坊运行，达到企业提效、庭院美化、农户增收和村集体经济提升的多赢效果。围绕“强党建、抓产业”打造共富乡村，成功承办区乡街治理大比拼第七次现场会，响春底村打造“共富庭院”被《衢州日报》头版头条报道。探索古街“文旅+”共富产业模式，深挖石室村“状元文化”和“鱼庄文化”，在古街业态招引上突出文化业态入驻和鱼庄升级，其中乡进士馆和南孔书屋成功开业；在鱼庄复兴上，以状元文化赋予鱼庄文化内涵，擦亮“石室鱼庄”品牌，扶持境内20余家特色鱼庄的发展。抢抓露营经济发展时机，在天苍岭引进协众·天苍岭露营基地，于8月开始对外营业，成为衢州热门的网红打卡地。

（姜莊莊）

华墅乡

【概　况】 华墅乡地处柯城区西南部，东、东南与衢江区廿里镇、后溪镇接壤，西南、西与江山市四都镇相接，西北与常山县招贤镇相连，北临航埠镇，行政区域面积44.50平方千米。乡政府驻华墅村，辖华墅、金坂、刘坂、柴家、华新、三官岭、园林、上墅、龙泉头、望江10个行政村。华墅乡以“创业创新创先、落实务实严实”为总要求，践行市委“六治六提”和区委“六比六晒”作风建设活动，学习借鉴在各类“赛马比拼”中的所见、所学、所思，筑牢党建基石，狠抓项目建设，加强民生保障，说实话、办实事、求实效，高质量发展各项工作。

【党风廉政建设】 严格执行党委会会议“第一议题”制度、理论学习中心组集中学习制度，落实党风廉政责任，定期召开党委会听取和研究党风廉政建设和反腐败斗争工作，推进“两个责任”及“一岗双责”落实。加强乡对村巡察工作，以巡察整改助推各项工作扎实开展。落实“一岗双责”，开展廉政风险防控管理，把有效防控和化解廉政风险责任落实到每个岗位和每个人。运用监督执纪第一种形态处理20人次，给予党纪政纪处分6人次，处置不合格党员3名。

【“三联”工程】 以浙里党群心联心应用平台为抓手，深化新时代“网格联心、组团服务”工作机制，通过数字化运用，加强干部、党员同群众的紧密联系，接“订单”、解“难题”、快“办事”，狠抓工作落实，服务群众效率得到较大提升。

【乡村振兴讲堂】 以乡村振兴讲堂为思想教育主阵地，打造的“巾帼家政”讲堂品牌，开展专题学习教育，深学细悟力行，传承红色基因，赓续精神血脉，砥砺初心使命。乡村振兴讲堂被评为衢州市首批AAA级讲堂。

【条抓块统】 依托“五大行动”，在疫情防控、扶贫消薄、杭衢铁路征迁、全域整治等实战中比选考察“一肩挑”人选，以“四维”考核推进“县乡一体、条抓块统”。全面推进“三个全覆盖”，做深做实“三联三情”，实现全员下沉、全员服务。全乡划分35个网格，推动重点工作开展。聚焦问题短板，常态化开展扫黑除恶斗争，开展后进村整转，村级组织战斗力得到大幅提升。梳理制定党员先锋指数分类考评办法，强化正向激励和反向倒逼，引导党员积极投身美丽乡村建设。

【全域土地综合整治】 华墅乡作为区全域土地综合整治体量最大的乡镇，2022年实施项目9个，流转面积360余亩，1个项目已完工，6个在建中，2个在走招标程序确定施工主体。自开展全域土地综合整治以来，累计流转土地近2万亩，新增耕地面积1.67万余亩，为保障全区土地垦造任务做出贡献。至年末，全域土地开发累计增加村集体收益1144万元，流转期内给村集体和村民创收8692万元。

【区级重点项目】 龙泉山生态陵园项目政策扫尾全面完成，完成47穴坟墓搬迁。项目一期A、B地块按计划顺利摘牌、无障碍施工。上墅未来乡村以“禾下梦、稻香村”为发展理念，设计方案一期完成招标，中心道路进场施工。柴家村小微创业园项目和金坂村中药材集配中心项目均完成建设，同步招租中。其中涉及现代中药材示范园配套之道路提升改造工程（柴刘片），工程施工政策处理及前期配合工作，项目开工进展顺利，被区农业农村局重点项目第二期红榜表扬。

12月28日，华墅乡上墅村开展党的二十大精神学习主题党日活动

【农业产业发展】 实施柑橘产业提质增效。全乡柑橘种植总面积10593亩，建设柑橘设施大棚107亩，引进种植葡萄柚、“爱媛”、“丑八怪”等新品种柑橘120亩，年产出省级精品椪柑10余万千克。建成后王坂省级柑橘精品示范基地、园林市级柑橘示范基地及柴家市级柑橘精品园，培育华后牌柑橘、衢安山柑橘和麻子椪柑等柑橘农业品牌。推进高标准农田建设，累计硬化田间道路13.5公里。与浙江农林大学开展“乡校合作”，编制《华墅乡高效生态农业发展规划》，有针对性地启动粮菜轮作，循环种养等提升附加值的科技项目。结合土地整治“后半篇文章”，望江村推进抛荒地再利用。全年召开7次产业专题分析会，强村公司初具雏形。衢州市艺贞家庭农场发展成为全国15个甲鱼种苗繁育基地之一，注册使用的“钱江霸有机甲鱼”品牌被认定为衢州名牌。

【特色农文旅融合】 围绕“耕读、劝学、悯农”等朱熹文化特色，聚焦文旅融合，提炼乡域文化品牌。讲好乌石山故事，结合“山顶银杏及福慧禅寺”打造“千年银杏村”景观。以沿江公路和95联盟大道为纽带，串点成线、连线成面，将华墅乡建设成为产城人一体、农文旅融合的特色康养休闲小镇，全域、全方位融入“衢州有礼”诗画风光带。探索精品民宿发展路径，新招引总投资5000万元的云谷雅舍项目，一期项目完成主体建设进度的80%。

【民生设施】 利用区、乡两级资金，启动实施金坂村枫树岭自然村环村道路硬化、三官岭村休闲广场建设、牛头塘水库除险加固等10余项事关民生的基础设施建设工程，投资25万元完成省级民生实事项目黄碧塘和主垅机埠提升工程。10个行政村实现乡居家养老照料中心全覆盖，3个行政村建有老年食堂（华墅村、刘坂村、上墅村），解决200余名70岁以上老年人就餐问题。

【惠民兜底】 逐步提高社会救助覆盖范围，养老参保率达到99.63%，医疗参保率达到99.91%，排名均列全区各乡镇街道第一。全面落实低保政策，强化“托底”功能，低保397户598人，低边95户167人，按照“应保尽保、应退尽退”的原则实现动态管理。为全乡所有低收入农户购买扶贫健康保险，累计发放各项优抚补助资金15万元。全乡3251名老年人100%参保，在全区率先清零。

【安全生产】 长效化开展燃气隐患排查整治及森林防火工作，30家餐饮、农家乐、食堂等燃气报警器全部安装到位，重要时间节点森林火情未有发生；开展“四类”房屋排查83栋，解危群众C级、D级危房2起。发挥网格宣导作用，“国家反诈中心”APP安装保持乡镇梯队第一，辖内成功反诈15起涉及金额5万元，群众反诈意识不断增强。面对持续强降雨天气，乡村干部坚守奋战防汛一线，第一时间转移群众6户13人，有效保障群众生命和财产。

【社会基层治理】 坚持党建统领基层治理，做深做实全科网格，以“属地性、整体性、适度性”为原则，以“周二无会日”为抓手，落实日常巡查、入户走访、便民服务、宣传咨询等工作，做到问题发现在基层、矛盾解决在一线。推进“四平台”建设，加强“四平台”信息统揽和调度指挥，运行以来受理事件18602件，办结率100%。常态化开展扫黑除恶斗争，落实领导班子信访包案制度和预约接待制度、信访工作联席会议制度、信访案件督查督办制度，建立乡矛调中心和“在线矛盾纠纷多元化解平台”，大量矛盾纠纷（安全隐患）化解在萌芽状态，社会风气得到明显好转。

【生态文明】 常态化开展环境卫生整治提升行动。发动全体乡村党员干部485人参与村庄环境卫生整治；开展75次志愿活动；清理生活垃圾3500余车，处置房前屋后乱堆乱放1450余处，完成翻耕抛荒地500余亩，创建美丽庭院310户，完成电线序化785米，清理河道4350米。其中望江村采取持续推进和网格联户相结合的方式开展环境卫生整治工作，并在“衢州有礼”诗画风光带暨未来乡村创建“六比六拼”二季度考评工作中，进入全市前30名。园林村将美丽庭院与环境卫生整治相结合，引领妇女群众以家庭为阵地、以庭院为载体，在村庄沿路沿线开展“美丽庭院”创建工作，以庭院创建的“量变”促进环境卫生整治的“质变”。刘坂村锚定“大干三个月，实现大变样”目标任务，发动党员群众力量，以“零废生活”主题，以“乌石”“银杏”“稻香”为元素，系统推进石华线村口至文化广场段的沿路沿线风貌整治提升，村民获得感、幸福感不断增强。

【垃圾分类】 按照“全覆盖、可持续、减量化”的要求，乡通过网格化管理、垃圾兑换超市布点、定点定时分类投放等措施，建立覆盖全乡“统一兑换标准、统一制度考核、统一网格管理”的垃圾分类“华墅模式”。2022年，为探索实现基层达成“双碳”（碳达峰、碳中和）的目标战略，乡依据柯城区制定《居民碳账户——生活垃圾资源化回收碳减排工作规范》，探索以“虎哥”一键呼叫回收模式为基础、以个人碳积分应用激励政策作保障，整合原有垃圾再生馆资源，打造沉浸式减碳体验“零废生活馆”、垃圾分类回收积分小屋等乡村“零废生活”新样板。

【抛荒地整治】 针对老农田抛荒问题，以石华线和衢州南连接线沿线为主，引进种粮主体，流转2500余亩土地种植水稻。学习借鉴上铺模式，3月以来，望江村推进抛荒地整治再利用，组织水阁、徐家、棠村航头3个自然村的100余户村民向村集体流转200亩土地，在保证原地貌地形的基础上，结合地势高低、灌溉条件等实际，分别种植红高粱和水稻，亩收成产能水稻400千克、高粱350千克，村集体可创收13万元，既一定程度破解了抛荒地“农户不想管、社会主体不愿接”的困局，又为下一步引导带动农户激发自主种植能动性埋下“种子”。

（毛丹君）

沟溪乡

【概　况】 沟溪乡地处柯城区西部，东至南与航埠镇相邻，西及西北与常山县招贤镇、东案乡相连，北及东北与石梁镇相接。总面积44.50平方千米，其中陆地面积42.50平方千米。乡政府驻沟溪村7号，距城区14千米。辖16个行政村，下有自然村42个，设村民小组112个。有6006户，共16873人，非农户口193人，人口密度每平方千米383人。2022年，围绕区委“四个区”建设、以及沟溪乡“四个乡镇”的目标和“八大定位”的方向，团结协作、攻坚克难、开拓奋进，共同努力，做好各项服务，通过打品牌、强产业、育人才、引人气、打好乡村振兴组合拳。推进沟溪乡高质量发展，全乡经济社会保持健康稳定发展，实现全乡共同富裕的目标，获2022年度全区经济社会发展工作目标考核二等奖。

【乡第十五届人民代表大会】 9月25日，沟溪乡第十五届人民代表大会第二次会议召开。全乡人大代表会聚一堂，带着全乡人民的重托，履行代表职责，共谋沟溪乡发展新思路。乡政府工作报告指出：2022年以来，全乡深入学习习近平新时代中国特色社会主义思想，忠诚拥护“两个确立”、坚决做到“两个维护”、忠实践行“八八战略”、奋力推进“两个先行”、对标打造“八个高地”、深入开展“六治六提”“六比六晒”，以“释放新活力、提升首位度”为总抓手、总目标，创业创新创先、落实务实严实，高标准完成各项工作。

【全域土地综合整治】 2022年沟溪乡全域土地综合整治项目涉及10个行政村400余亩地，盘活了乡村发展资金0.25亿元。成功探索出全域土地整治上叶模式，打造全省示范工程，成为2022年区两会代表集体考察点，获得省自然厅党组书记、厅长黄志平现场点赞，工作经验得到市领导批示肯定，召开全市推广、全省全域土地综合整治现场会。

【社会事业】 社会事业显著推进，沟溪乡居家养老服务中心改造提升工程，余东村、碗窑村智慧养老项目，沟溪乡机关幼儿园建设等相继投入使用，公共服务更加便捷。新建修缮直力、斗目垅、上叶、余西、沟溪等8处文化礼堂，精神文明建设不断加强，社会保险实现参保扩面，城乡居民医疗保险参保率为99.84%，就医得到保障。

【社会治理】 乡创新方式举措、社会治理成效提升显著。创新基层治理模式，创新“两难问题”三色管理体系，对“网格走亲”过程中收集到问题清单按照难易程度分为红、黄、绿三色，进行分类管理分级处置，2022年“两难”化解率90%以上。提升基层治理智慧化水平。数字改革赋能三联工程，给三联工程注入新活力、实现智慧治理和三联工程有机融合、智慧治理改革在全市进行典型经验介绍。强化“四个平台”建设。持续深化“党建统领 基层智治”改革，优化模式分工，提升基层治理能力，以综合信息指挥室为中枢完成四个平台建设，规范全乡全科网络建设，全乡38个网络全部实现专职网络员专职专配，推进“最多跑一次”改革。做好矛盾化解。建强“一支队伍管矛盾调处化解，一支队伍管执法”，做到小事不出格、大事不出村，矛盾不上交，让矛调中心成为矛盾纠纷化解的“终点站”。

【民生保障】 全面打赢脱贫攻坚决胜战，全乡在册低保户数降至348户510人，年均下降超11%。全面消除年家庭人均收入8000元以下人群。村庄公益事业投入不断提高，余东村智慧化村办投入使用、儿童之家、老年幸

12月28日，沟溪乡洞头村开展道路安全警示教育

福之家、共享图书馆智慧化村卫生室等公共服务普及普惠，村民幸福感俱增。

【民生教育】 沟溪乡中心幼儿园是由沟溪乡政府出资建设，柯城区教育局举办的一所独立公办园。园所位于沟溪乡溪兴路76号，幼儿园按照省一级幼儿园标准建造，于2021年9月投入使用，设计规模12个班，学制4年，现开设托班、小班、中班、大班。幼儿园秉承“崇尚自然和谐发展”的办学理念，以“‘溪’戏童年 绘出精彩”为办园特色，致力于营造一所自然野趣的儿童乐园、一所顺应儿童发展的高品质幼儿园。幼儿园设施设备齐全，拥有各类专项活动室、宽阔的户外活动场地。幼儿园以省编教材为基础，结合“余东画乡”“碗窑”“芦苇”等具有沟溪特色的地方资源，尝试课程园本化。

【全国美丽宜居示范村】 用艺术点亮乡村的柯城区沟溪乡余东村，荣获两个大奖项，入选2022年度浙江省宣传文化领域共同富裕最佳案例名单，成为第四批全国乡村旅游重点村。在省委宣传部公布的2022年度浙江省宣传文化领域共同富裕最佳案例名单中，柯城区《文化引领余东未来乡村建设的共富实践》案例榜上有名，成为22个最佳案例之一。最佳案例分为思想引领和传播、全域文明建设、公共文化服务体系、文化产品高质量供给四大类，柯城区《文化引领余东未来乡村建设的共富实践》案例属于文化产品高质量供给类别，成为衢州唯一入选案例。在文化和旅游部、国家发展改革委联合发布的第四批全国乡村旅游重点村名单和第二批全国乡村旅游重点镇（乡）名单中，余东村再次上榜，成为浙江7个入选地之一。余东村推进以农民画为特色的未来新文化艺术乡村建设，成为文化引领共同富裕的乡村新样板。素有“画在村中、人在画中”美誉的余东村，还是浙江省AAA级景区村庄、全国美丽宜居示范村庄。

2022年，沟溪乡余东未来乡村风貌

【特色文化礼堂】 10月17日，浙江公布2022年特色文化礼堂名单，沟溪乡余东村文化礼堂上榜提名名单。余东村以农民画特色为主线，打造全域性、全景式乡村文化礼堂，形成“1个中心礼堂+N个特色场馆”的模式。村庄用礼堂引领百姓，以艺术点亮乡村，用文化赋能产业，有效地把人文资源转化为经济发展优势和群众幸福指数。余东村获评全国文明村、浙江省美育村、省乡村振兴十佳创新实践案例等。2022年，全国农民画专家委员会落户余东村，农民当上全国农民画协会会长。余东村还通过引进名家，建立专家工作站，引导农民参加全国农民画巡展和杭州亚运会等主题画展，参加全国赛事，把余东村打造成全国农民画盟主乡村。余东形成“文化+研学”“文化+旅游”“文化+有礼”的文化场景。余东村成为小孩最喜欢的研学基地、年轻人的网红打卡地、专家学者的采风基地。在余东研学露营基地，可以跟非遗大师玩竹编、学画画、捏泥巴、烧陶瓷。余东依托文化礼堂，建设网络艺术教室、农民画网上交易平台等，挖掘农民画特色产业链条，实现了由卖画向卖文创、卖版权、卖品牌、卖旅游“四个转变”。全年，余东村实现农民画相关产业产值超过3000万元。文化礼堂通过“线上+线下”“清单+点单”，常态化开展各种文化活动，丰富老百姓的生活，形成“15分钟品质文化生活圈”。在余东，画画成为老百姓的日常生活，作揖、微笑、鼓掌、点赞成为乡村的新风尚。

【历史文化村落】 余东村位于全国民间文化艺术之乡沟溪乡，是浙江省第四批历史文化（传统）村落保护利用重点村。按照“文化也是增长点，文化也是生产力，文化也是可以带动群众增收致富”的要求，创建余东农民画特色文化品牌，以品牌推进产业，以产业带动致富，开辟农民画线上交易平台，举办农民画网上作品展，开发农民画工艺品、纺织品、纪念品等文创衍生品百余种。同时发展研学、民宿、乡村酒吧等产业，农民画相关产业产值达到3000多万元。

（欧宝玲）

2022年，中国乡村美术馆夜景

姜家山乡

【概　况】 姜家山乡地处衢州西郊，交通便利，杭金衢高速公路、320国道、石华线横贯全境。全乡总面积14.50平方千米，下辖11个行政村（规划红线外村2个，分别为前昏村、三山村），全乡总人口4672户13081人。2018年启动高铁新城征迁，富周塘、兴运、大塘头、前徐、跃进5个村庄整体征迁，姜家山、柴陈2个村庄一半体量征迁，剩下4个村未征迁。乡政府驻姜家山村，距城区3.80千米。

【基层党建】 坚持巩固党史学习主题教育成果，通过持续学、巩固学，抓好中央、省、市、区委重要精神落地落实。班子成员、全乡干部先后学习党的二十大、省第十五次党代会、市第八次党代会及区第九次党代会等重要会议精神，召开党建例会7次、村级培训会22次，不断增强全体干部党建意识。组织开展“领雁强基·亮剑比拼”擂台赛，各村围绕“七张问题清单”整改、除险保安、村集体经济发展等重点内容开展，进一步提升基层干部“两勤两专”能力，营

2022年，姜家山乡安置小区全景图

造“比学赶超”的浓烈氛围。落实中央关于排查中共十八大以来党员发展违规违纪问题专项行动要求，以风清气正的政治环境迎接党的二十大胜利召开。

【基层治理】 落实网格“五个令”管理，组织网格员互学互比活动和培训工作，各项业务培训16次，互比学活动4次。根据区深化党建统领网格智治要求，对辖区网格进行初步调整，精简14个征迁村网格，增设13个社区网格，柯安社区6个，三江社区7个，设置108个微网格。将地处塘头毛家村的柑橘出口园区列为专属网格，由乡工作人员分别担任网格长、专职网格员，负责园区内的物业管理、企业服务等相关工作，确保基层治理到边到角，不留盲区。

【作风建设】 执行中央八项规定、省委“六个严禁”和市委“八条禁令”等相关规定，落实上级党委、政府重大决策部署，定期召开党委会讨论研究重大事项。落实“一岗双责”，坚定不移推进党风廉政建设，保持反腐败高压态势。继续推行村级重大决策“五议两公开”，深化“清廉网格365”建设。同时，以“六治六提”“六比六晒”、警示教育月等活动为契机，进一步加强制度执行情况监督检查，乡村干部的纪律、规矩意识明显增强，农村“三资”管理逐渐规范，村务党务财务“三务”公开制度落实到位，工作作风明显好转。

【特色亮点】 进一步完善三山村“初心”党建品牌，初心研学路线及其他配套设施，创建市级清廉示范村居、市委党校第五批党员干部教育培训现场教学基地，姜家山乡成功被列入第三批省未来乡村创建名单。前昏村以浙大两院、中央美院入驻为契机，深入谋划第一产业对第三产业的带动作用，在不断巩固以蟹稻共生和一村万树为主导产业的同时，探索城市后花园型民宿产业发展，不断壮大村集体经济发展,集体经营性年收入已达到735万元，超过2021年全年的经营性收入。

【乡村振兴】 盘活现有农村资源，进一步推动城郊乡村振兴。盘活城郊村土地资源。利用好非归控区行政村的土地资源，将闲散抛荒地统一流转至村集体并统一对外发包。其中，前昏村90%左右的土地流转至村集体，并引进返乡优秀大学生吴慧在前昏村创设跃进湾“稻蟹共生”家庭农场，在“四季农耕”乡村振兴讲堂开设稻渔综合种养技术培训班，打出乡村振兴“人才+技术+产业”组合拳，为村民提供技术支持实现在家门口就业。三山村三里塘水库下游约650亩抛荒地流转至村集体，已完成签约。盘活闲置土地，构建“企业+基地+村集体+农户”、培育“大户+农户”的富民强村产村融合模式，为集体增收、村民致富寻根探路。

【安置房交付】 构建“党建统领+网格作战”工作体系，以“团长+副团长+一长三员”为主力军，准确分析研判安置房交付三阶段工作，打好安置房交付遭遇战、拉锯战、攻坚战三大战役，分类分批推动交房“三步走”。发挥村“两委”干部党员的带头作用，创新“三个一”交房工作法（每一个村“两委”干部一天带动交一户），高质量完成安置房交付任务，全乡交付安置房1539户，交付比率约98%，

（徐佳来）

黄家乡

【概　况】 黄家乡地处柯城区南部，东邻花园街道，东南及南接石室乡，西南及西连衢江区廿里镇，北及东北依双港街道。距离市区约5千米，总面积31平方千米。下辖19个行政村，2个社区（筹建），总人口26680人，常住人口14894人。2022年，除各项工作加快推进外，黄家乡上下齐心、克难奋进，克服了“3·13”疫情、“6·20”洪灾等突发情况带来的严峻考验；同时，全力护航中共二十大，做实做细“除险保安”工作，各种征迁信访遗留问题得以逐步化解，乡基层党组织建设、经济发展、民生服务等各项事业持续向好。

【党建统领】 “3·13”疫情期间，黄家乡发挥基层党组织战斗堡垒作用和党员干部先锋模范作用，乡500余名党员干部坚守一线。“6·20”抗洪抢险，乡80余名党员干部第一时间投入防汛一线，尽最大努力保障安全、减小损失、化解灾情。安全高效转移受灾群众260人，实现无人员伤亡目标。灾后两天时间完成卫生清理、环境消杀、生产生活环境全面恢复。在一线锻炼作风，考验担当，让党旗在攻坚克难的前沿阵地上高高飘扬。围绕市、区重点工作和乡中心工作，坚持务实创新的工作作风，高标准、严要求发展壮大党员队伍。健全完善培养制度，加强教育管理，全年发展4名党员。

【重点项目】 围绕政策导向，结合乡“背靠园区”的实际，因地制宜谋划“物流服务综合体”“拆迁居民一体化服务平台”等项目，进一步完善城乡基础设施配套，提升公共服务水平，优化社会治理能力。强化向上争取，加大工作和对接力度，争取上级要素支持项目。依托项目建设，提升干部“两专”水平，做好各项利民惠民工程，推动经济社会平稳健康运行。围绕项目推进的

12月27日，区委宣传部、黄家乡主办的全民健身活动在陈家村举行

全过程，主动参与，营造大干项目的良好氛围，推进工程项目建设。川溪里新村基础设施配套工程、江畔社区办公用房装修工程等6个工程按时完成。

【民生实事】 迭代升级“村企合作共同富裕”模式。下卢村7月至12月通过主动对接、靠前协调，和华友钴业开展农户空余住房村集体统一收储、定向租赁给华友钴业的联动机制，新增华友钴业大学生300多人次，受益农户（居民）125户，户均增收1.80万元，加上之前的新铺—华友南堂苑村企合作项目、陈家—华友单身公寓合作项目、上草铺—志合新材料合作项目、山底寺前张家与一道新能源村企合作项目，累计参与农户300余户，实现增收400多万元，构建“党—政—商—企—村”共富合作新模式。精心组织，浙江时代锂电项目安置房选房工作，该项目涉及张家、寺前两村194户及印象东城、芳林苑小区643套房源。

【基层治理】 加快数字化改革，推进现代社区建设。用好用活“邻礼通·现代三民工程应用”，录入总户数1956户，居民2926人，身份信息完成度达到96%，居民注册率已超过61%，党员信息、楼道长、志愿团队信息维护完成率达100%。推动村（社）书记擂台赛。选取了地域相连、基础相近、环境相似的上草铺、东周、陈家等村开展互比互学。通过现场看，实地讲，干部评，对标先进，取长补短。以“四个全面”思想为指导，系统谋划化解矛盾。2022年交办历年历史遗留征地拆迁问题信访积案22件，化解20件。综治中心接访群众诉求600余件，尽可能把矛盾化解在基层。

（注：2005年2月，根据衢委发〔2004〕52号文，撤销黄家乡，设立黄家街道，由于省政府未批准，本年鉴中仍用称黄家乡。）

（齐 越）

七里乡

【概 况】 七里乡地处柯城区北部，东与衢江区双桥乡接壤，东南与九华乡相连，南与石梁镇毗邻，西与常山县新桥乡连接，北和东北与衢江区太真乡相邻，乡人民政府距柯城城区22.50千米，行政区域面积60.25平方千米，户籍人口为5319人，其中常住人口2201人。在常住人口中，0—17岁人口数214人，18—60岁906人，60岁以上1081人。2022年，凝心聚力谋发展，全力保障改善民生，全乡地区生产总值1.16亿元，人均可支配收入超过3万元。

【基层党建】 利用党委理论学习中心组、“8090”新时代理论宣讲、支部主题党日活动、周二无会日、周一夜学、“三会一课”等形式，督促全乡干部在学思践悟中提素质、转作风。全乡开展集中学习7次，“一把手”讲党课3场，“8090”新时代理论宣讲5次，惠及党员群众3000人次。推动干部队伍建设，出台完善《七里乡干部月度考核实施方案》，对于干部每月表现进行打分排名，将每月考核结果作为年度考核的重要依据，形成干部间比学赶超氛围。结合“六治六提”作风建设行动，把年轻干部放到共同富裕、国家AAAA级旅游景区改造提升、产业发展等重难点工作中去锻炼和检验，敦促干部“学在深处、谋在新处、干在实处”。每月定期开展“领雁强基·亮剑比拼”互看互学互比活动，以“晒”促行，落实干部“晾晒比拼”，营造赛马争先、比学赶超、争先创优浓厚氛围。开展互看互学互比活动7次，覆盖全乡7个村。

【项目攻坚】 有序推进旅游基础设施提升，树立“项目为王”

理念，坚持高质量项目建设，稳定全乡经济发展，推动基础配套设施从“有”到“优”由“优”向“强”的转变。完成“互联网”+农产品出村进城工程，农村生活污水提标改造项目，少伸特色农业展示馆，七里三村、桃源村卫生室等项目建设。持续推进七里三村、桃源村、沙龙村居家养老服务中心，桃源村均良道路拓宽项目建设。完成千峰岗露营基地、杨坞红军纪念馆提升、上门畲族文化体验馆设施水平提升等旅游配套项目13个，总投资1600余万元。推进停车场、景区道路、景点导览、饮用水库、水域治理项目等配套设施建设，做好石七线项目政策处理，全面提升景区综合承载力。加速推进共富项目，创新谋划具有七里辨识度的共富模式，暑期期间，停业三年的香溪漂流重新对外开放，增加村集体经济收入，带动100余家农家乐（民宿）平均增收1万余元。推出“我在七里有块地”项目，打造农旅融合“共富工坊”，孵化亲子教育、研学等新业态，拉长旅游旺季，打开山乡共富新局面，推动景区可持续发展。一期项目127块土地被认购，为村集体增收35.80万元。8月开始运营的千峰岗露营基地更是天天满员，开业2个月客流量达12000多人次。

【文旅创建】 成功创建省级旅游驿站、区级民宿集聚村，在已完成1家白金宿和5家银宿的创建基础上，继续推动结庐觅境、平仲别院、壹品舍等民宿冲击金宿等级以上参评，打造高端民宿集群，打响七里民宿金字招牌。全乡农家乐（民宿）总数从上年237家增至305家，星级民宿60家。牵头成立“民宿联盟”，推动全乡81家民宿实现资源共享、抱团发展。全乡游客接待量同比超疫情前水平，截至10月接待量达85万余人次。

【特色农业】 特色农业转型升级，围绕“高山蔬菜”“竹根鱼”等优势农产品，激活产业发展活力。在大头村流转100余亩土地，打造黄精、高粱等产业基地，以产业振兴带动农户增收农业增效。鼓励农户在家门口“一块地”种植黄瓜、朝天椒等时令蔬菜，既产生经济效益也美化环境。精准帮扶，实现共富“双赢”。联合区农业农村局等部门开展技能培训，推动村民掌握面点技能，为民宿农家乐提供食材配套。鼓励和引导民宿农家乐业主联户采购本土高山蔬菜和农特产品，延伸“菜园子”到“餐桌子”的产业链，打通乡域内农产品产销内循环。鼓励大头村、桃源村等农家乐（民宿）发展较好的经营主体，每人结对1—5户开展民宿经营，与其签订农产品产销协议，先富带后富，促进农民增收。

7月，“我在七里有块地”签约仪式现场

7月15日，浙江音乐学院在七里乡举办柯城区首届未来乡村艺术季开幕仪式

【基层治理】 做优基层治理四平台。完善基层治理四平台，推动“党建统领、经济生态、平安法治、公共服务”四个平台实战实效，将相关职能办公室、派驻站所等对应纳入平台管理，整合工作力量，协调解决重大事项。做实基层网格建设。全乡17个普通网格、2个微网格，以无信访网格创建为目标，纳入书记赋权赋分、双色激励等内容，推动网格考核更加精准。落实网格事务准入审查机制，推进网格“三会五令”，制定出台网格员奖惩与动态调整办法，开展“七里最美网格”系列评选，网格工作实效得到进一步凸显。定期配合乡社会治理办公室、疫情防控办公室及应急队开展实战演练，形成平时网格服务、战时网格联动的网格治理格局。

（张艺淦）

九华乡

【概　况】 九华乡位于柯城区东北，总面积82.32平方千米，乡人民政府驻沐一村50号。辖23个行政村、1个社区，总人口2.1万人。属文化之乡、旅游胜地、养生福地，自然名胜有九华山、玉泉山、百丹坪等以及人类非物质文化遗产九华立春祭。

【基层组织建设】 落实“红色根脉强基”工程，组织村书记履职PK赛，专题举办村“两委”履职培训班，开展“领雁强基 亮剑比拼”村社互看互学互比现场会，营造“比学赶超”良好氛围，2022年，九华乡在全区“乡街治理大比拼”中获得乡镇组排名第二；认真开展党的二十大精神学习教育、村党组织书记政治素质体检和村组织换届“回头看”、农村党员发展排查整顿、流动党员核查纳管、党员分层分类教育等工作，有效强化党员教育管理。

【产业振兴】 2022年，九华乡完成固定资产投资11262万元，完成规上贸易业销售额13086万元，完成建筑业省内产值104198万元；完成一般公共预算收入2547万元，增长率超额60%；完成3个项目入库，全年完成工程项目交易共55个。农民人均可支配收入18481元，同比增长约17%。全乡在库项目19个。

【全域土地整治】 围绕全年垦造耕地248亩，耕地质量提升1200亩，抛荒地整治1078亩，耕地恢复2460亩的全域土地垦造任务目标，开展全域土地综合整治。土地整治项目完成验收2个，“百千万”永久基本农田连片整治工程2个。开展土地资源摸排，通过踏勘走访初步确定垦造开发面积约360亩。

【村集体经济】 对标23个村村集体经营性收入达20万元以上的

任务目标，召开村书记“头脑风暴互助会”，村与村之间互相支招，通过“一村一研判”制订个性化清单，并签订目标责任书，23个村全部实现村集体经济巩固提升20万元的目标，其中，15个村达到30万元以上，7个村达50万元以上。全面推广抛荒地整治“上铺模式”，共整治抛荒地1400余亩，带动村集体增收共计180余万元，“上铺模式”成功入选《浙江强村富民集成改革典型案例》汇编。

【重大项目】 推进“上铺模式”共富产业园——衢州市柯城区现代农业园区“互联网”+农产品出村进城项目建设。推进民宿产业发展，发动本地村民利用闲置农房开办民宿，有效实现农民增收，通过浙江省文旅厅民宿（农家乐）助力乡村振兴改革试点年度评估。推进妙源·茶铺未来乡村续建，推进坞口未来乡村培育。全域土地整治项目完成验收2个，“百千万”永久基本农田连片整治工程2个。开展土地资源摸排，通过踏勘走访初步确定垦造开发面积约360亩。完成351国道及大小“三改”、梓绶山至孟高寮道路工程、派溪头—关溪通景公路、沐周线拼宽、顺家路边—下坦拼宽、新建桥头—下坦等10余条公路政策处理。完成2条农村公路提升改造，11条线路被纳入乡村振兴——美丽交通项目名单。

【文化事业】 成功申报市级公共文化场馆服务功能拓展试点（源口村文化礼堂）、柯城区第三批非物质文化遗产代表性项目传承人（九华立春祭传承人吴海根）、首批柯城区非遗体验基地（妙源村）、省市区级乡村文化示范户和文化能人等项目。

【基层治理】 开展“平安村社”“平安网格”创建活动，做好走访排查、宣传引导、民情收集等基础工作；动态更新网格民情档案，完善从业岗位、兴趣爱好等综合信息。按照《衢州市党建统领网格智治“五个一”规范化指引》要求，推进网格治理单元优化，全乡设立微网格105个，优化配套设置微网格党小组。坚持“大排查大接访”信访工作机制，落实“乡主要领导每旬接访”“乡领导班子包案化解”“村（社区）书记周二无会日接访”等制度。信访积案化解成效明显、信访矛盾控制得力，成功化解重点信访积案11件。

【社会事业】 为民服务解难题，完成省级民生实事项目坞口村百姓健身房建设；推进乡成人文化技术学校教育工作，加大成教培训力度，开展培训活动40余次，惠及5000余人。

【文旅产业】 新增省级文化主题民宿1家、三星级民宿2家，13家民宿上榜首批“浙韵千宿”培育名单，通过省文旅厅民宿助

11月16日，全省地质灾害应急管理业务培训现场会在九华乡大侯村召开

10月29日，九华乡举办森林防灭火演练暨比武大赛

力乡村振兴改革试点年度评估。发挥乡综合文化站、新时代文明实践所、各村文化礼堂等阵地作用，建成首批8个村“15分钟品质文化生活圈”。依托妙源农耕文化展示馆，建成申报浙江省乡村博物馆。组织开展送戏下乡、名人书画创作、元宵文艺会演、“暑假来吧”青少年公益课堂等文化惠民活动50余场，活化乡土文旅资源，全面提升九华立春祭文化品牌影响力。

【文明创建】 浓厚创建氛围，制作并上墙喜迎二十大、光瓶行动、“浙风十礼”等公益广告，对新增点位省级文明村——谷口村沿路沿线和村庄内合理布置公益广告。开展督查暗访，不定期对乱堆放、乱停车、乱张贴、飞电线等环境卫生问题进行通报。在市创建办“半月一主题”全域创建专项督查中排名第一。

【安全生产】 开展安全隐患大排查大整治行动，落实道路交通、消防、燃气、建设施工、旅游等领域的安全隐患整治，累计排查安全问题隐患281条，立查立改177条，限时完成整改69条，整改率85%以上。全面做好汛期防汛防灾工作，组织开展全乡防汛防台应急演练，增强干部群众的防汛抗洪意识。组织5次不同层面防灾减灾应急宣传、演练活动，通过不同形式演练活动提高基层村区防灾减灾的能力。

【民生保障】 开展企业招工专项行动，对接各类企业，及时了解企业招工诉求，面向全乡宣传发布招工信息。组织就业招聘会200人次，申报高质量充分就业村2个；处理欠薪纠纷3件，农民工基础信息采集录入3015条；完成城乡居民医疗保险参保率100%，城乡居民医疗保险参保78人，惠衢保参保率分别为城乡居民参保率91.46%，职工参保率83.81%；养老待遇资格认证105人，失地保险参保15人，自由职业者参保45人，申请不交城乡居民基本养老保险90人，城乡基本养老保险待遇申领200人，城乡居民养老保险参保13人，丧葬费办理123件。

（童智俊）

万田乡

【概　况】 万田乡地处衢城西北，全乡总面积26.40平方千米，总人口1.60万人，人口密度为每平方千米569人。辖下方、姚家、谷塘、弈园、慈张、上蒋、下蒋、坞石、顺家路边、炉头、王家、万田、冯坦、荷塘、余家山头、三和16个行政村和文景苑社区。境内地势两翼高，中间低，东南为坡度和缓的黄土丘陵地区，丘陵面积约占总面积的70%，有多处省级粮食生产功能区、生态休闲旅游综合体、现代柑橘精品园，是省级非物质文化遗产“女儿节”的发源地，连年评选“孝星模范”，成功创建国家AAA级旅游景区、中国“淘宝村”，先后被评为省级先进党组织、浙江省美丽乡村示范乡镇、市级“五好”星级党委、全国首个“阿里巴巴村播基地”等。2022年，围绕党建统领强基固本，全域统筹产业发展的工作重心，推动各项工作提质增效。获评浙江省社区教育示范基地、省“一村万树”示范村、省美丽乡村特色精品村、省乡村振兴示范乡镇创建单位、衢州市粮食生产突出贡献乡镇、市“四化五提升”代表联络站建设先进单位、市乡镇（街道）法治化综合改革最佳实践案例、柯城区“五水共治”公众满意度工作先进集体、区新闻宣传工作单位、区法治（法治政府）建设单位。

【基层党建】 依托“红色根脉强基工程”“浙里干部之家”等数字组工应用平台为抓手，组织万田铁军提升班、“金雁”培育计划、“严实讲堂”等专题培训班。抢抓先机参与区“红色根脉强基·共同富裕引领”乡街治理大比拼，全面开展村社擂台比拼，获全区乡街治理大比拼第一名、全区“领雁强基·亮剑比拼”擂台一等奖。谋划“浙十年·省委组织部结对帮扶（促）万田乡十周年纪实馆”和“醉美万田·蝶变十年”特色党建线路等特色品牌，总结提炼和发挥好省委组织部结对帮扶经验优势。

【思想宣传教育】 把牢意识形态工作主动权，常态化开展第一议题及理论学习中心组学习，围绕习近平新时代中国特色社会主义思想、党的二十大精神等主题开展宣讲46次，受众27000余人次。全面结合“同心共富·乡贤通”应用推广和“侨联智慧管理”信息摸排工作，梳理乡贤资

2022年，万田乡航拍图景

源，有在库乡贤205人。凝聚乡村发展共识，满足村民的精神文化需求，其中，余家山头村非物质文化遗产展示馆、慈张村胡麻饼博物馆入选为省级第二批乡村博物馆。

【除险保安】 聚焦“除险保安百日攻坚”行动，开展疫情防控专项监督检查360余次，防汛抗灾专项监督检查18次，危房排查专项监督检查18次，大综合执法一体化监督6次，配合区委巡察组开展对万田乡的巡察工作，收回村干部违规承揽或插手本村工程项目情况自查表135份，收到问题线索4条，立案查处1人次。开展乡村干部联防联控工作，开展组团巡查走访5000余人次，批评提醒谈话25人，督促整改问题19个，2名村社书记上台表态。9月，万田乡成为柯城区“七张问题清单”乡镇（街道）贯通试点，收集全量问题库22条，省市县整改清单库2件，就“七张问题清单”督促协调解决100余次。

【项目攻坚】 完成数字农业科创园区块和原乡农场区块8家低小散企业整治工作，推进小微创业园三期、有礼青年社区、村播二期等7个区级重大项目，涉及6个村近550亩土地征收任务，怡宁医院、区公共卫生服务中心、无界弥生文化创意产业园等重点项目开工落地，全年完成固定资产投资17202万元。启动乡级工程项目70余个，全部开工建设，95%实现竣工验收，老百姓满意度持续提升。做强佳农果蔬、衢六味、凯杰农业、衢州新宠贸易、浙江恩派宠物等企业招引和服务，全年完成各项经营性收入约18亿元，带动就业1000余人,实现全乡4个村集体经营性收入达50万元以上，6个村达30万元以上，6个村达20万元以上。

2022年，万田乡“它经济”广播基地外景

【民生保障】 聚焦“一老一少”群体，在上下蒋打造未来乡村生活馆，试点建设公共托育“4点半学堂”，打造15分钟幸福生活圈、养老圈、文化圈，报送经验材料获常务副省长的批示肯定，“蒋幸福”团队服务获全市经验推广。防疫转段后组建43支“村社小分队”，对重点人群开展暖心服务800余次，累计解决群众困难诉求300余个，为老人发放暖心包5000余份。面对下方村百年一遇的汛灾，首次实现无人员转移、无财产损失。全面推进社会保险扩面任务，城乡居民医疗保险和惠衢保全覆盖；完成全乡321户475人（其中低保296户422人）低收入农户识别与建档立卡工作，年家庭人均收入8000元以下情况实现全面清零。

【美丽乡村建设】 推进美丽乡村建设，围绕一园一溪五线（数字农业科创园、庙源溪、351连接线万九线冯下线航河线通景公路），结合省级农村综合改革集成建设试点项目、全域土地综合整治和生态修复“后半篇文章”、“两非”整治等工作，持续做好乡村整体风貌全面提升工作，加快村庄、产业、田园片区式整体性建设，完成省级民生实事翁塘垄水库除险加固工程、水价改革项目建设，加快推进棕仁溪流域综合治理工程、关溪流域综合治理工程建设，持续实施防抛荒促流转美化净化田园工作，复垦复绿抛荒地面积约763亩，推动美丽乡村线、现代农业线、文化旅游线“三线合一”，上蒋村、坞石村、万田村、下蒋村、顺家路边村等多次被评为区环境卫生前十村庄。

【公共服务】 推进“最多跑一次”改革，开展“我为群众办实事”服务，通过组建一支“1+17+N”帮办代办队伍，推进便民服务“1233”模式，实现服务群众“零距离”，整合50余项民生事项，便民服务中心接待3600多人，受理各类项目8700余件，上门代办和线上代办8500余件，村级办件9560多件，完成转交件7件，办结率达100%。通过衢州市第一批AAAAA级便民服务中心复评。持续推进数字万田三维管理系统、万田乡智慧党建系统开发和万田乡“数字乡村”综合服务云平台项目建设，实现全方位、全天候综合治理。

5月27日，“四省联萌 它力无限”四省边际大学生直播创业大赛在万田乡村播基地举办

【矛盾调解】 探索形成矛盾调解中心、综合信息指挥室与基层法治站所构建“一中心+一室+四大模块”（司法所+共享法庭+派出所+执法中队），搭建府庭、府所联席制度、会商制度，形成矛盾纠纷化解合力，推动更多法治力量向信访化解的引导端和疏导端用力，开通涉疫法律援助“绿色通道”，优化法律援助服务，首批案件入库数据300余条，乡司法所荣获省金牌人民调解工作室国昌调解工作室和全省“枫桥式”司法所称号。多元化解信访积案。发挥网格“1+3+N”队伍力量，开展全区无信访网格创建，归集“四平台”“邻礼通”“掌上基层”“12345”热线“治安警情联动”等平台数据，实现体系化、机制化主动发现上报问题，有效发挥基层党组织“前哨”“探头”作用，持续做大做实全量问题库，办结率达到99.7%。2022年8月，上级交办“冯下线道路出现部分沉降，存在交通安全隐患”的事件，万田乡立即与区交通局进行对接，仅用2个星期的时间，配合完成道路修复工作。

【产业发展】 加快推进“村播计划”，探索出一条“以产业促创业、以创业带就业、以就业促共富”的村播促共富的新模式。通过以直播销售端反哺生产端，以生产端带动就业端。探索出一条村播“它经济”产供销一体化发展路径。带动宠物活体、宠物粮食、零食、猫粮、猫抓板、宠物洗护用品等网络销售额超1亿元。成功打造萌宠餐厅、萌宠俱乐部、萌宠摄影基地沉浸式“它经济”消费体验主题村庄，上下蒋村共计实现村集体增收80余万元。

【共富工坊】 建立“红小播”“坞菜缤纷”等一批共富工坊，深化“乡统筹、村众筹”的发展运营模式，因地制宜做好产业升级。引进供应链生产企业，为新农人主播创业、村民家门口就业提供一站式服务，累计为万田乡村集体增收300万元，获中央领导现场调研高度肯定。“红小播”共富工坊入选浙江省百家共富工坊典型案例名单，获全省短视频大赛金奖。打造坞菜缤纷蔬菜大棚“共富工坊”，新增百余个就业岗位、百万元农民增收，获得市政府主要领导高度肯定。

（杨泽君）

府山街道

【概　况】 府山街道位于衢州市中心城区，东接府东街，西濒衢江，南至宪法公园，北临斗潭河。区域面积3.55平方千米，常住人口4.70万人。下辖坊门街、县学街、蛟池街、天皇巷、城站、府山、钟楼、北门8个社区，以及党群服务中心、社会组织服务中心、养老服务中心、残疾人之家4个服务中心。各类经济主体8071家，其中企业1541家，个体工商户6530家。2022年，统筹疫情防控和经济社会发展，推进南孔古城风貌整治提升项目、全国文明城市复评迎检、数字化改革等各项工作。府山街道荣获全区目标综合考核一等奖。

【经济发展】 2022年，全街道实现营利性服务业营收额42307.50万元，同比增长117.10%，增幅位列全区第一，固定资产有效投资位列全区前三，招商引资位列全区街道第一。街道获省级数字生活新服务特色街道，水亭门商圈、南湖商圈已分别成功入选省市级智慧商圈。

【基层党建】 作为全区唯一试点培育街道，坚持把“七张问题清单”机制摆在突出位置，加快构建党建统领整体智治体系。归集全量问题库问题93个，办结率98.41%；上报区级“蓄水池”21件，“密室逃脱”场馆安全隐患问题被部门认领并纳入市级“七张问题清单”。全面深化机构改革，落实四大模块运行机制，调整“五办一中心”机构设置、职能设置和人员编制，逐步与基层治理四平台运行相适应。夯实基层底座，向下延伸建成35个小区党支部、247个楼栋党小

7月22日，柯城区8090“徐徐道来”宣讲团与府山街道联合开展学习贯彻省第十五次党代会精神宣讲

组，制定《党员服务管理办法》，培养4名干部赴省市区专班挂职锻炼，7名干部晋升职务职级，抓人促事实际效能显著提升。街道先后参加全区“红色根脉强基·共同富裕引领”乡街治理大比拼、全市乡镇党委书记交流会，以点带面展示基层治理新载体、新模式、新做法。在全区“领雁强基·亮剑比拼”擂台赛上，蛟池街社区书记于慧超获“强基之星”。

【网格治理】 聚焦“141”体系迭代升级和“1612”体系整体贯通落地，构建平战一体、集成高效的新型网格。科学优化调整网格，推进基层智治系统建设，建立“1+3+N”组织架构体系，科学划定61个社区网格、257个微网格、226个微网格党小组，实现网格优化调整工作良好开局。制定人用好、地管好、事做好、机制好、智治好“五好网格”建设标准，每季度开展网格员业务培训，更新网格考核办法，以网格工作实效作为评先争优唯一依据，每月拉开网格差距600元以上，提升网格治理能力水平。

【“邻礼通”试点】 府山街道作为全区两个试点改革单位之一，以“建管用”体系为支撑，促进邻礼通·“三民工程”数字化应用快速推进，归集“人、车、地、屋、事”五位一体全量数据，产生居民档案3.5万份，搭载“防疫卫士、Ai志愿者、零报表”3个高频赋能减负场景，减轻网格负担。“邻礼通-随手拍”系统持续推广，发挥外卖员、快递员、环卫工三大群体作用，以“邻礼通”为载体开发“府小卫-随手拍”系统，收集有效线索430余条，处理问题405条，让小哥们成为基层治理的“千里眼”“顺风耳”，该系统作为新经济新就业群体参与基层治理典型案例在全区推广。

【项目建设】 做好南湖广场文旅综合体等11个市级重大项目的服务保障工作，推进体育场路5号D级危房解危、府东街外立面改造、“三个里”安置房交房等项目。南孔古城风貌提升整治项目通过省级验收，总投资达8900万元，年底签约率达100%，施工全面进场。全年实施工程类项目16个，污水零直排小区“回头看”项目投资589万元。推进无物业小区清零工作，持续抓好“五水共治”，及时处理各类环保投诉32件，“三改一拆”全年完成违建处置9287.19平方米。系统性开展危旧房排查，排查自建房218处，完成1处C级危房的鉴定和解危腾空。

【文明创建】 迎战创文国测复评，制定创文复检工作计划和推进方案，整治占道摊点市场18个，清除辖区卫生死角827处，61个网格开展全覆盖式到边到角问题整改。8月，完成国测复评工作。市区级创文“擂台赛”中保持全区街道排名前三的好成绩。

【民主监督】 坚持全过程人民民主理念，走富有府山特色的全过程人民民主基层单元建设发展路径。召开第二届居民议事会，选举产生议事员55名，票选出民生实事项目8项。将协商议事平台搬进网格、小区，组织职能部门、业委会、居民等参与“快来议事”，解决居民身边急难愁盼事情50余件。通过代表联络站码、代表码，征集民意200余条，将监督意见、民意反馈汇集“浙里人大代表”平台，以研判方式推进科学管理与决策。落实民主监督，全面推动党政机关主要领导、“一府两院”负责人进人大代表联络站，接受选民监督。5月，府山街道人大代表联络站被列为全省首批践行全过程人民民主基层单元培育对象；9月，省人大常委会党组书记、副主任梁黎明到现场指导。

【共同富裕】 增设“豆浆小屋”社会实训基地，每天为80周岁以上老年人提供免费豆浆，同时也为特殊关爱群体提供就业机会，每月参与劳动可获得930元报酬，成为服务老人、帮助困难群体的共富聚集地，相关宣传被人民网等主流媒体报道23次。升级蛟池街社区便民中心为“邻礼客厅”，居民可在其中享受健康养老、遛娃、使用共享工具、聚会议事等，以功能会客、以服务聚客，构建“熟人社会”。“37共富驿站”引入美团外卖进行实体化运营，联合养殖基地、合作社进行农产品售卖配送，解决农产品销售难、储存繁的问题，入驻外卖员收入提高至平均8867元/月。关注“一老一小”场景，作为全区“爱心卡”试点街道，为老年人提供助残、助医、助急等六大类17项服务清单，将养老服务延伸至社区、家庭。

（严哲芳）

花园街道

【概　况】 花园街道地处柯城区东南部，东南与石室乡相邻，西与衢化街道、黄家街道相连，西北接双港街道，北与荷花街道、新新街道毗邻。办事处驻花园村。下辖花园、上洋、上下门、平园、叶篷、新姜6个村及安装、新苑、福苑、花港、花苑、花溪（筹）6个社区。行政区域面积9.70平方千米，户籍人口12898人，常住人口30784人。2022年，花园街道锐意进取、担当实干，推动各项事业取得新成效。街道全年一般公共预算收入4215万元；社会消费品零售总额640669.50万元，同比增长5.49%；规模以上服务业实现营业收入22486.60万元，同比增长11.58%；城乡居民人均可支配收入53802元，同比增长8.90%。

5月11日，花园街道举行“领雁强基 亮剑比拼”互学互看现场会暨邻礼通应用PK赛

【乡村振兴】 上洋村建设“1+15”小微企业园，每年可为全区15个联建村村集体分别带来7.50万元营收，领跑带动薄弱村发展；新姜村落实“三个一”共富工坊联系指导机制，以生态坊、文创坊、旅游坊等农文旅特色产业为切入点，打造“富美新姜”共富工坊。通过绿色期权、物业租金、文创销售、旅游消费等，实现村集体经济增收100万元，带动村内农家乐经营性收入50余万元。全年街道行政村村集体经营性收入2216万元，5个行政村经营性收入超过100万元，其中上洋村经营性收入超过1100万元，平园村经营性收入超过500万元。

【社区治理】 社区治理亮点纷呈，花苑、花溪社区批复成立，分别纳入第五批、第六批省级未来社区项目建设。网格力量不断优化，设立网格44个、微网格178个，选聘楼道长618人，党员亮身份215人，配齐“1+3+N”人员架构。新成立花苑、建工贸、花港家园一期3个小区业委会，发挥居民群众参与小区建设的主动性。促进花港社区新居民“五色管理”，推进新居民融合和共治共享；福苑社区出租私房消防隐患整改项目顺利推进，智能充电桩安装到每家每户；花苑社区网约房管理规范化精准化，探索破解网约房管理难题。

【民生保障】 2022年，为辖区内低保户累计发放各项补贴补助669.65万元，完成省级民生实事——街道居家养老服务照料中心智能服务终端设备采购5.1654万元并互联互通投入运行；完成区级民生实事——上洋村老年幸福食堂建设；完成上洋村居家养老服务照料中心创建工作，花港社区纳入省第五批未来社区建设名单,花港社区居家养老服务照料中心通过竣工验收并投入运营。辖区内新姜村、安装社区等9个村社通过市级“15分钟品质文化生活圈”验收工作。

【平安建设】 建立健全安全隐患整改销号闭环管理。开展多轮摸排，主要领导带队检查安全生产12次，开展安全生产排查12次，发现安全隐患96处，全部整改到位；推进交通安全整治，配合路政、交通部门抓好交通隐患排查整改，发现风险隐患30余处，全部整改到位。

【网格治理】 综合信息指挥室指挥按照四大模块架构，完成模块内人员、岗位调整，推动线下模块和线上系统同步迭代升级工作。构建跨部门集成指挥机制，依据事件难易程度、交办对象范围，形成每日即办、组团协办、月度督办一套清单。推行微事直派、难事联办机制，推动跨层级精准派单，实现“街道—村居—网格”与派驻执法单位、派出所一体交办、联动协办，违建纠纷、“两非”整治、环境污染等疑难件得到快速处置。全年上报网格事件3212件，办结率达99.83%，以“多线汇总、高效流转、迅速处置”解决老百姓的急心事、忧心事。

7月1日，花园街道上洋村党群服务中心投入使用

【有礼建设】 通过“线上+线下”宣传、“礼治+自治”引导，常态化组织开展志愿服务活动100余次，参与群众达8000人次。结合全国文明城市建设标准，配套出台《2022年度花园街道“八个一”文明有礼考核办法》，通过考核指挥棒作用，压实村社责任、倒逼工作落实，实现“精准布阵”，形成回环闭路，确保在全国文明城市复评大考中零失分。

【项目建设】 围绕“项目为王”发展理念，全面掀起重点项目“大干快上”新热潮，以项目建设引领高质量发展。上洋村“中国村规民约馆”开馆运行，“1+15”小微创业园（一期）通过竣工验收，花港社区居家养老服务照料中心项目投入运营，新姜村移民共富示范项目一期工程按期实施，“一村万树”实现碳汇3.0版升级，新姜村成为柯城区探索“一村万树”碳汇的首个试点村。

（郑轶洋）

荷花街道

【概　况】　荷花街道地处柯城区中部偏东南，东与新新街道相邻，南与花园街道相接，西南及西与双港街道相连，北与府山街道相依。办事处位于三衢路28号。总面积5.60平方千米，常住人口63578人，下辖兴华、松园、清莲里、荷东苑、新荷、荷西苑、朝晖、朝阳、通荷、初荷和荷北苑11个社区和大南门村1个村。2022年，围绕市委、区委部署的战略建设目标，以“六治六提”“六比六晒”作风建设为契机狠抓落实，尽职担当。在打好疫情稳控战，逆势推动辖区经济增长的同时，全面深化党建统领、基层治理，筑牢防风险保平安的铜墙铁壁，统筹推进党的建设、经济发展、公共事业等工作。

【队伍建设】　2022年，开展“领雁强基、亮剑比拼”擂台赛，深化“六比六晒”作风建设走深走实，以比拼论英雄，以项目见成效。头雁领航，聚力谋划党建项目，年初举行村社（中心）“头雁项目”预选赛，从政策取向、民生指向、问题导向、发展方向“四个方向”因地制宜选拔出15个入选项目。助力积木培育，年中通过竞职演说、面试、笔试三关开展社区主副职竞聘上岗。四维考评迭代更新。不断细化完善考评细则，变模块PK为组团PK；在“大综合一体化”的改革背景下，出台执法部门派驻干部“四维考评”办法，实现经济待遇融合、条块工作融合、成长空间融合“三个融合”。

【基层治理】　响应区委组织部号召，为新就业群体打造温馨港湾——“37驿站”，辖区内总站1个，社区级微站点1个，24小时站点1个。做深做实邻礼通·现代社区“三民工程”应用，聚焦“抓党建、强治理、促发展、优服务”开展邻礼通应用培训会，做到人人都是首席数据官，做实民情档案、做畅民情沟通、做优民情服务。录入人户信息68186条、场所信息1680条、低保户166人、残疾人824人、2048名党小组成员、2405名楼道长及招募421名志愿者。完成党员亮身份、社区—小区—楼道三级微信群。完成43个小区的亮身份工作，100%完成辖区2395个楼道三级微信群的建立。楼道户主会激发居民自治活力。持续深化迭代红色议事会机制，明确三级议事机制，通过召开楼道户主大会，将议事场景打通至最基本单元，让所有居民都能畅所欲言，激发小区的“主人翁”意

4月19日，柯城区荷花街道召开第五次妇女代表大会

识，让居民自治真正在小区里开花结果。组织召开楼道户主大会2100余场。

9月21日，“荷里共富”街区开街仪式在荷花街道举行

【保障民生】 保障工作扎实推进。街道享受困难残疾人生活补贴122人、享受重度残疾人护理补贴456人，低保对象167户237人，特困供养人员4人，持证残疾人917人，重度残疾人432人。发放低保资金98万元，残疾人“两项补贴”资金75万元。为63名育龄群众进行生育登记，核查新增12名计划生育特别扶助金对象，上门走访慰问计生特殊家庭、困难计生家庭47人。生态环境持续提升。全年开展各类爱国卫生活动及宣传130余次，各村社组织开展50次城乡环境卫生集中整治活动，发放、张贴宣传材料14840余份，共计1.92万人次参与。集中开展22次病媒生物集中消杀，灭鼠灭蚊面积143万平方米，清理“四害”滋生地283处，清理下水道沟渠570次。营造健康人居环境。重点开展“五水共治”，组织治水活动43场。街道被授予全市首批“污水零直排区”建设标杆街道、2021年全省“五水共治”工作考核优秀乡镇（街道）。代表履职务实开展。探索和构建街道人大工作新机制，建立街道“1+N”议事会制度，召开第二届第一次街道议事会，推选出45名各阶层代表，票选出2022年荷花街道6个民生实事项目，并对派驻荷花街道部门工作及2021年民生实事项目开展满意度测评，夯实基层民主政治建设，提高街道人大服务大局工作实效，丰富民主形式，拓宽民主渠道，完善监督机制。

【重点攻坚】 以“老有所依”“幼有所托”为宗旨打造南幼北老两栋服务性用房。北楼根据老年群体的就餐、休闲、交友、学习等需求，建设食荷里老年食堂、健身房、康复活动室、阅读休闲角等功能区；实现老年人在家门口养老的愿望，食荷里食堂日均用餐老人数达100余人，90岁以上15人。南楼主建豆丁托育驿站，为辖区居民提供0—3岁婴幼儿照护服务，以临时托、半日托等灵活照护方式解决居民育儿的临时性需求，托育机构日均照料幼儿10名。激活商圈，“荷里共富”街区打造。深化党建统领建设共同富裕现代化基本单元，重点探索街区+数字赋能+网格治理机制，通过“邻礼通”小程序这一城市小区治理智慧平台为牵引打造线上线下生态商居圈，以“线上+线下”活动为载体逐步形成点、线、面、块的四级联动效应。制订共富街区计划清单和活动清单，营造共同参与的氛围，不断完善监督制约机制、客观全面的“滴滴式”评价机制、全民参与的“口碑式”激励机制逐步优化场景选择，实现大数据赋能居民参与社区治理，打造“平台双赢共发展，商居和谐育共富”的“荷里共富”的街区家园共同体。“文明有礼”街道再创辉煌。常态化做实文明城市创建工作，完成1400余个点位整改、300多处基础设施点位修整、140余处飞线整理。向全辖区193个点位投放人文精神、绿色出行等多类型广告1100余处。为衢州在114个全国文明城市地级市中排名第一贡献荷花力量。

【经济发展】 招商引资成效显著。主动洽谈潜在客户7次，全年新注册公司3家，其中浙江友义新材料技术有限公司，5月10日至6月底纳税120万元。另一家签约的上海旺沣国际贸易有限公司，预计每月营收1500万—2000万元，年创税约2000万元。固定资产投资超额完成。全年入库5000万元以上项目1个、500万元以上项目入库1个。打造企业用工需求的供应闭环体系。牵头对接谋划川思人力资源服务产业园项目，打造从“劳务输出”到“人才培养”再到“高端紧缺人才精准匹配”的全方位全周期供应链模式，为劳动者和用人单位提供求职招聘、专业培训、人才测评、管理咨询等一揽子、一站式闭环服务。正式入园企业已达25家，待入园企业8家。以创新为主轴实现数字赋能。打通多数据“信用”来源及商户的监管处罚信息，在提供优质服务的同时激发消费潜力，打造街区共富场景。融合碳积分、信安分、邻礼分等积分系统，建立完善信用评价体系，融合生成“共富分”，在辖区商家兑换相应商品或服务，利用社区团购“邻礼购”，增加居民线上消费。以西排渠的汛期安防作为改革出发点，探索西排渠开发水位智能化动态预警监测，以实时动态检测算法识别作为主要预防手段，实时检测水位情况，并设置预警阈值，再现水位的动态预警功能，为街道应急处置提供科学依据。

（程惠慧）

信安街道

【概　况】 信安街道地处衢州市区北郊，东接衢州机场，南以斗潭河、府东街为界与府山街道为邻。下辖东门、北门、沙湾、信安4个行政村，迎和、紫荆、书院、斗潭、金河湾、恬静苑6个社区及浮石花苑管理办公室、居家养老服务中心、邻礼未来社区服务中心、社会组织服务中心、党群服务中心。2022年，辖区面积8.20平方千米，居住人口33090人，户籍人口28345人。

【经济建设】 经济指标稳中向好。2022年，街道新增入库项目2个，完成固定资产投资10399万元，新增限上贸易企业1家、规上服务业1家；限上贸易企业实现销售额从13404.90万元增至22922.50亿元，同比增长71.26%。规上服务业完成营收69471.40万元增至77808.30万元，同比增长为12%。招商引资成效显著，2个商贸服务业税源项目成功招引落地。投资1.80亿元年产100万吨纳米级设备生产建设项目达成初步意向。项目攻坚另辟新径，打造蔬菜基地百亩共富项目；启动沙湾村美丽宜居环境提升改造项目，总投资550万元，囊括主路“白改黑”6170平方米，环境改造590平方米，沿江风貌提升16900平方米，发挥沙湾环境资源优势，因地制景，提升改造居民生活“绿色圈”。

【民生事项】 民生项目落实有效。通过街道议事会票选产生民生实事项目7个，10个村（社）“15分钟品质文化生活圈”全面建设完成并通过验收，太真路雨污分流改造项目于10月底完成验收。市民关切积极回应。坚持全过程人民民主理念。全体代表、议事员下沉收集民情民意，收集民情社意163条，召开村居议事会11次。着力解决“西安路80号电梯纠纷”“斗潭家园西区西门出行交通线路优化”“书院小区路灯照明”等群众急难愁盼问题。文体事业不断发展。成立信安街道文学艺术界联合会，打造全区首批街道级文化驿站，完成省级AAA级景区街道申报，全年发表各类新闻稿件68篇。其中，区级媒体19篇，市级媒体37篇，省级媒体6篇，国家级媒体6篇。

【未来社区】 斗潭未来社区作为全市首个通过省级验收的未来社区，围绕“一统三化九场景”，聚焦“一老一小”，通过“线上邻礼通”三民工程应用，线下“邻礼汇”社区综合服务体搭台，打造党建统领下智治型“老邻居 新社区”城市治理品牌。

【创新发展】 “邻礼通”应用提档扩能。完善52个小区档案、建筑档案1.70万套、空房2500套，户情档案1.63万户，归集居民、住房、场所、车辆、物业五大类全量信息，同时对15类重点人群进行三色分类管理，实现精准个性化服务。打造柯城区“三七驿站”综合体，通过辐射7个街道和60个社区的“三七驿站”和微站点，引导2000多名新就业、新业态群体成为兼职网格员，有效融入城市治理。获得国务院副总理及省、市多名领导充分肯定。为全区基层治理提供信安样板。赵抃品牌推广见行见效。通过沙湾村美丽宜居环境提升改造项目，打造赵抃文化长廊、墙绘等廉政教育景观节点；借助“廉洁文化柯城行”绘画作品比赛，以外墙改造、内部功能重塑方式打造沙湾美术馆，承办“柯城区赵抃廉洁文化教育基地揭牌暨沙湾美术展。全年接待各级机关、企事业单位参观调研110批次，青少年研学活动5批次，沙湾村成为宣传衢州廉政文化的重要基地和窗口。

9月8日，信安片区完成城北片区宫宝宿舍地块国有土地上房屋安全拆除工作

【基层党建】 建强组织提质增效。搭建“社区大党委—网格党支部—微网格（楼道）党小组”三级组织体系。健全完善“红色议事会、社区联席会、楼道户主会”三级议事机制，队伍建设不断强化。街道党工委严格落实“第一议题”制度，细化“五张责任清单”按单履职，实行分级分类学习。举办“红色根脉强基·共同富裕引领”村（社）互看互学互比、工作思路谋划PK赛、周一夜学等活动。党风廉政常抓不懈。召开警示教育大会、廉政建设党课等形式，增强党员干部的纪法意识和廉洁意识，强化督查问责，开展专项督查行动，专项督查241次，发现整改各类问题554个，下发督查通报9期。

【法治建设】 推进平安建设。强化“141”框架下党建统领网格智治，形成“村社—网格—微网

11月9日，市委常委、常务副市长周向军（主席台）到书院社区作党的二十大精神宣讲

格”的治理架构。建强“1+3+N”专兼联“三位一体”网格治理队伍，办结1886起下辖事件。坚持“预防为主、教育疏导、依法处理、防止激化”的原则，接待群众来访58批次71人，“12345”热线办理173件，网上投诉82件，排查调处各类矛盾纠纷103件。安全防线日益严密。开展非标电动自行车的整治，完成淘汰置非标电动自行车6096辆，注销率达100%。开展安全生产领域除险保安“六大行动”，实现辖区安全排查率100%。开展“安全生产月”活动，发放各类安全宣传资料1万余份，营造浓厚的“治理隐患，防范事故”的社会氛围。

【生态建设】 乡村振兴蹄疾步稳。开展农村人居环境整治，拆除整治工具棚8间，清理庭院46户，围挡整治13处、清理枯枝22处，整治抛荒地100余亩。街景风貌焕然一新。对标全国文明城市建设标准，51个网格开展全覆盖式到边到角问题整改，整治占道摊点市场60个，清除辖区卫生死角800余处，完成北门街区外立面8000平方米的改造，完成国测复评。城市更新加速扩容。宫宝宿舍征收在“指挥专班+一办六组+网格包干”的指挥体系下合力推进征收工作，实现10天完成入户调查，10天完成入户评估勘查，3天评估报告送达，6天完成签约率100%，4个月全面完成12幢229户的房屋征收拆除工作。

【服务保障能力建设】 服务企业。助力浙江金沃精工股份有限公司、贝德科技集团有限公司等15家重点企业招工引才，精准输送员工92人，招工工作位居全区前列。便民服务提速提效。全面推进政务服务2.0平台运用，受理行政审批及其他服务事项556件，办结件556件，办结率100%；接待群众咨询3726人次；群众来电、来信办结率达100%，满意率达99%以上；未出现电话、信件投诉情况。民生保障能级提升。信安街道作为区养老服务“爱心卡”试点街道，共有一类对象7名、二类对象44名、三类对象48名。依托第三方专业力量和社区资源“一体化统筹”，打造示范型居家养老综合服务中心，其中共享食堂实行“堂食+配餐”模式，解决辖区日均600余名老人用餐难题。斗潭社区被评为“全国示范性老年友好型社区”。开展退役军人建档立卡和优待证申领工作，建档立卡完成率100%，优待证申领完成率95.3%。实行低保在册人员动态管理，完成42户低保家庭户情复核。开展城乡自建房排查整治工作，完成830户城乡房屋安全隐患调查，其中涉及四类房屋696户，已鉴定疑似危房42户，2户C级危房完成修缮。

（叶品瀚）

双港街道

【概　况】　双港街道地处衢州市区西郊城乡接合部，是闽、赣、皖通向市区的“西大门”。辖区东接府山街道、荷花街道、南邻衢州高新产业园区，西交廿里、航埠两镇，北跨常山港马西区与姜家山乡隔江相望。交通方便，地理位置优越，320国道、46省道、杭衢高速公路引线于境内横跨全境，常山江、江山江两江在此交汇于衢江，故有“双港口”之称。街道总面积12.94平方千米，下辖6个行政村、8个城市社区。2022年户籍户数11431户，户籍人口25526人，常住人口43784人，其中，农村常住人口6535人，社区常住人口37249人。2022年街道决算收入10472.88万元，实现固定资产投资额28821万元；实现规上服务业企业营业收入43005.5万元，同比增速29.41%。2022年街道决算收入5.37亿元，完成固定资产投资132.9亿元。双港街道获全区项目征迁集体三等功，获2022年柯城区“争先创优”行动各牵头部门称号，在各区块二季度综合评价中排名第二名。街道党工委获评衢州市基层治理改革创新突出贡献集体，街道人大代表联络站获评衢州市“四化五提升”代表联络站建设先进单位。双港街道欣港社区、锦绣社区、美港社区、西港社区、双港社区获2022年衢州市第一期未成年人思想道德建设工作第一名，南村村获柯城区第七届微型消防站暨志愿消防队技能大比武志愿消防队组精神文明奖，双水桥社区、美港社区、双港社区、锦绣社区获评2022年度第一季度柯城区微型消防站拉动演练先进街道社区，双港社区大乐园网格获评衢州市“最美网格”，五湖村被评为全省引领型示范村。

【基层党建】　强化党工委主体责任，落实全面从严治党和意识形态工作。线上用好网络课堂、运动柯城“未来双港”地方号、“邻礼通”等载体；线下用好“周一夜学”、乡村振兴讲堂、党建示范基地、文化礼堂、“8090”新时代理论宣讲团等阵地平台，开展形式多样的培训教育，将党的二十大、市区党代会精神贯彻落实到每个基层组织、每名党员干部。开展基层“三个三”“三会一课”等基础性工作督查5次，完善月通报、季评比制度，组织农村发展党员违规违纪问题排查整顿，制定问题、责任、整改“三张清单”。全年组织入党积极分子培训班、发展对象培训班4批次，13名入党积极分子、6名党员发展对象全部通过培训考核，预备党员转正15人，全面完成3年以上未发展党员村（社）的问题整改。

【队伍建设】　开展“六治六

7月23日，“双荷党建联盟”共建现代社区启动仪式在双港街道五湖村党群服务中心举行

5月14日，双港街道开展“领雁强基·亮剑比拼”村村互看互学互比擂台赛

提”“六比六晒”作风建设行动，组织街道机关干部自动化办公能力提升暨软件操作使用培训。开展“领雁强基、亮剑比拼”村（社）擂台赛5次，评选出“强基之星”4名，村（社）之间晒亮点、比实绩，比出干在实处、争先恐后的浓厚氛围，推动街道各项工作精准发力、高效落实。以中心工作为实践平台，抓实干部“四维”考核，树立“正向激励”导向，考核排名靠前的4名年轻干部被提拔任用为街道中层。落实“网格五令”管理，颁发“嘉奖令”6张、“警示令”3张、“退出令”2张；以动态联动的考核机制进一步增强村（社）“两委”干部责任意识，整治干部队伍中存在的“庸、懒、散、慢、推、拖”等突出的作风问题，推进作风建设走深走实。

【项目征收】 建立“街道班子+部门干部+专班干部+社区网格员”的分工包干机制，有效破解选房交房“瓶颈”。4月，完成兴华北区D级危房安置房摇号选房工作。5月，街道成立礼贤未来社区交房工作小组，倒排时间表、分组比拼，主动带领安置户看房、送达交付通知书、告知交付意向、收集民意、解决问题，梳理有效问题3156条，整改2915条，整改率92.36%。加大宣传力度，挖掘正能量故事，交房前期在区级权威媒体平台每日一篇“未来礼贤·礼遇生活”系列推文，形成“铺天盖地”的宣传报道和正面引导，扭转被征收户不明情况、听信谣言、消极抵触的不良情绪，形成良好的交房舆论氛围，帮助安置户早日交房，签订结算确认书636户，占已征收户数的96.36%；款项结清共570户，占比86.36%。

【文明创建】 聚焦基础设施改善，推进建筑外立面、楼道及其他公共设施破损等问题整治，完成路面破损改造4728平方米、墙面破损修复9460平方米、树池整治139个。全民健康教育和除害防病工作不断巩固，城乡环境风貌不断提升。完善辖区内垃圾收集房（桶）、中转房、果屑箱等生活垃圾收集设施，确定试点20余处，完成1个小区4个垃圾投放点运营投放，覆盖惠及居民数1200户。新时代文明实践站所实现全域覆盖，各站（所）开展各类社区活动210余场，各村（社）及组团联村（社）干部对照市、区、街道等督查通报问题，迅速整改、举一反三，加快文明创建工作全员参与、全面铺开、全域覆盖，实现国测、省测“零失分”目标，街道社会面文明程度不断提升。

【民生保障】 推进实施就业创业帮扶工程，主动对接区人力资源和社会保障局，联合在美港社区打造“零工之家”就业工作驿站。街、村社线上通过电子显示屏、微信公众号、小区业主微信群、“邻礼通”小程序等平台推送招聘信息1500余次；线下通过发放招聘宣传折页、招聘手册，公告栏张贴招聘海报等形式促进辖区居民创业就业。全年举办就业创业培训班4场，参加192人，离校未就业高校毕业生、失业人员等重点人群就业帮扶服务314人次。持续关注社会弱势群体，确保救助保障提质扩面。春节前发放临时救济款103户8.10万元。全年发放低保金151.10万元、残疾人“两项补贴”137万元；城乡居民医保参保人数10464人，同比增加732人，增长0.36%；惠衢保参保12402人，占辖区人口的84.46%。对照便民服务中心星级评定标准整改提速，辖区12个村（社）全部配置政务大厅2.0，为居民提供一窗受理便民集成服务。落实乌溪江水库、新安江水库、铜山源水库等5个大中型水库移民政策，惠及81户、132人。

【综治维稳】 抓好“七张问题清单”，找准短板弱项，善于发现问题，切实整改到位，上报“蓄水池”问题5条，协助处理解决问题1条。全年成功调解因拆迁、医疗、建房、家庭等方面的矛盾纠纷问题30余起，“12345”服务中心接单754件，办结率为100%，满意率达95%以上。街道党政领导接待来访群众48批122人次，各村（社）书记接待来访群众14批54人次，信访积案化解率100%。开展治安巡逻专项行动，组建辖区14个村（社）、12支治安巡逻队，排查社会面风险问题47个，当场整改41个，社会治安警情得到明显好转。开展反诈工作，全力守护好百姓的“钱袋子”，全年街道累计发案86起，案损464.34万元，案损同比下降57.22%。

【安全生产】 依托“安全生产月”开展系列活动，落实消防和安全生产责任制、人员培训等，加大对用火用电用气、防洪防汛、道路交通等安全生产重点领域的隐患排查力度，推动辖区内安全生产形势向好发展。开展基层防汛防台抗旱网上专题培训班培训26人，整改安全隐患30余处，无重大安全事故发生。全面完成备案非标电动车淘汰工作，淘汰率95.82%。举办安全宣讲培训活动，增强居民安全生产生活意识，联合柯城交警大队举办交通安全知识讲座3场，举办消防培训15场、演练6场。

【基层治理】 统筹推进《双港街道模块化运行实施方案》，形成“党建统领、经济生态、平安法治、公共服务”四大平台模块，并按中层干部+老带新的力量对指挥室进行配强，全面统筹

6月9日，浙江省副省长王文序（前排右二）到六禾港盟公司调研双港街道“村帮社 城带乡”破解融合型大社区大单元治理难题

全镇各类信访、事件的信息集成、流转交办与跟踪反馈，实现“受理、分析、流转、处置、督办反馈、考核”闭环管理。推进基层智治系统建设工作、精细网格化管理，社会综合治理能力不断增强。创新打造“双港平安社区”智慧监管平台，广布智能设备，将飞线充电（私拉乱接）、占用消防通道（登高面）、电动自行车进电梯、充电桩过压过载过温、充电位挤占等九大高频事件接入“事件中心”，以“街道指挥室派单、物业接单、网格员评价”的方式，把基层治理单元延伸到物业管理人员层级。聚焦“邻礼通·现代社区‘三民工程’”应用在城市小区居民拓面覆盖、全域推广，夯实“治理端”组织体系架构和居民信息录入工作，全面归集居民“人房企物车”数据，建立完善数字化民情档案“一本账”。6个城市社区40749名居民20776户完成数据录入96.70%，组织体系人员架构数据录入100%完成，小区居民“客户端”应用使用覆盖率达93.40%。聚焦“充停”这一关键民生小事，线上打造双港“e充停”平安社区数字化应用；线下新改建1220个电动自行车“三色”智能充电桩，实行1元钱充电8小时的“亲民电价”，使用率从10%提高至75%，有效破解小区电动自行车充停难、隐患大难题，形成小区消防安全隐患治理“智治闭环”。该项目成为全区2022年“头号民生实事”。

【村集体经济管理】 坚持党建统领，深化党建全域联盟，立足城郊实际，推动农村与社区共融共建，形成“党工委+支部”“社区+公司”“城市+农村”的社区大单元治理新模式，推动城乡融合、共富共赢，被推荐上报全省党建联盟优秀案例，得到领导的高度肯定。“六禾港盟”强村公司下设子公司“物联万家”物业服务中心，以双港社区为“基点”辐射周边片区40个无物管小区，提供治安巡防、上门维修、小区保洁保绿、基础设施维护等“片区化、点单式”物业服务。为相关部门节省兜底运维经费近370万元，物业信访投诉纠纷下降84.30%，强村公司年营收72万元，居民满意度从原先的57.30%上升为92.60%。强村公司在为双港片区45名村民提供“就近、就熟、就便”就业服务基础上，依托城市小区有利资源，开拓民宿、茶吧、三色智能充电桩、河道保洁、运动公园运维等项目，预计年收益可达150万元，不仅壮大村集体经济，还带动就业村民年增收5万元以上。

（张晓佳）

衢化街道

【概　况】 衢化街道地处柯城区东南部，东及南与石室乡相邻，西南、西及北与黄家乡相依，东北与花园街道交界。下辖7个村9个社区，总面积14.04平方千米，其中巨化集团公司厂区面积6.77平方千米。办事处驻文昌路63号。2022年，衢化街道办事处围绕“释放新活力、提升首位度”的总体目标，发挥好“四维考评”指挥棒作用，抓机遇、担使命，重实绩、转作风，不断推动街道各项工作再上新台阶。

【经济发展】 衢化街道持续推进经济高质量发展，焕发城市复兴新活力。经济发展态势稳健。规上服务业方面，街道规上服务业企业11家，全年实现营收169380.30万元，同比增长22.85%。限额以上贸易业，街道限额以上贸易企业16家，全年实现销售额322247.80万元，同比增长99.95%。固定资产投资方面，探寻固定资产投资新思路，在对原结转的9个项目进行深度挖掘的同时，开展新项目招引谋划工作。截至9月，街道2022年新入库项目3个，在库项目累计产生固定资产投资3869万元。招商引资方面，街道列入招商引

5月15日，衢化街道举办第一届村社“互看互学互比”活动暨领雁强基 亮剑比拼擂台赛

资到位资金考核项目2个，产生到位资金964万元。村集体造血功能持续增强。依托区位优势和地域特色，发展小微创业园、共同富裕示范园等物业经济，推动村集体经济巩固提升，提高农村两项收入水平。7个行政村有1个行政村（上祝村）集体经济收入超200万元，2个行政村（溪东埂村、孔家村）超100万元，4个行政村年收入超50万元。盘活资源，上祝村、普珠园村在市农村产权交易平台再创竞拍新纪录。上祝村原养鳗场地块（二期）以每亩每年4.1万元成交，总成交额1500多万元，溢价率高达2.05倍，成为全区农村产权线上交易“开门红”，为上祝村集体经济增收136.94万元；普珠园村6.55亩闲置土地，以每亩每年6.90万元成交，溢价率245%，为村集体每年增收45.20万元。借势借力，塔坛寺村入股国资公司获分红收益，为村集体增收32万元。筑巢引凤，在上祝村启动打造集村办公场所、村民休闲娱乐、公寓式房屋出租等于一体的共同富裕示范园，提升村集体收益的同时还可带动村民就业，真正做到惠民、富民。该项目总投资1800万元，建成后预计年收益可达60.40万元。相关案例被《衢州日报》《衢州新闻联播》等相继报道。

【作风建设】 贯彻落实市委“六治六提”作风建设新的要求，坚持把政治建设摆在首位，营造遵规守纪、崇廉尚洁的浓厚氛围。开展专项行动，开展“转作风、讲担当、抓落实”作风建设专项行动，运用比拼晾晒机制、能力提升机制、问题查纠机制、结果运用机制这“四项机制”，强化干部队伍管理。筑牢思想防线，制定《2022年度全面从严治党主体责任清单、第一责任人责任清单、班子成员“一岗

11月4日，衢化街道举行“共学同讲二十大 青春扬帆新征程”“8090+新时代理论”宣讲PK赛

2022年，衢化街道航拍全景

双责”责任清单》等，并与15个村（居）签订《2022年度村（居）党风廉政建设目标管理责任书》。利用警示教育月开展廉政画展，以寓教于乐的方式，引导村社党员守初心、担使命，不踩红线、不碰高压线。开展立项监督，强化监督精准性。围绕街道疫情防控、反诈、除险保安等重点工作开展立项监督，提前介入、跟进监督，由事后查处向事中监督、事前防范推进，对发现的问题及时要求整改，并有效运用执纪监督“四种形态”。完成立项5项，开展立项监督200余次，发现问题50余个，均已整改到位。运用数字监督，提高监管效率。持续运用“五位一体+五色监督”法及“敲核督评”四字诀，在“三资”管理、工程项目等领域开展常态化监督。发挥小微权利平台等数字监管平台的应用，推动关口前移、延伸监督触角。辖区内推广“项目监督码”，实现工程项目事项“码上知”“码上督”“码上办”。

【重点项目】 配合衢化片区有机更新方案制定，做好前期摸底调查等工作。征收方面：在昌苑菜场地块征收工作中，提前谋划、主动作为，始终坚持“公平、公正、公开、透明”原则，通盘考虑群众诉求，建立临时菜场，解决商户过渡问题，完成签约工作。交房方面，组成安置房交付专项小组，在通知、领取、解答、交房等环节贴心服务、考虑周到，完成衢化文昌路一期集体土地项目、衢化文昌路二期国有土地改造项目（涉及衢化街道）、衢化路延伸改造项目、疏导安置项目等4个项目15户被征收户的交房工作。谋划完成红房子、百货大楼等地块开发建设，优化交通布局、完善功能布局等，助力衢化片区城市格局有机更新。

【民生服务】 践行“以民为本”的理念，不断增进民生福祉。构建智慧养老新模式。街道作为柯城区“校地合作”及“爱心卡”试点单位之一，积极谋划、整合资源，推动街道居家养老服务中心改造提升工作。在“爱心卡”试点方面，对辖区60周岁以上老年人在自理能力、服务需求等方面开展摸底调查，对摸底情况进行汇总分析，初步确定需求清单和爱心卡发放清单，并确定滨一村社区作为街道试点小区。根据区“爱心卡”工作实施方案（讨论稿），提前安排网格员结合日常走访工作做好政策宣传，针对满足条件的家庭，提前介入、精准服务，为下步推广运行夯实基础。开展入户宣传900余人次。在“校地合作”养老服务方面，与衢州职业技术学院做好合作事项对接，在现有办公用房紧张的难题下，整合有效空间资源，为衢职院师生团队提供场所，并通过上门走访、电话咨询等方式对辖区老年人心理、医疗、就餐等方面需求做好全面摸排，与衢职院、居家养老中心运营方协调订立符合辖区实际需求的服务项目，如上门理发、上门体检和陪同就医等。深化“衢化大妈”活招牌应用，探索创新“大妈来敲门”工作，以“党支部+网格员+楼栋长+衢化大妈志愿者”的“多对一”个性化养老服务模式，把为老服务这项工作做精、做细、做实。

（杨小丽）

新新街道

【概　况】　新新街道区域面积12.50平方千米。街道办事处下辖官庄、十五田铺、杨家田铺、戴家、东埂、童村碓、后贻、上妙、白沙、建新10个行政村，金桂、杨浦、三衢、彩虹、银桂、乐业、五环、丹桂、书香9个社区和小南门村改居工作委员会。总人口共10万余人，其中常住人口7.10万人（户籍人口2.80万人），流动人口2.90万人。2022年，坚持党建统领，以“六比六赛”活动为指引，深化作风建设，狠抓工作落实，有序推进基层治理发挥实效，经济发展稳中有进，社会稳定卓有成效，社会事业全面进步。

【基层党建】　组织开展村级组织换届“回头看”和村干部政治素质体检，对中共十八大以来发展的65名本地发展党员进行全面核查，同时开展街、村（社）发展党员业务培训3场，提升发展党员业务能力和流程规范。聚焦干部作风建设，组织全体街、村（社）干部开展“访民情 听民声 办实事 促和谐”干部大走访行动，走访党员、困难群众等8类重点人员1463人，搜集群众问题385个，即时解决301个，持续深化作风建设，拉近群干关系。每月组织“领雁强基、亮剑比拼”村（社）擂台赛，通过现场比拼开展村、社基层治理成果展示，促进体系建设，治理思路、实操做法等经验交流，以研讨交流和知识竞赛为载体，

2月25日，新新街道社区治理PK赛在官庄村举行

落实“邻礼通”现代社区建设智治系统的使用和推广。

【经济发展】 围绕“共同富裕”先行示范区建设，关注疫情影响下的经济企业发展情况，助推辖区经济发展稳步向前。落实干部“一对一”联企服务制度，开展企业走访，针对性落实需求服务。“3·13”疫情后，点对点将省关于稳进提质的38条政策送达企业，助力企业在疫情的巨大冲击后经济快速回升，全年新新街道在库规上贸易企业35家，实现销售额284898.90万元，同比增长5.82%；在库规上服务企业11家，实现营业收入33063.80万元，同比增长5.90%。重点关注个体工商户和小微企业群体，助力优质企业升规发展，新增规上贸易企业1家，进行入规审核程序2家，进行入规申报准备2家。加大招商引资工作力度，挖掘发展潜力，对接南京九霄智能科技有限公司，坚持做好招商引企全过程跟踪服务，力促招商项目落实落地。

【项目推进】 瞄准重点项目建设，完成零直排改造项目扫尾，启动小区道路综合提升工程、生活小区“回头看”项目及便民服务中心改造等重点项目建设，完善辖区基础设施建设，前三季度完成固定资产投资额3068万元。助力企业完成招工任务，实现辖区2个样本点面上前8个月人均可支配收入52124元，增长10.58%。

【基层治理】 建立和推广社区三级组织体系建设，以社区为单位建立社区、小区、楼栋三级组织架构并配套“三级微信群”，畅通居民群众与社区间的沟通联系，统筹物业、业委会及楼栋“红管家”队伍力量，及时化解群众忧虑，反馈群众诉求，使社区成为居民群众信赖的“好管家”。重点围绕业委会和物业公司管理，推动红色物业联盟落到实处，平稳有序组织绿都城市假日、三衢世家、江峰小区、米兰春天、阳光风情等业委会完成换届，推动彩虹嘉苑金桂柯山小区成立首届业委会，探索小区自治的管理模式。科学优化基层治理网格体系，新增丹桂、书香两个社区，将原有101个网格调整为99个，完成网格党组织和网格体系配套建设，发动在职在册党员干部入格服务，实现网格党支部和微网格党小组全覆盖，全街建立99个网格党支部和463个微网格党小组，党建统领的基层网格治理体系基本形成。

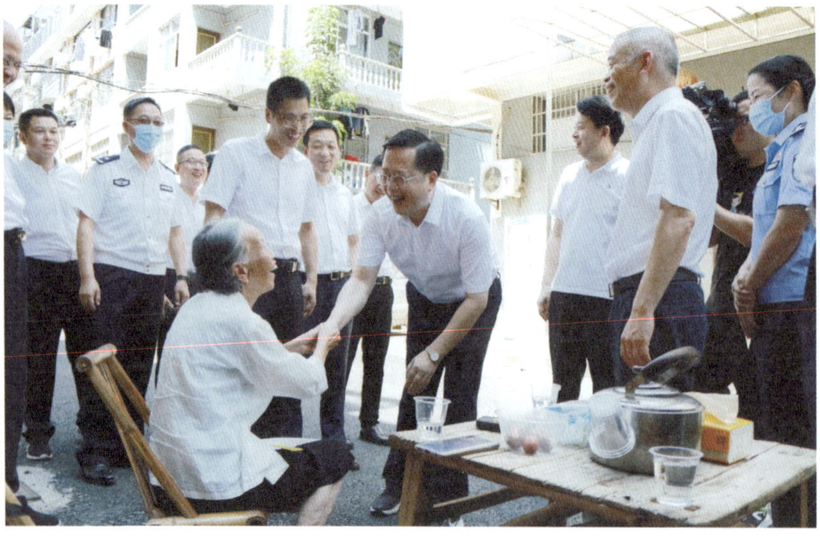

8月9日，市委书记高屹（正中）到新新街道三衢社区调研除险保安及流动人口管理工作

【平安建设】 开展街道领导干部“三个一”接访、“周二村（社）书记信访接待日”工作机制，做好初信初访化解，完成办结群众来访6批8人次、领导信箱及网上投诉247批247人次信访办结。对重点案件、信访积案严格落实领导包案制度，开展信访案

件的化解工作，化解信访积案6件，其中区级积案3件，市级积案3件，化解率为100%。加强消防安全检查，聘请第三方完成18个村（社）消防安全检查，检查商户260家、小高层110栋，下发整改单160份。全面开展燃气安全检查，排查居民、商户燃气安全检查表约1450份，发现并完成整改问题305处。完善城中村花园前自建房消防安全管理体系，融合部门力量开展四大行动，规范房屋出租和经营、电瓶车充电和停放，畅通消防通道，提升花园前经营与居住环境。重点关注自建房安全，全面开展自建房安全隐患排查，聘请第三方对辖区74家自建房进行房屋结构安全检测，明确危房等级，分级分类全力推进C级、D级危房治危解危工作。

【乡村振兴】 成立街道强村公司，吸纳村级入股资金300余万元，并以街道强村公司为载体参与投资区级强村公司运营，每年为入股村集体兑现盈利分红，成为村级经济共富共享的重要载体。街道各村集体经济经营性收入672.54万元。加强村社结对互助，社区治理岗位需求与农村空闲劳动力相结合，村级劳务输出200余人走上社区文明创建和小区日常治理岗位，缓解社区治理人员力量不足问题，同时促进农村劳动力就业增收。

（杨柳颖）

白云街道

【概　况】 白云街道地处柯城区东部偏东，东以衢江为界，南以常山港为界，西与姜家山乡毗邻，北与万田乡相接。辖区总面积17.70平方千米，下辖13个行政村、11个城市社区。常住户数3万余户，常住人口8万余人，其中农村常住约0.45万户，人口约1.37万人。围绕全区发展的大局，以党建为引领，以项目为支撑，聚焦年度目标，抓好共同富裕，克难攻坚，锐意进取，夯实基层党建基础、压实责任担当、抓实工作载体，推动街道各项事业又好又快发展。2022年，白云街道获评全省“五水共治”考核优秀街道和省级“污水零直排”标杆街道。白云、回龙未来社区先后成为全省首批共同富裕现代化基本单元，得到省市区各级领导高度肯定，被央视、新华网等央媒省媒多次报道；全年获市区“十条军规”正面典型通报5次；区经济社会发展工作目标综合考核获得二等奖。

【基层党建】 选优配强基层党组织力量，健全“社区—网格—微网格”三级组织体系，健全楼道户主会、红色议事会、社区联席会三级循环联办机制。白云未来社区召开三级议事会30余场，协调解决共享停车等民生事项20余件，助推未来社区成功建成并通过验收，白云社区被列入省级城市社区议事协商创新试点。汇聚“社区治理合伙人”，发动“37驿站”外卖小哥、快递员等融入社区治理，新建“红心礼”城市小区党建联建平台，吸纳小区党支部、物业企业、三衢义警等多方力量群策群力，破题小区发展不平衡问题，会商协调支部建设、物业管理等多项事宜。

【队伍建设】 聚焦“两专两勤”干部队伍建设目标，开设“社区大讲堂”，开展党建统领、基层智治、基层党务等主题培训，运用“浙里干部之家”学习蓄能，提升干部干事创业能力，“浙里党群心联心”应用指数排名始终走在全区前列。发挥村社党组织书记“领头雁”作用，开展“领雁强基·亮剑比拼”月度擂台赛，“两委”干部拟写年度党建工作清单并公示。严格党员队伍管理，实现回龙村等3个“三年以上未发展党员”村销号，储备入党积极分子49人；做实“红色根脉强基工程”，纳管347名流动党员。

【基层治理】 推进除险保安行动，以村社网格为单位，组建19支联合巡逻队，聚焦重点领域，紧盯重点区域，开展治安巡逻。加强与公安、综合执法、应急管理等部门的协同配合，对各类风险隐患开展拉网式、地毯式排查，补齐平安短板。组建信访工作领导小组，定期召开党政班子信访联席会议，对信访突出问题及时会商交办。发挥干部领跑、党员带头、群众参与的多方合力作用，化解信访积案6件，其中国家级重要信访件1件，街道入选市级“无信访积案乡镇街道”名单。排除冠发、沃明集资等9个涉众风险隐患，在全区乡镇街道平安护航PK赛中获第一名。紧跟现代社区建设步伐，细化网格，撤销无实体村网格，增设企业、商圈、院校三类专属网格，网格数由原来的72个增至90个，形成微网格504个，完善“1+3+N”网格智治体系，将党员、楼道长、热心居民等志愿力量纳入微网格。做强指挥体系，动态调整重点场所等信息，新接入“邻礼通”、村情通、高空抛物、火眼相机等各类应用及前端感知系统。各类跨层级、跨部门、跨领域事件快速流转处置，办结率100%。全区乡镇（街道）综合信息指挥室及全科网格规范化建设督查考核中，街道一季度至四季度排名均居全区前列。

【征迁工作】 全面开展拔钉清障征迁扫尾工作，对各村未签约户进行集中攻坚，完成压潮村行洪清障1户，保障“衢江治理二期工程压潮堤”项目推进；完成花园岗征迁扫尾2户，回龙村、压潮村407户村民安置房交付。对照区级“七张问题清单”，针对钱家山村、鹿鸣山村380户迁建安置房未办理不动产权证的情况，组建专班，打通办证路径，有效解决征迁历史遗留难题。发挥“党建+征迁”的红色引擎作用，完成拖延近20年的园艺场花园里地块国有土地房屋收购工作。黄家片区四都刘村征迁项目完成49户签约100%，帮助湖柘垅村民解决锦西家园多年来的储藏间历史遗留问题。

11月15日，以“携手五水共治 共享碧水蓝天”为主题的“五水共治”满意感（幸福感）宣传月活动在吾悦广场举行

【村集体经济】 以推动乡村振兴、实现共同富裕为目标，瞄准强村富民改革，盘活村集体闲置土地、资产，成立强村公司，投资6450万元收取分红，创新发展小铺工坊（回龙小铺）“党建联建·村社共富”项目，辖区13个村100%实现经营性收入超20万元，其中5个村收入超50万元，2个村收入超100万元。

【经济发展】 应对经济下行复杂形势，保持发展定力，定期召开经济形势分析研判会。2022年度固定资产投资、新增规上企业数均位居全市第一，规上服务业营业收入位居全市第二。

【民生事业】 坚持把改善民生作为工作出发点和着力点，紧扣政务服务2.0建设、网办转型等重点，推进“就近办理、集成服务”改革，简化办事流程，实行综合受理，下放民生事项32项，着力打通便民服务的“最后一百米”。落实退役军人管理服务，完成退役军人建档立卡

5月16日，“发青春之声·聚共富之力”衢州市第八次党代会系列精神“8090”巡回宣讲在白云街道吾悦广场举行

及其他优抚对象优待证办理，并发放优抚费。完成“两癌”筛查1120人次，办理奖扶74人、特扶3人。开展低收入农户进村入户走访工作，定期派送幸福清单，巩固“两不愁三保障”工作成效，完成74名就业困难人员的失业登记以及社保补贴申领，新增公益性岗位18个，困难残疾人生活补贴2人、重度残疾人护理补贴21人、城乡低保4户6人，临时救助3户3人。加快推进“共富工坊”建设，帮助企业解决生产力不足难题，带动农村留守劳动力和低收入农户稳就业、促增收。党群服务中心、文化礼堂等建管用育并重，丰富群众文化生活，结合传统节日开展各种形式的文化活动100余场。推动体育民生实事项目建设，建成御景湾、花园岗的百姓健身房以及双塘岭3000平方米的健身广场。推动有声图书屋或图书墙的建设，完成7个点的建设。常态化开展“8090”宣讲，形成御景湾、白云、吾悦三大线上宣讲阵地。

（徐勇龙）

2022年柯城区国民经济和社会发展统计公报

2022年，面对超预期的冲击和挑战，区委、区政府带领全区上下深入学习贯彻落实党的二十大精神，坚决贯彻落实党中央、国务院，省委、省政府和市委、市政府的决策部署，高效统筹疫情防控和经济社会发展，扎实有力推进经济稳进提质攻坚行动，着力推动高质量发展，全年经济运行稳步恢复。

一、综合

初步核算，2022年，全区累计实现地区生产总值651.19亿元，按可比价计算，同比增长6.10%。分产业看，第一产业增加值8.91亿元，同比增长1.90%；第二产业增加值288.07亿元，同比增长8.30%，其中工业增加值253.28亿元，同比增长10.80%；第三产业增加值354.21亿元，同比增长4.70%。三次产业占比为1.37：44.24：54.39，三次产业贡献率分别为0.50%、54.90%、44.60%。全区实现人均生产总值147233元（按户籍人口计算），合21890美元，同比增长6%。

全区城镇新增就业12488人，通过重点群体帮扶应用帮扶重点群体5490人，实现就业5100人。农村电商培训4500人，扶持农村电商创业632人，农村电商创业带动就业1024人。

全区规模以上工业中，数字经济核心产业制造业、高技术产业、新材料产业、装备制造业、十七大传统产业、高新技术产业、战略性新兴产业增加值分别增长41.20%、37.70%、37.60%、28%、22%、18.20%、16.20%。

全区实现财政总收入23.15亿元，同比增长4%，其中一般公共预算收入14.25亿元，同比增长10.70%。在一般公共预算收入中税收收入10.68亿元，同比增长4.40%，其中增值税3.92亿元，同比增长7%；企业所得税1.43亿元，同比增长2.60%。

二、农业和农村建设

全年农林牧渔业总产值同比增长2.60%。其中，农业产值同比增长0.30%，林业产值同比增长4.50%，牧业产值同比增长9.30%，渔业产值同比增长9.30%，农林牧渔专业及辅助性活动产值同比增长16.50%。

全年农作物播种面积13103公顷。其中，粮食播种面积4476公顷，油料播种面积1709公顷，蔬菜种植面积5971公顷，中草药种植面积253公顷，瓜果类种植面积407公顷。

全年粮食总产量2.53万吨。油料产量0.34万吨，同比增长11.10%；蔬菜产量16.50万吨，同比增长4.30%；瓜果类产量1.12万吨，同比增长2.70%。

年末生猪存栏2.04万头，同比增长16.60%；全年出栏2.54万头，同比增长13.40%。牛存栏1015头，同比下降26.30%；全年出栏1216头，同比增长1.80%。羊存栏0.74万头，同比增长25.40%；全年出栏0.77万头，同比增长5.50%。家禽存栏18.12万羽，同比增长0.10%；出栏41.17万羽，同比增长0.60%；禽蛋产量757吨，同比下降8.20%。

全年开展省级农村垃圾减量化资源化站点11个，建制村已全部实现生活垃圾集中收集有效处理； 新增符合“四分四定”标准的分类村18个，累计达213个，占建制村总数的100%。完成第八批历史文化村落保护利用项目16个，其中重点村1个、一般村15个；建设实施第九批、第十批历史文化村落保护利用项目共14个，其中重点村2个、一般村12个。创建省级美丽乡村示范乡镇1个、特色精品村4个，省高标准农村生活垃圾分类示范村6个。

三、工业和建筑业

全区累计实现工业增加值253.28亿元，同比增长10.80%；规模以上工业累计实现增加值269.38亿元，同比增长15.90%；规模以上工业累计实现总产值1259.23亿元，同比增长18.70%；新产品产值537.09亿元，同比增长94.50%；出口交货值116.12亿元，同比增长18.40%。分行业看，29个行业大类中有16个行业实现增长，增速前五位的行业为造纸和纸制品业、有色金属冶炼和压延加工业、计算机、通信和其他电子设备制造业、金属制品业和燃气生产和供应业，分别增长208.60%、94%、69.10%、43.30%和41.40%。

全区有资质的建筑业企业120家，完成建筑业总产值91.13亿元，同比下降20.80%，其中：外省完成的产值6.32亿元，同比下降64.30%；省内完成的产值84.80亿元，同比下降13%。签订合同总额共计175.23亿元，同比下降29.70%，其中：本年新签合同额88.49亿元，同比下降31.50%，占合同总额的50.50%；上年结转合同额86.74亿元，同比下降27.80%。全年房屋建筑施工面积248.83万平方米，同比增长5%，其中：新开工面积93万平方米，同比下降29.60%，竣工产值40.30亿元，同比下降15.70%。

四、固定资产投资和房地产业

全区固定资产投资同比增长26.40%。其中，房地产投资同比增长5.40%。分结构看，生态环保、城市更新和水利设施投资同比增长53.60%，高新技术投资同比增长220.50%，制造业投资同比增长104.20%，民间投资同比增长112.10%，交通投资同比下降13.10%。全区商品房销售面积67.85万平方米，同比下降7.80%。

五、国内贸易

全区实现社会消费品零售总额229.69亿元，同比增长3.30%。其中，限额以上社会消费品零售总额104.70亿元，同比增长8.50%。按消费形态分，餐饮收入累计实现零售额2.93亿元，同比下降10.10%；商品零售累计实现零售额101.77亿元，同比增长9.10%。按商品销售类别分，石油及制品类累计实现零售额35.83亿元，同比增长27.80%；汽车类累计实现零售额37.31亿元，同比增长4%；家用电器和音像器材类累计实现零售额3.92亿元，同比下降0.10%；粮油、食品类累计实现零售额7.61亿元，同比下降4%；服装、鞋帽、针纺织品类累计实现零售额1.66亿元，同比下降31.30%。

全区共培育电子商务产业基地2个，总建筑面积1.90万平方米，入驻电商企业78家。全区累计实现网络零售额124.37亿元（含智慧新城、智造新城），同比增长11.50%。

六、对外经济

全年实现进出口总额15.33亿元，同比增长23.30%。其中，出口15.04亿元，同比增长29.70%；进口0.29亿元，同比下降65.30%。

七、旅游业

全区（含市辖区）累计接待游客296.43万人次，同比下降10.50%，实现旅游收入38.79亿元。

八、教育和科学技术

全区有小学26所，在校学生25682人，教职工1621人，其中专任教师1607人；初中9所，在校学生9854人，教职工947人，其中专任教师893人。义务教育入学率、巩固率均保持在100%。

全区企事业单位和户籍在柯城区的居民共授权专利2025件。其中，发明专利452件，实用新型专利1402件，外观设计专利171件。全年共新增国家高新技术企业6家，重新认定国家高新技术企业6家；新增省科技型中小企业60家；新认定市级研发中心1家；新增省级高新技术企业研发中心1家；1家企业申报省级重点科研计划项目获立项；选拔推荐5个项目申报市级竞争性科技计划项目，获立项2项；选拔推荐5个项目申报市级指导性科技计划项目，获立项5项。深入实施科技特派员制度，落实全省、市科技扶贫项目15项，获得各级财政补助资金240万元，建立示范基地22个，带动农民就业1300余人次，引进新品种50多个，推广新技术30多项，组织农民技术培训1000多人次，有力促进了农业增效农民增收。

全区财政一般公共预算支出中，科学技术支出1.59亿元，同比增长21.30%。

九、文化、体育和卫生

全区图书馆流通人次63.80万人次，已办读者卡1.89万张，图书流通33.45万册次，数字资源点击量达到60.90万次。开展送文化下乡活动，其中送戏下乡310场，送书下乡4.25万册，阅读推广活动306场，文化走亲26场，举办各类文化活动352场，培训645课时，展览32场，文化讲座288场。

2022年新建省级基层体育场地设施项目11个，全区现有体育场地设施1760个，体育场地总面积达到139.99万平方米，人均体育场地面积2.59平方米。全年举办区级以上体育赛事活动51场，开展体医融合、运动促进健康、社会体育指导员培训7期，全区社会体育指导员人数达1886人，开展国民体质监测服务2100人次。新成立体育社会组织2家，3A级以上体育社会组织21家，其中5A级2家。柯城代表队在第十七届省运动会中取得金牌27.75枚（其中赛前金牌11枚，比赛金牌16.75枚，比赛金牌数占衢州比赛金牌数达88.10%）。全区现有省级阳光体育后备人才基地（学校）6所、市阳光体育后备人才基地3所、区阳光体育后备人才基地12所。

2022年，全区共有医疗卫生机构425家，其中：区属公立医疗卫生机构21家（区人民医院、区妇幼保健院、区中医医院和9家乡镇卫生院、9家街道社区卫生服务中心）；乡镇卫生院（社区卫生服务中心）所属的紧密型乡村一体化村卫生室（社区服务站）58家；民办医疗机构346家（民营医院20家、社区卫生服务站17家、个体办村卫生室、诊所、门诊部等其他小型医疗机构309家）。卫生系统现有在岗职工1788人，其中正式在编职工1205人（区人民医院674人、区中医医院91人、区妇幼保健院56人、乡镇卫生院和社区卫生服务机构384人）。

2022年无偿献血3423人次，献血量1031.15升，用血量518.98升，成分输血率100%，无偿献血占用血比例198.70%，献血300毫升以上的占74.80%。

十、人口、人民生活和社会保障

年末全区户籍总人口44.25万人，其中男性人口22.01万人、女性人口22.24万人，分别占总人口的49.70%和50.30%。全年出生人口2716人，出生率为6.14‰；死亡人口2927人，死亡率为6.62‰；全年自然增长率为-0.48‰。据2022年5‰人口变动抽样调查推算，年末全区常住人口54万人。

据城乡住户调查数据显示，全区全体居民人均可支配收入55077元，同比增长6.30%。其中：城镇居民人均可支配收入61822元，同比增长5.80%；农村居民人均可支配收入33521元，同比增长7.60%。城乡收入比缩小到1.844。

全区养老保险共参保206259人（含企业养老及城乡养老），其中企业养老保险参保144852人，城乡居民养老保险参保61407人；医疗保险共参保316359人（含职工医保及城乡居民医保），其中职工医疗保险参保112008人，城乡居民医疗保险参保204351人，工伤保险参保84467人。

年末全区社会福利院9家（含市本级3家），床位1959张（含市本级921张）；中心敬老院6所，床位1251张。2022年，集中供养农村五保和城镇“三无”对象274人。全区享受低保的城乡居民4281户5942人，全年共支出低保金5380.92万元。其中城镇享受低保的居民达662户810人，全年共支出低保金738.17万元；农村享受低保的居民达3619户5132人，全年共支出低保金4642.75万元。临时救助贫困家庭159人，支出资金45.35万元。

十一、环境保护

2022年，柯城区被生态环境部命名为生态文明建设示范区；被授予全省“五水共治”工作优秀县（市、区）“大禹鼎银鼎”；“无废城市”建设满意度在全省90个县（市、区）满意度排名第一。

全区生态环境质量保持高位改善，柯城区空气质量优良率92.6%，PM2.5浓度均值为26微克/立方米，优于年度目标27微克/立方米。区域内3个国控断面（东迹渡、浮石渡、双港口）和1个省控断面（老鹰潭）累计均达到Ⅱ类水标准，地表水全部优于Ⅲ类水体比例，水质达标率100%。工业危险废物、医疗废物无害化处置率均达到100%。生态示范创建卓有成效，柯城区坚定不移践行“绿水青山就是金山银山”理念，坚持生态优先、绿色发展，不断推动生态文明建设取得新成效。

注：

1.本公报数据为年度初步或快报统计数据。

2.地区生产总值、规上工业、固定资产投资及相关指标自2021年起调整为大柯城口径，即以行政区域范围为标准。

3.全区地区生产总值、各产业增加值及农业产值绝对数按现行价格计算，增长速度按可比价格计算。

4.人口数为公安部门统计的户籍人口数。

5.规模以上工业统计指标范围为年主营业务收入2000万元以上的工业企业，固定资产投资统计指标范围为500万元以上项目。

6.进出口数据不含一达通。

（柯城区统计局）

柯城区机构单位及负责人名录

中共衢州市柯城区委员会

书　　记：　蒋国强

副 书 记：　胡益峰

　　　　　　张　钢

常　　委：　蒋国强

　　　　　　胡益峰

　　　　　　张　钢

　　　　　　陈雪良

　　　　　　吴来恩（挂职）

　　　　　　施　莹（女）

　　　　　　王盛丰

　　　　　　曲洪娟（女）

　　　　　　周榜元

　　　　　　向明虎

　　　　　　吴伟红

　　　　　　朱君才

　　　　　　田志伟

衢州市柯城区人大常委会

主　　任：　徐登富

副 主 任：　毛志宏

　　　　　　何晓文

　　　　　　吴云林（2022年1月起）

　　　　　　姜有源

　　　　　　周志平（2022年1月起）

　　　　　　吴国清（2022年1月起）

人大常委会机关

办公室（研究室）

主　　任：　余继雄

监察和司法委员会

副 主 任：　何建忠

财经委员会

副 主 任：　林利奇

　　　　　　吴志鸿

社会建设委员会

副 主 任：　程　广（至2022年1月）

　　　　　　郑　亮（2022年1月起）

监察和司法工委

主　　任：　赵珍良（至2022年1月）

　　　　　　程　广（2022年1月起）

财经工委

主　　任：　余成友（至2022年1月）

　　　　　　林利奇（2022年1月起）

建资环工委

主　　任：　华　成（至2022年1月）

　　　　　　方国云（2022年1月起）

农 工 委

主　　任：　王荣胜（至2022年1月）

　　　　　　黄慧华（2022年1月起）

教科文卫工委

主　　任：　雷　晓（至2022年1月）

　　　　　　陈　伟（2022年1月起）

代表工委

主　　任：　张　强

社会建设工委

主　　任：　程　广（至2022年1月）

　　　　　　郑　亮（2022年1月起）

衢州市柯城区人民政府

区　　长：胡益峰

副 区 长：王盛丰

曲洪娟（女）

吴来恩（挂职）

余洪富

陈　崇

程佳良

洪　栋（2022年1月起）

吴　浩（至2022年6月）

郑益红（2022年6月起）

许明娟（女，至2022年10月，挂职）

朱　俐（女，至2022年4月，挂职）

苗海涛（2022年12月起）

政协衢州市柯城区委员会

主　　席：叶美峰

副 主 席：柴文灯

徐小平（至2022年1月）

徐成旺

赵瑞慈（女）

傅淑梅（女）

秘 书 长：缪宏飞（至2022年1月）

吕忠清（2022年1月起）

政协机关办公室

主　　任：刘小华（至2022年8月）

李三清（2022年8月起）

提 案 委

主　　任：宋昌顺（至2022年1月）

陈跃骏（2022年1月起）

经 济 委

主　　任：吴学文（至2022年1月）

胡海姣（女，2022年2月起）

委员工委

主　　任：魏光明（至2022年1月）

王爱华（女，2022年1月起）

教科文卫体和文史委

主　　任：陈林云（2022年1月起）

农业农村和人资环委

副 主 任：徐　军

社法和港澳台侨民宗委

主　　任：王爱华（女，至2022年1月）

区纪委区监察委员会

书　　记：向明虎

主　　任：向明虎

副 书 记：张吉青

张新刚

副 主 任：张吉青（2022年2月起）

张新刚

吴国清（至2022年1月）

区委办公室

主　　任：洪　栋（至2022年8月）

张　剑（2022年8月起）

区委巡察办

主　　任：徐雪平

区委组织部

部　　长：朱君才

常务副部长：方　燕（女，2022年1月起）

区委宣传部

部　　长：施　莹（女）

常务副部长：许　捷（至2022年1月）

徐敏芳（女，2022年1月起）

区委统战部

部　　长：吴伟红

常务副部长：方宏华（至2022年8月）

邱　剑（2022年8月起）

区委政法委
书　　记：张　钢
常务副书记：周　童
区机构编制委员会办公室
主　　任：杨利兵（至2022年1月）
张洋陆（2022年1月起）
区委区政府信访局
局　　长：李江波（2022年1月起）
关 工 委
主　　任：章雨土
区委老干部局
局　　长：叶建军
区委党校
校　　长：朱君才（兼）
常务副校长：张洋陆（至2022年1月）
叶建军（2022年3月起）
区档案馆
馆　　长：徐珍宏
档案局
局　　长：徐珍宏（至2022年8月，兼）
区政府办公室
主　　任：舒素标（至2022年7月）
姜瑜晖（2022年8月起）
区发改局
局　　长：任文俊（至2022年1月）
陈志忠（2022年1月起）
区经济和信息化局
党委书记：薛　云
局　　长：张红萍（女，至2022年11月）
区教育局
局　　长：徐渭清
区科技局
党组书记：龚　晓（至2022年1月）
肖善生（2022年2月起）
局　　长：肖善生（2022年2月起）
区 科 协
主　　席：龚　晓（至2022年1月）
肖善生（2022年2月起）
区民政局
局　　长：周建立（至2022年1月）
杨利兵（2022年1月起）
区人力资源和社会保障局
局　　长：张文利
区住房和城乡建设局
局　　长：揭根龙（至2022年8月）
区交通运输局
局　　长：陈志忠（至2022年1月）
周建立（2022年1月起）
区水利局
局　　长：邱　剑（至2022年1月）
龚　晓（2022年1月起）
区农业农村局
局　　长：冯小青
区文化和旅游体育局
局　　长：郑　亮（至2022年1月）
邱　剑（2022年1月至2022年8月）
唐志斌（2022年8月起）
区卫生健康局
局　　长：周小玲（女）
区退役军人事务局
局　　长：卢成龙（至2022年8月）
揭根龙（2022年8月起）
区应急管理局
局　　长：肖善生（至2022年2月）
徐　剑（2022年2月起）
区审计局
局　　长：张吉青（至2022年2月）
许　捷（2022年2月起）

区财政局

局　　长：　吴　川

区医疗保障局

局　　长：　周　勇

区统计局

党组书记：　方　燕（女，至2022年2月）

　　　　　　卢小红（女，2022年2月起）

局　　长：　方　燕（女，至2022年1月）

　　　　　　苏青华（2022年1月起）

区市场监督管理局

局　　长：　宋昌顺（2022年1月起）

区林业局

局　　长：　杨　勇（至2022年8月）

　　　　　　卢成龙（2022年8月起）

区营商办

主　　任：　李三清（至2022年8月）

　　　　　　刘小华（2022年2月起）

区公共资源市场化配置监督管理办公室

主　　任：　梅健峰

区供销合作社

主　　任：　封荣祥

区机关事务保障中心

主　　任：　余向琴（女，2022年1月起）

区征迁事务中心

主　　任：　周　椿（至2022年8月）

　　　　　　杨　星（2022年8月起）

区招商投资促进中心

主　　任：　姜瑜晖（至2022年8月）

　　　　　　杨　勇（2022年8月起）

区国资服务中心

主　　任：　吴　川（至2022年8月）

　　　　　　王　林（2022年8月起）

区生态工业服务中心

党组书记：　周榜元

主　　任：　夏灵飞（2022年8月起）

区大数据中心

主　　任：　钱　颖（女）

区检察院

检 察 长：　周红梁

区法院

院　　长：　胡卫民

区司法局

局　　长：　严声建

区人民医院

党委书记：　万少华

院　　长：　朱辉武

区中医医院

党支部书记、院长：丁辉有

民革柯城区基层委

主　　委：　胡海姣（女，2022年6月起）

民盟柯城区支部

主　　委：　周志伟（至2022年6月）

　　　　　　王秀珍（女，2022年6月起）

民建柯城区基层委

主　　委：　韩　琛（女，至2022年6月）

　　　　　　苏青华（2022年6月起）

民进柯城区基层委

主　　委：　张红萍（女）

农工党柯城区总支

主　　委：　林　静（女，至2022年6月）

　　　　　　吕　颖（女，2022年6月起）

九三学社柯城区基层委

主　　委：　徐成旺

区工商联

常务副主席：蒋宇斌

区总工会

主　　席：　李　青（至2022年2月）

　　　　　　熊清益（2022年2月起）

常务副主席：熊清益（至2022年2月）

区 妇 联

主　　席：　余　慧（女）

区 团 委

书　　记：　姜祥峰

区社科联

主　　席：　刘秀芬（女）

区残疾人联合会

理 事 长：　黄慧华（至2022年1月）

　　　　　　方宏华（2022年8月起）

区红十字会

专职副会长：毛楼骋（至2022年8月）

常务副会长：毛楼骋（2022年8月起）

柯城公安分局

局　　长：　程佳良

政　　委：　程　科

柯山公安分局

局　　长：　徐慧仙（女，至2022年7月）

政　　委：　毛凌锋（至2022年7月）

智造新城公安分局

局　　长：　徐慧仙（女，2022年7月起）

政　　委：　王　晨（2022年7月起）

智慧新城公安分局

政　　委：　黄　毅（2022年7月起）

柯城交警大队

大 队 长：　胡　康

教 导 员：　郑　瑜

柯城消防大队

大 队 长：　潘　菁（女，至2022年4月）

　　　　　　刘宏慢（2022年4月起）

教 导 员：　方　星

柯山消防大队

大 队 长：　应少平

教 导 员：　叶虞涛

柯城执法分局

局　　长：　程志华（至2022年5月）

政　　委：　徐　斌（至2022年5月）

区综合执法局

局　　长：　程志华（2022年8月起）

柯城资规分局

局　　长：　周志平（至2022年1月）

　　　　　　肖　飞（2022年8月起）

柯城环保分局

局　　长：　杨更华

柯城税务局

局　　长：　陈兴华

柯城供电分公司

总 经 理：　兰位龙（至2022年1月）

　　　　　　阮胜冬（2022年1月起）

党总支书记：于小庆（至2022年1月）

　　　　　　郑建锋（2022年1月起）

寺桥水库开发建设有限公司

总 经 理：　傅寅蒙（至2022年9月）

乡村振兴发展有限公司

总 经 理：　吴荣华

建设投资开发有限公司

总 经 理：　肖　飞（至2022年3月）

　　　　　　吕　品（2022年8月起）

国有资产经营有限责任公司

总 经 理：　何雪华（2022年9月起）

文旅发展有限公司

总 经 理：　毛燕君（2022年9月起）

广联仓储投资发展有限公司

总 经 理：　江　萍（2022年9月起）

乡镇（街道）

航 埠 镇

党委书记：　周榜元

镇　　长：张　剑（至2022年8月）
周　椿（2022年8月起）

石梁镇

党委书记：周　锋
镇　　长：汪　斌

石室乡

党委书记：丰小龙（至2022年8月）
徐　祺（女，2022年8月起）
乡　　长：徐　祺（女，至2022年8月）
黄　勇（2022年8月起）

华墅乡

党委书记：王小帅（至2022年8月）
邱志明（2022年8月起）
乡　　长：黄志辉

沟溪乡

党委书记：陈建锋
乡　　长：王　林（至2022年8月）
彭欣荣（女，2022年8月起）

姜家山乡

党委书记：徐云飞
乡　　长：谭胜泉

七里乡

党委书记：项月明
乡　　长：吴晓庚

九华乡

党委书记：裴春风
乡　　长：郑　建（至2022年8月）
洪一飞（2022年8月起）

万田乡

党委书记：郑迅舟
乡　　长：翁益平

黄家乡

党（工）委书记：赖育宏
乡　长（主任）：严华峰

府山街道

党工委书记：唐志斌（至2022年8月）
丰小龙（2022年8月起）
办事处主任：刘　愿

花园街道

党工委书记：王建峰
办事处主任：徐　赟（女）

荷花街道

党工委书记：汪德伟（2022年2月起）
办事处主任：汪德伟（至2022年8月）
王勇芳（2022年8月起）

信安街道

党工委书记：杜　昀
办事处主任：杜　昀（至2022年8月）
郑　建（2022年8月起）

双港街道

党工委书记：袁　超（至2022年11月）
办事处主任：舒志明

新新街道

党工委书记：吴有兴
办事处主任：余　均

白云街道

党工委书记：徐清林
办事处主任：华　诚

衢化街道

党工委书记：余爱民
办事处主任：李江波（至2022年1月）
余红星（2022年8月起）

（柯城区委组织部）

区委、区政府部分文件选目

2022年中共衢州市柯城区委文件选目

表12

序号	文号	文件名称	发布日期
1	区委发〔2022〕1号	关于印发蒋国强同志在中国共产党衢州市柯城区第九次代表大会上的报告的通知	1月2日
2	区委发〔2022〕2号	关于修订《中共衢州市柯城区委工作规则》的通知	1月4日
3	区委发〔2022〕3号	关于区委常委分工的通知	1月12日
4	区委发〔2022〕4号	关于加强自身建设的决定	1月13日
5	区委发〔2022〕5号	关于2021年度全区经济社会发展工作目标综合考核结果的通报	1月30日
6	区委发〔2022〕7号	关于高质量打造新时代文化高地先行示范区的实施意见	3月30日
7	区委发〔2022〕8号	关于全面实施“两专工程”打造高素质专业化干部队伍的实施意见	4月12日
8	区委发〔2022〕9号	关于推进航埠镇经济社会发展的若干意见的通知	5月11日
9	区委发〔2022〕10号	关于印发《中共衢州市柯城区委巡察工作规划（2022—2026年）》的通知	5月11日
10	区委发〔2022〕11号	关于印发柯城区2022年度全区经济社会发展工作目标综合考核的意见	5月23日
11	区委发〔2022〕13号	关于认真学习宣传贯彻省第十五次党代会精神的通知	7月5日
12	区委发〔2022〕14号	关于印发《中共衢州市柯城区委关于落实省委第十四轮巡视突出共性问题整改方案》的通知	7月7日
13	区委发〔2022〕15号	关于印发《关于建立政治生态建设状况评价监测体系的实施方案（试行）》的通知	7月8日
14	区委发〔2022〕16号	关于印发《中共衢州市柯城区委常委会2022年度工作要点》的通知	8月5日
15	区委发〔2022〕17号	关于印发蒋国强同志在区委九届二次全体（扩大）会议上的报告的通知	8月21日
16	区委发〔2022〕18号	关于深入学习贯彻省第十五次党代会精神在建设四省边际中心城市中走在前作表率的决定	8月21日
17	区委发〔2022〕20号	关于认真学习宣传贯彻党的二十大精神的通知	11月8日
18	区委发〔2022〕21号	关于同意召开衢州市柯城区残疾人联合会第八次代表大会的批复	12月6日
19	区委发〔2022〕22号	关于转发《中共衢州市柯城区人大常委会党组关于推进国家机关进人大代表联络站进一步践行全过程人民民主的实施意见》的通知	12月30日

2022年衢州市柯城区人民政府文件选目

表13

序号	文　号	文件标题	发布日期
1	柯政发〔2022〕7号	关于印发胡益峰同志在衢州市柯城区第十届人民代表大会第一次会议上所作的政府工作报告的通知	1月29日
2	柯政发〔2022〕8号	关于印发柯城区妇女发展十四五规划和柯城区儿童发展十四五规划的通知	1月30日
3	柯政发〔2022〕9号	关于给予区经信局等单位和姜雪康等个人记功嘉奖的决定	2月7日
4	柯政发〔2022〕10号	关于表彰2021年度柯城区人民政府质量奖获奖个人的通报	2月7日
5	柯政发〔2022〕11号	关于表彰2021年度创业创新贡献奖获奖企业的通报	2月7日
6	柯政发〔2022〕17号	关于区长副区长分工的通知	3月30日
7	柯政发〔2022〕22号	印发关于促进农民收入持续快速增长实现共同富裕的意见的通知	4月18日
8	柯政发〔2022〕25号	关于印发衢州市柯城区高标准农田建设十四五规划的通知	4月21日
9	柯政发〔2022〕36号	关于印发《衢州市柯城区贯彻落实国务院、浙江省、衢州市扎实稳住经济一揽子政策措施实施方案》的通知	6月21日
10	柯政发〔2022〕39号	关于印发促进服务业高质量发展的若干政策的通知	6月24日
11	柯政发〔2022〕40号	关于城北片区城市有机更新一宫宝宿舍地块国有土地上房屋征收的决定	6月27日
12	柯政发〔2022〕57号	关于调整部分区政府班子成员分工的通知	8月30日
13	柯政发〔2022〕61号	关于给予柯城区人武部等11家单位记功嘉奖的决定	9月15日
14	柯政发〔2022〕67号	关于全区禁止经营和燃放烟花爆竹的通告	10月28日
15	柯政发〔2022〕73号	关于修改部分行政规范性文件的通知	11月21日
16	柯政发〔2022〕74号	关于给予柯城资规分局和郑黎云等个人记功嘉奖的决定	11月30日

荣 誉 录

经济高质量发展突出贡献奖

区长特别奖

纳税二十强：

浙江衢州柯城农村商业银行股份有限公司
衢州田园开发有限公司
衢州普星燃机热电有限公司
衢州伟荣药化股份有限公司
浙江柯建集团有限公司
浙江鸿盛新材料科技集团股份有限公司
衢州市凯盛建筑劳务分包有限公司
浙江融欣再生资源有限公司
浙江衢州中广建筑劳务有限公司
浙江金沃精工股份有限公司
衢州宸帆电子商务有限责任公司
衢州市建沃精工机械有限公司
衢州市第五建筑工程有限公司
衢州鲟龙水产食品科技开发有限公司
浙江省衢州市交通建设集团有限公司
浙江辉博电力设备制造有限公司
衢州正晧建筑劳务有限公司
实达实工业购（衢州）有限公司
衢州市同景新能源有限公司
衢州市乡村振兴发展有限公司

特别贡献奖：

浙江衢州柯城农村商业银行股份有限公司
衢州伟荣药化有限公司
衢州普星燃机热电有限公司
浙江鸿盛新材料科技集团股份有限公司
浙江衢州中广建筑劳务有限公司
衢州市建沃精工机械有限公司
浙江辉博电力设备制造有限公司
浙江歌瑞新材料有限公司
衢州正晧建筑劳务有限公司
衢州市凯盛建筑劳务分包有限公司

企业成长奖：

浙江浩骏物流有限公司
川思供应链管理（衢州）有限公司
衢州德信行天福堂大药房有限公司
浙江久捷科技有限公司
衢州鲟龙水产食品科技开发有限公司
衢州市东巨康光电科技有限公司
衢州金色假日文旅集团有限公司
浙江佳农果蔬股份有限公司
浙江艺景建设集团有限公司
浙江联润建设工程有限公司

国家高新技术企业奖：

浙江可可佳食品有限公司
浙江海贝机电科技有限公司
浙江森防科技有限公司
衢州益祥工艺品有限公司
衢州市精益电子有限公司

专精特新奖：

浙江金沃精工股份有限公司

研发中心奖：

浙江金明生物科技有限公司

贝德科技集团有限公司

政府质量奖

浙江泓芯半导体有限公司

浙江中信检测有限公司

经济发展综合贡献奖

目标综合考核一等奖

乡镇（街道）：

万田乡 府山街道

石梁镇 信安街道

九华乡 荷花街道

部门（单位）：

区委组织部 区委宣传部 区委政法委

区信访局 区发改局 区人力社保局

区住建局 区教育局 区农业农村局

区卫健局 区财政局 柯城公安分局

金融机构：

人保财险 工行柯城支行

太保财险 柯城农商银行

经济社会发展争先进位奖

征迁先锋

集体三等功：

信安街道

个人三等功：

余群飞（白云街道） 郑 辉（区征迁中心）

毛云龙（信安街道） 郑园梅（荷花街道）

集体嘉奖：

荷花街道 白云街道 石梁镇

府山街道 双港街道

个人嘉奖：

江红霞（姜家山乡） 姜雪康（双港街道）

吕 颖（区住建局） 万 勇（府山街道）

刘建明（区财政局） 郑秀明（信安派出所）

兰方婷（信安街道)

征迁先锋（集体）：

区委组织部 区纪委监委

区委宣传部 区教育局

区卫健局 区征迁事务中心

黄家街道 柯城资规分局

航埠镇 区综合行政执法局

征迁先锋（个人）：

姜祥峰（团区委） 余 慧（区妇联）

邵明峰（区委宣传部） 危丽华（白云街道）

周 轶（区住建局） 林佶森（黄家街道）

李 莉（荷花街道） 王瑜琼（信安街道）

汪 琳（信安街道） 毛志慧（信安街道）

梅云祥（荷花街道） 叶芳婷（白云街道）

徐卫民（区应急管理局）

蔡永洪（区市场监管局）

叶宏富（姜家山乡资规所）

汪建霞（信安街道恬静苑社区）

党建先锋

党建先锋（集体）：

花园街道上洋村党支部

双港街道双港社区党总支

新新街道杨浦社区党总支

新世纪学校党支部

区司法局机关党总支

党建先锋（个人）：

徐文龙（区现代社区专班）

项华敏（新新街道）

韩晓彦（区法院）
徐樟鲁（天赞律所）
吴催兴（九华乡上清村）
祝明明（衢化街道塔坛寺村）
李雯（信安街道斗潭社区）
揭伟君（荷花街道荷东苑社区）
蒋薇（白云街道白云社区）
于慧超（府山街道蛟池街社区）

防疫先锋

集体三等功：

区卫健局

个人三等功：

叶云飞（区司法局）
洪巧珍（区人民医院）
周文武（区卫健局）
祝 云（柯城公安分局）

集体嘉奖：

区经信局（商务局）　区人民医院
区机关事务保障中心　区人民医院
区市场监督管理局　区交通运输局
航埠镇　黄家街道　姜家山乡

个人嘉奖：

丁辉有（区中医医院）
汪 洋（柯城传媒集团）
黄汝宽（区民政局）
范秀华（白云街道）
崔淘淘（柯城公安分局航埠派出所）
徐 旭（区委政法委）

防疫先锋（集体）：

区综合行政执法局
区文旅体局
区农业农村局
区民政局
区教育局
区财政局
华墅乡卫生院
姜家山乡卫生院
柯城公安分局城站派出所
智造新城公安分局花园派出所
智慧新城公安分局城西派出所
石梁镇
白云街道
华墅乡刘坂村
花园街道花园村
沟溪乡后坞村
石室乡石室村第五网格
府山街道蛟池街社区
双港街道双港社区静安网格
信安街道紫荆社区

防疫先锋（个人）：

曹兴奇（九华乡）
吴 园（区委统战部）
巫正琳（区纪委监委）
金 焕（区委组织部）
周 政（区大数据中心）
章丽贞（区人民医院）
孔 曦（区农业农村局）
丁立成（黄家街道社区卫生服务中心）
方文悦（区卫健局）
姚 勋（区建投公司）
章建平（航埠镇中心卫生院）
缪平平（荷花街道朝晖社区）
徐迪洋（石室卫生院）
张 瑜（区妇保院）
柳 鑫（新新街道）

蒋玉田（九华乡）
徐明芳（万田乡）
王秀英（七里乡七里三村）
杨 婷（衢化街道文昌社区）
翁秋灵（区服务业发展中心）

创文先锋

集体嘉奖：

区创建办

创文先锋（集体）：

沟溪乡余东村　府山街道
衢化街道　区住建局
信安街道书院社区
柯城交警大队

创文先锋（个人）：

李剑阳（区创建办）
熊 薇（区创建办）
夏金慧（石梁镇）
徐奕萍（九华乡）
蒋 诚（万田乡文景苑社区）
鲍金娣（新新街道乐业社区)
柴叶萍（荷花街道松园社区）
刘丙江（白云街道）
唐凤英（双港街道欣港社区）
贾振宇（区综合行政执法局）
邓洪新（区市场监管局）
胡曼丽（区教育局）

攻坚先锋

集体三等功：

柯城供电分公司
柯城消防救援大队
柯城生态环境分局
区大数据中心

个人三等功：

陈兴华（区税务局）

个人嘉奖：

陈志明（区政协机关）

攻坚先锋（集体）：

区发改局
区争先创优办
区建投公司
区综合行政执法局

攻坚先锋（个人）：

方敏励（区统计局）
徐 翾（区发改局）
乐伟春（区教育局）
姚 勤（区建投公司）
沈 楷（区交通运输局）
肖建伟（寺桥公司）
汪漪婧（万田乡）
柴小琦（石室乡柯山社区）
欧 颜（花园街道）
程似锦（信安街道）

平安先锋

集体三等功：

柯城公安分局

集体嘉奖：

智造新城公安分局
智慧新城公安分局

平安先锋（集体）：

区检察院　区法院　白云街道

平安先锋（个人）：

徐 健（区委政法委）　付 超（荷花街道）
王 震（府山街道）　毛靓宇（府山街道）

董翠燕（衢化街道）　　童惠春（白云街道）
俞文达（区司法局）　　廖　英（区妇联）
徐华安（柯城公安分局石梁派出所）
蓝海宾（区社会治理中心）

招商先锋

集体三等功：

区驻深圳招商组

个人三等功：

谢琴军（区驻深圳招商组）

集体嘉奖：

柯城区深圳商会　　区财政局
区驻杭州招商组　　万田乡

个人嘉奖：

童鑫刚（振航公司）
李　兵（区招商投资促进中心）

招商先锋（集体）：

区经信局（商务局）
区生态工业服务中心
区服务业发展中心
新新街道　府山街道

招商先锋（个人）：

姚　胜（区驻杭州招商组）
苏　琳（柯城生态环境分局）
孔慧鹏（区农业农村局）
蓝利红（寺桥公司）
孙　斐（荷花街道）

见义勇为

个人嘉奖：

吴金富（航埠镇万川村人）
陈成良（万田乡冯家村人）

首位奖

区委组织部　　区委宣传部
区妇联　　区人社局
区水利局　　区民政局
区退役军人事务局　　区科技局
区综合行政执法局　　区教育局
区大数据中心　　区监管办
区机关事务保障中心　　区人武部
区检察院　　柯城消防大队

“八一”光荣榜

柯城区2022年荣立三等功以上现役军人名单

二等功

童　正

三等功

彭战伟　　徐晓翔　　王州洋
郑　奕　　汪敏峰　　包杭天
秦振南　　蓝　运　　张　凯
刘泽宇　　俞　玺　　党海鹏
从　和　　胡辛未　　廖达雄
秦鹏飞　　吴建平　　郑晓坤
余冬冬　　徐　鹏　　王小奇
叶臣义　　徐戌涵　　王　奇
王鹏飞　　陈建芳

2022年度柯城区表彰事项一览表

表14

序号	表彰对象	表彰事项	表彰主体	文件依据	表彰时间
1	柯城区	柯城区入选第六批生态文明建设示范区名单	生态环境部	2022年第26号	2022年11月18日
2	柯城区沟溪乡余东村	柯城区沟溪乡余东村入选第四批全国乡村旅游重点村	文化和旅游部	文旅资源发〔2022〕113号	2022年11月15日
3	柯城区文化馆	柯城区文化馆的衢州滩簧《共富路上好带头》节目入选全国第十九届群星奖曲艺类决赛入围作品名单	文化和旅游部	文旅部司局函件	2022年7月20日
4	柯城区县学街社区妈妈团社会工作室、柯山消防救援大队	柯城区县学街社区妈妈团社会工作室获评全国119消防先进集体	应急管理部	应急〔2022〕106号	2022年11月3日
5	柯城区大成小学	第十批全国民族团结进步示范单位	国家民族事务委员会	网站公布	2022年12月27日
6	柯城区人社局	柯城区人社局获评2021—2022年度劳动保障新闻宣传工作做得好的单位	人社部办公厅	人社厅函〔2022〕163号	2022年11月14日
7	柯城区信安街道斗潭社区	柯城区信安街道斗潭社区被评为2022年全国示范性老年友好型社区	国家卫健委办公厅	国卫老龄函〔2022〕182号	2022年10月19日
8	柯城区石梁镇中心卫生院、花园街道社区卫生服务中心	柯城区石梁镇中心卫生院、花园街道社区卫生服务中心获国家级推荐标准	国家卫健委办公厅、国家中医药管理局	国卫办基层函〔2022〕40号	2022年1月30日
9	柯城区市场监督管理局	柯城区市场监督管理局报送的微电影《初心，不忘》荣获中宣部社会主义核心价值观主题微电影征集展示活动5分钟类三等优秀作品	中宣部宣教局	荣誉证书	2022年6月
10	柯城区	柯城区入选2021年度网络学习空间应用普及活动优秀区域名单	教育部科学技术与信息化司	教育部网站公布 http://www.moe.gov.cn/jyb_xxgk/s5743/s5745/A16/202209/t20220926_664896.html	2022年9月26日

续表14

序号	表彰对象	表彰事项	表彰主体	文件依据	表彰时间
11	柯城区白云街道新湖社区	柯城区白云街道新湖社区获评2021年度全国综合减灾示范社区	应急管理部风险监测和综合减灾司	应急管理部官网公布 https://www.mem.gov.cn/gk/zfxxgkpt/fdzdgknr/202211/t20221118_427039.shtml	2022年11月14日
12	柯城区沟溪乡余东村	余东农民画：共谋构建，彩笔耕耘绘幸福入选“中国民间文化艺术之乡”建设典型案例	文旅部公共服务司	文化和旅游部司局函件	2022年12月28日
13	柯城区	衢州信安湖水利风景区列入红色基因水利风景区名录	水利部精神文明建设指导委员会办公室、水利部水利风景区建设与管理领导小组办公室	景区办函〔2022〕68号	2022年12月12日
14	柯城区航埠镇北二村、水亭门历史文化街区	柯城区航埠镇北二村白蚁综合治理、衢州市水亭门历史文化街区白蚁综合治理荣获“第一批传统村落和历史文化名城名镇名村白蚁防治全国示范项目”	住建部白蚁防治中心	全蚁〔2022〕28号	2022年11月7日
15	柯城区妇联	柯城区妇联入选2022年度妇女宣传舆论阵地建设先进榜名单	全国妇联网络信息传播中心	全国妇联网络信息传播中心便笺	2022年11月18日
16	柯城区沟溪乡余东村	柯城区沟溪乡余东村农民画以文兴业打造未来乡村获评浙江省乡村振兴十佳创新实践案例	省委、省政府	浙江发布 https://mp.weixin.qq.com/s/-vNEiRakSN3-7MHhzKJMmw	2022年2月22日
17	柯城区委政法委	柯城区委政法委获评平安护航建党100周年成绩突出集体	省委、省政府	省委便笺（省密61第9页）	2022年3月14日
18	柯城区	柯城区被授予“平安牌”	省委、省政府	省委便笺（省内35第4页）	2022年3月29日
19	柯城公安分局府山派出所	柯城公安分局府山派出所获评2020—2021年度平安浙江建设先进集体	省委、省政府	省委便笺（省内35第10页）	2022年3月29日
20	柯城区	柯城区获评“大禹鼎”银鼎的优秀县（市、区）	省委、省政府	省委便笺（省内110第4页）	2022年7月4日
21	柯城区	柯城区牵头负责的衢州灵鹫山旅游度假区获批省级旅游度假区	省政府	浙政函〔2022〕28号	2022年2月22日

续表14

序号	表彰对象	表彰事项	表彰主体	文件依据	表彰时间
22	柯城区卫健局	柯城区卫健局获评2020—2021年忠实践行“八八战略”奋力打造“重要窗口”立功竞赛先进集体	省政府	浙政发〔2022〕10号	2022年4月26日
23	柯城区万田乡“红小播”共富工坊	柯城区万田乡“红小播”共富工坊在2022世界直播电商大会上被评为电商直播式“共富工坊”典型案例	省政府	网站公布	2022年12月12日
24	柯城区司法局	柯城区司法局获评2016—2020年全省普法与依法治理工作先进集体	省委办公厅、省政府办公厅	省委办便笺（省内000664第5页）	2022年1月17日
25	柯城区石梁镇政府	柯城区石梁镇政府获评浙江省2021年防汛防台先进集体	省委办公厅、省政府办公厅	省委办便笺（省内11第6页）	2022年2月26日
26	柯城区委	柯城区委获评2021年浙台经济社会融合发展突出贡献单位	省委办公厅、省政府办公厅	省委办便笺（省内9第3页）	2022年3月1日
27	柯城公安分局府山派出所	柯城公安分局府山派出所获评获评全省第二批“枫桥式公安派出所”	省委办公厅、省政府办公厅	省委办便笺（省内26第4页）	2022年3月17日
28	柯城区	柯城区获得2021年度山区26县高质量发展实绩考核第1	省委办公厅	省委办便笺（省内第1页）	2022年6月7日
29	柯城区沟溪乡余东村	柯城区沟溪乡余东村获全省清廉建设成绩突出单位	省委办公厅	省委办便笺（省内150第5页）	2022年8月22日
30	柯城区	柯城区荣获2021年四季度全省投资“赛马”激励	省政府办公厅	浙政办函〔2022〕21号	2022年3年21日
31	柯城区	柯城区获评实施数字经济“一号工程”2.0版，深化数字经济系统建设，大力发展数字经济成效明显的县（市、区）	省政府办公厅	浙政办发〔2022〕34号	2022年6月2日
32	柯城区	柯城区获评推进未来社区建设工作成效明显的县（市、区）	省政府办公厅	浙政办发〔2022〕34号	2022年6月2日
33	柯城区	柯城区获评实施全域土地综合整治与生态修复工程，节约集约利用土地、批而未供土地消化利用、闲置土地处置，推进永久基本农田集中连片整治工作成效较好的县（市、区）	省政府办公厅	浙政办发〔2022〕34号	2022年6月2日

续表14

序号	表彰对象	表彰事项	表彰主体	文件依据	表彰时间
34	柯城区	柯城区荣获2022年三季度全省投资“赛马”激励	省政府办公厅	浙政办函〔2022〕74号	2022年12月8日
35	柯城区	柯城区邻礼通“三民工程”应用获评全省数字化改革最佳应用	省委改革办（省数改办）	https://mp.weixin.qq.com/s/m3IjK0AqKYaaMQtGdvgt_w	2022年10月29日
36	柯城区	柯城区邻礼通“三民工程”现代社区治理模式荣获2022年浙江省改革突破奖银奖	省委改革办	浙江发布 https://mp.weixin.qq.com/s/pOJnirXn41_5WlIQ8fYrAg	2023年1月5日
37	柯城区荷花街道	柯城区荷花街道获评2021年度全省“五水共治”工作考核优秀乡镇（街道）	省美丽浙江建设领导小组、“五水共治”办公室	浙治水办发〔2022〕1号	2022年2月12日
38	柯城区人民政府	柯城区人民政府荣获浙江省长江保护修复攻坚战工作成绩突出集体	省美丽浙江建设领导小组办公室	浙美丽办〔2022〕28号	2022年12月5日
39	柯城区	柯城区《开启零废生活，解锁共富密码》入选浙江高质量发展建设共同富裕示范区最佳实践（第二批）名单	省高质量发展建设共同富裕示范区领导小组办公室	浙江发布 https://mp.weixin.qq.com/s/QpZbelNknBdsNW7KWzZWPQ	2022年12月16日
40	柯城区	柯城区入围2021年度“腾笼换鸟 凤凰涅槃”攻坚行动考核激励名单第一档，并获得150亩新增建设用地指标奖励	省制造业高质量发展办公室	浙制高办〔2022〕9号	2022年3月28日
41	柯城区石梁镇静岩村等13个村	柯城区石梁镇静岩村、石梁镇大俱源村、华墅乡华墅村、万田乡余家山头村、万田乡坞石村、双港街道五湖村、石梁镇塘公村、九华乡上宅村、航埠镇北一村、航埠镇上万村、黄家乡陈家村、沟溪乡沟溪村、沟溪乡河山村等13个村获评2021年度“浙江省善治村”认定名单	省乡村振兴领导小组办公室	官网公布 http://nynct.zj.gov.cn/art/2022/4/26/art_1589297_58941239.html	2022年4月24日

续表14

序号	表彰对象	表彰事项	表彰主体	文件依据	表彰时间
42	柯城区航埠镇下河东村等12个村	柯城区航埠镇下河东村、万田乡炉头村、石室乡崇文村、花园街道叶篷村、姜家山乡锦西村、新新街道十五田铺村、黄家街道下卢村、黄家街道王千秋村、航埠镇横源塘村、航埠镇殿前村、沟溪乡洞头村、信安街道北门村等12个村获评2021年度“浙江省善治示范村”认定名单	省乡村振兴领导小组办公室	官网公布 http://nynct.zj.gov.cn/art/2022/4/26/art_1589297_58941239.html	2022年4月24日
43	柯城区探索社区公共服务集成落地、探索可持续运营模式、落地“浙里未来社区在线”3项工作	柯城区探索社区公共服务集成落地、探索可持续运营模式、落地“浙里未来社区在线”3项工作入选全域推进未来社区建设和城镇社区公共服务集成落地改革第一批试点名单	省城乡风貌整治提升工作专班办公室	便笺	2022年8月25日
44	柯城区斗潭未来社区、白云未来社区，沟溪乡余东村	柯城区斗潭未来社区、白云未来社区入选浙江省首批未来社区名单，沟溪乡余东村入选浙江省首批未来乡村名单	省城乡风貌整治提升工作专班	浙风貌〔2022〕2号	2022年5月30日
45	柯城南孔古城传统风貌样板区	柯城南孔古城传统风貌样板区入选浙江省首批城乡风貌样板区名单	省城乡风貌整治提升工作专班	浙风貌〔2022〕2号	2022年5月30日
46	柯城区回龙未来社区、新荷未来社区	柯城回龙未来社区、新荷未来社区入选浙江省2022年度第二批未来社区名单	省城乡风貌整治提升工作专班	浙风貌〔2022〕6号	2022年12月20日
47	柯城区斗潭未来社区、荷东苑社区、白云未来社区、城站社区、沟溪乡余东村	柯城区斗潭未来社区老幼融合服务场景、荷东苑社区托育服务场景、白云未来社区养老服务场景、城站社区养老服务场景，沟溪乡余东村养老和托育服务场景入选浙江首批300个共同富裕现代化基本单元“一老一小”场景	省城乡风貌整治提升工作专班办公室	浙风貌办〔2022〕12号	2022年10月10日
48	柯城区	柯城区《区域学校党建工作专项评价探索》入选浙江省深化新时代教育评价改革试点项目	中共浙江省委教育工作领导小组秘书组	浙委教组〔2022〕1号	2022年9月5日

续表14

序号	表彰对象	表彰事项	表彰主体	文件依据	表彰时间
49	柯城区沟直线	柯城区沟直线入选2021年省级特色精品道路；柯城区沟直线入选2021年省级绿化美化精品道路	省“三改一拆”行动领导小组办公室	浙整改拆办〔2022〕7号	2022年9月8日
50	柯城区	柯城区获评2022年度全省深化“千万工程”建设新时代美丽乡村（农村人居环境提升）工作优胜县名单	省“千村示范、万村整治”工作协调小组办公室	浙村整建办〔2022〕13号	2022年12月11日
51	柯城区华墅乡	柯城区华墅乡获评2022年度浙江省美丽乡村示范乡镇名单	省“千村示范、万村整治”工作协调小组办公室	浙村整建办〔2022〕13号	2022年12月11日
52	柯城区沟溪乡碗窑村，七里乡桃源村，万田乡上蒋村、坞石村	柯城区沟溪乡碗窑村，七里乡桃源村，万田乡上蒋村、坞石村获评2022年度浙江省美丽乡村特色精品村名单	省“千村示范、万村整治”工作协调小组办公室	浙村整建办〔2022〕13号	2022年12月11日
53	柯城区石室乡	柯城区石室乡获评美丽城镇建设省级样板	省城乡环境整治工作领导小组	浙城乡环治〔2022〕1号	2022年12月21日
54	柯城区万田乡、华墅乡	柯城区万田乡、华墅乡获评2022年度美丽城镇建设基本达标城镇	省城乡环境整治工作领导小组	浙城乡环治〔2022〕1号	2022年12月21日
55	柯城区乌溪江、常山港	柯城区乌溪江、常山港2条河道被评为2022年省级美丽河湖	省水利厅、省美丽浙江建设领导小组河长制办公室	浙水河湖〔2022〕9号	2022年12月15日
56	柯城区	浙江开关厂有限公司重资产处置工作圆满完成获市委办、市府办十条军规通报表扬	市委办、市府办	办字〔2022〕28号	2022年11月13日
57	柯城区	柯城区承接胡春华副总理稳就业工作现场调研点	国务院副总理、党组成员胡春华	http://www.gov.cn/xinwen/2022-07/17/content_5701487.htm	2022年7月17日
58	柯城区	柯城区承接民革中央助推纳雍县美丽乡村建设现场会现场调研点	全国政协副主席、民革中央常务副主席郑建邦	https://mp.weixin.qq.com/s/jL_UWbBF6l-Vmq8uh15Jfw	2022年9月7日

续表14

序号	表彰对象	表彰事项	表彰主体与文件依据	表彰时间
59	柯城区	柯城区承办全国农民画发展论坛现场会	全国政协委员、中国文化艺术发展促进会主席、中国美术家协会副主席杨晓阳 https://zj.zjol.com.cn/news.html?id=1896020	2022年7月18日
60	柯城区	柯城区承接最高检副检察长张雪樵一行调研公益诉讼及未来乡村建设工作	最高检副检察长张雪樵	2022年6月30日
61	柯城区	柯城区承接省委省政府工作组山区县高质量发展工作，打造新的发展增长点，推动公共服务优质共享情况现场展示汇报	省委副书记、省长王浩 https://mp.weixin.qq.com/s/h0_WIc0WECMgsVl8_IT4JQ	2022年5月11日
62	柯城区	柯城区承接省政协调研组推动山区县高质量发展共同富裕情况现场展示汇报	省政协主席黄莉新 https://mp.weixin.qq.com/s/F26VF8-oe-jfGIOQsOEt_w	2022年4月13日
63	柯城区	柯城区承办全省“大综合一体化”综合行政执法改革现场会，柯城区治理中心、航埠镇作为观摩点位	省委常委、组织部部长王成，副省长高兴夫出席	2022年7月13–14日
64	柯城区	柯城区承接省人大调研组打造践行全过程人民民主省域典范情况现场展示汇报	省人大常委会党组书记、副主任梁黎明 https://mp.weixin.qq.com/s/GMEwqyS_igg1NBcEQ2ccfg	2022年4月13日
65	柯城区	柯城区承接省人大常委会党组书记、副主任梁黎明一行接访工作	省人大常委会党组书记、副主任梁黎明 https://mp.weixin.qq.com/s/htEUHl-0XQq7FSU33yRSgA	2022年9月20日
66	柯城区	柯城区承接省人大调研组人大代表联络站建设运行情况现场展示汇报	省人大常委会党组副书记、副主任李卫宁 https://mp.weixin.qq.com/s/rFWxsGyUHr-Q1QiW6vEZUA	2022年3月9日
67	柯城区	柯城区承接省人大调研组农村人居环境整治、乡村振兴等工作情况现场展示汇报	省人大常委会副主任史济锡 https://mp.weixin.qq.com/s/nQdg1Wb6RLg_LCMzJcq-2A	2022年8月11日
68	柯城区	柯城区承接副省长徐文光一行调研数字农业工作	省委常委、副省长徐文光	2022年2月23日

续表14

序号	表彰对象	表彰事项	表彰主体与文件依据	表彰时间
69	柯城区	柯城区承接副省长王成国一行调研电信网络诈骗防范工作	副省长王成国	2022年6月7日
70	柯城区	柯城区承接副省长王文序一行调研寺桥水库建设及未来乡村社会救助和养老等场景工作	副省长王文序 https://mp.weixin.qq.com/s/zIajTbD8exhZj7K_1mtagA	2022年6月8日
71	柯城区	柯城区承接副省长王文序一行调研基层治理及养老服务工作	副省长王文序 https://mp.weixin.qq.com/s/wXUMLtmq4Gzc7YX1G-iC-g	2022年11月8日
72	柯城区	柯城区承接副省长刘忻一行调研寺桥水库项目建设工作	副省长刘忻 https://mp.weixin.qq.com/s/M9ckIWKiXdPG334QtALQsQ	2022年12月3日
73	柯城区	柯城区承接省人大调研组“强化山区26县农村困难家庭社会服务，助力公共服务优质共享”情况现场展示汇报	省政协副主席郑继伟 https://mp.weixin.qq.com/s/TFZddOht3jnUJ3gEUpT2UQ	2022年9月14日
74	柯城区	柯城区石梁镇麻蓬村承办“2022年文化和自然遗产日”浙江省主场城市（柯城）系列活动现场会	省政府副秘书长、省文化和旅游厅党组书记陈广胜，省文化和旅游厅党组成员、副厅长叶菁出席 https://mp.weixin.qq.com/s/U-R51pmLNsJLcvDGlTk_qQ	2022年6月10日
75	柯城区	柯城区承办全省文联系统组联干部培训暨艺术乡建工作现场会	省文联党组书记、副主席、书记处常务书记杨守卫 https://mp.weixin.qq.com/s/8FVpM7khNeNfTRu5gMwA6g	2022年7月14日
76	柯城区	柯城区承办2022年浙江省农机事故应急处置演练活动现场会	省农业农村厅党组成员、省畜牧农机发展中心主任陈良伟出席https://mp.weixin.qq.com/s/LMlE1vkO3DZ_jWg5ZQfvjQ	2022年6月23日
77	柯城区	柯城区承办省人力社保系统返乡入乡合作创业带头人培训班现场会	省人力社保厅副厅长金林贵 http://rlsbt.zj.gov.cn/art/2022/7/20/art_1389524_58930294.html	2022年7月12日-15日
78	柯城区	柯城区承办全省“助企纾困·数智禁毒”涉毒物品管控服务现场会	国家禁毒办副主任、公安部禁毒局二级巡视员于海斌 https://mp.weixin.qq.com/s/nhIXJmtzjBGHBuCBZkx_pg	2022年8月2日